法鼓山年鑑

2011

◆方丈和尚對2011年的祝福

安穩踏實 踏實健全

　　阿彌陀佛！今年法鼓山提出的年度主題是「知福幸福」，祝福大家在新的一年平安、幸福、快樂，都能夠「知福、知足，有幸福；感恩、奉獻，真快樂。」

　　往年農曆春節前，聖嚴師父的「新春講話」，不但凝聚團體的向心力，更期勉大家在不斷奉獻的過程中，增長慈悲及智慧。藉著這個時刻，我特別要感恩法鼓山的僧俗四眾，由於各位默默地全力奉獻，用心地播種耕耘，法鼓山才能蓬勃發展，有著安和豐富的一年；我個人也從中學習、成長很多，非常感恩。

幸福真諦　在於內心平安與知足

　　法鼓山的年度主題，從去年（2010年）的「安和豐富」延續到本年的「知福幸福」，目的是期許大眾，在學習人心氣度的圓滿與寬廣之後，能同步攜手走進知福、知足，有幸福的國度；也能在個人身體力行之外，與社會大眾分享感恩、奉獻，真快樂的人生。

　　如何才是「知福幸福」？聖嚴師父曾開示，雖然財富、健康、名位、權勢都是一般人所喜愛的，但這些並不等於幸福，幸福的真諦應該是「平安就是福」。平安，雖然和外在環境有關係，但決定性的關鍵，還是在主觀的自我心態上。如果內心能平安、知足，就是幸福；如果不知足而想獲得幸福，那是很困難的。

　　真正的知足是「多也知足，少也知足，沒有也知足」，這是平安快樂的基本條件。無論將來「有」或「沒有」，都一樣要努力，不需要和他人比較、和過去比較，也不需要和未來比較。

安穩向前　踏實做個知福幸福人

這與「安穩向前，踏實健全」的精神是相契的。一個真正知足的人，心就是安穩的；因為能夠做到進退自如時，當需要退時，不會怨天尤人；該進的時候，則會心懷感恩。憑著自己的力量，踏實做事，如果錯了，就要懺悔、反省；做得不夠好，就繼續努力把它

法鼓山在臺北國父紀念館舉辦的「知福幸福——媽媽好幸福」感恩活動中，合唱團成員以音樂饗宴，分享法鼓法音，為社會大眾獻上感恩的祝福。

做好。遭逢逆境時不抱怨，一帆風順時則懂得感謝，無論何時何地都能感恩接受順逆緣，少欲知足才是個真正幸福的人。

我們在物質上縱然不富裕，但是在精神上，因為有了釋迦牟尼佛啟發的智慧與慈悲，所以感到非常富有。不僅自己可以用之不盡、取之不竭，也可以普遍、永久地分享給所有願意接收與需要的人。

在此，謹向諸位護法信眾菩薩、社會大眾及全世界祝福，2011年，大家都能安穩踏實地邁向「知福幸福」。

編輯體例

一、本年鑑輯錄法鼓山西元2011年1月至12月間之記事。

二、正文分為三部，第一部為綜觀篇，含括法鼓山方丈和尚（果東法師）、法鼓山僧團、法鼓山體系組織概述，俾使讀者對2011年的法鼓山體系運作有立即性、全面性且宏觀的認識。第二部為實踐篇，即法鼓山理念的具體實現，以三大教育架構，放眼國際，分為大普化、大關懷、大學院、國際弘化。各單元首先以總論宏觀論述這一年來主要事件之象徵意義及影響，再依事件發生時序以「記事報導」呈現內容，對於特別重大的事件則另闢篇幅做深入「特別報導」。第三部為全年度「大事記」，依事件發生時間順序記錄，便於查詢。

三、同一類型的活動若於不同時間舉辦多場時，於「記事報導」處合併敘述，並依第一場時間排列報導順序。但於「大事記」中則不合併，依各場舉辦日期時間分別記載。

四、內文中年、月、日一律以阿拉伯數字書寫，如：2011年3月21日。其餘人數、金額等數值皆以國字書寫。

五、人物稱呼：聖嚴法師皆稱聖嚴師父。其他法師若為監院或監院以上職務，則一律先職銜後法名，如方丈和尚果東法師、副住持果品法師。一般人員敘述，若有職銜則省略先生、小姐，如法鼓大學籌備處校長劉安之。

六、法鼓山各事業體單位名稱，部分因名稱過長，只在全書第一次出現時以全名稱呼，其餘以簡稱代替，詳如下：

法鼓山世界佛教教育園區簡稱「法鼓山園區」、「法鼓山總本山」

中華佛教文化館簡稱「文化館」

法鼓山社會福利慈善事業基金會（法鼓山慈善基金會）簡稱「慈基會」

法鼓佛教學院簡稱「佛教學院」

中華佛學研究所簡稱「中華佛研所」

法鼓山僧伽大學簡稱「僧大」

法鼓山社會大學簡稱「法鼓山社大」

法鼓山人文社會基金會簡稱「人基會」

聖嚴教育基金會簡稱「聖基會」

護法會北投辦事處簡稱「北投辦事處」

林邊安心服務站簡稱「林邊安心站」

七、檢索方法：本年鑑使用方法主要有四種

其一：了解法鼓山弘化運作的整體概況。請進入綜觀篇。

自〈法鼓山方丈和尚〉、〈僧團〉、〈法鼓山體系組織〉各篇專文，深入法鼓山弘化事業的精神理念、指導核心，及整體組織概況。

其二：依事件分類，檢索相關報導。

請進入實踐篇。事件分為四類，包括大普化教育、大關懷教育、大學院教育，及國際弘化，可於各類之首〈總論〉一文，了解該類事件的全年整體意義說明；並於「記事報導」依事件發生時間，檢索相關報導。

各事件的分類原則大致如下：

・大普化教育：

凡運用佛教修行與現代文化，所舉辦的相關修行弘化、教育成長活動。

例如：禪坐、念佛、法會、朝山、誦戒、讀經等修行弘化，佛學課程、演講、講座、讀書會、成長營、禪修營、教師營、兒童營、人才培育等佛法普及、教育成長，對談、展覽、音樂會、文化出版與推廣等相關活動，以及僧團禮祖、剃度，心六倫運動，法鼓山在臺灣所舉辦的國際性普化、青年活動等。

・大關懷教育：

凡對於社會大眾、信眾之間的相互關懷，急難救助以及心靈環保、禮儀環保、自然環保、生活環保等相關活動。

例如：關懷感恩分享會、悅眾成長營、正副會團長與轄召召委聯席會議等信眾關懷教育，佛化祝壽、佛化婚禮、佛化奠祭、助念關懷、心靈環保博覽會等社會關懷教育，以及海內外慈善救助、災難救援關懷，國際關懷生命獎等。

・大學院教育：

凡為造就高層次的研究、教學、弘法及專業服務人才之教育單位，所舉辦的相關活動。

例如：中華佛學研究所、法鼓佛教學院、法鼓大學、法鼓山僧伽大學等所舉辦的活動，包括國際學術研討會、成長營、禪修，以及聖嚴教育基金會主辦的「聖嚴思想研討會」等。

・國際弘化：

凡由法鼓山海外分院道場、據點等，所主辦的相關弘化活動、所參與的國際性活動；以及法鼓山於海外所舉辦的弘化活動等。

例如：美國紐約東初禪寺、象岡道場，加拿大溫哥華道場，以及海外弘化據點，包括各國護法會，以及各聯絡處及聯絡點等。各地所舉辦、參與的各項

活動。包括各項禪修、念佛、法會及演講、慰訪關懷等。

另有聖嚴教育基金會與美國哥倫比亞大學共同設立的「聖嚴漢傳佛學講座教授」，海外人士至法鼓山拜訪，海外學術單位至法鼓山園區參學等。

其三：依事件發生時間順序，檢索事件內容綱要。請進入大事記。

其四：檢索教學資源、成果，例行共修、例行關懷等相關資料統計或圖表。

請進入附錄，依事件類別查詢所需資料。

例如：大學院教育單位的課程表、師資簡介等。大普化教育單位所舉辦的法會、禪修、佛學課程之一覽，主要出版品概況等。國際會議參與情形以及海外弘化單位的例行共修概況等。

※使用範例：

範例1：查詢事件「第五屆大悲心水陸法會」

　　　方法1：進入實踐篇→大普化教育→於11月25日→可查得該事件相關報導

　　　方法2：進入大事記→於11月25日→可查得該事件內容綱要

範例2：查詢單位「法鼓佛教學院」

　　　進入綜觀篇→〈法鼓山體系組織〉一文→於大學院教育中，可查得該單位2011年的整體運作概況

範例3：查詢「法鼓山2011年各地主要法會概況」

　　　進入附錄→法鼓山2011年各地主要法會概況

2011法鼓山年鑑 目錄

46 實踐篇

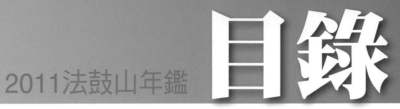

313 大事記

401 附錄

綜觀

法鼓山方丈和尚——2011年的果東法師

實踐理念　知福幸福

法鼓山自1989年創建以來，走過許多歷程，每個歷程，都是佛法的實踐。

2009年春天，聖嚴師父色身捨報，無疑是法鼓山史頁上最深沉的註腳。法鼓山僧俗四眾走過這個歷程，極其艱難，卻從不曾或忘師父的教導：法鼓山所做的每一樁事，均具有教育功能與關懷意義，即使師父的身後佛事，也是一場佛法的實踐，亦為法鼓山理念的深行。

兩年多來，理念實踐，成為僧俗四眾最深刻的一堂課。這堂課，歷經「心安平安」的2009年及「安和豐富」的2010年，當時序進入2011年，法鼓山整體的腳步，在穩健踏實之中，更添一分自信從容，如同年度主題「知福幸福」所彰顯的蘊涵。

為使團體凝聚共識，傳承聖嚴師父願心，方丈和尚果東法師年度四場精神講話，依次以「生命共同體」、「法鼓山的建設是什麼？」、「奉獻即是修行，安心即是成就」與「心靈環保，從團體內部做起」為題。看似個別獨立的主題，實則帶出理念實踐的軌跡，亦即：實踐須從團體共識開始，從明晰的理念認知法鼓山的價值，以心靈環保來安住身心，而所有實踐，則必須從團體內部做起。

在法鼓山三大教育的多元活動之中，處處可見方丈和尚對於共識的強調、理念的闡述、安住身心的心法，和期許四眾從自身做起的共勉，在實踐中深行法鼓山理念。

悲智人才　影響全世界

在三大教育之中，為法鼓山理念做基石的大學院教育，在這一年，屢屢締寫新頁，方丈和尚除了感動歡喜，也對道心的滋長，幾許期勉。

由法鼓佛教學院及中華佛學研究所共同主辦的「IABS國際佛學會議第十六屆大會」（XVIth Congress of the International Association of Buddhist Studies），6月在法鼓山園區舉行，時歷六天，共有全球三十多個國家、近六百位佛教學者與會，如此規模，改寫了IABS創會以來的歷史新頁。會議期間多次前往關懷的方丈和尚，在閉幕式中特別向與會學者分享，法鼓山除了是世界佛教教育園區，亦是漢傳佛教的禪宗道場，及體現

大乘佛法的觀世音菩薩道場，希望各國學者日後撥冗，專程體驗。

4月，法鼓佛教學院舉辦創校四週年校慶，方丈和尚致詞時期勉同學，在緊湊的學習生活中，要能保持身心安定，並且運用悲智和敬的校訓精神，落實心靈提昇。中國大陸第一所設置「法鼓人文講座」的北京大學，5月與法鼓大學籌備處舉行續約儀式，由方丈和尚及來臺訪問的北大校長周其鳳代表雙方締約。北京大學自2003年起成立「法鼓人文講座」，迄今八年，成果卓著。

2011年也是法鼓山僧伽大學創校滿十週年，對於聖嚴師父創建僧團的願心，方丈和尚念茲在茲，始終感念。8月，在求剃度者家屬參訪法鼓山的場合中，方丈和尚表示，僧伽大學是僧才孕育的搖籃，在多變流轉的現代社會，無論天災或是人為因素，常使社會動盪不安，因此更需要安定人心的人才，予以救濟。而法鼓山所要培養的出家人才，即是大慈悲、大智慧的大宗教家，以大悲願心影響全世界。

普及佛法 菩薩萬行

彰顯法鼓山理念教育特質的大普化教育，這一年顯得興盛蓬勃。對外代表法鼓山團體的方丈和尚，推動心靈環保理念，更是不遺餘力。

4月，方丈和尚榮獲泰國國會眾議院宗教藝術文化委員會頒贈「佛教傑出奉獻獎」，引起媒體注目。適逢民國建國百年，由文化建設委員會與建國百年基金會策畫的「百年感恩・世紀禮讚」新聞專輯，遴選聖嚴師父為百年來促進臺灣宗教發展的重要人士之一，為此專訪方丈和尚。方丈和尚表示，師父提出的法鼓山理念，是將佛法生活化、人間化，並以心靈環保為核心，讓佛法現代化，幫助現代人身心安頓。接受三立電視臺《大時代》節目採訪時，方丈和尚則分享，法鼓山提倡

方丈和尚在新春活動中，祝福大家安穩向前、踏實健全，邁向「知福幸福」。

全面教育，因此法鼓山園區不同於一般道場，是以世界佛教教育園區為願景。

在這「知福幸福」的一年，方丈和尚對於幸福提出諸多演繹，充分彰顯機智轉念的弘法特質。9月在人基會舉辦的「心世紀倫理座談會」中，方丈和尚與雲門舞集創辦人林懷民、宏碁創辦人施振榮對話「幸福」，指出幸福緣於少欲知足，若能進而提起利

方丈和尚（左三）與「心世紀倫理對談——開啟幸福的生命智慧」座談的與談人，包括法鼓佛教學院校長惠敏法師（右三）、心理學家鄭石岩（左二）、表演工作者陶晶瑩（左一），以及來賓教育部次長林聰明（中）、法鼓山人基會祕書長李伸一（右二）合影。

他之心，時時都有福。10月行腳北美舊金山，回應《世界日報》採訪則說道：「加減乘除，人生幸福。加是把一切人事物，當成修福修慧的資糧。減是時時提醒自己：需要的不多，想要的太多。乘是珍惜眾緣和合、眾人成事的因緣。除是除去種種煩惱、罣礙，將煩惱念轉為清淨念。」12月南下臺南，與十餘位成功大學教授一席對談，對於時興的「幸福指數」話題，方丈和尚表示，幸福是思惟、價值，也是行動力，勉勵眾人「把每個因緣都當成是修福修慧的資糧，便是幸福最大的保障。」

海內外各地道場的弘化推動，本年度則洋溢一股「學習風」。由普化中心開辦的聖嚴書院佛學班、福田班、禪學班，讓許多信眾歡喜重做學生，透過這些課程，不僅加深信眾對法鼓山的認識，對於接引初機及募人募心的道場建設，也有令人欣喜的成長。

談起團體發展、護法勸募及護法菩薩精進上課三者之間，方丈和尚表示，信眾的時間及人力，或可能重疊，但這並非選擇題，而是如何共相成就，成滿眾願。因而籲請大家多包容、多擔待，但若遇及法師人力暫時無法支援，請大家「抱願，不抱怨」，以耐心、關心、願心，等待因緣成熟。

行之多年，已然成為法鼓山年度盛事的「佛誕暨母親節感恩祈福活動」，5月在臺北國父紀念館廣場舉行，包括副總統蕭萬長伉儷、經濟部部長施顏祥伉儷等來賓在內，近兩萬人次參與。方丈和尚致詞時表示，母親節結合浴佛節，具有雙重感恩意義，前

者給予我們色身生命,後者則滋養法身慧命,同時期許大眾,將感恩心擴大至自然環境,讓人與人、人與環境之間,和諧平等。

連續第五年舉辦,蔚成四海信眾每年參赴共修的大悲心水陸法會,2011年各壇場參與人數超過四萬人次;也延續前一年網路共修的創新作法,將水陸法會「超越時空」的力量,賦予另一種意涵。在送聖儀式中,方丈和尚讚歎大眾精進共修的功德及網路直播的規畫,使水陸法會的影響更形無遠弗屆。對於不眠不休、協助法會順利舉行的萬行壇義工,則感恩他們無私的奉獻,示現漢傳佛教最重要的精神。

無私關懷 體現慈悲

法鼓山的三大教育,環環相扣,普化教育具有關懷的功能,關懷教育則寓有佛法的教育意義。

本年度震撼國際視聽的要聞,以3月日本東北大地震引發海嘯及核能事件為首,法鼓山除了立即捐款、捐贈物資之外,並於北投農禪寺舉辦三時繫念法會,透過總本山及各地道場視訊連線,為震災往生者超度及為災區民眾祈福。方丈和尚以聖嚴師父的開示指出,全球各地無論哪裡發生災難,都與每一個人息息相關,牽一髮而動全身,人人應當發揮人溺己溺的慈悲心,為災難救援貢獻一分心力。

八八水災災後重建工程,由法鼓山捐建的高雄市桃源區樂樂段、六龜區龍興段的永久屋工程,4月舉行動土儀式,方丈和尚致詞期勉大眾,利他即是利己,以感恩心、奉獻心共同重建家園。此外,9月落成的雲林古坑援建工程,方丈和尚也親自到場,為社區紀念碑舉行揭幔儀式。

對於普化及關懷教育參與至深的護法信眾,方丈和尚在期勉之中,有更多感恩。6月舉辦的護法體系共識營現場,方丈和尚感恩信眾在家庭、事業之餘,仍盡心盡力護法、弘法,大眾展現的悲願心令人感動。8月在法行會專題演講中,方丈和尚則道出自己的

方丈和尚在護法體系共識營中,感恩大眾奉獻與護持。

信心與感動，來自聖嚴師父，也來自護法信眾。「師父盡形壽、獻生命，分分秒秒為大眾奉獻，而護法信眾如同師父的分身，盡心盡力，使我感動，充滿信心，所以不斷發願學習、奉獻。」

方丈和尚出席各項活動關懷與會民眾。此場為「心劇團」於高雄巡演。

9至10月，在臺北、臺中、臺南及臺東舉行的新勸募會員授證典禮，方丈和尚則勉勵新發心菩薩，自己體驗法鼓山理念的好處之餘，為了把利益分享予人，更要不斷修學，修學佛法、護持佛法、弘揚佛法，三者可同時並行。

2011年的法鼓山，海內外各地道場也以同等豐沛的朝氣，成就心靈環保的道場。1月，臺中寶雲寺舉行動土典禮；10月，桃園齋明寺新禪堂落成。海外則有北美護法會安省多倫多分會、新澤西州分會及加州舊金山分會，皆由信眾發起購置新道場計畫。加州洛杉磯分會則在護法菩薩發心、眾善緣和合中，購置了新道場。

對於海內外道場的蓬勃發展，方丈和尚表示，有形的道場，是為成就眾人的菩提心道場。發揮大眾精進共修的功能，從法鼓山理念熏陶中得法喜，從觀念與方法的練習得身心自在，才是法鼓山道場最重要的價值。

海外關懷　處處佛菩薩道場

方丈和尚每年三次以上的海外關懷行，2011年到了北美兩趟，6、7月則到馬來西亞、新加坡及泰國等地關懷。方丈和尚的北美關懷行，上半年到訪紐約、加拿大多倫多及溫哥華，下半年則赴紐約、舊金山、洛杉磯關懷。

除了關懷信眾，方丈和尚的專題演講，向來深為海外各地所期待。5月在紐約東初禪寺，方丈和尚以「安於當下，活在當下，佛在當下」為題開示，期勉眾人建立正確的因緣因果觀，面對天災頻繁的社會環境，才不至恐慌憂懼。珍惜當下，開啟與佛一樣的慈悲心與智慧心，便是安於當下、活在當下。

在溫哥華道場舉行「生命的『起、承、轉、合』——知福幸福」講座，方丈和尚指出，尊重生命、莊嚴生命、淨化生命，以至圓滿生命，即是智慧生命的起承轉合；以

正向的心態扮演好自己的角色，知福、惜福，便有幸福。在馬來西亞鶴鳴禪寺舉行的「現代生活新倫理——心六倫」演講，方丈和尚則期勉眾人實踐「心六倫」的精神：「從心出發、盡責盡分、自利利他。」

有感於美國是法鼓山的發源地，10月在紐約象岡道場舉行的「北美護法會年會」中，方丈和尚勉勵大眾經常回到初發心，回到最初隨師父學佛、參與法鼓山的那份願心，用慈悲來關懷人、智慧來處理事，彼此和樂同生活，尊敬相對待，便是實踐法鼓山的理念，回歸於佛陀的本懷。

方丈和尚的「主張」

2月，就在聖嚴師父圓寂兩週年前夕，法鼓山連續第二年舉辦傳燈法會，以念師恩。在法鼓山園區、臺中、臺南及高雄舉行的四場傳燈法會，均由方丈和尚帶領大眾，承接象徵佛心師志的智慧明燈。方丈和尚與眾共勉，人人應發願以明燈照亮自己，同時傳承下去，這是對師父最好的報恩和供養。

聖嚴師父捨報已近三年，然而師父的理念與教法，始終領導法鼓山的成長。方丈和尚曾向四眾分享一則對話。有人問起方丈和尚，對法鼓山是否有所主張呢？方丈和尚毫不遲疑地回答，的確有所「主張」。這個「主張」，即是實踐師父提倡的法鼓山理念、精神、方針與方法，而僧俗四眾和樂共住，凝聚共識，共同推行法鼓山理念，讓淨土的理想在人間實踐。法鼓山僧俗四眾也會在方丈和尚的帶領下，共同響應與實踐，也希望有更多的人，共持同一「主張」。

在法鼓山園區舉行的傳燈法會上，由方丈和尚點燃主燈與引燈，承接象徵佛心師志的智慧明燈。

法鼓山僧團

踏實、健全　再向前

　　僧團在2011年，站在建僧三十年的基礎上，各項弘法人才齊備，教團組織制度健全、系統完備，不僅承持漢傳禪風，也承續創辦人聖嚴師父的悲心宏願，繼續前進。

　　在法務推廣上，除開發聖嚴書院福田班、禪學班外，更於網路開辦法鼓講堂，將佛法、成長課程透過網路傳送無界，與大眾同享聖嚴師父的智慧法乳。而僧才的養成，除藉由弘化活動，培育帶領人才；另一方面，為深化師父理念與思想之研究，僧團亦透過學術會議、研討會等，發表研究成果，期使僧團的弘化發展，開創出學術的厚度。

　　現以組織發展、法務推廣、僧眾教育、道場建設、國際參與等五面向，介紹如下：

組織發展

　　儘管聖嚴師父已捨報圓寂，然而其生前所提出的理念、精神、方針、方法，完整而嚴謹，清楚的願景目標，具體的實踐步驟，更賦予教團一清晰的使命，即是：「以心靈環保為核心，弘傳漢傳禪佛教，透過三大教育，推動世界淨化。」

　　在組織發展方面，僧團的決策機制，共分為四個會議，分別為：僧務綱領執事、僧務聯席執事、宗務綱領執事、宗務聯席執事等會議。四個會議分別決策不同層級和領域的事項，例如：僧務綱領執事會議，為決策僧團總本山事務運作；僧務聯席執事會議，是與海內外各地分院監院，共同決策有關僧團弘化法務運作；宗務綱領執事會議，則是僧團最高的決策會議，決策法鼓山整體政策、組織發展及營運方向。

　　另一教團最高會議宗務聯席執事會議，成員包括宗務綱領執事會議的成員，再加上各獨立事業體的最高行政主管，議決有關各事業體、護法會團體系之發展方向及經營策略等討論。例如，過去每年的主題年，原本由創辦人提出年度方針，帶領教團為社會注入新的思惟，現在則改為僧團透過組織機能及決策蘊運而生，例如：2010年的「安和豐富」、2011年的「知福幸福」，即是透過各層級會議提出，所選用的是聖嚴師父生前所留下的書法，文義內涵是一份祝福，也是一份叮嚀，更是心靈環保的實踐。

　　另外，每年的年度發展目標，亦在僧團的帶領下，開啟由全體系共同研議發展目標

和策略。2011年在僧團的規畫下，分別邀請全體專職、護法悅眾代表、僧眾代表等，多次研議討論，凝聚法鼓山長遠發展的共識。

法務推廣

懷抱著師恩，隨著聖嚴師父的悲願、弘化步履，僧團於法務的研究與發展上，不斷開發與創新，期使為傳統佛教注入新思惟，讓漢傳佛教具時代性、實用性、適應性。

例如在法會方面，大悲心水陸法會自2007年開辦以來，每年在籌備小組的研議下，總是不斷為當代佛教徒提供更多的教育和關懷功能；2011年更首創「網路直播共修」，全球各地大眾可透過無國界的網路，與法鼓山上的十壇壇場、焰口法會、送聖法儀等同步修持。本年除了有四萬人次參與現場法會外，網路上則有四十一個國家、超過四十四萬人次的上網點閱數，將水陸法會「超越時空，線上祝福」的精神無限延伸。

禪修推廣上，包括傳燈院2011年在全臺各地開辦多場「Fun鬆一日禪」、「舒活禪一」、親子禪、禪修護照，以及假日禪二，引導學員運用假日，在動中有靜的放鬆中體驗禪味，讓禪修成為現代人假日最佳的休閒與修行；本年禪修中心也致力於各級禪訓班的研發，並結合各分支道場、義工講師共同推廣禪法，並針對初級禪訓班結業學員，規畫「禪訓班同學會」，提供分享交流的園地，透過法師和學長的解惑釋疑，接引學員不間斷地朝修行方向精進同行。而禪堂亦首度結合教理課程與禪修體驗開辦「禪修教理研習營」，本年度以「中觀思想」為課程主軸。

另一方面，以「心靈環保」為核心理念的階次性佛學課程「聖嚴書院」，自2007年開辦以來，深獲回響，可說建立了法鼓山學習系統。因此，從2007年開辦「佛學班」、2010年開辦「福田班」，2011年更開辦「禪學班」，構築完整的禪修學習；福田班在本年更擴展至海外，先後於香港、美國、加拿大開課。

此外，普化中心統合法鼓山數位學習網、法鼓講堂線上直播課程，改版升級的「心靈環保學習網」，於1月1日正式上線，提供實體、線上課程的整合查詢，將法鼓山的佛法學習資源與全球大眾分享。

僧眾教育

每年一度的僧眾結夏，是僧團僧眾精進修行的活動。每到結夏，海內外各地分院、各單位執事法師，都齊聚法鼓山上，全體僧眾共聚一堂，沉澱身心、精進共修、凝聚向心力，為弘法利生法務再向前。本年6月6日至7月1日的結夏，全程以精進禪修為主軸，共分一期禪十、兩期禪七，邀請聖嚴師父法子繼程法師帶領。

而為了培養領執僧眾的關懷能力與內涵，僧團於2011年5月舉辦臨終關懷課程，教授臨終關懷的意義，主法、法器板眼的執掌，以及金山環保生命園區的植存意義等；6月

的法會培訓課程，則是進行焰口唱誦及法器執掌教學，以深化梵唄的內容意義。

道場建設

2011年，法鼓山有多處道場進行工程建設，其中桃園齋明寺新禪堂於10月落成；進行中的建設有：北投農禪寺、桃園齋明別苑、臺中寶雲寺；海外則有洛杉磯道場設立。

重建的農禪寺自2010年5月舉行「水月道場動土大典」後積極建設，預計於2012年底落成；建設中的齋明別苑，為一地下一層、地上四層的建物，規畫了佛堂、禪堂、教室、多功能空間等。而齋明寺新禪堂、寶雲寺、洛杉磯道場的建設，在2011年則有階段性里程，重點說明如下：

桃園齋明寺新禪堂

齋明寺新禪堂於10月15日落成啟用。齋明寺從古蹟修復，到現今圓滿禪堂落成啟用，可說是傳統與現代的和諧並存、相互輝映。而新禪堂的啟用，為桃園地區增添了一處禪修與心靈環保的新據點；此為一處兼具法會、禪修、會議及教育等多功能的修行空間，對於漢傳禪法在桃、竹地區的推廣，具有重要意義。

臺中寶雲寺

將做為法鼓山中部「教育中心」基礎地的「寶雲寺」，於1月9日上午舉行動土大典，正式啟建，象徵法鼓山在中部地區的弘法工作又向前邁進一步。新建的寶雲寺為一棟地上十二層、地下四層的都會型建築；於分院原址啟建的寶雲寺，興建期間，各項法務和課程將於臨時分院持續推動。

洛杉磯道場

北美護法會加州洛杉磯分會在當地護法信眾、海內外僧俗四眾共同成就下，2011年購入位於艾爾蒙地市（El Monte）、一座具有近五十年歷史的建物，此處將成為洛杉磯分會的新道場。新道場地處精華區，交通便利，共有五棟建築物，主建築物可容納約四百人，其他尚有教室、中小型集會、大寮、齋堂等空間。

洛杉磯分會並於8月28日地藏菩薩聖誕日，舉辦啟建新道場地藏法會，積極籌募建置經費，期望在美國西岸有一個立足西方社會的漢傳禪佛教道場。

國際參與

2011年最盛大的參與，莫過於出席「IABS國際佛學會議第十六屆大會」（XVIth Congress of the International Association of Buddhist Studies）。此一堪稱是佛學奧林匹克佛學會議，具有三十多年歷史，聖嚴師父亦是創始會員之一；本年僧團主動提報了十

大悲心水陸法會圓滿時，僧團法師領眾共同發願，為成就娑婆世界、人間淨土，不斷精進努力。

餘篇論文，在會中分享在漢傳佛教、佛學資訊系統、漢傳禪法、心靈環保等領域的研究成果，這些也是師父多年來致力於佛教教育、推動漢傳佛教國際化的成果展現。

僧團在會中參與的研究討論內容，還包括僧團副住持果暉法師代表法鼓佛教學院，針對漢傳禪法進行深入探討；中華佛研所所長兼佛教學院研修中心主任果鏡法師，將聖嚴師父的禪法與觀音耳根圓通法門進行連結，讓與會學者了解漢傳禪法的圓融及多元性；僧團法師則由僧大副院長果光法師帶領，探討「心靈環保：略探禪佛教與佛教倫理」專題，並參與討論「重新檢視聖嚴法師的禪修、學術研究及對大乘經典的詮釋」專題，讓國際學者對師父的禪法、心靈環保有更整體的認識。

此外，2011年僧團亦把握各場學術會議及研討會的因緣，投入聖嚴師父思想及教團之研究，並分享心靈環保的理念，包括5月12至14日第八屆聯合國衛塞節國際佛學會議（The International Buddhist Conference），由果暉法師、果鏡法師出席；5月14至16日中國大陸「趙州禪、臨濟禪、生活禪學術研討會」，由常諗法師等代表參加；而全球婦女和平促進會（GPIW）、波那維亞基金會（Purna Vidya Trust）在9月6至11日，於印度舉辦的「氣候變遷的內在面向青年會議」，僧團則派青年學僧常藻法師、常鐘法師出席。

結語

一個組織的發展必須建立在社會的需要之下，法鼓山成立二十多年來，即是扮演著社會生活教育及思想啟蒙的角色。在聖嚴師父捨報後，僧團本著師父一向強調開創的理念，在既有組織基礎之上，開創新的局面；同時，也在人才培育、組織發展上再努力，和合團結地承師法教，全方位履踐弘願度生的悲願，開展出法鼓山創新的未來。

法鼓山體系組織

法鼓山體系組織概況

　　持續弘化步伐，法鼓山體系組織在2011年，以僧團為核心，在僧俗四眾齊心努力下，具體推廣事項含括「三大教育」——大普化、大關懷、大學院三個面向，由僧團法師、專職及義工人員秉其專業，同心協力，接引大眾在學佛路上歡喜同行。

　　以下分別就大普化、大關懷、大學院、護法會團、相關基金會及服務中心、支援運籌行政中心等六個體系，在2011年的主要工作內容及例行活動，進行重點概述。

一、大普化體系

　　為了普及佛法對社會人心及風氣習俗的淨化功能，大普化教育體系整合、運用漢傳佛教的修行方法和現代化的文化活動，包括禪修、法會、講座、課程，以及文字、音聲、影像的出版，分享佛法的法益。目前大普化體系下有：寺院、禪修中心、普化中心、文化中心及國際發展處。

（一）寺院

　　法鼓山海內外各地的寺院道場，在臺灣計有十二個分寺院、四個精舍，包括法鼓山世界佛教教育園區（總本山）、北投中華佛教文化館、農禪寺、雲來寺、臺北安和分院、桃園齋明寺、臺中分院、南投德華寺、臺南分院、臺南雲集寺、高雄紫雲寺、臺東信行寺，及臺北中山、基隆、臺南安平、高雄三民等精舍；在海外部分，包括美國紐約東初禪寺、象岡道場，加拿大溫哥華道場及馬來西亞道場。

1. 國內部分

　　在園區方面，全年活動不斷，大型活動為2月期間規畫的新春系列活動，包含除夕彌陀普佛及聞鐘聲祈福法會、元宵燃燈供佛法會等，內容充滿法味、同時兼具知性、趣味性；接續的是「傳心燈・起願行」傳燈法會，大眾藉由傳燈、發願，緬懷聖嚴師父的教澤，延續師父的法身慧命。

　　6月法鼓佛教學院於園區主辦的「IABS國際佛學會議第十六屆大會」（XVIth Congress of the International Association of Buddhist Studies），有來自全球三十多國、近六百位佛

教學者，共發表五百
多篇佛學論文，促進
了臺灣佛教學界與世
界佛教學者的交流。

此外，園區並舉行
第十六屆佛化聯合婚
禮、第十六屆在家菩
薩戒會、剃度大典、
第五屆大悲心水陸法
會等活動，及每週六
的念佛共修、每月一
次的大悲懺法會等例

法鼓山園區每年舉行各項法會共修，此圖為大悲心水陸法會期中的藥師壇。

行共修活動；另有不定期來自海內外的各機關團體前來修學、參訪，體驗法鼓山的禪
悅境教。

而其他各分院道場，主要則是藉由法會、共修的舉辦，從事佛教教育、文化與社會
關懷。規模較大者，如農禪寺與臺中分院的梁皇寶懺法會，分別有逾四萬及七千人次
的參與；桃園齋明寺於春秋兩季舉辦的報恩法會，共有四千多人次參加。其他每週例
行舉辦的禪坐、念佛共修，每月的大悲懺法會、地藏法會、觀音法會、禪一等活動，
也提供大眾深入持咒、誦經或禪修的修行法門。

另一方面，為了普遍接引社會大眾，各地分院道場也根據地區特性，規畫別具特色
的多元化活動，如農禪寺的「學佛Fun輕鬆」課程，由護法會各會團悅眾帶領新皈依弟
子認識各項修行活動；安和分院的禪藝推廣課程，提供都會人士輕鬆學佛的管道；臺
中分院的「故事花園」課程，帶領孩子們打坐、聽故事，家長們同時展開互相交流、
分享的「心靈茶會」；臺東信行寺的「禪悅四日營」，則是結合修行與休閒的禪修活
動，引領現代人體驗放鬆與放下身心的自在。

2. 海外部分

海外道場方面，包含北美地區的美國紐約東初禪寺、象岡道場、加拿大溫哥華道
場，與亞洲地區的馬來西亞道場；2011年四地道場均在安穩踏實的步履中，擊法鼓、傳
法音，讓心靈環保的理念在全球扎根。

（1）北美地區

東初禪寺的全年定期共修，除了以中文進行的念佛、禪坐、法會、佛學課程之
外，為接引西方大眾，也開辦以英文講授的禪坐共修、禪訓班、英文佛學研讀會及
一日禪，其中多場禪修活動，並邀請了聖嚴師父的西方弟子南茜‧波那迪（Nancy

Bornadi）、哈利‧米勒（Harry Miller）等人帶領。

而在行之有年且備受歡迎的「週日講座」上，東初禪寺安排多場講經活動，分別由住持果醒法師講授〈寶鏡三昧歌〉、〈參同契〉、「默照禪——話頭禪與《楞嚴經》」，監院常華法師主講「八正道」及果祥法師弘講《心經》等；為接引西方眾學佛習禪，也邀請聖嚴師父的西方法子吉伯‧古帝亞茲（Gilbert Gutierrez）主講「以默照參透心性」，比爾‧賴特（Bill Wright）主講「十二因緣」、「佛陀之三身」，哈利‧米勒主講「執著——如何認知？如何處理？或不處理？」等。

北美護法會年會於象岡道場舉辦，北美地區悅眾齊聚探討弘法的契機與突破。

以禪修為主要活動的象岡道場，2011年共舉辦了十場禪一、五場禪三、一場禪五、兩場禪七，以及四場禪十，其中除由常住法師帶領外，亦分別邀請聖嚴師父法子繼程法師帶領一場精進禪十，賽門‧查爾得（Simon Child）帶領一場默照禪十與西方禪五，查可‧安德列塞維克（Zarako Andricevic）帶領一場話頭禪七；另外，為接引西方青年人體驗禪法，也分別於4月及8月間各舉辦一場青年禪三。

此外，10月底「2011北美護法會年會」於象岡道場召開，共有來自多倫多、溫哥華、洛杉磯、舊金山、芝加哥等地一百二十多位東西方悅眾齊聚，探討未來北美弘化的發展方向。

北美加拿大的溫哥華道場，持續舉辦多元的弘化活動，在禪修推廣上，除了中英文禪坐共修、初級禪訓班、禪一、「觀身受法」禪修活動等，均獲得廣大回響，2011年也舉辦兩場禪七，分別是4月由監院果舟法師帶領的默照禪七、7月僧大副院長果光法師帶領的話頭禪七，引導禪眾體驗精進禪法。

法會活動方面，包括每週一次的念佛共修、每月一次的菩薩戒誦戒會與大悲懺法會；並因應華人習俗，於4月清明時節舉辦清明地藏法會，5月母親節暨佛誕節舉辦浴佛法會，8月中元節則有中元慈悲三昧水懺法會等，以精進共修傳達虔誠心意。

秉持落實整體關懷的理念，2011年持續辦理少年生活營及鼓隊、法器、合唱團練習、健康講座等活動，並舉辦系列佛學講座，包括果徹法師弘講《四十二章經》、常惺法

師主講「中國佛教史」；在5月前來巡迴關懷的方丈和尚果東法師，則主講「生命的起、承、轉、合」，並進行佛法開示、出席關懷聯誼會、主持皈依典禮；6月普化中心副都監果毅法師主講「聖嚴法師禪法的層次化教學」；7月果光法師宣講「漢傳佛教禪觀」等。

6月並開辦聖嚴書院福田班，培訓義工，內容包含介紹法鼓山團體、理念的整體課程，且側重實務體驗，引導學員以清淨的身、口、意將佛法落實於生活中。

設於海外的紐約法鼓出版社，除持續每季定期出版英文《禪》雜誌（*Chan Magazine*），同時進行有關聖嚴師父英文紀念文集《茶話》（*Tea Words*）的編輯作業。

（2）亞洲地區

馬來西亞道場2011年的定期共修活動，包括中英文禪坐、念佛、合唱團練唱及菩薩戒誦戒會，另有禪修、法會、多元成長活動等。

在禪修方面，全年舉辦多場中英文初級禪訓班、禪一及初級禪訓班學長培訓課程。5月的「禪與自在禪修營」，由青年院監院果祺法師帶領青年學子體驗漢傳禪法的活潑自在；6月首辦中英禪五，由禪修中心副都監果元法師引領禪眾學習放鬆身心、安頓身心。

法會活動上，包括年初的新春祈福、緬懷師恩的傳燈法會，另有觀音法會、清明報恩大悲懺、浴佛法會、地藏法會等；7月底則舉辦「水陸法會宣講員海外培訓」說明會、「水陸分享會」，由三學院監院果慨法師分享法鼓山水陸法會的理念，將漢傳佛教的修行法門推廣於海外。

成長課程方面，1、2月及6月，在監院常慧法師帶領下，進行了三場義工成長活動，內容包括禪坐共修、「心五四」理念介紹、法鼓八式動禪教學及生活佛法分享等；3月的梵唄研習課程，由臺東信行寺監院果增法師講授梵唄的意義與內涵。

5至9月期間，馬來西亞道場與《星洲日報》合辦「與自己的生命相約」安寧療護課程，共八場，分別邀請來自臺灣的安寧療護專家宗惇法師、臺大醫院家庭醫學部主治醫師姚建安、臺灣大學護理學系副教授胡文郁、彰化師範大學輔導與諮商學系助理教授黃鳳英及當地專業醫師群，分享為安寧病人服務多年的經驗，藉由全方位關懷的生命教育，協助大眾找到生命真諦。

為了籌募道場的建設基金，馬來西亞道場於10月舉

在馬來西亞道場舉辦的「傳法擊鼓、我願無窮」千人晚宴上，合唱團演唱佛曲，傳唱法音。

辦「傳法擊鼓、我願無窮」千人晚宴，號召大眾共同護持，以接引更多當地人士接觸佛法、認識法鼓山的理念，關懷中心副都監果器法師、國際發展處監院果見法師，也自臺灣前往關懷。

（二）禪修中心

禪修中心為法鼓山主要的禪修推廣單位，其下設有禪堂（選佛場）、傳燈院、三峽天南寺、青年發展院、禪修研教室等，除將禪修活動系統化、層次化，並研發各式適合現代人的禪修課程，讓更多人藉由禪修，達到放鬆身心、提昇人品。

1. 禪堂

以舉辦精進禪修活動為主的禪堂，於2011年主辦的禪修共有十八場，內容如下：

類別	初級禪訓營	禪二	中階禪七	默照禪七	話頭禪七	話頭禪十	中英初階禪十四	默照禪十四	初階禪三十	禪修教理研習營
場次	2	3	1	3	3	1	1	1	1	2

2011年首次舉辦者包括初級禪訓營、禪修教理研習營。其中，兩場初級禪訓營每次為期五天，內容包括兩日的初級禪訓密集班及三日禪修，引導初學禪者完整研習並運用基礎禪修方法，期能擴大與社會大眾分享禪悅法喜；而兩場結合教理課程與禪修體驗的「禪修教理研習營」，除了維持原有的禪七作息模式，每天並安排由法鼓山僧伽大學助理教授果徹法師主講中觀學派的基本精神，以及分享生活應用，讓佛法與生命結合，修行更踏實。

為了接引西方人士修學漢傳禪法，3月下旬展開中英初階禪十四，為便利禪眾參與，禪期分為兩梯次舉辦，分別由僧團常義法師、僧大學僧常鐘法師帶領，持續帶動漢傳禪法的國際化。

2011年的話頭禪十於2月展開，邀請聖嚴師父法子果如法師指導；5月禪堂在三義DIY心靈環保教育中心舉辦初階禪三十，包括四梯次的禪七，分別由常啟、常捷、常越、常地法師帶領，共有近三百三十人次參加；三場話頭禪七在6、10月展開，分別邀請聖嚴師父法子繼程法師、果如法師指導；默照禪七則於6月舉辦，邀請美國佛羅里達州立大學（Florida State University）宗教系助理教授俞永峰帶領。

禪堂也協辦體系內各單位的禪修課程，例如：百丈院義工初階禪七、專案祕書室「自我超越禪修營」，以及佛教學院、僧伽大學的期末禪七等。

2. 傳燈院

傳燈院以推廣禪修為主要任務，並接受各公司機關團體之邀，帶領各項禪修課程。

除了舉辦具完整研習基礎禪修方法的初級禪訓密集班、初級禪訓班二日營，2011年傳燈院於法鼓山園區、北投雲來寺、德貴學苑開辦多場「Fun鬆一日禪」與「舒活禪一」，引導初學者在動中有靜的放鬆中體驗禪味；也在三義DIY心靈環保教育中心舉辦

五場禪二，提供禪眾進一步深入禪法。

4月，舉辦「動禪成長營」，由佛教學院副校長杜正民講授「動禪心法與大乘禪觀──『法鼓八式動禪』經教與應用系列」課程，帶領學員深入認識動禪心法的學理。11月美國紐約東初禪寺住持果醒法師在三義DIY心靈環保教育中心帶領生活禪，指導學員將禪法運用在行住坐臥中。

2011年傳燈院針對初級禪訓班結業的學員，首辦「禪訓班同學會」，讓禪修初學者有一個交流禪修體驗的園地，再透過法師和學長的引導，解惑釋疑，幫助修行更得力。

為接續禪眾的學習動力，傳燈院也在2011年正式規畫「中級禪訓班課程」，經過4、5月間在護法會新莊辦事處舉辦三場小型試教後，6月在三峽天南寺舉辦大型試教，由禪修中心副都監果元法師帶領，共有近九十位具禪修基礎的學員參加，朝精進修行方向前進。

2011年外部機關團體申請的禪修教學，以「禪修指引」、「法鼓八式動禪」為主，包括南投地方法院、臺北護理健康大學、愛普生科技股份有限公司等十所單位；也為基隆市議會規畫三日禪修營，並應邀為東華大學教職員進行初級禪訓密集班教學。

為了將漢傳禪法推廣給更多社會大眾，傳燈院持續培訓師資與義工，包括法鼓八式動禪（坐姿）講師培訓、初級禪訓班輔導學長培訓、禪修義工內外護培訓，以及禪修助理監香培訓、法器培訓等；並於2月正式成立「護燈組」，為護持禪法、推廣禪修的義工組織，全年度總計護持三十四場禪修活動，接引近兩千七百位學員。

3. 天南寺

三峽天南寺的例行共修活動，以禪修推廣為主，包括每週一次的禪坐共修、每兩週一次的念佛禪共修，以及每月一次的《金剛經》共修、念佛禪一等。2011年並舉辦五次禪二、兩次初階禪七；9月僧伽大學的期初禪七，亦首度於天南寺舉行。

天南寺以推廣禪修為主，此為9月舉辦的月光法會，帶領民眾共同體驗月光禪。

法會方面，除了清明地藏法會、浴佛法會之外，4月1至2日並舉辦慈悲三昧水懺法會，透過精進拜懺，淨化身心。

9月，天南寺舉辦中秋晚會，除樂音演奏，青年院監院果祺法師也帶領進行月光禪，讓民眾體驗耳根覺受與清涼法喜的月光夜。

青年院舉辦「青年卓越營」，近千位來自全球各地的青年學子，一起在暨南國際大學啟動夢想。

4.青年發展院

青年院呼應法鼓山年輕化的發展方向，服務對象以十八至三十五歲青年為主。2011年大型活動為「青年卓越營」。

自2006年開始舉辦的「青年卓越營」，2011年邁入第十屆，往年皆是在法鼓山園區舉行。為達成聖嚴師父舉辦千人營隊、接引年輕人親近佛法的理想，本年青年院首次在南投暨南國際大學舉辦冬季、夏季青年卓越營，主題分別為「啟動夢想」、「勇氣出發」，並展開共六場「名人有約」座談，共有一千三百餘位來自臺灣、中國大陸、香港、馬來西亞、新加坡與美國的青年學子參與。五天的課程主要以聖嚴師父的教法做延伸，期望引導學員透過禪修與佛法的分享，反思生命的真義。而多位參與卓越營的暨南大學學生，也自發性在校園內成立「法青會」學生社團，延續純真與覺醒的力量。

（三）普化中心

做為大普化體系的一環，普化中心其下設有信眾教育院、活動組、數位學習組等三個單位，除規畫研發、整合信眾與社會大眾的學佛服務，還開發多元豐富的相關課程及活動，如各式師資培訓、讀書會帶領人、心靈茶會等，以期深入社會各層面的佛學教育推廣。

佛學課程方面，聖嚴書院佛學班「初階班」、「精讀班」、「專題班」，各班三年六學期學制，2011年共新開十五班，總計六十四班，有五千一百多位學員參加；地區弘講包括佛法概論、戒學、定學、慧學等課程，共九班，學員人數近九百人。

2011年，為協助禪眾圓滿禪學領域的學習，聖嚴書院新開辦「禪學班」，共三學年，完整學習禪修的教理與法脈，首期課程共有一百二十多人參加。

另一方面，備受好評的聖嚴書院福田班，在2011年，腳步遠渡重洋，5月首度在香港開辦，6月則在美國加州洛杉磯、舊金山與加拿大溫哥華等地開課，為了協助開班，副都監果毅法師親自前往各地區，為海外學員進行整體介紹；在臺灣，全臺新開班次計十班。

為了協助海外福田班順利開課，5月於北投雲來寺舉辦四場「聖嚴書院福田班關懷員培訓」課程，由果毅法師透過視訊分別與香港分會、北美護法會加州洛杉磯分會及舊金山分會、加拿大溫哥華道場進行教學。

而為了延續福田班學員有次第地不斷學習，結業後還能夠互為善知識，普化中心10月以「提放自如的智慧」為主題，於北投雲來寺舉辦首次同學會，共有二百三十八位結業學員，延伸學習熱力，相聚再充電。

心靈環保讀書會截至年底，共成立七十六個讀書會，遍布全臺各分院道場、護法會辦事處及公私立機關團體，皆由讀書會培訓課程的結業學員帶領。而為培養讀書會帶領人種子學員，2011年舉辦了四場共學活動帶領人培訓課程、一場「讀書會大會師」活動，以提昇讀書會品質。

「心靈環保學習網」也於2011年升級改版，1月1日正式上線。統合原有數位學習網、法鼓講堂線上直播課程，全新的「心靈環保學習網」內容除了實體、線上課程的整合查詢，還加入了生命教育、臨終關懷課程，將法鼓山的佛法學習資源廣與全球大眾分享，也展現法鼓山數位弘法的活潑與實用。

全臺共有七十六個心靈環保讀書會，圖為內湖地區的讀書會。

（四）文化中心

文化中心為法鼓山主要的文化出版、推廣單位，其下組織設有專案規畫室、文化出版處、營運推廣處、史料編譯處等，透過專業分工，戮力於佛教文化的深耕工作。其中，文化出版處下設有叢書部、雜誌部、文宣編製部、影視製作部、產品開發部；營運推廣處下有行銷業務部、通路服務部、客服管理部；史料編譯處下有史料部、國際編譯組。對外出版單位為法鼓文化。

叢書部2011年出版品共計三十三種，包括書籍二十九種、生活用品（普及版鈔經本）兩種、影音產品一種、桌曆一種。其中，聖嚴師父的著作共計出版十種，包括聖嚴師父晚年重要開示集結成書的《我願無窮——美好的晚年開示集》，舊作重新整編的《三十七道品講記》、《菩薩行願——觀音、地藏、普賢菩薩法門講記》、《佛法綱要——四聖諦、六波羅蜜、四弘誓願講記》，譯自英文原著的《虛空粉碎——聖嚴法師話頭禪法旨要》、《心在哪裡？——聖嚴法師西方禪修指導》，以及改編自《聖者的故事》的兒童故事書《神奇的禮物——佛陀弟子故事集》，這些書籍體現出聖嚴師

父著作的多樣性，能適應不同時代、不同讀者的需求。

為推廣素食，法鼓文化在本年度持續出版素食食譜，包括有《幸福餃子館》、《點心共和國》、《今天吃麵》及《時尚蔬食》等四種，提供素食者多元化的飲食參考。

鈔經一直是許多人修行正心的方法之一，法鼓文化繼先前推出的「祈願鈔經系列」之後，又推出了「平安鈔經系列」，期能以方便實用的出版品，鼓勵眾人鈔經。

2011年也出版了聖嚴師父法子繼程法師的三本著作，分別為《日日好日》、《船到橋頭》及《練心工夫》，為禪修者提供了清楚明晰的修行指導。

此外，大智慧系列推出了生活環保重量著作《新好生活──簡單過、快樂活的幸福法則》（*The New Good Life*），提供現代人「以更少活得更好」的實用新生活觀。

法鼓文化2011年出版新品三十三種。

雜誌部於2011年出版十二期《法鼓》雜誌（253～264期）、十二期《人生》（329～340期）雜誌。本年《法鼓》雜誌進行部分改版，除了每版刊頭調整設計，因應信眾教育的發展和需求，253期起新增「心靈成長」版，內容包括：聖嚴書院佛學班、福田班、禪學班開課與結業報導、學員心得，以及傳燈院、關懷院、各地分院等開辦的課程與活動，還有「心靈環保學習網」的最新課程介紹、讀書會的故事等固定專欄，透過深入的採訪報導、心得分享，邀讀者感受每一顆在法鼓山成長的歡喜心靈，並一同加入終身學習的行列。

由法鼓佛教學院、中華佛學研究所主辦的「IABS國際佛學會議第十六屆大會」，是法鼓山本年度的重要盛事，《法鼓》雜誌從257期起，即開始報導有關「IABS第十六屆大會」的各項訊息，並於258、259、260期分別以半版至整版的篇幅，完整報導國際佛學界四年一度的大事，也為這場會議留下豐富紀錄。

方丈和尚果東法師每年至全球各地的巡迴關懷，是法鼓山信眾所關心和期待的事，2011年於259、260、264期，皆以大篇幅報導方丈和尚在北美、東南亞的關懷活動，260期開始，並增加「方丈和尚會客室」專欄，讓信眾感受方丈和尚在不同場合的智慧開示，以及溫馨、發人深省的會客小故事。

深入報導的重要大事，還包括：「臺中寶雲寺動土」（254期）、「法鼓傳燈日」（255、256期）、「一行禪師來訪」（257期）、「法鼓佛教學院成立博士班」（260期）、「心世紀倫理對談」（262、263期）、「齋明寺禪堂落成啟用」（263期）等。

　　2011年，《人生》雜誌持續以漢傳禪佛教修行結合佛法生活化為編輯出版方針，企畫經典導讀與四大菩薩系列專題，並從佛法觀點詮釋當代社會議題，涵蓋佛教修行、現代生活、社會人文等三大類。佛教修行類專題，2月號（330期）出版「有願，有幸福」，3月號（331期）「如實信解《藥師經》」，9月至12月（337～340期）介紹四大菩薩，分別為「文殊菩薩的五堂智慧課」、「地藏菩薩的五個寶藏」、「普賢菩薩的五大修行導航」、「觀音菩薩的六大慈悲密碼」，從菩薩本願、修行法門、信仰弘傳、造像演變，以及對現代社會的影響等面向，以「小百科」形式呈現四大菩薩悲智願行精神，引導讀者學菩薩、做菩薩。

　　此外，為貼近現代人的需要，《人生》雜誌亦從佛法觀點詮釋當代社會議題，如：1月號（329期）「養心要素　禪食當下」、4月號（332期）「佛法怎麼看世界末日？」、6月號（334期）「口頭禪，有意思」、7月號（335期）製作「就是要新好生活」等專題，都是秉持切合社會脈動，以佛法關懷世間的角度出發。社會人文方面則有5月號（333期）「字裡禪機　一行禪師、聖嚴法師『禪的對話』」，8月號「佛學奧林匹克 IABS在法鼓山」等專題。

　　《人生》雜誌專欄聚焦於人文關懷、佛教藝術、佛教動態、佛學新知介紹，「遇見西洋僧」報導一位西方出家僧侶的心路歷程、「禪味點心坊」示範低碳素食與創意點心、「巨浪迴瀾」介紹明清佛門人物群像及其藝文風華、「佛法關鍵字」從梵文文法與語意解析，認識佛法本質。而國際視窗、法相萬千、特別報導、焦點話題等專欄，則為讀者即時報導教界動態與國際弘法動向。

　　主要接受法鼓山體系各單位委託，製作各類文宣品、結緣品的文宣編製部，2011主要出版品包括《2010法鼓山年鑑》、《金山有情》季刊（35～38期）、《法鼓佛教院訊》季刊（15～18期）、法鼓山《行事曆》等。

　　另一方面，廣受歡迎的《大智慧過生活》校園版套書，文宣編製部於2011年進行全新改版，以「心五四」、「心六倫」等理念為內涵，企盼在校園播下菩提種子，讓佛法智慧深耕。2011年全臺共有三百六十所學校提出申請，總發行量逾二十一萬冊。

　　影視部2011年自製影片，包括《法緣與道情——聖嚴法師與一行禪師的大師對話》、《心世紀倫理對談》、《齋明遍照——齋明寺禪堂落成啟用典禮》等十四部影片；也接受相關單位委託，製作《法華經》、《地藏經》、《楞嚴經》等數位課程，共二十多支教學影片。於網路電視方面，2011年進行網頁改版、法鼓山大型弘法關懷活動的網路直播；也安排VOD隨選視訊，社會大眾可依個人喜好「隨選隨看」，不受播放權限、時間的約束，了解並參與法鼓山各項弘化活動。

　　商品開發部也開發環保用品、生活飾品、解禪食品等各類產品，包括聖嚴師父墨寶復刻原木掛飾、禪修用品、御守吊飾等，共八十一項新品，引領大眾以佛法豐富生活

的日用。

國際編譯組2011年除翻譯聖嚴師父自1979至1985年期間，在美國所做的二十四篇禪修開示，出版《心在哪裡？——聖嚴法師西方禪修指導》及精選師父在世界各地，針對心靈環保、地球永續、心六倫等議題進行的演說及開示，出版英文版結緣書《二十一世紀佛教生活觀》（*Living in the 21ˢᵗ Century: A Buddhist View*）、《心六倫》（*The Six Ethics of the Mind*），也針對《法鼓全集》展開英譯工作，希望與西方人士分享師父的思想智慧。

史料部2011年於園區開山紀念館設置「眾願和合　共擊法鼓」新展區，展示象徵法鼓山重要發展里程的文物和影像，引領大眾了解法鼓山整體的源流與發展。

（五）國際發展處

專責推廣海外弘化、國際交流與國際事務聯繫等相關業務的國際發展處，為提昇法鼓山專職及義工在進行國際接待時的禮儀內涵，2011年2至5月期間，於北投雲來寺舉辦四場國際禮儀系列課程，共有近三百四十人次參加，課程兼顧理論與實務，讓學員不僅了解國際禮儀接待的概念原則與專業，也擴展學習視野，有助於國際弘法順利圓滿。

至於在支援國際團體、人士來訪事宜方面，包括日本大河文教基金會、韓國佛教曹溪宗國際禪坐中心、克羅埃西亞「法集」（Dharmāloka）佛學會成員、美國法界佛教大學（Dharma Realm Buddhist University）及法界佛教總會、美國長島大學師生等的參訪，引領來賓體驗園區境教，並進行交流。

此外，也協助安排美國夏威夷KITV電視臺、匈牙利公共電視臺至法鼓山園區進行拍攝，向西方社會介紹漢傳佛教的禪修特色與道場建築。

二、大關懷體系

法鼓山大關懷教育，是「以關懷完成教育的功能，又以教育達成關懷的任務」為目標，大關懷體系含括關懷院、慈基會兩單位，主要服務項目有急難救助、臨終關懷及推廣「四環」等。

（一）關懷院

持續往年大事關懷課程的推動，關懷院2011年在全臺共舉辦四場「初階大事關懷課程」及三場「進階大事關懷課程」，由果選法師、助念團團長顏金貞與各地區悅眾帶領，共有近九百人參與生死教育的學習。

而位於法鼓山園區，臺灣首座不立碑、不記名、沒有祭拜儀式的骨灰植存園區「新北市立金山環保生命園區」，成立四年來，獲社會廣大回響。2011年除新北市、雲林縣等政府單位派員前來觀摩，香港贐明會及中國大陸南京市政府亦組團參訪，了解相關植存作業，並交流臨終關懷觀念與作法；2011年共植存四百多位人士。

為彰顯園區環保、生命教育的精神與意義，同時增添園區內的人文氣質與景觀，2011年在園區入口，完成一座環境藝術裝置作品《生命的無限》，藉由一道層層夯實的泥土牆，靜立在石板裂紋地面上，與周遭的林木、光影構成一幅變化無常的的藝術風景，加強空間與人的互動，觸動參訪大眾與無限生命的連結和對話。

環保生命園區的裝置藝術品《生命的無限》。

（二）慈善基金會

慈基會秉持佛陀慈悲濟世的精神，將溫暖傳送到社會的每個角落，關懷每一個需要幫助的人，在各項例行關懷活動上，99年度全臺歲末關懷在2011年1月底圓滿，共關懷一千八百餘戶家庭；第十八、十九期的「百年樹人獎助學金」，2011年共有近兩千九百人次受益。

賑災救援方面，在臺灣，「八八水災賑災專案」中，由中華民國紅十字會、法鼓山慈基會等各界協力合作的高雄市甲仙區五里埔重建的小林社區，於1月正式落成啟用；法鼓山捐建的高雄桃源區、六龜區龍興段永久屋也在4月正式動土，幫助災區民眾重建希望家園；9月，則圓滿在雲林縣古坑鄉的援建工程。慈基會甲仙、六龜、林邊三處安心站分別於所在社區，進行慰訪及長者陪伴關懷活動，亦於各級學校進行生命關懷與倫理教育課程，以及辦理獎助學金的頒發，全年共補助近一千一百位學子。

在海外，於斯里蘭卡的四安重建工作即將圓滿之際，仍持續派遣第十梯次醫療團進行義診服務、頒發獎助學金、舉辦心靈環保關懷活動等。另對於菲律賓土石流、印尼亞齊海嘯災區的災後關懷援助，則包括學子助學、家庭訪視、心靈關懷活動等。

「四川地震震災專案」方面，法鼓山援建的北川縣陳家壩鄉衛生院門診部於5月落成，並由第十三梯四川醫療團在當地展開三天的義診服務；在德陽市什邡、安縣秀水兩地的安心站，於當地舉辦多場「心理重建・生命教育」交流座談會、心靈環保體驗活動，透過生命教育、心靈環保觀念的推廣，成為校園師生、當地民眾的心靈加油站。

除此，3月在日本發生強震、海嘯、核災之際，慈基會隨即提撥五百萬元善款，同時匯集救災物資送往日本；7月起泰國、柬埔寨接連遭逢水患，慈基會亦分別前往兩國勘災，並

南亞海嘯五年震災計畫已圓滿，慈基會仍持續於斯里蘭卡提供獎助學金，鼓勵學子就學。

結合泰國護法會及當地機關團體的力量,發放民生物資,並捐贈第一線救災人員所需的救生背心、防水衣。

在教育訓練與人才培育方面,亦是慈基會的重點工作之一,2011年共舉辦八場慰訪員教育訓練、一場慰訪關懷增能訓練,共有五百多人參加;兩場「緊急救援系統——正副總指揮暨組長級教育訓練」課程,有近兩百人參加。

此外,慈基會2011年應邀出席「中華民國建國一百年民主論壇」,及在美國華府召開的第二十七屆「美國國際志工行動協會」年會,分享以四安為方法的國際賑災救援經驗,和與會者進行交流;年底也榮獲行政院內政部「財團法人社會福利慈善事業基金會評鑑」優等殊榮的肯定。

另一方面,慈機會回應921大地震災後人心重建與民眾身心安頓的需求,於臺灣中部地區成立的臺中、東勢、南投及竹山等四處安心站,由於專案任務已圓滿完成,於2011年10月撤站,並轉銜地區營運。

三、大學院體系

大學院教育為法鼓山大普化與大關懷教育的人才培育根基,藉由學校教育、學術研討、國際交流以及跨領域的交流合作等方法,致力於專業漢傳佛教弘化人才的培育,以回應高等佛學教育的時代需求,並具體實踐法鼓山心靈環保的核心主軸。大學院體系共有四個單位,包括法鼓佛教學院、法鼓山僧伽大學、中華佛學研究所、法鼓大學籌備處。

(一)法鼓佛教學院

佛教學院以弘揚漢傳佛教文化的精萃,孕育推動人間淨土的舵手為理念,2011年6月並獲得教育部核准設立博士班,將從101學年度起招收博士生,成為國內第一所單一宗教研修學院博士班,構築完整佛教研究的高等教育體系。

2011年學術交流方面,1月與政治大學、香港中文大學、中國大陸上海復旦大學及北京大學共同舉辦「第二屆華人學者宗教研究論壇」的「佛教研究方法」、「當代佛教研究」兩場論壇,於園區舉行,共有五十多位專家學者參與,除了促進華人宗教界的互動,也與國際學術社群接軌,與宗教全球化的趨勢結合;6月與中華佛研所共同舉辦的「IABS國際佛學會議第十六屆大會」,會議中共有近六百位佛教學者,以英語展開多元、豐富的佛教學術研討,共發表了五百多篇佛學論文,是IABS國際佛學會議歷年來規模最大的一次。

此外,校長惠敏法師受邀出席於德國漢堡大學(University of Hamburg)舉辦的「正念禪修:可為當代社會所用的一種佛教修行」(Mindfulness: A Buddhist Practice for Today's Society)國際學術研討會;副校長杜正民參加梵諦岡博物館所舉辦的「宗教、

自然與藝術國際會議」（Religion, Nature and Art Conference），並應邀至義大利威尼斯大學、索非亞大學、羅馬大學，以及日本龍谷大學演講，分享佛教學院在數位佛學的研究成果，也商討合作計畫。

佛教學院首度舉辦「IABS國際佛學會議」，熱烈交流研究成果。

另一方面，為拓展學生思惟與國際視野，佛教學院邀請各領域學者專家來校演講，包括國際研究巴利文貝葉經的權威彼得‧史基林（Peter Skilling）、比利時根特大學（Ghent University）漢學中心主任巴德勝（Bart Dessein），分別以「佛法研究與佛教研究：挑戰與機會」、「優波扇多的《阿毘曇心論經》（T.1551）跟中國的毘曇宗」為題進行演講，提供學生多元學習管道；中國大陸陝西省佛教會副會長韓金科主講「法門之光」，介紹法門寺地宮重要文物。

於跨校交流方面，4月與南亞技術學院締結姊妹校，這是佛教學院與國內外大學簽署合作協議的第十七所學術單位。此外，日本尼泊爾梵文寫本研究所中心代表高岡秀暢、龍谷大學佛教文化研究所客座研究員道偉法師等人，在2月參訪佛教學院，高岡秀暢並將研究四十年的佛教梵文寫本文獻資料數位化的光碟，贈予佛教學院保存；美國法界佛教大學及法界佛教總會一行十八人，在該校恆實法師率領下，於6月前來參訪並舉辦座談會，希望藉此相互觀摩了解臺、美雙方教學環境的現況。

10月，該校應新北市市長朱立倫之邀，加入「卓越新北教育策略聯盟──大專院校校長座談會」，藉由簽署教育合作備忘錄的方式，合辦多元學習課程活動，提昇各級學校學生學習面向。

在2011年，《遠見》雜誌依「2010年大學校院辦學特色調查」，並根據教育部的統計資料，所出版的《2010年大學入學指南》專刊中報導，佛教學院在「私立學校平均每位學生獎助學金」、「師生比」、「大學部外籍生占比」、「大學部外籍教師占比」的排名上，皆榮獲全國第一，對佛教學院辦學成果給予肯定。

於推廣教育方面，佛教學院佛學推廣教育中心2011年在慧日講堂、愛群教室、德貴學苑分三期開辦課程，共開辦三十三項課程，提供民眾佛學學習的管道。

（二）中華佛學研究所

自2009年轉型為漢傳佛教研究單位的中華佛研所，致力於推動漢傳佛教的學術研討、會議與出版工作。2011年6月與佛教學院共同舉辦「IABS國際佛學會議第十六屆

大會」，在五百多篇佛學論文中，與漢傳佛教研究相關的多達九十篇，不僅提昇漢傳佛教的國際能見度，也為弘揚漢傳佛教開創新局。本年度，中華佛研所新進行的研究專案為「無邊剎海現微塵：漢傳佛教中的華嚴學發展歷程」，探討華嚴典籍的形成歷程、理論轉型與學派建立，以及華嚴諸派與華嚴學多途發展。

為落實漢傳佛教的普及，8月起進行「漢傳佛教典籍叢刊」專案，計畫對漢傳佛教典籍，進行版本校對、標點、註解與出版；12月，中華佛研所舉辦校友座談會，由第十六屆校友許育鳴發表「走入時空的感動——古印度石窟與中國古典建築」專題報告。

傳承創辦人聖嚴師父的願心，中華佛研所除以佛教學術研究為首要，未來將繼續以專題報告的方式舉辦座談，回饋各界對佛教教育的護持，也分享將佛法學習融入生活、工作的成果。

另一方面，以鼓勵國內外在學博、碩士生與碩士畢業生從事「漢傳佛教」之學術研究為出版宗旨的《中華佛學研究》，在12月發行第十二期。

（三）法鼓山僧伽大學

以培養解行並重、道心堅定、具前瞻性、包容性及國際宏觀視野僧才的僧伽大學，在2011年，不論是佛學系、禪學系，持續培育德學兼備、具有高尚宗教情操，貴在生活的實踐，並能帶動社會淨化的僧才。本年度有男眾五位、女眾十三位，共有十八位新生入學。

在課程方面，除了例行的解門、行門課程，思惟與語文能力的養成一直是重點發展方向。僧大在5月舉辦第三屆講經交流會，除《八大人覺經》、《佛遺教經》、《地藏經》、《心經》等傳統佛典外，也有學僧講說「法鼓山的理念」、「心五四運動」等多元現代化的詮釋；2011年除了延續以往的國語組、英語組，並增加了臺語組，提昇學僧的弘講能力，讓更多人易於了解佛法的內涵。

6月則舉辦畢業製作成果發表會，共有九位佛學系應屆畢業學僧參加，發表主題面向多元，展現新世代弘法的願力和創意。

由學僧編輯的《法鼓文苑》第三期也在8月出刊，內容有僧大十週年文稿、學僧在校學習心得、描述僧大生活點滴的漫畫等，豐富的內容及活潑的呈現，展現了學僧求學的熱忱。

在對外交流方面，5月，僧大常諗法師受邀出席在中國大陸河北省石家庄舉辦的首屆「河北趙州禪、臨濟禪、生活禪學術論壇」；9月在國際發展處安排之下，果肇法師、常延法師等七位僧大法師，與大陸福建省正心寺佛學院的法師們進行僧伽教學經驗交流，分享法鼓山僧教育的辦學經驗。

（四）法鼓大學籌備處

法鼓大學籌備處經過多年的深耕勤耘，2011年除獲教育部同意於立案後設立「社會企

業與創新碩士」、「環境與發展碩士」、「社區社群再造碩士」、「生命教育碩士」等四學位學程，並核予每學位學程二十名招生名額；6月校長劉安之及環境學院院長於幼華前往美國，分別與專家學者、矽谷企業家座談請益，並在北美護法會加州舊金山分會舉辦「法鼓大學說明會」，介紹籌備工作內容及徵求師資與招生。

在跨國際、跨領域的學術交流上，5月，劉安之校長、環境學院助理教授商能洲赴中國大陸四川農業大學，簽署「學術交流合作意向書」；北京大學校長周其鳳也率該校師生參訪，就兩校未來學術合作交換意見，並簽署「法鼓人文講座」協議書。6月，則有來自美國萬佛城法界佛教大學的恆實法師等一行二十人，前來參訪及座談。7月受邀參加香港中文大學人間佛教研究中心舉辦的「第六屆青年佛教學者學術研討會」，由人生學院助理研究員陳平坤代表參加，分享「心靈環保」中的禪修精神。

為落實學術研究與修行合一，於1月中旬舉辦三日禪修營，邀請聖嚴師父法子繼程法師帶領，法鼓大學籌備處董事、全體教職員與義工共計四十三人參加；6月，則在臺北安和分院舉辦禪一，同樣由繼程法師指導。

各學院也因應時代趨勢與潮流，展開與社會對談的各項研討會或講座。在人生學院方面，七場「禪文化入門講座」於3月進行首場，邀請臺灣大學哲學系副教授蔡耀明主講「法界觀引發的禪修脈動」，年度最後一場於12月由該院陳平坤老師主講「石頭路滑——即心即佛」；「哲學家咖啡館」在2011年共展開八場，探索內容由生命本質入手，含括至對社會各種現象的解讀。

環境學院在1月舉辦「生活綠行動，節能減碳工作坊——傳承生命的味道」，培養第一批種子志工人員，以利節能減碳的全面推廣；8月邀請美國伊利諾大學（University of

法鼓大學為教職員舉辦三日禪修營。圓滿後，繼程法師（中）與大眾合影。

Illinois）土木暨環境工程學系教授愛德溫‧賀瑞克斯（Edwin Herricks）主講「從工程到生態——角度與角色的轉換」；9月由成功大學講座教授王駿發主講「橘色科技與橘色心靈」；10月，由該院教授朱文生主講「從水土修復到生態農業」。不論是工作坊或專題講座，皆以人文關懷為基礎，應用環境科學與工程實務，探討環境願景藍圖。

公益學院的「法鼓公益論壇」系列，2011年共舉辦兩場，1月與開拓文教基金會、網絡行動科技公司合辦，邀請「多背一公斤」發起人余志海主講「微型志工，From Outsider to Insider」；11月則邀請至善基金會執行長洪智杰、訊連科技股份有限公司董事長黃旭主講「社會企業與創新」。此外，4月邀請瑞典伊甸基金會（Eden Foundation）馬莉安‧葛維（Miriam Garvi）主講「透過願景開拓，促進環境轉化與社區共榮：伊甸故事」，介紹該基金會在非洲尼日的開拓經驗，藉此增進國內與國際非營利組織的交流。

有鑑於2011年最受人矚目的日本大地震，讓同處地震帶的臺灣感同身受，6月，藝術與文化學院舉辦「災難應變與反思論壇」，進行金山地區遭受複合性災害之衝擊評估；7月舉辦專題講座，邀請日本岩手縣岩泉町副町長橋場覺主講「東日本大震災經驗分享」，提供臺灣防災教育更多的實務參考。除此，人生學院受嘉義縣議會之邀，也在7月參與「添福日本，臺灣有愛」活動，以「心靈陪伴‧生命關懷」為主題，為來自日本岩手縣岩泉町小本中學的學生，進行生命教育課程。

值得一提的是，法鼓大學籌備處2011年於德貴學苑舉辦多場專題講座，包括邀請政治大學國家發展研究所客座教授季淳、曾任加拿大維多利亞美術館（Museum of Victoria）首任東方藝術部長徐小虎、新北市環保局局長鄧家基、前臺北捷運公司總顧問胡以琴、美國藏傳佛教學者傑佛瑞‧霍普金斯（Jeffrey Hopkins）等，期許能以具前瞻性、涵容性及國際宏觀的豐富活動，與社會大眾展開多元交流與對話，開啟新思維。

此外，2011年，法鼓大學籌備處在1月首度舉辦的「邂逅法鼓大學——從預見到遇見」體驗營，透過三天兩夜的體驗活動，讓學員了解不同於一般大學的書苑生活；9月並發行《法鼓人文社會學院NEWSLETTER》，除了印行紙本，亦可透過網路下載，與社會大眾分享辦學理念與建設情形。

四、護法會團體系

由在家居士組成，協助僧團落實法鼓山關懷與教育功能的護法會團體系，2011年透過會團本部及海內外各地護法會、辦事處、共修處、聯絡處等單位組織，持續齊心建設法鼓山成就人間淨土的大願。

（一）會團本部（護法總會）

護法會團本部，現有護法會、法行會、法緣會、社會菁英禪修營共修會、榮譽董事

會、法青會、教師聯誼會、禪坐會、念佛會、助念團、合唱團、義工團與信眾服務處等；各會團之間彼此相互支援，並定期舉辦念佛、禪坐、讀書會等共修。

為凝聚向心力，及提昇護法悅眾的學能，護法總會與各地分院於1月舉辦「歲末感恩分享會」，共有八千多位護法鼓手參加；5月「正副會團長、轄召、召委聯席會議」首度移師臺中寶雲別苑進行。「2011年勸募會員授證典禮」於9至10月間在北中南各地分別舉行，方丈和尚果東法師為三百多位新進會員授證，期勉新鼓手發願分享佛法，募人修行。

另一方面，為籌募法鼓大學建設經費，於2007年啟動的「5475大願興學計畫」，至2011年已有二十多萬人加入護持行列，而接引百人的鼓手，共有近七百位。護法總會於10月23日舉辦「5475大願興學滿願勸募感恩會」，勸募百人鼓手巡禮法鼓大學校園工程，承繼聖嚴師父興學任務，感恩滿願再發願。

2011年各會團的重要活動，包括榮譽董事會於2月在臺北國父紀念館舉辦兩場「成就大願」感恩音樂會，共有四千五百多位榮譽董事、護法信眾參加；法行會、法緣會在每月的例會中，由僧團法師或專家學者進行佛法開示或導讀聖嚴師父著作，讓會員更深入佛法惠人利益；教聯會除延續往年，於1月、7月舉辦寒假禪修營、暑期禪七，2011年也舉辦了三場成長講座，分別邀請松山高中生命教育老師劉桂光、新北市少年調查保護官盧蘇偉、心理諮商專家鄭石岩分享教學經驗，做快樂老師。

助念團則於9月舉辦年會，分享大事關懷的善巧之道；合唱團除了定期舉辦練唱共修，也於法鼓山多項弘化、關懷活動中參與演出；法青會各地分會也不定期舉辦各項共修活動，如法器練習、禪坐共修與佛學課程，接引青年學子學習各種修行方法，進而運用在日常生活中。

（二）各地辦事處及共修處

2011年全臺共有四十二個辦事處、十七個共修處，其中東勢、竹山、竹科禪修園等三處共修處為新增據點，主要提供各地區行政辦公及信眾共修、聯誼之用，共修內容包括例行的禪坐、念佛、菩薩戒誦戒會、法器練習等，部分辦事處也舉辦大悲懺法會、地藏法會以及讀書會、讀經班、禪藝課程等，與地區民眾共同精進成長。其他諸如聯合祝壽、歲末關懷及水陸法會等大型活動舉辦之際，各地辦事處莫不全力支援，以圓滿各項活動。

其中，羅東辦事處1月起舉辦「知福・幸福・心靈環保」假日惜福市集，與大眾分享法鼓山心靈環保的理念；8月舉辦「助念感恩分享聯誼」，分享利人利己的助念關懷。中壢辦事處4月圓滿了「興願榮董」的大願，方丈和尚果東法師、關懷中心副都監果器法師及齋明寺監院果啟法師，皆專程前往關懷，感恩信眾的護持願心；5月應邀參加中壢家商六十週年校慶園遊會，推廣法鼓八式動禪、茶禪體驗、結緣書分享，並呼應法

鼓山「知福幸福——媽媽好幸福」母親節活動,在校園展開「奉茶儀式」,獲全校師生、家長的熱烈迴響。

(三)海外護法會

法鼓山海外弘化據點,計有五個護法會,包括美洲的北美護法會,亞洲的香港護法會、新加坡護法會、泰國護法會、馬來西亞護法會;九個分會,包括北美護法會紐約分會、新澤西州分會、伊利諾州芝加哥分會、加州洛杉磯分會、加州舊金山分會、華盛頓州西雅圖分會,與溫哥華分會、安省多倫多分會,澳洲的雪梨分會;以及美國十四個聯絡處、十個聯絡點,與英國一個聯絡點。英國里茲聯絡點於2011年7月新增,期能於英國推廣法鼓山的理念。

其中,西雅圖分會成立屆滿十週年,全年度展開豐富多元活動,首先在2月舉辦新春大悲懺祈福法會,並邀請北美護法會輔導法師常華法師講授、導讀聖嚴師父的著作《完全證悟——聖嚴法師說圓覺經生活觀》之系列講座;4月舉辦清明報恩法會及由紐約東初禪寺住持果醒法師帶領的止觀禪三;5月,舉行臺灣小吃義賣活動,所得捐助護持道場;11月起,舉辦佛法講座、禪修指引、念佛禪、藥師法會等系列修行活動,由東初禪寺果明法師主持。

各弘化據點多因應當地民眾需求,安排各種定期的共修活動,包括禪坐、念佛、讀書會、佛學課程等,也邀請僧團法師前往弘法關懷。

特別是由僧團法師主持的講座、禪修,深獲當地民眾喜愛。在美洲,如舊金山分會於1至2月間的《四十二章經》佛學講座,由僧大果徹法師主講;5月的「中國佛教史——二千年的寶藏」系列課程,由在加拿大進修的常惺法師講授。洛杉磯分會2月的禪一、「觀音法門」佛學講座,由禪修中心副都監果元法師帶領;12月的禪三,則由果明法師主持。安省多倫多分會9、12月舉辦話頭禪三、禪一,分別由果醒法師、果明法師帶領。

在亞洲,新加坡護法會4月舉辦佛三,由僧團女眾副都監果舫法師帶領精進念佛;9月在當地毘盧寺舉辦的禪五,由傳燈院監院常源法師帶領。香港護法會2011年舉辦多場系列佛學講座,包括講解《圓覺經》、《法華經》、《阿彌陀經》、《慈悲三昧水懺》等佛學經典,皆由僧大講師果竣法師主講。

另一方面,伊利諾州芝加哥分會則在2月邀請聖嚴師父西方法子吉伯.古帝亞茲(Gilbert Gutierrez)帶領禪修活動,內容包括一場講座及二日禪;新澤西州分會9月邀請師父法子繼程法師於當地帶領弘法活動,包括《六妙門》系列講座、「隨緣與攀緣」演講、書畫義賣、精進半日禪等,讓海外地區信眾有多元的修學機會。

而為接引西方人士親近漢傳禪法而開辦的「360度禪修營」,2011年4月首度在美國西岸舊金山分會舉行,由東初禪寺住持果醒法師、北美護法會輔導法師常華法師帶領,引導學員從心感受漢傳禪法。

此外，在臺灣廣受歡迎的聖嚴書院福田班課程，在5至6月期間，陸續於香港護法會、北美護法會加州洛杉磯及舊金山分會開辦，讓來自不同文化背景的學員，共同在法鼓山學習成長。

而為提供更優質的共修空間與完整的服務功能，香港護法會於1月舉辦道場擴建灑淨祈福法會；加州舊金山分會8月舉辦新

聖嚴書院福田班課程2011年於海外護法會陸續開辦。圖為洛杉磯分會上課情形。

道場灑淨安位及啟建道場地藏法會，共有兩百多位信眾參加，祈願道場成為弘揚漢傳佛教的清涼地。加拿大的安省多倫多分會8月會址租約到期，在過渡期間，仍以雲水道場方式舉辦各項共修及弘法活動。

五、相關基金會、服務中心

（一）聖嚴教育基金會

自2006年成立以來，聖基會戮力於落實聖嚴師父思想的普化與深化教育，2011年實際推動的活動內容含括了舉辦研究分享師父思想理念的各類學術講座、推廣相關結緣出版品，以及佛教教育活動等。

在學術講座方面，聖基會持續在每週六上午於會址所在的聖嚴書院講堂舉辦「聖嚴法師經典講座」，2011年共計播放了聖嚴師父生前弘講的《維摩經》、《法華經》、《圓覺經》等影片，並分別邀請大常法師、僧大講師果竣法師、常延法師主持。另外，與法鼓文化共同舉辦的「聖嚴思想面面觀系列講座」則在臺中分院、高雄紫雲寺，共進行十場講座，邀請專家學者從不同面向，分享師父的教法與行誼。

在相關結緣書籍的出版上，分別於4月、8月出版智慧隨身書《今生與師父有約》第一集、第二集，內容是自2009年9月起，由聖嚴師父僧俗弟子，講述師父生命智慧的「無盡的身教──今生與師父有約」講座分享；2011年也出版《二十一世紀佛教生活觀》（ *Living in the 21st Century: A Buddhist View* ）、《心六倫》（ *The Six Ethics of the Mind* ）等兩本英文結緣書，不僅為當代漢傳佛教在國際間的推廣增添助力，也為閱讀者開啟認識法鼓山、聖嚴師父的窗口。

另一方面，在相關結緣出版品的推廣上，為增強法鼓山結緣品各流通點的推廣功能，強化關懷工作，聖基會持續辦理「文殊菩薩種子小組」結緣點關懷員初階培訓課程，共有三十六位學員參加。

繼《108自在語‧自在神童漫畫》獲國立編譯館在2010年獲評為優良漫畫獎佳作後，2011年《108自在語‧自在神童3D動畫》則榮獲由教育部指導、國家教育研究院主辦的「全國優良教育影片徵集機關推薦組入選」殊榮。

此外，在2011年《108自在語‧自在神童漫畫》校園推廣贈書活動中，計有一千三百一十四所小學、共兩千六百多個班級熱烈響應，贈書數逾十萬本，《108自在語‧自在神童3D動畫》DVD光碟近一萬張，藉此次活動將善的力量扎根於校園。

由聖基會贊助在美國哥倫比亞大學（Columbia University）設立的「聖嚴漢傳佛學講座教授」，在首任講座教授、哥大宗教系與東方語言文化系教授于君方的推動下，2011年3月與紐約亞洲協會（Asia Society）主辦的「朝聖與佛教藝術」（Pilgrimage and Buddhist Art）展覽進行合作，不僅協助展覽目錄，同時也出席相關會議；另外，並與費城博物館（Philadelphia Museum）聯合舉辦「慈悲的菩薩：觀音」（Bodhisattva of Compassion: Goddess of Mercy）展覽，讓漢傳佛教持續在西方發揚苗壯。

（二）法鼓山人文社會基金會

以推動「關懷生命」與「心六倫」社會運動，落實「人文社會化、社會人文化」願景的人基會，在2011年透過劇團演出、心靈講座、巡迴宣講等各類型活動，啟發社會各領域民眾對倫理與生命的正面關注與認同，共同創造和諧幸福的人文社會。

2011年人基會呼應「知福幸福」主題年，除在每月舉辦的「心靈講座」上，邀請十二位社會各界知名人士，包括知名創作歌手吳克群、前監察委員黃肇珩、大提琴家張正傑等，與大眾分享生命體驗與知福幸福的真諦；9月在臺北市國父紀念館展開的兩場「心世紀倫理對談」，第一場由方丈和尚果東法師、宏碁集團創辦人施振榮、雲門舞集創辦人林懷民，針對「擁抱幸福的新思維」提出探討；第二場則由法鼓佛教學院校長惠敏法師、前教育部訓委會常委鄭石岩、資深媒體人陶晶瑩，共同解讀「開啟幸福的生命智慧」；共有近五千人到場聆聽，分享對談來賓的人生經驗。

人基會2011年應法務部之邀，於全國矯正機關與地檢署合作展開的「生命教育暨技藝扎根實施計畫——心六倫運動」活動，3月在桃園女子監獄揭開序幕，除了巡迴全臺的宣講活動，並舉辦感恩音樂會、心劇團戲劇演出，以及「幸福工作坊」教誨師訓練課程等，也製作「心六倫之歌」CD、「心幸福電臺」廣播節目等，以多元方式推廣心六倫。

2011年甫成立兩週年的心劇團，秉持

心劇團2011年巡演《幸福餅乾Rock & Roll》，推廣「心六倫」。

「戲劇服務化，服務戲劇化」的精神，在藝術創作與社會實踐間，落實「心六倫」與
關懷生命理念，除持續在德貴學苑舉辦「親子體驗遊樂園」活動，也和慈基會合作，
前往八八風災災區、斯里蘭卡等地進行生命教育的演出。外部演出方面，8月底至9月
上旬，應財團法人勤勞醫教公益基金會的邀請，在雲林、嘉義、高雄等地演出戲劇
《幸福餅乾Rock & Roll》；9月前往桃園女子監獄、少年觀護所進行關懷演出。

另外，為鼓勵青年學子向上向善，人基會捐贈《把心拉近》一書給全國大專院校及
高中職學校。11月，人基會因長期推動心六倫，獲第九屆國家公益獎的肯定。

（三）社會大學服務中心

法鼓山社會大學課程，以提供地區民眾終身學習為主，服務民眾、協助民眾提昇生
活品質。2011年3月法鼓山社會大學首次於桃園齋明寺新禪堂，舉辦「100年春季班聯合
開學典禮」，金山、北投、新莊及大溪四個校區約兩百名師生齊聚參加。

2011年，法鼓山社大於金山、大溪、北投、新莊等四校區共開辦一百八十四門課程，
學員近五千五百人次，課程內容豐富多元，含括生活技能、環保、藝術、心靈等層
面，期許學員們透過生活技能的學習，發展人文精神，以心靈環保讓生命更充實、心
靈更富足。

於2003年設立的法鼓山社會大學，在2011年慶祝成立九週年，9月18日至10月30日期
間，分別於桃園大溪、新北市金山區與新莊區舉辦三場「知福幸福：感恩有您‧攜手
相伴」活動，學員展現學習成果，感恩心靈成長。

六、支援運籌體系——行政中心

行政中心是法鼓山體系主要行政及支援運籌的服務單位，包括副執行長室、專案祕
書室、公共關係室、建設工程處、經營規畫處、財會處、文宣處、資訊處、人力資源
處、活動處、總務處等，因應體系內各組織舉辦活動、運作的需求，提供相關協助及
服務。

其中，專案祕書處持續協助舉辦社會菁英禪修營，活動處則承辦佛化聯合祝壽、佛
化聯合婚禮等大型活動；專司體系內人員召募、教育訓練、人事管理等職責的人力資源
處，則開辦專職人員共識營，除了凝聚向心力，也協助提昇人品，在修行成長上精進。

結語

2011年是法鼓山的「知福幸福」年，以「心靈環保」為核心理念，法鼓山體系組織持
續發揮教育、文化、弘法的功能，運用佛法安定人心、安定社會，引領大眾從自心清淨
做起，提供現代人實用可行的安心之道；期許世人能從心出發，由內而外，推己及人擴
大到對人類、環境、自然、生態的整體關懷，從而促進人間社會的平安、快樂與幸福。

實踐

壹【大普化教育】

大普化教育是啟蒙心靈的舵手，
引領眾生從自心清淨做起，
培養學法、弘法、護法的菩薩，
敲響慈悲和智慧的法鼓，
建設人間為一片淨土。

多元趣向
接引大眾淨行精進

2011年的大普化教育，掌握時代趨勢與脈動，
在各項修行與成長課程中，賦予啟蒙心靈的使命及教育功能；
另一方面，在推廣弘法利生的共修活動中，
運用現代科技、結合當代文化，
善用數位網路無遠弗屆的力量，賦予活潑的佛法妙用。
大普化教育，在2011年接引全球大眾在學佛路上歡喜、精進同行，
各種安頓人心、啟蒙心靈的佛法甘露，隨之跨越時空，利澤世間。

本年，聖嚴師父圓寂兩週年，為了表達僧俗四眾對師父教澤的感念，並接續師父的法身慧命，廣傳利益人間的教法，2月法鼓山首度於全臺北、中、南部舉辦「法鼓傳燈法會」，以「燈燈相傳」的傳燈儀式，意寓佛法代代相傳；同時間，也首度發起「大悲行」活動，僧俗四眾共九十人以行腳方式，自總本山出發，走向法鼓山各分院道場，除體會師父的心行，更象徵將師父的理念傳到各地。

延續這份悲願心，2011年法鼓山大普化教育在現有基礎上，漸次踏出且深且廣的步伐。從禪修中心首度結合教理課程與禪修體驗而開辦的「禪修教理研習營」，至普化中心「聖嚴書院福田班」於海外擴展，文化中心更集結出版了聖嚴師父晚年重要開示內容的《我願無窮

—— 美好的晚年開示集》等，秉持著師父對眾生的悲願，以信行、願行，傳續佛法普及的使命。

禪修推廣

在禪修推廣上，以接續禪眾精進學習的動力為方向，本年禪修中心首度規畫的「中級禪訓班課程」，從認識正確的禪修方法、觀念、心態加以延伸，為學員建立完整的進階禪修學習階梯，經過三場小型試教課程後，於6月在三峽天南寺正式開辦。

為了推廣禪修與日常生活的結合，禪堂首度在2月舉辦「禪修教理研習營」，以中觀思想為主軸，內容結合教理課程與禪修體驗，由法鼓山僧伽大學助理教授果徹法師主講，引領學員建立正知見。未來，禪堂也將針對

不同的教理主題規畫研習營，以加強禪眾在法義上的理解，並落實於日常生活，讓佛法、修行與生命結合。

因應現代人忙碌的生活步調，傳燈院2011年在全臺各地開辦多場「Fun鬆一日禪」與「舒活禪一」，在三義DIY心靈環保教育中心舉辦五場禪二；並舉辦「動禪成長營」，特別邀請法鼓佛教學院副校長杜正民講授「動禪心法與大乘禪觀——『法鼓八式動禪』經教與應用系列」，帶領學員深入認識動禪心法。另一方面，傳燈院也投入各級禪訓班、親子禪、禪修護照等活動的研發，並結合各分支道場、義工講師共同推廣，除了舉辦禪訓密集班及禪訓班二日營，針對初級禪訓班的結業學員，則規畫「禪訓班同學會」，提供分享交流的園地，透過法師和學長的解惑釋疑，接引學員努力精進同行。

佛學教育

回應地球村時代的趨勢，法鼓山的佛學教育除了結合跨越時空的數位網路學習，並計畫性拓展至海外。首先，普化中心統合法鼓山數位學習網、法鼓講堂線上直播課程，改版升級為「心靈環保學習網」，於元旦正式上線，將法鼓山的佛法學習資源與全球大眾分享，提供實體、線上課程的整合查詢。透過全新上線的「心靈環保學習網」，漢傳禪佛教、法鼓山的理念、聖嚴師父的教法弘傳，正跨

越時空距離，開展新頁。

另一方面，廣受歡迎的「聖嚴書院福田班」，2011年首度在海外開辦，5月在香港、6月陸續在美國、加拿大等地開課，廣邀大眾「同一師學，同飲法乳」。為了讓福田班學員有次第地不斷學習，結業後還能夠持續互為善知識、共同成長，普化中心於10月以「提放自如的智慧」為主題，在北投雲來寺舉辦第一次同學會充電課程，幫助學員延續學習熱力。

而同樣是聖嚴書院系列的「禪學班」，本年於8月開辦，希望讓已具有禪修基礎的學員，透過為期三年的課程，完整了解禪修教理法脈，進而建立正知正見與方法，並將所學落實在生活中。至於「聖嚴書院佛學班」，分別於6、7月舉辦中區、北區聯合結業典禮，果毅法師期勉大眾，以實踐與奉獻為修學佛法的目的，並讓自己成為分享佛法、滋養生命的大樹。

「心靈環保讀書會」，本年也延伸至海外。4月在香港開辦「讀書會帶領人培訓」，以交流共學，成就利樂他人的資糧；在臺灣，12月舉辦「悅讀新發現」大會師，提供各地學員互相學習交流的園地。

此外，第二代「心靈茶會」的說明會則於3月登場，內容結合心劇團的演出，將心靈成長、幸福家庭、人際關係、社會關懷四大主題融入情境短劇中，引導學習如何將佛法的正知見，融入生活應用。

　　為服務普羅大眾，法鼓山的生活佛法教育，依對象的不同，以多元豐富的面貌深入各層面。針對青年學子，青年院自2006年開辦的青年卓越營，在2011年邁入第十屆，規模已近聖嚴師父千人營隊的理想，本年冬季、夏季青年卓越營主題分別為「啟動夢想」、「勇氣出發」，共有一千二百餘位來自臺灣、中國大陸、香港、馬來西亞、新加坡與美國的學子參與。除此，為了培養兒童學習知足與感恩，寒暑假期間，兒童心靈環保體驗營也分別在海內外各分院道場、辦事處及慈基會南部安心服務站展開。

　　另外，為了與社會大眾分享心六倫，由行政院文建會指導、人基會主辦的兩場「心世紀倫理對談」在9月展開，第一場由方丈和尚果東法師、宏碁集團創辦人施振榮、雲門舞集創辦人林懷民，針對「擁抱幸福的新思維」提出探討；第二場則由法鼓佛教學院校長惠敏法師、前教育部訓委會常委鄭石岩、資深媒體人陶晶瑩，共同解讀「開啟幸福的生命智慧」；共有近五千人參與，分享對談貴賓的人生經驗。

　　無論是延伸至海外的佛學課程、跨越時空的「心靈環保學習網」，或是各類生活佛法教育，均以普及佛法利益為方向，共同羅織友善的學佛園地。

法會共修

　　法會共修，不僅能夠凝聚大眾精進共修的力量，也使濟度利益眾生的清願修持得以無遠弗屆地廣播。本年，法鼓山在聖嚴師父圓寂兩週年之際，為緬懷教澤，於臺灣北、中、南展開四場「傳心燈・起願行」傳燈法會，眾人以傳燈儀式，感念師恩，在接燈承法的同時，更提醒自己精進修行，進而與他人分享佛法。

　　為了鼓勵大眾在生活上修持精進，備受矚目的第五屆大悲心水陸法會，在往年推動前行功課、《修行自知錄》的基礎上，2011年再推「淨行精進，廣開法筵」專案，鼓勵準備參與法會者發願做「淨行菩薩」，提起大信心、大願心、大憤心，在生活中精進修持。透過這些菩薩的示範，也使大眾見賢思齊，同時了解水陸法會的真諦，並匡正長久以來，社會大眾對經懺佛事的誤解。

　　此外，本年大悲心水陸法會還首度開放所有壇場同步「網路直播共修」，大眾可透過創新的網路共修，與法鼓山上的十壇壇場、焰口法會、送聖法儀等同步修持；除了現場超過四萬人次的參與，網路上則有四十一個國家、超過四十四萬人次的上網點閱，將水陸法會「超越時空，獻上祝福」的精神無限延伸。

　　而配合傳統節慶文化，在全臺各分支道場舉辦的新春祈福法會、清明佛七、中元法會、梁皇寶懺、地藏法會、藥師法會、大悲懺法會等，及全年四次皈依祈福大典、第十六屆在家菩薩戒等活動，結合梵唄音聲、儀

法鼓山大悲心水陸法會鼓勵大眾在生活上修持精進，匡正社會對經懺佛事的誤解。

軌、禮佛、咒語、誦念經典等內容，總能引領大眾以信心、至誠心、深心，迴向發願心來懺悔、禮讚，讓身心獲得滌淨，並能起效佛菩薩願行，藉以傳達、提昇宗教情懷。

文化出版與推廣

以弘揚漢傳禪佛教修行，結合佛法生活化為編輯出版方向的文化中心，本年延續聖嚴師父對眾生、對佛教無窮的願力，出版了《我願無窮——美好的晚年開示集》，將師父的悲願透過文字傳承，讓眾人領受漢傳禪佛教中無限的生命智慧。

在佛法生活化方面，文化中心出版了生活環保重量著作《新好生活——簡單過、快樂活的幸福法則》（*The New Good Life*），與現代人分享「以更少活得更好」的實用新生活觀；並企畫「平安鈔經系列」，鼓勵眾人透過鈔經，修行正心；另搭配開發環保、禪修用品，及生活飾品、解禪食品等引領大眾以佛法潤澤豐富生活。

為踏實漢傳佛教走向國際的腳步，法鼓文化在2011年一方面翻譯聖嚴師父自1979至1985年間在美國的二十四篇禪修開示，出版《心在哪裡？——聖嚴法師西方禪修指導》，以及譯自英文原著的《虛空粉碎——聖嚴法師話頭禪法旨要》；並精選聖嚴師父在世界各地，針對心靈環保、地球永續、心六倫等議題進行的演說及開示，出版英文版結緣書《二十一世紀佛教生活觀》（*Living in the 21ˢᵗ Century: A Buddhist View*）、《心六倫》（*The Six Ethics of the Mind*），也針對《法鼓全集》展開英譯專案，向國際社會推廣漢傳佛教，與西方人士分享佛法智慧。

結語

目前，法鼓山在臺灣計有十二個分寺院，大普化教育的推展有賴各地據點的弘化落實。本年，將做為法鼓山中部弘法教育中心的寶雲寺，於臺中分院原址啟建，1月舉行動土大典，象徵法鼓山在中部地區的弘法工作又向前邁進一步；10月，桃園齋明寺新建禪堂也落成啟用，為桃園地區增添一處禪修與心靈環保的新據點。

2011年，大普化教育不遺餘力地推展心靈環保、心六倫等具前瞻性的生活佛法，致力使其成為二十一世紀的新生活主張及全球性運動；未來，更將朝向提昇人品、建設人間淨土的大願邁進。

● 01.01

「心靈環保學習網」全新上線
統整佛學課程　線上學佛更便利

心靈環保學習網改版全新上線，讓大眾學佛超越時空限制。

普化中心統合「法鼓山數位學習網」、「法鼓講堂」線上直播課程，規畫改版升級的「心靈環保學習網」於1月1日正式上線，將法鼓山的佛法學習資源廣為與全球讀者分享。

2011年全新改版的心靈環保學習網，內容除了有實體課程、線上課程的整合查詢，許多課程結束後，課程影片也會放在學習網上，提供錯過實體課程或是想複習的學員，隨時上線點選學習。此外，包括聖嚴師父講經開示、僧團法師講授佛學、佛教界大德的相關佛學課程，還有生命教育、臨終關懷課程，也陸續加入學習網中。

另一方面，學習網也提供個人化頁面的功能設計，會員可以設定個人照片、學習紀錄，並分享個人的學習地圖，或追蹤其他學員的學習地圖；而盛行的臉書（Facebook）、噗浪（Plurk）、推特（Twitter）等社群網站，也規畫與學習網結合。

為了掌握數位時代的佛法傳輸，普化中心2008年策畫「法鼓山數位學習網」不到兩年，會員人數超過萬人；2010年，再規畫直播課程「法鼓講堂」，帶動了全球學員線上學佛的熱潮。2011年，透過全新上線的「心靈環保學習網」，漢傳禪佛教、法鼓山的理念、聖嚴師父的教法，將可以跨越時空距離，弘揚全世界。

「法鼓山心靈環保學習網」網址：http://www.dharmaschool.com

● 01.05～11.23期間

「法鼓講堂」佛學課程全年十講
心靈環保學習網線上直播　學佛無界

普化中心於1月5日至11月23日期間，每週三晚上於北投雲來寺舉辦「法鼓講堂」佛學課程，同時在「法鼓山心靈環保學習網」（http://www.dharmaschool.

com）進行線上直播，提供全球學員上網聽課，並參與課程討論。

2011年「法鼓講堂」佛學課程主題，包括《維摩經》、《地藏經》、《六祖壇經》、《藥師經》、《阿彌陀經》、等五部經典，以及「禪門故事」、「修行在梵唄」、「慈悲三昧水懺的意涵」等修行法門，分別由僧團法師主講；此外，6月的課程，由普化中心佛學課程

「法鼓講堂」線上直播課程，讓學佛無空間限制。圖為11月2日果竣法師講授《阿彌陀經》現場實況。

講師朱秀容講授唯識學，內容主要參照聖嚴師父著作《探索識界——八識規矩頌講記》，帶領學員探索生命的真相。

參與課程的學員雖分散各地，透過無遠弗屆的網路，眾人可直接在線上提問、溝通，由講師當場解惑，即時分享與討論，因此課堂的互動十分熱烈。許多學員表示，「法鼓講堂」線上直播課程，讓學佛無空間限制，也期勉自己更要精進學習。

<h2 style="text-align:center">2011「法鼓講堂」佛學課程一覽</h2>

課程名稱	時間	授課講師
禪門故事	1月5至26日	果興法師（僧團法師）
《維摩經》與淨化人生	3月2至30日	常延法師（僧團法師）
修行在梵唄	4月6至27日	果慨法師（僧團法師）
慈悲三昧水懺的意涵	5月4至25日	果傳法師（僧團法師）
探索識界——「唯識」導讀	6月1至29日	朱秀容老師（普化中心佛學課程講師）
地藏菩薩的大願法門	7月6至27日	常超法師（僧團法師）
《六祖壇經》	8月10至31日	果光法師（僧團法師）
標本兼治的《藥師經》	9月7至28日	果謙法師（僧團法師）
《維摩經》與心靈環保	10月5至26日	常延法師（僧團法師）
極樂世界共遨遊——《阿彌陀經》	11月2至23日	果竣法師（僧大講師）

●01.09

臺中寶雲寺動土啟建
遷佛、迎佛　為子孫傳佛法明燈

將做為法鼓山中部「教育中心」基礎地的「寶雲寺」，於1月9日上午舉行動土大典，由方丈和尚果東法師、臺中市市長胡志強、彰化縣縣長卓伯源、麗明營造董事長吳春山、群園建設董事長呂崇民、護法總會總會長陳嘉男共同執鏟。在由鉅建設董事長林嘉琪、法鼓大學籌備處校長劉安之、法鼓山榮董會會

長劉偉剛，以及近三千位僧俗四眾的觀禮祝福下，寶雲寺正式啟建，象徵法鼓山在中部地區的弘法工作又向前邁進一步。

方丈和尚致詞時，感念地方首長與護法信眾的支持，並期勉寶雲寺做為法鼓山中部大本山，持續推動教育弘化工作。胡志強市長表示，人生的時間有限，但佛法的空間無限，他讚歎法鼓山長期推動淨化人心、社會的工作，祈願寶雲寺成為臺中都會的一盞明燈。

動土儀式後，隨即舉行「遷佛迎佛」和「祈福皈依」活動。遷佛儀式由關懷中心副都監果器法師主法，臺中的法青會成員和護法悅眾依序將大殿的三寶佛像，以行禪的方式，搬遷至臨時分院。來自苗栗、臺中、南投、彰化等地的信眾以及參加皈依的民眾，則持誦佛號、隨著佛像緩步前行，最後於市政府前廣場接受佛幔摩頂的祝福。年輕學子和資深悅眾共同搭幔、遷佛，也象徵佛法在中部代代傳薪的意義。

祈福皈依大典由方丈和尚授三皈依，共有一千三百四十四人皈依三寶。臺中分院監院果理法師表示，寶雲寺動土特別結合皈依大典，除了邀請新皈依信眾共同參與見證寶雲寺的啟建，也勉勵眾人學習佛陀的慈悲智慧，成為一朵寶雲，讓更多人得到法雨寶雲的滋養成長。

於分院原址啟建的寶雲寺，預計三年後落成，興建期間，各項法務和課程將於臨時分院持續推動。

臺中臨時分院地址：臺中市府會園道一六九號一至二樓

方丈和尚果東法師（左三）、臺中市市長胡志強（右三）、彰化縣縣長卓伯源（左二）、麗明營造董事長吳春山（左一）、群園建設董事長呂崇民（右一）、護法總會總會長陳嘉男（右二），共同參與寶雲寺動土大典。

寶雲寺肩負中部弘化使命

動土啟建寶雲寺的前一天,六百多位中部地區護法悅眾回到臺中分院參加歲末感恩分享會,這是分院拆建前,護法悅眾最後一次齊聚分院大殿。

從永興街到市政路 護法心堅定

1988年8月17、18日,聖嚴師父應臺中信眾謝淑琴之邀,首次到臺中弘講,兩場「正道與邪道」、「悟與誤」的佛學講座,共有近四千人前來聽講,不僅在中部地區播下菩提種子,也讓信眾賴育津、謝淑琴、陳文理等人生起共同護持正法的願心,促成了臺中護法會以及共修處的成立。

二十多年來,共修地點從永興街、大墩十九街、忠明路到市政路,幾番的搬遷變動,大眾學佛護法的心卻未曾動搖,齊力推動念佛、禪修、讀書會等各類共修。而臺灣921大地震時,臺中分院位處災區,不但率先投入助念關懷的工作,適時安定人心,也帶動全臺信眾加入救災重建的行列;之後更協助中部各地區,包括苗栗、豐原、沙鹿、東勢、埔里、南投、竹山、彰化、員林等地區,成立共修處,共同推廣弘化教育的工作。

2006年,聖嚴師父更指定臺中分院做為法鼓山中部「教育中心」的基礎地,並親自命名為「寶雲寺」,賦予了臺中分院新的使命與任務。悅眾賴忠星表示,籌備建寺的過程並不容易,但是正因為認同聖嚴師父的理念,大眾像雲一般從四方齊聚,年輕成員與資深悅眾相互扶持、學習成長,讓人看到當年成立護法會的那份願心與感動,持續在中部地區串連、傳承,一如師父說的,「法鼓山的具體建設,在臺北;但是,法鼓山的精神,在臺中。」

中部地區教育中心 弘法的新使命

寶雲寺座落於臺中市政中心軸線上,定位為「入世的」都市寺院,不再只是傳統課誦、禮佛、拜懺的場地,臺中分院監院果理法師表示,建寺並不是因為法鼓山需要,而是因為臺中地區的信眾需要一個共修的場所;更期許未來每一位來到寶雲寺的民眾,都能接受佛法的滋養,成為寶雲、成為佛菩薩的化身,成就千手千眼的力量,讓佛法的慈悲智慧普潤人間。

未來,寶雲寺外觀將延續法鼓山恢弘、質樸的建築特色,空間設計以大殿、禪堂等寺院功能為基礎,並將結合三大教育,規畫講堂、圖書館等,成為一棟兼具弘化、教育、文化、藝術的全方位都市寺院。

● 01.09 04.17 10.15 10.16

皈依大典全年舉辦四場
近三千五百人皈依三寶

　　法鼓山2011年共舉辦四場「祈福皈依大典」，於1月9日、4月17日、10月15及16日分別在臺中、臺北、桃園、臺東舉行，皆由方丈和尚果東法師授三皈依。活動中同時舉辦護法會團園遊會，展出並介紹各會團的共修概況與服務內容等，總計四場皈依人數共有三千四百九十四人。

　　首場皈依大典於1月9日臺中寶雲寺動土、遷佛迎佛儀式後，在臺中市政府前廣場舉行，方丈和尚勉勵新皈依佛子加入法鼓山推動心靈環保的行列，讓世界處處都能生起安定力量，展現「知福知足，感恩奉獻」的新生活。

　　4月17日於北投農禪寺舉行的第二場皈依典禮中，方丈和尚開示，3月份日本發生地震、海嘯，給予世人世間無常、國土危脆的啟發；因此，更要明瞭因果及因緣觀，不要只看重現在而忽略了過去與未來，而要以精進修行來淨化內心，並以利益他人的處世態度，增長福德智慧與慈悲，與大眾廣結法緣。

　　在10月15日桃園齋明寺新建禪堂落成啟用典禮後舉行的皈依祈福大典中，由於當天正逢觀世音菩薩出家紀念日，方丈和尚勉勵大眾共同學習菩薩的慈悲與智慧，希望每個人都能開啟心中的

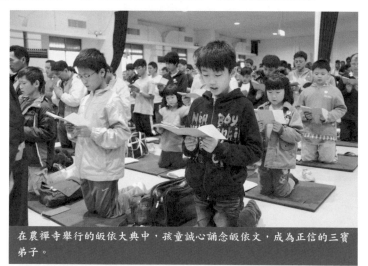

在農禪寺舉行的皈依大典中，孩童誠心誦念皈依文，成為正信的三寶弟子。

佛性，出離世俗煩惱，抵達清淨的彼岸。

　　最後一場皈依大典10月16日於臺東信行寺舉行，方丈和尚叮嚀新皈依弟子，學佛要輕鬆自在，卻不等於放逸；皈依以後要多為人著想，把個人的私欲轉換為關心、照顧、利益他人的願心，這便是在提昇人品，即是同步在人間建設淨土。

　　為推廣正信及生活化的佛法，法鼓山2011年除於臺灣舉辦四場大型皈依大典，並於全球各分院道場分別舉辦地區性的皈依活動，總計全年共接引近五千位民眾，成為信佛學法的三寶弟子。

● 01.11　04.12　07.19　10.18

方丈和尚全年四場精神講話
勉勵專職同仁成長自我、盡職奉獻

　　方丈和尚果東法師2011年對法鼓山體系專職同仁進行的四場精神講話，分別在1月11日、4月12日、7月19日、10月18日於北投雲來寺展開，全臺各分院道場同步視訊連線聆聽，有四百多人參加。

　　第一季的精神講話於1月11日舉行，方丈和尚引用聖嚴師父在2006年4月6日於法鼓山園區精神講話時所提到的，法鼓山是千年道場，能夠持續不變的，不是建築，而是因為有信仰、精神和理念，希望專職同仁與義工共同認同、維護、推廣、實踐法鼓山的理念。方丈和尚勉眾在品德上增長，也在職務上盡職、盡分，視法鼓山為生命共同體。

　　4月12日的精神講話中，方丈和尚期勉眾人以聖嚴師父提出的「四大堅持」為準則，抱持學習奉獻、服務成就的態度來面對人與處理事，也持續努力讓法鼓山淨化人心的理念，不斷對社會產生正面貢獻。

　　第三季的精神講話在7月19日舉行，方丈和尚勉眾共同珍惜在法鼓山工作的殊勝因緣，恪守四大堅持，在職務上奉獻、安心，就會有成長。

　　10月18日第四季的精神講話，方丈和尚提及，在2012年，聖嚴師父提出的「心靈環保」即將屆滿二十週年，方丈和尚除了分享個人的體會、轉念經驗，並提醒大眾善用心靈環保的理念，強調這是師父送給大家的珍貴禮物。方丈和尚也回顧近期法鼓山向各界推廣此一理念的成果，顯示心靈環保是大眾所需要的，而法鼓山也將持續扮演安定人心、安定社會的重要力量。

　　另一方面，自4月12日第二季起，在方丈和尚精神講話之前，均會先播放一段聖嚴師父的開示影片讓與會者觀看，各場影片主題分別是「法鼓山的建設是什麼？」、「奉獻即是修行，安心就是成就」、「心靈環保要從團體內部做起」，讓所有專職、義工對於在法鼓山工作所應抱持的觀念與態度，有更深入的體會。

方丈和尚精神講話中，期勉專職同仁在職務上奉獻、安心。

● 01.12

心劇團舉辦表演藝術培訓課程
李立群分享放下自我 詮釋角色

人基會心劇團於1月12日晚上在德貴學苑舉辦表演藝術培訓課程，邀請表演工作者李立群分享戲劇工作的心路歷程，共有二十多位團員參加。

李立群分享了從事表演工作的初衷與感動，他認為表演工作者不只是彼此間的信賴，更重

心劇團表演藝術培訓課程中，李立群分享放下自我，豐富角色的心路歷程。

要的是永遠保持自省能力；唯有透過不斷反思與自我對話，才能讓心保持在清淨與謙卑的狀態，去詮釋各種角色。

有學員提問：「如何心無罣礙、專注地演出？」李立群表示，心無罣礙很難，但是「專注」是表演工作者可以努力的目標，透過暖身，凝聚專注力，而暖身最重要的是暖心，讓自己進入專注的狀態；另一方面要從觀察、模仿、練習、習慣，到形成能力，藉由不斷地操練，讓自己習慣角色的動作、情緒。如果能透過練習與暖心的準備，就會更專注在戲劇演出上，而這就是「心無罣礙」。

最後，李立群鼓勵團員藉由模仿，做為表演學習的第一課，並培養欣賞他人的能力，由心出發，唯有願意放下自我，才能豐富角色的詮釋。

● 01.15　03.05

雲集寺舉辦「如何照護年長者」生命關懷講座
以感恩報恩的敬愛心傳遞關懷

1月15日、3月5日，臺南雲集寺舉辦生命關懷系列課程，邀請佛教蓮花基金會董事、臺中榮民總醫院安寧病房志工隊隊長張寶方主講「如何照護年長者」，引導學員學習照護年長者的心態、溝通方法與技巧等，共有一百多人參加。

張寶方老師首先說明，臺灣已進入老年化社會，年長者的照護問題日趨重要，而如何培養彼此健全的心態，並熟悉照顧的方法與技巧，讓年長者活得有尊嚴，活得健康快樂，是我們必須正視的問題。

課程中，張老師詳細介紹如何協助年長者做體能訓練與居家護理等注意事項，並播放示範影片；也分享表達愛的方式，例如肯定的語言、肢體的接觸等，以傳遞對年長者的關懷。

最後，張老師期勉學員在照護年長者時，要抱持著感恩報恩的敬愛心，學習放下自我，用同理心、提起觀照力來照護，避免落入自我的價值觀中。

● 01.19～23

法青會舉辦「2011年冬季青年卓越營」
千人規模青年營隊　勇敢築夢

法青會於1月19至23日，在南投暨南國際大學舉辦「2011冬季青年卓越營」，主題為「啟動夢想」，並舉辦三場「名人有約」座談，共有八百五十多位來自臺灣各地、中國大陸、香港、馬來西亞、新加坡與美國的青年學子參與，是卓越營歷來規模最大的一屆。

五天的營隊課程，主要以聖嚴師父的開示貫串，內容包括禪悅山水、心靈饗宴、自我探索與名人築

此次青年卓越營以禪修為特色，學員們在法師引導下，於室內與戶外交替進行活動，感受不同於都市生活的禪修氛圍。

夢等單元。禪修為這次營隊的特色，並依著「一動一靜」、室內與戶外交替的方式進行，同時運用大學校園的境教，讓學員體驗身心放鬆與寧靜的感覺。

其中，在「名人築夢」單元，邀請宏碁集團創辦人施振榮、作家吳淡如與媒體工作者陳以真，和青年學子分享白手起家創辦跨國企業、作家跨足主持界挑戰自我，以及面對高壓主播工作的心路歷程，希望學員透過演講人勇敢築夢的故事，汲取人生經驗，啟動自己的夢想。

此外，在法師與小隊輔的帶領下，學員以工作坊形式展開互動，在動態的情境設定中，運用彩繪、戲劇表演、遊戲等方式，了解自己會如何面對、反應，從而更加認識自我。最後一晚的「無盡燈之夜」，法師們一一為學員們點燈，在祈願卡上寫下發願與祝福的話，並努力朝夢想勇往前進。

自2006年開始舉辦的青年卓越營，2011年邁入第十屆，往年都在法鼓山園區舉行，而園區禪堂只能容納兩百多人，為了實現聖嚴師父舉辦千人青年營隊、接引青年學佛的理想，主辦單位首次策畫千人規模營隊，期望引導學員透過禪修與佛法的分享，反思生命的真義。

● 01.22～23

齋明寺首辦兒童冬令營
親子共學落實環保行動

齋明寺首辦兒童冬令營，共有一百多人參加。

延續2010年暑假「綠色地球小主人」主題，桃園齋明寺在1月22、23日兩天，舉辦首屆兒童冬令營，共有一百多位國小三至六年級學童參加，體驗結合禪修與環保的活動。

冬令營課程包括飲食禪、法鼓八式動禪、托水缽等禪修活動，帶領小朋友在各種體驗中，練習保有專注的心；此外，藉由觀賞「心五四」動畫、短片，以及「聖嚴師父的身教」等教材，引導小朋友學習知福、惜福與感恩。

戶外活動方面，則藉由踩高蹺、滾鐵圈、打陀螺等七項復古童玩闖關，讓小學員訓練自己的毅力，以及與團體成員間的合作默契。

為了推行環保理念，特別規畫環保跳蚤市場，每到休息時間，小學員們聚集在市場裡，為自己帶來的物品做介紹，完成以物易物的競標活動，落實惜物惜福的作法，別具意義。

活動尾聲，大家互道再見，相互祝福與感恩。此次協助營隊進行的義工人數近九十人，許多家長均參與奉獻時間與心力，也表示感恩有此機緣，親子一同學習成長。

● 01.22～06.25期間

人基會心劇團舉辦「親子體驗遊樂園」
小朋友唱唱跳跳學「心六倫」

1月22日至6月25日期間，人基會心劇團於每月最後一週週六下午在德貴學苑舉辦「親子體驗遊樂園」系列活動，帶領學習「心六倫」在日常生活中的運用，每場有近六十位三至六歲的學齡前孩童及家長參加。

「親子體驗遊樂園」透過故事的引導、勞作的過程、遊戲的啟發等活動，為小朋友們介紹生活倫理、自然倫理、校園倫理、家庭倫理、族群倫理、職場倫理等觀念，並搭配簡單易學的口訣、唱唱跳跳的身體律動，讓小朋友快樂學習「心六倫」。

小朋友在「親子體驗遊樂園」中，熱烈參與互動遊戲。

最後一場活動舉辦結業典禮，以及「三隻小豬」的闖關尋寶遊戲，引導大家做了一趟「心六倫」總回顧。改編自「三隻小豬」故事的尋寶之旅，帶領大小朋友將手、腳和肩膀貼在一起，感受「家庭倫理」中最重要的溫暖、包容和愛；並從童話故事中，體會各種倫理的重要與可貴性，包括人與人互動保持禮貌和笑容、垃圾分類回收做環保、同學之間互相友愛與分享、以真心與愛心從事各種工作，以及學習友愛與尊重，合作成就任何事情等。

最後，心劇團團長蔡旻霓表示感謝家長與孩童們的陪伴，讓心劇團有機會成長；家長們也肯定心劇團的努力，並且希望此富含教育意義又活潑有趣的活動，能夠經常開辦，嘉惠更多學子與父母。

● 01.23

安平精舍舉辦禪修講座
果光法師講「六祖以前的禪法」

臺南安平精舍1月23日下午舉辦禪修講座，由僧大副院長果光法師主講「六祖以前的禪法」，有近一百人參加。

果光法師首先以一連串問題「禪宗一脈相傳的法是什麼？禪法在談什麼？什麼是不變的？什麼是變化的？」引導大家思惟，並追溯「中華禪法鼓宗」的法脈承續，從漢傳禪法的源頭——達摩祖師，並循著這個法脈，分析四祖道信、五祖弘忍的禪法特色。

講座中，果光法師剖析「心」的概念，包括達摩祖師的壁觀、二祖的安心、三祖的信心、四祖的守一、五祖的守心，乃至牛頭法融的無心、神秀的觀心等，說明心識的作用。

法師也以活潑的譬喻，解說禪法的功用，並分享一位法師在非洲大草原打坐的故事：當這位法師從寂靜的禪坐中緩緩睜開眼睛，眼前赫然立著一隻昂首吐

信的眼鏡蛇，法師並不以為意，而是慢慢地轉動身體準備起坐，只見眼前的這隻眼鏡蛇也跟著法師轉動身體，然後離去。在寬闊的大草原上，一位打坐的法師和一隻人人畏懼的眼鏡蛇，彼此以和諧與善意，相互交會。

最後，學員表示在課程中受益良多，希望果光法師再來臺南，帶領大家深入認識、了解聖嚴師父的禪法。

● 01.23～28

教師寒假禪修營於天南寺展開
學習用全生命成就學生的成長

1月23至28日，教師聯誼會於三峽天南寺舉辦「2011法鼓山教師寒假禪修營」，由傳燈院監院常源法師帶領，共有八十多位來自全臺中小學、大專院校的教師參加。

教師寒假禪修營的主軸遵循聖嚴師父教誨：「把生命留在現在，不管妄念，回到方法。」常源法師提醒學員練習方法的原則在於：輕鬆、自然、清楚、專注，從禁語、拜佛靜坐、戶外經行、直觀，到用齋、出坡、茶禪，讓學員體驗多元的修行方式。

進行直觀方法「不給名字、不給形容、不給比較」的練習時，法師引導學員們學習看清楚事物本來面目，重新與周圍環境互動。這樣的訓練，許多學員覺得十分受用，也覺察到自己經常給學生貼標籤，用自己的價值態度加諸在學生身上。

禪修中，還播放聖嚴師父的開示影片，師父不斷叮嚀，禪修是學習與自己相處，清楚覺察自己的身心反應與意念。

最後進行大堂分享時，學員表示非常感恩聖嚴師父，因為師父是以整個生命去成就每個人的修行，也希望自己能從師父的典範中，學習用整個生命來成就學生的成長。

● 01.27～12.29

人基會「2011知福幸福心靈講座」展開
邀請專家學者分享知福幸福的真諦

1月27日至12月29日，人基會每月最後一週週四晚上於德貴學苑舉辦「2011知福幸福心靈講座」，邀請社會各界人士，從生命、生活、藝術、自我成長等多元面向，分享生命體驗與知福幸福的真諦，引領大眾開發積極正向人生觀，成就幸福圓滿的人生。

首場講座邀請「心六倫行動大使」吳克群分享「我的歌我的夢」，身為心六倫大使，吳克群表示隨時設身處地為他人著想，就是在推動心六倫，而所謂「幸福」就是凡事正面看待，並把優點放大。針對幸福議題，3月31日第三場講座，前監察委員黃肇珩則以「創造美滿和諧的人生」為題，指出職場、家庭和諧必須以愛為基礎，抱持寬容的心態，凡事不斤斤計較，人生就會幸福和諧美滿。

「2011知福幸福心靈講座」中，前監察委員黃肇珩分享創造美滿和諧的人生。

其他另有關於生命深度反思的講座，例如：法鼓山德貴學苑監院果祺法師談「禪味人生」，分享禪修在日常生活的運用；知名主廚阿基師在「美味『心』關係」講座中，詼諧幽默地說明用「心」來飲食與料理的廚藝哲學，並表示做菜就像做人一樣，講究倫理和用心；大提琴家張正傑於現場帶來大提琴演奏，引領聽眾尋找音符的感動。

12月29日最後一場講座，由法鼓山文化中心副都監果賢法師講授「慈悲喜捨種福田」，闡述慈悲喜捨的意義，慈是予樂，帶給別人快樂；悲是拔苦，為別人解決煩惱；喜是看到別人離苦而喜樂；捨是捨我。法師提醒每天應該練習做兩件事，一件事是感受幸福感，讓心不會殘缺、孤寂與枯萎；另一件事是練習放下，白天在人事互動中練習，晚上就寢時練習向世間告別。

2011人基會「知福幸福」系列心靈講座一覽

時間	講題	主講人
1月27日	我的歌我的夢	吳克群（創作歌手、心六倫行動大使）
2月24日	星空下的獨白	孫維新（臺灣大學大氣物理系教授）
3月31日	創造美滿和諧的人生	黃肇珩（前監察委員）
4月28日	自然倫理	林義祥（昆蟲生態專家）
5月26日	禪味人生	果祺法師（法鼓山德貴學苑監院）
6月30日	美味「心」關係	鄭衍基（阿基師，知名主廚）
7月28日	軟弱的勇氣	蘇絢慧（馬偕醫院協談中心諮商心理師）
8月25日	困境與抉擇	彭明輝（清華大學動力機械工程學系教授）
9月29日	音符魔法師	張正傑（大提琴家）
10月27日	身影與身教	張光斗（點燈文化協會理事長）
11月24日	天地人的對話	簡又新（臺灣永續能源研究基金會董事長）
12月29日	慈悲喜捨種福田	果賢法師（法鼓山文化中心副都監）

● 02.02

除夕「聞鐘聲祈福法會」於法鼓山園區舉辦
祝願民國百年 人人幸福如意

　　法鼓山於2月2日農曆除夕晚上至3日大年初一凌晨，在園區法華鐘公園舉辦「聞鐘聲祈福法會」，方丈和尚果東法師全程參與，總統馬英九、行政院院長吳敦義、新北市長朱立倫、雲門舞集創辦人林懷民、宏仁集團負責人王文洋等來賓參加觀禮，共同為國家人民祈福。

　　馬英九總統致詞時表示，連續四年參與除夕夜撞鐘，每次都有不同感受；臺灣開始進入富而好禮的社會，很多外國朋友都稱讚臺灣人彬彬有禮、有人情味，感謝法鼓山常年推動心靈淨化運動，如2011年提出「知福幸福」，就是對臺灣社會很大的提醒和祝福。

　　方丈和尚果東法師致詞時，則感恩政府及全國人民的努力，讓眾人有「安和豐富」的2010年，並以聖嚴師父開示的「知福幸福」與大眾共勉：「財富的豐富不等於幸福，重點是心態上的平安知足，隨時感恩、奉獻，才能得到真正的幸福快樂。」方丈和尚並代表法鼓山，將師父墨寶「百年如意」贈予馬總統，祈願民國百年的臺灣，人人幸福如意。

方丈和尚將聖嚴師父墨寶「百年如意」贈予馬總統（左），祝願民國百年，人人幸福如意。

　　延續往年，2011年除夕撞鐘全程由僧團法師撞響一百零八下法華鐘，並規畫「禮拜法華鐘」及「隨喜聽鐘」活動，希望大眾透過繞鐘、拜鐘、聽鐘，安定身心；另一方面，也透過電視與網路直播，廣與大眾分享法華鐘聲的祝福。

● 02.02～06

法鼓山上「知福幸福100年」新春活動
洋溢知福幸福的歡樂兔年味

　　為迎接2011年兔年新春，法鼓山園區於2月2日除夕至6日初四，舉辦「知福幸福100年」新春系列活動，包括法會共修、禪修體驗、藝文展覽、表演、主題飲

食等,邀請社會大眾親近清淨善法,以「知福幸福」的心,同霑新春法喜。

法會共修方面,包括除夕夜彌陀普佛法會、聞鐘聲祈福法會,以及初一至初三每日兩場祈福法會,不少民眾闔家參與。其中,初一和初二,方丈和尚果東法師均出席為民眾開示與祝福。

在禪修體驗上,第一大樓四樓規畫托扇捕羽、洗心盆、放鬆打坐區,帶領民眾體驗觀照身心、放鬆身心的方法;並提供電腦「個人禪修系統」的模擬測試,民眾可藉此了解自己禪坐時,身心安定的程度。

大年初一在法鼓山園區大殿,民眾一一向方丈和尚拜年。

於藝文展覽方面,設置於五樓副殿的「紙躍幸福特展」,以紙藝展現出美學的精義,將平面的紙張,幻化出立體的生動藝品。除了觀賞紙雕藝術作品,許多民眾在義工協助下,現場製作植物拓染、感恩卡,增添創作樂趣。

表演活動方面,安排由小菩薩演出「龜兔賽跑」幸福劇場,透過一番逗趣詮釋,龜兔賽跑中的兔子收斂起浮躁的個性,成了智慧兔,洋溢著兔年迎春的歡樂年味。

在主題飲食方面,園區分別於第二大樓二樓活動廳、四樓連廊設置「舒食」、「幸福‧茶味」服務,提供熱食、點心與茶品,與大眾分享美味的健康素食。

一系列的新春活動,除了為新年祈願、祈福,也期望民眾體現知福知足的精神,更為心靈注入滿滿的能量。

● 02.02～17期間

全臺各分院喜迎新春
廣邀民眾過知福幸福年

2月2日除夕至17日（正月十五）新春期間，法鼓山除了在園區展開系列活動，全臺各地分院道場同步舉辦新春活動，迎接「知福幸福年」，各地活動以祈福法會為主，廣邀信眾闔家參與。各分支道場活動，概述如下：

北部地區，北投農禪

民眾闔家到農禪寺走春祈福，向佛菩薩祈願新年，人人平安。

寺於初一至初三，每日舉辦新春慈悲三昧水懺法會暨園遊會，初四舉辦大悲懺法會，四場法會共有三千多人次參加，以精進拜懺來除舊迎新；寺內亦有新春花藝及禪藝班成果等展示。北投文化館於初一至初三，舉辦已延續五十餘年的「新春千佛懺法會」，由監院果諦法師帶領臺語誦經，每天拜佛千回。

三峽天南寺於初一至初四，除舉辦祈福法會、書法展、親子茶禪外，每日並安排禪修指引課程，讓民眾運用三十分鐘時間，感受身心的清楚與放鬆。桃園齋明寺舉辦的法會，包括除夕的禮佛大懺悔文晚課，初一至初三的慈悲三昧水懺法會；期間並舉辦適合親子共同參與的點燈祈願、茶禪、行禪活動等。

中部地區的臺中分院，從除夕到初三每日舉辦法會，包括彌陀普佛法會、新春普佛法會、大悲懺法會，以及慈悲三昧水懺法會，希望以諸佛菩薩的慈悲法水，潤澤眾人的心地，使大家平安自在。

南部地區，高雄紫雲寺於初一至初三，舉辦新春千佛懺法會，以及由小鼓隊、佛曲班的小菩薩表演各項祝福活動；高雄市市長陳菊也於初三出席法會現場禮佛，並至佛前供燈，祈願市民平安、市政提昇進步。

東部地區的臺東信行寺，於初一、初三分別舉辦普佛法會暨園遊會、大悲懺法會；初二舉辦戶外禪，由監院果增法師帶領民眾體驗放鬆自在的禪趣修行。

2011年農曆新春，全臺普遍回暖，許多民眾踴躍參與各地迎春活動，並以「知福幸福」的心，祈願新的一年，人人身心平安。

2011全臺分院新春主要活動一覽

地區	地點	日期	活動內容
北區	北投農禪寺	2月3～5日（初一～初三）	新春慈悲三昧水懺法會、幸福園遊會
		2月6日（初四）	新春大悲懺法會
		2月3～17日（初一～十五）	新春花藝展、禪藝班成果展、新春點燈
	北投中華佛教文化館	2月3～5日（初一～初三）	新春千佛懺法會
	臺北安和分院	2月3日（初一）	新春普佛法會
		2月5日（初三）	新春大悲懺法會
		2月6日（初四）	新春地藏法會
	三峽天南寺	2月3～6日（初一～初四）	祈福法會、書法展、親子茶禪、禪修指引課程
	桃園齋明寺	2月2日（除夕）	《禮八十八佛洪名寶懺》法會
		2月3～5日（初一～初三）	新春慈悲三昧水懺法會
		2月3～7日（初一～初五）	親子茶禪、行禪
		2月13日（十一）	新春大悲懺法會
中區	臺中分院	2月2日（除夕）	除夕彌陀普佛法會
		2月3日（初一）	新春普佛法會
		2月4日（初二）	新春大悲懺法會
		2月5日（初三）	新春慈悲三昧水懺法會
	南投德華寺	2月3日（初一）	新春普佛法會
		2月5日（初三）	新春大悲懺法會
南區	臺南分院	2月3日（初一）	新春普佛法會
		2月6日（初四）	新春大悲懺法會
	臺南雲集寺	2月3日（初一）	新春普佛法會
		2月5日（初三）	新春觀音法會
		2月6日（初四）	新春大悲懺法會
	高雄紫雲寺	2月3～5日（初一～初三）	新春千佛懺法會
	高雄三民精舍	2月6日（初四）	新春普佛法會
東區	臺東信行寺	2月2日（除夕）	除夕禮佛大懺悔文晚課
		2月3日（初一）	新春普佛法會暨園遊會
		2月4日（初二）	戶外禪
		2月5日（初三）	新春大悲懺法會

● 02.12

首場「傳心燈・起願行」傳燈法會於園區舉行
信眾巡禮、傳心燈、發菩提願

聖嚴師父圓寂兩週年，為緬懷師父教澤，法鼓山於臺灣北、中、南部共舉辦四場「傳心燈・起願行」傳燈法會，首場於2月12日在園區舉行，共有六千兩百多位信眾參加。

12日早上，來自北臺灣各地的信眾匯聚園區，在三門、法華鐘公園、禪堂平

法師們一一為信眾點燈，除了感恩大眾對法鼓山的護持，也提醒眾人將願心化為願行，實踐佛法，利益他人。

臺、雀榕平臺，聆聽僧團法師說法鼓山故事，感念聖嚴師父當時創建法鼓山的篳路藍縷，而隨著師父踏過的足跡巡禮園區，更能體會師父重視境教、建設法鼓山為人間淨土典範的願心。

下午四點三十分，傳燈法會在大殿、祈願觀音殿等九處殿堂同步舉行，大眾同聲恭誦〈開山祖師讚〉後，〈傳法偈〉的梵唄聲也隨之傳誦。方丈和尚果東法師首先從大殿主燈引信，為首座和尚惠敏法師、副住持果暉法師、果品法師、僧團都監果廣法師等九位僧團代表點燃引燈，法師們再前往各殿堂，一一為與會信眾點燃子燈。

法會上播放兩段聖嚴師父的開示影片，師父提醒大眾「人身難得、人世無常」，人們總以為自己離死亡很遠，所以不積極修學佛法，導致徒留遺憾後悔，因此無論學佛或發願，都要把握當下、努力精進。第二段則開示「知恩、感恩、報恩」，師父舉例說明：自己留學日本時，受到他人的資助，但資助的人卻不求回報，因此師父以「辦教育」做為報恩。師父強調人要知恩、感恩，而報恩不局限於金錢，只要真誠地奉獻自己，就是報恩。

法會中，總監香果毅法師向大眾朗讀了聖嚴師父緬懷師公東初老和尚的〈師恩難報〉一文，沒有師父在旁提點的切身體會，令許多信眾落淚，續師願報師恩的心也更加堅定。

法會圓滿後，眾人手捧缽燈沿著曹源路、法印路而下，綿延的燈海在三門匯流，串起無盡燈、無盡願，就像大眾與聖嚴師父同心同願，傳續著發揚法鼓宗風，推動淨化人心、建設淨土的使命。

晚間八點接續舉辦第二場傳燈法會，方丈和尚特別感恩一千多名義工與專職的無私奉獻，成就前一場法會，落實了聖嚴師父所寫的〈菩薩行〉精神，是真正的萬行菩薩。

另一方面，19日於臺中弘光科技大學、26日於臺南分院及27日於高雄紫雲寺接續進行中南部地區的傳燈法會，讓淨化人心、淨化世界的佛法明燈，照亮世界需要溫暖的角落。

燈燈相續　以報師恩

2月12日講於法鼓山園區大殿「法鼓傳燈日」

◎果東法師

　　兩年前，2月3日，我們敬愛的聖嚴師父捨報時，大眾同樣在這裡，以報恩念佛、發願供養師父。去年（2010年）此時，我們以「願願相續、燈燈相傳」，感恩、緬懷師父的教澤；今年，我們再聚一堂，我們不是來紀念師父的，而是共同感恩師父為我們開創這片人間淨土，讓我們有法可循、有福田可種、有生命的依歸和方向。

　　我們在聖嚴師父圓寂兩週年時共聚一堂，是為緬懷師父的教澤，感恩師父的大悲願行。我們如何回饋師父無上的恩德呢？就是將佛法的明燈永傳於世，所以，我們稱師父的圓寂週年日為「法鼓傳燈日」。

　　兩年來，我們僧俗四眾弟子，不辱師恩，各個單位、各個地區努力實踐法鼓山的理念，展現和合、活力的氣象。聖嚴師父一生念茲在茲的是以佛法的弘護為重、以眾生的道業為念。師父的色身雖然不在，但他的法身卻是在各位身上展現。

方丈和尚為法師點燃引燈，再由法師依序為信眾點燈，期盼佛法明燈能夠燈燈相續、照亮世間。

跟隨聖嚴師父宏願 成就人間淨土

佛法，從兩千五百年前，釋迦牟尼佛在鹿野苑初轉法輪至今，歷經了千千萬萬的法脈傳承，傳的不僅是有形的法卷，更是與佛相應的無形心法。佛法之所以能不斷傳承，是因有歷代祖師大德的發願。聖嚴師父發了建設人間淨土的宏願，而我們每個人也都在師父的感召下，跟隨師父共同來成就人間淨土。

佛陀點亮世間的智慧明燈，破除人間的幽暗，接著是歷代大德的傳承與弘揚，使得佛法明燈不滅。現在，聖嚴師父已為我們點亮這盞燈，當我們承接了這盞明燈，應發願讓這盞燈不僅照亮自己，也傳承下去，這就是對師父最好的報恩和供養。

運用聖嚴師父教法 時時安己安人

聖嚴師父的色身不在，法身卻常存。師父留給我們的教法，從心靈環保、心五四、心六倫等生活實用佛法，到師父融會各宗所開創的「中華禪法鼓宗」，都是師父「承先啟後」所開展的智慧。

聖嚴師父給了我們實用、好用的法，就如各位手上所捧的這盞燈，上面即是師父的手稿〈菩薩行〉。這是1990年12月13日師父在美國親筆所寫，當時是對僧眾的勉勵，今天將此勉勵也供養大眾，也是一份彼此共勉的智慧法語：

如何成佛道？菩提心為先。何謂菩提心？利他為第一。

為利眾生故，不畏諸苦難。若眾生離苦，自苦即安樂。

發心學佛者，即名為菩薩。菩薩最勝行，悲智度眾生。

祝福各位，時時以聖嚴師父的教法安己安人、安樂眾生；知足知福真快樂，感恩奉獻真幸福。（節錄）

無盡燈　無盡恩　無盡願
聖嚴師父圓寂兩週年紀念

特別報導

　　2011年2月，聖嚴師父圓寂兩週年。在臺灣，僧俗四眾以「成就大願」感恩音樂會，於全臺四地舉辦的傳燈法會，以及「大悲行」行腳活動來感念師恩；海外的美國紐約東初禪寺、象岡道場與分支道場，以及師父在歐美的西方弟子們也共同舉辦聯合禪修活動，以精進共修來緬懷師父的教澤。

感恩音樂會　以音聲展演為佛事

　　2月10、11日由榮譽董事會在臺北國父紀念館舉辦的「成就大願」感恩音樂會，可說是一場以音聲為佛事的音樂饗宴。由愚韻交響樂團搭配「牛牛」張勝量鋼琴演奏《法鼓琴韻》，以融入東方佛法精神的古典鋼琴協奏曲，表達對聖嚴師父的頂禮和懷念；會中，播放了師父主講「大地觀」與「感恩」的兩段開示，帶領大眾重溫師父的教化。會場上，運用師父手書墨寶來組合切換的投影布景，和主持人葉樹姍貫串全場的旁白，讓與會大眾有了心靈悸動的共鳴，進而在音聲的生滅中，如實觀照「緣起性空」的實相，成就具有法鼓山特色的禪修音樂會。

「成就大願」感恩音樂會表達四眾弟子對師父的頂禮和懷念，也帶領與會者重溫師父的教化，是一場具有法鼓山特色的禪修音樂會。

法鼓傳燈日　點心燈宣揚漢傳禪佛教

　　2月12日起在全臺四地舉辦的傳燈法會，則以「燈燈相續」的傳燈儀式，寓意佛法代代相傳。許多信眾帶著2009年承法的燈缽回到法鼓山園區，隨

著聖嚴師父踏過的足跡巡禮各處，感念師父建設法鼓山為人間淨土典範的願心；接燈承法的同時，再次提醒自己精進修行的迫切，進而與他人分享佛法。

方丈和尚果東法師在總本山的傳燈法會中開示，禪宗以心印心，傳法又稱為傳心燈，現在眾人承繼從佛陀、祖師大德到聖嚴師父，又傳到大眾手上一脈相傳的漢傳禪佛教；只要弘傳佛教，每個人都是法子，都是中華禪法鼓宗的鼓手。方丈和尚表示，佛教歷史就是一部祖師大德的發願史，勉勵眾人學習先賢，發願共同推廣漢傳禪佛教，建設人間淨土。

海外部分，則以禪修做為法鼓傳燈日的活動主軸，包括東初禪寺、象岡道場，以及美、加各地的護法分會及聯絡處，以及聖嚴師父的西方法子約翰‧克魯克（John Crook）、賽門‧查爾得（Simon Child）、吉伯‧古帝亞茲（Gilbert Gutierrez）所帶領的禪修團體，聯合舉辦一日禪或半日禪，除了播放師父的開示影片，並以師父的英文書籍與大眾結緣。

這盞象徵佛法的明燈再從總本山傳到臺中、臺南、高雄，乃至海外，讓各地信眾就近參與傳燈，成為傳持佛法、弘揚佛法的「法子」。

大悲起願行 用行腳體驗弘化足跡

2011年，首度舉辦的「大悲行」活動，九十位法師與居士於2月13日從法鼓山園區出發，以行腳方式走向法鼓山各分院道場，27日抵達高雄紫雲寺。沿途，大悲行成員不畏低溫、大雨，運用聖嚴師父所教導的禪修方法，在移動中攝心修行，安定的步伐、齊整的威儀，呼應師父生前曾自喻為「風雪中的行腳僧」，為了傳播佛法，專心一志、不畏路途的艱難，也象徵「風雪中的行腳僧」綿延不絕的弘化足跡。

行腳是古代祖師大德遊化人間、參學的修行方式，最早的行腳就是兩千五百多年前，佛陀遊歷各國宣講佛法，而中國最著名的則是玄奘大師西域行。祖師大德們為了利益眾生，在行腳的過程中依然「難行能行」，這也是「大悲行」活動希望參與者能感同心受，是體力、耐力與願力的考驗。

全球弟子續佛慧命報師恩

百年正月，歡欣迎接新春之際，對法鼓山四眾弟子則多了一份廣發菩提心、願行菩薩道的提醒。藉著聖嚴師父圓寂兩週年的傳燈法會、感恩音樂會、大悲行、聯合禪修等活動，除表達僧俗四眾對師父教澤的感恩與永恆憶念，也以「法」相會，以師父教法、法鼓山理念為導，共同發願做佛法的鼓手，接續著師父的法身慧命，傳心燈、擊法鼓，讓佛法光明照亮世間。

● 02.13～27

法鼓山首辦「大悲行」行腳
以禪行體驗聖嚴師父的教法

大悲行成員運用禪修方法，踏實走過車水馬龍的交通要道，每個步伐均象徵著聖嚴師父弘化足跡的傳承。

2月13至27日，法鼓山首度展開「傳心燈‧起願行──大悲行」七至十四天的行腳活動，以行腳的方式象徵傳承聖嚴師父的教化，並參加法鼓山於中、南部地區舉辦的傳燈法會，由僧團常乘法師擔任總護法師，共有十九位成員全程參加。

13日清晨六點之前，九十位參與第一梯「大悲行」的成員齊聚法鼓山園區祈願觀音殿，進行禪坐與早課。方丈和尚果東法師於出發前前往關懷，並開示大悲行是以行腳方式，將象徵聖嚴師父的教法，弘傳到人間每個角落，也是法鼓山僧俗四眾深刻體驗師父教法的感恩與回饋。

本年首度舉辦的「大悲行」行腳活動，從總本山出發，途經北投雲來寺、三峽天南寺、桃園齋明寺、三義DIY心靈環保教育中心、臺中寶雲別苑、臺南雲集寺、臺南分院，於27日抵達高雄紫雲寺。參與成員有僧團法師、信眾，行腳期間採禪七模式，全程禁語，作息比照禪七，每炷香一個半小時，行腳過程運用禪修方法。第一梯成員在19日下午抵達臺中寶雲別苑後圓滿，由第二梯成員接續往南行腳。

大悲行隊伍在法師的引領下從法鼓山園區出發，以行腳的方式象徵傳承聖嚴師父的弘化理念至人間每個角落。

有參與全程的成員分享，提起方法禪行，身體雖然在移動，心卻能安住，讓自己對禪法更有信心，也發願要將聖嚴師父的教法傳承下去。

此次「大悲行」行腳活動，走過北海岸、大溪老街、山林小徑、交通要道，大悲行隊伍踏實穩健地展現法鼓道風，每個腳步象徵著聖嚴師父弘化足跡的傳承，每個身影均有如師父法身慧命的延續。

● 02.15～17

海內外各地舉辦元宵祈福活動
以祈福、法會、燃燈點亮心中明燈

紫雲寺舉辦元宵燃燈供佛法會，大眾將燈圍繞成法鼓山的山徽圖形，象徵點亮護持法鼓山的願心願力。

法鼓山各地分院道場於2月15至17日期間，舉辦祈福法會慶祝元宵節，各地的法會以燃燈供佛法會、觀音法會為主，包括北投農禪寺、桃園齋明寺、臺中分院、南投德華寺、臺南雲集寺、臺南分院、高雄紫雲寺、臺東信行寺以及加拿大溫哥華道場等，分別透過燃燈、供佛、祈願等儀程，為眾生祈福。

首先，桃園齋明寺在2月15日晚上的燃燈供佛法會中，由傳燈院監院常源法師帶領七百多位民眾專注念佛，並將手中燃亮的燭燈供至佛前，也象徵點亮自己心中的智慧。

2月17日在臺南分院的燃燈供佛法會上，監院果謙法師說明「供佛乃禮自性佛，而心燈無盡，代表光明、希望、智慧。」以此期勉大眾盡心護持佛法、修學佛法、弘揚佛法，讓心燈傳承不絕，共有三百人參加。高雄紫雲寺也於同日舉辦燃燈供佛法會，在聲聲「南無本師釋迦牟尼佛」佛號聲中，監院果耀法師帶領法師們一一點燃佛前數十盞燈，與會大眾則將手中的燈，依序供在佛前，並圍繞成法鼓山的山徽圖形，象徵點亮護持法鼓山、學佛護法的願心願力。

海外的溫哥華道場，則於17日晚上舉辦元宵民俗活動，由少年營的小朋友表演擊鼓，並安排搓元宵、提燈籠等活動，有五十多人共度溫馨佳節。

2011法鼓山各分支單位元宵法會一覽

地區		地點	時間	活動內容
臺灣	北部	北投農禪寺	2月17日	元宵燃燈供佛法會
		桃園齋明寺	2月15日	元宵觀音祈福法會
	中部	臺中分院	2月17日	元宵觀音祈福法會
		南投德華寺	2月17日	元宵燃燈供佛法會
	南部	臺南分院、臺南雲集寺、高雄紫雲寺	2月17日	元宵燃燈供佛法會
	東部	臺東信行寺	2月16日	元宵燃燈供佛法會
海外	北美洲	加拿大溫哥華道場	2月17日	元宵民俗活動

● 02.16

仁俊長老圓寂讚頌法會
法鼓山緬懷感念長老長年護持

美國佛教會前會長、同淨蘭若創辦人仁俊長老，於2月9日捨報圓寂，世壽九十三歲。長老圓寂佛事於新竹福嚴精舍舉行，2月16日上午舉行讚頌法會，方丈和尚果東法師、首座和尚惠敏法師及僧團法師等一行前往緬懷追思，向長年關心護持法鼓山的長老表達無限感恩。

仁俊長老1953年來臺，曾在福嚴佛學院任教，親近印順長老；1972年赴美弘化，歷任大覺寺住持、美國佛教會副會長、會長，並成立同淨蘭若、北美印順導師基金會，創辦「佛法度假」研習營、《正覺之音》雜誌等；此外，中華電子佛典協會（CBETA）成立時，也曾得到長老的大力支持。

半生在美弘法的仁俊長老，是聖嚴師父就讀中國大陸上海靜安寺佛學院的老師，也曾資助師父購置美國紐約東初禪寺，並經常前往東初禪寺、北美各地護法會開示佛法、主持法會，長年協助法鼓山在美弘化事業，2005年並返臺參加法鼓山落成開山大典。

除了美、加地區，長老也經常赴臺灣、中國大陸、香港、新加坡等地弘法，長老勤於筆耕，經常發表佛學文章、詩作格言，是近代難得的詩僧。其生平學譜，將由法鼓文化編輯出版。

仁俊長老圓寂，方丈和尚果東法師率同僧團法師前往緬懷追思。

● 02.18

宗薩蔣揚欽哲仁波切參訪雲來寺
分享生活佛法

曾導演電影《高山上的世界盃》
（*The Cup*）、《旅行者與魔術師》
（*Travelers and Magicians*），在藏傳
佛教中廣為人知的宗薩蔣揚欽哲仁波
切，在建築師姚仁喜伉儷陪同下，於
2月18日下午參訪北投雲來寺，並與
法鼓山信眾分享生活佛法。

宗薩蔣揚欽哲仁波切表示自己閱讀
過許多聖嚴師父的著作，很可惜因緣

宗薩蔣揚欽哲仁波切至雲來寺參訪交流，並與
法鼓山的信眾分享生活佛法。

不具足，無法親自向師父學習；因而對法鼓山規畫將師父的著作，翻譯成英文
出版的計畫，表達認同與讚許，並認為此舉將對佛教徒追求佛法教義的闡釋，
有更進一步的貢獻。

宗薩蔣揚欽哲仁波切並以遊歷各國的經驗，與大眾分享各地佛教的殊勝。觀
察佛教的發展過程，他認為臺灣具有舉足輕重的地位。針對近年新興宗教崛起
的問題，他指出，儘管佛教也要求新求變，但失去了大乘精神就無法立足，就
像藏傳佛教失去了菩提心，就變成像薩滿一樣的原始信仰。因此，仁波切希望
法鼓山繼續推廣大乘佛法，弘揚正信的佛教信仰。

● 02.19　02.26　02.27

「傳心燈・起願行」中、南臺灣舉行
巡禮　傳燈　發菩提願

繼2月12日於總本山舉辦「傳心燈・起願行」傳燈法會後，法鼓山於19、
26、27日，分別在臺中弘光科技大學毓麟館、臺南大學體育館、高雄紫雲寺，
共舉辦四場傳燈法會，由方丈和尚果東法師及僧團代表，共同為雲嘉南、高屏
及臺東地區五千多位民眾，逐一燃起象徵佛法不滅的明燈。

此為法鼓山首度在中、南部舉辦傳燈法會，而2月13日從法鼓山園區出發的
「傳心燈・起願行——大悲行」隊伍，也於當天下午抵達臺中寶雲別苑，象徵
傳承佛法的主燈，由這群參與大悲行的法師和信眾們帶入法會現場，正式揭開
法會序幕。

中部的傳燈法會於19日在弘光科大展開，方丈和尚出席開示說明，佛陀以智慧的明燈，照亮人間的幽暗，而憑藉歷代祖師大德們的傳承，才能使佛法明燈不滅，今日眾人接下象徵聖嚴師父為大眾點亮的這盞明燈後，更要誠心發願，不僅照亮自己，還要傳承下去，續佛慧命就是對師父最好的報恩，勉眾以「如何成佛道，菩提心為先，何謂菩提心，利他為第一」的菩薩行供養大眾，早日實現「安己、安人、安樂眾生；和敬、和樂、和平世界」的理想。

26日臺南場傳燈儀式於迎接大悲行隊伍進場後開始，方丈和尚首先為僧眾引燈，三十多位僧團代表為信眾們逐一點燈，之後並勉眾莫忘學佛初衷，傳承聖嚴師父的悲願，盡心盡力奉獻服務、廣種福田，發願成為弘法利生的一份力量。

27日高雄場傳燈法會，在下午及晚上於紫雲寺各舉行一場，有不少人在參與下午場後，留下來擔任義工，為晚上的法會服務。晚上九點多，綿延在紫雲寺外的人行廣場禪公園上，近兩千位信眾手捧著象徵佛法的明燈，畫下象徵大願無窮的驚歎，也正式圓滿2011年「傳心燈‧起願行——法鼓傳燈日」活動。數十位來自八八水災災區的民眾也參與傳燈，表示抱著知福惜福的心參加法會，學習奉獻與感恩。

歷時半個月的「傳心燈‧起願行」活動於南臺灣圓滿，從北到南共有一萬五千多人參加。傳燈儀式圓滿了，對所有傳燈接法的人來說，更是推動心靈環保、實踐服務他人、共建人間淨土的開始。

臺南傳燈法會在臺南大學體育館舉行，雲嘉南地區民眾手捧燈缽，發願照亮世間需要溫暖的角落。

● 02.19

上海佛教協會參訪法鼓山
覺醒大和尚期盼提昇佛法交流的層次

中國大陸上海市佛教協會會長覺醒大和尚、副會長周富根等一行四十八人，2月19日下午參訪法鼓山園區，由僧團副住持果暉法師、果品法師代表接待，進行交流。

在果暉法師、果品法師的引導介紹下，一行人參訪了大殿、祈願觀音殿、開山紀念館，並於簡介館觀看《大哉斯鼓》影片。

進行交流時，覺醒大和尚表示，來臺參訪每次必到法鼓山，法鼓山建築群的美感、景觀布局的設計，是四眾修學的好道場，也是領略佛教文化的心靈家園；且透過與法鼓

果暉法師（前排右一）陪同覺醒大和尚（前排右二）及中國大陸上海市佛教協會一行人參觀開山紀念館。

山的法師互動親近，更能體會聖嚴師父弘揚佛法的精神。覺醒大和尚也期待未來彼此在佛法交流的層次上，能更加提昇。

● 02.20～27

禪堂首度舉辦中觀禪修教理研習營
加強法義的理解 知見與實修並進

2月20至27日，禪堂首度舉辦「禪修教理研習營——中觀」，由僧伽大學助理教授果徹法師主講中觀學派的基本精神，並分享生活應用，共有九十九人參加。

禪堂首度結合教理課程與禪修體驗，開辦中觀禪修教理研習營。

此次活動是禪堂首度結合教理課程與禪修體驗而開辦的研習營，除了維持原有的禪七作息模式，每天下午安排九十分鐘至兩個小時的教理開示，內容包括：介紹龍樹菩薩的生平、中觀學派

的成立與發展，認識中觀的基本義理，如緣起、性空、二諦、中道等概念，並選讀龍樹菩薩所著的《中論·觀法品》，以建立正知正見，從我及我所的概念，澈見「無我」的意涵。

針對「緣起性空」的觀念，擔任總護的常護法師說明，中觀，是以智慧去觀察一切諸法的真實，也就是緣起性空，應用到生活實踐上就是「隨緣盡力，無所執著」；而「緣起性空」則是中華禪法鼓宗的根本精神，因此研習營特別以中觀思想做為主軸。法師指出，禪修者容易追求身心的體驗，而中觀的練習便是幫助禪修者看見自己的期待心，並破除這份期待，同時鼓勵學員不止是禪坐，更要回歸日常生活，在待人接物上也能了了分明，不執取空與有。

未來，禪堂將針對不同的教理主題，規畫研習營，加強禪修者在法義上的理解，並落實於日常生活，讓佛法與生命結合，讓修行更踏實。

● 02.25　03.02　03.11　05.25

國際禮儀系列課程於雲來寺舉行
推廣禮儀環保

為提昇法鼓山專職及義工從事國際接待的禮儀水準，2月25日至5月25日期間，國際發展處於北投雲來寺舉辦四場國際禮儀系列課程，共有近三百四十人次參加。

在2月25日首場課程中，由國際發展處專職吳筱涵解說國際禮儀的定義與起源，也介紹食衣住行育樂各方面的基本禮儀；3月2日的課程，由義工團貴賓接待組資深義工謝傳倫、張惠琪、盧世珍進行國際禮儀示範教學，悅眾將平日禪修功夫融入禮儀教學，讓學員從實際演練中，深刻體驗知行合一，自然流露恭敬、端莊、安定的氣質。

3月11日及5月25日的課程，邀請前行政院外交部禮賓司副司長謝棟樑，分享國際接待禮儀的經驗與原則。謝副司長表示，接待國際來賓，最重要的是需具備「誠懇」、「熱情」、「樂觀」、「合群」、「謙卑」、「敬業」及「專業」等七項特質；並說明社交禮儀主要是建立在雙方互相尊重的三項「權益」上：亦即生命權，

國際禮儀課程中，謝棟樑副司長分享國際接待禮儀的經驗與原則。

尊重對方的安全與健康；倫理權，尊重對方的職權及位階；最後則是自由權，尊重對方自由意識的權力。

由於課程兼顧理論與實務，許多參加培訓課程的專職義工表示，不僅因此了解國際禮儀接待的概念原則與專業，也擴展視野，更能協助國際弘法之順利圓滿。

● 03.06～27期間

高雄三民精舍舉辦身心醫學講座
協助民眾以心靈環保安定身心

三民精舍身心醫學系列講座，首場由王鵬為醫師主講壓力與生活。

為了紓解現代人的身心壓力，高雄三民精舍於3月6至27日期間，每週日下午舉辦「身心醫學系列講座」共四場，每場有近一百人參加。

首場講座，邀請高雄醫學大學附設醫院精神科主治醫師王鵬為主講「壓力與生活——談生活壓力與焦慮症、失眠」，王醫師首先說明現代人面臨的壓力，並分享化解壓力的方法，包括：生活要有規畫、發掘自我並了解自我個性的特徵、不要對自己要求太嚴苛、規律生活、維持良好的睡眠、運動及均衡的飲食。

第二場主題為「健忘與失智：談老年失智症的預防」，邀請高雄市立大同醫院社工師曾菊香講說失智症的致病因素，以及預防的方式，並帶領聽眾進行失智症重要的非藥物治療，包括十巧手運動、猜謎語、圖片記憶等趣味活動。

20日第三場「生命與情緒：談憂鬱症與自殺防治」、27日最後一場「阿公的金孫：淺談兒童精神疾病」，皆由大同醫院精神科主任蔡瑞修主講，蔡醫師分別介紹憂鬱症與兒童常見的精神疾病，包括過動症、自閉症、智能不足和精神分裂症等，說明早期發現、早期治療的重要性；並強調，疾病發生時，不要慌張或自怨自艾，那表示身體正透露某些警訊，告訴我們要調整身心，蔡醫師鼓勵現代人運用聖嚴師父的「四它」，學習以正面積極的態度，與疾病共存。

● 03.10～13　03.17～20

舉辦第十六屆在家菩薩戒
八百多位戒子發願共學菩薩精神

法鼓山第十六屆在家菩薩戒，於3月10至13日、17至20日，分兩梯次於法鼓山園區大殿舉行，本次傳戒會由方丈和尚果東法師、首座和尚惠敏法師、僧團副住持果暉法師擔任尊證師，總計有八百四十八位信眾受戒，其中男眾兩百零五位、女眾六百四十三位。

八百餘位戒子發願遵循菩薩戒止惡、修善、利益眾生的原則，實踐佛法，自利利人。

四天的戒期中，戒子們在悅眾法師的引導下，專注虔敬地學習、演禮，並觀看聖嚴師父的說戒開示影片，深入了解菩薩戒的內涵與精神。

聖嚴師父在開示影片中提到，一般人以為受菩薩戒非常不容易，因害怕犯戒而不敢受戒，其實菩薩戒可深可淺，而且是盡未來際的一受永受，「有戒可犯是菩薩，無戒可犯是外道。」師父鼓勵眾人要發願，由簡入繁，盡自己的力量，持守菩薩戒的三聚淨戒，止一切惡、修一切善、度一切眾生。

每日懺摩時，法師也提醒大眾以感恩、慚愧、懺悔、恭敬心拜佛，隨著每一次的頂禮，彷彿不斷滌清累劫貪瞋癡所造惡業，進而以清淨身心，納受戒體。

最後一天正授時，在〈搭衣偈〉的唱誦聲中，許多戒子難掩心中的感動而落淚，典禮莊嚴而攝受。受戒圓滿後，戒子們表示感恩三寶、感恩聖嚴師父和一切成就的因緣，也彼此勉勵要發菩薩願心，承擔佛法弘傳的使命。

● 03.23

人基會、法務部合作推動生命教育
於矯正教育中融攝「心六倫」觀念

法鼓山人基會受邀與法務部合作，於全國矯正機關與地檢署展開「生命教育暨技藝扎根實施計畫——心六倫運動」活動，3月23日於桃園女子監獄揭開序

幕，法務部部長曾勇夫出席並致贈感謝狀給人基會，同時與人基會祕書長李伸
一共同敲擊二十一響鼓聲，啟動系列活動。

曾勇夫部長致詞時，感謝人基會長久以來對社會及生命的關懷，這次在各地
矯正機關、地方法院檢察署舉辦心六倫、關懷生命等活動，更將正向觀念和倫
理道德帶入矯治教育，提昇社會向上的能量。

當天的首場心六倫宣講，由李伸一祕書長主講，除了闡述實踐心六倫的方
法，並舉生活實例來說明六種心倫理的內涵。現場還邀請聲樂家張杏月演唱心
六倫之歌〈把心打開〉，以純淨優美的歌聲，唱出內含心六倫的歌詞，現場聽
眾也一起共鳴合唱。

除了宣講活動，未來，
人基會還將至各地矯正機
關、地方法院檢察署，舉
辦感恩音樂會、「心劇
團」戲劇演出，以及「幸
福工作坊」教誨師訓練課
程等，也將製作《心六倫
之歌》CD、「心幸福電
臺」廣播節目等，以多元
方式來推廣心六倫。

曾勇夫部長（左）、李伸一祕書長（右）共同擊鼓，啟動「生命教育——心六倫」系列活動。

● 03.23起

「幸福加持網站」上線
祈願人人幸福平安

法鼓山開設「幸福加持網站」（http://wish.ddm.org.tw）於3月23日（農曆二
月十九日）觀世音菩薩誕辰日正式上線，邀請大眾學習觀音菩薩慈悲助人的精
神，一起為自己及眾人祈願，共同匯聚暖流，透過網站為彼此的幸福加持。

該網站主要提供的「線上祈福加持」功能，讓網友可以在「我要祈願」單
元中，對自己、對親人、對好友、對想關懷祝福的人事物，寫下心中的祝禱，
或替他人祈願祝福，在網路世界裡匯聚祝福的力量；在「為人幸福加持」單元
中，則可看見他人祈求的願望內容，只要雙手合掌，誠心在心中默禱「我為你
祝福」後，再按下幸福加持按鈕，就能為他人祝福。

法鼓山鼓勵大眾將這份自利利人的願心，透過網路社群連結的力量，匯聚成
一道道幸福的暖流迴向給大眾，更希望透過人人互相鼓勵加油打氣，一起迎向

平安快樂的人生。

此外，還包括「幸福分享」、「加持e卡」、「幸福好物」等單元，「加持e卡」提供網友將祝福轉寄給周遭的親朋好友，傳遞更多善心及願力；而「幸福好物」單元中，也有多款幸福桌面、MSN大頭貼、螢幕保護程式，提供自由下載。

「幸福加持網站」鼓勵網友彼此祝福。

● 03.26

法鼓山社大聯合開學典禮於齋明寺舉行
開辦多元課程　分享佛法的慈悲與智慧

法鼓山在金山、北投、新莊及大溪所開辦的四所社會大學，3月26日於桃園齋明寺新禪堂舉辦「100年春季班聯合開學典禮」，校長曾濟群、齋明寺監院果啟法師等出席關懷，共有兩百多位師生參加。

曾濟群校長表示，法鼓山社會大學在聖嚴師父對於教育的重視下，自2003年開辦以來，持續推動社區民眾的學習風氣，透過各類心靈、生活、自然環保等相關課程，來達到對社會與彼此的關懷。曾校長並且希望學員們鼓勵親友共同加入社大的學習。

果啟法師則勉勵學員能將所學分享與奉獻給身旁所有的人，也歡迎大家運用禪修方法來體驗齋明寺古蹟之美。

接著，在導覽義工的帶領下，學員們分組體驗齋明寺古剎之美與生態環境；下午，齋明寺禪坐

法鼓山社會大學於齋明寺新禪堂舉辦「100年春季班聯合開學典禮」。

會悅眾帶領學員於新禪堂進行法鼓八式動禪，體驗「身在哪裡，心在哪裡」的禪修心法。

有學員表示，社大的多元課程不僅提供生活技能的學習，也能藉此了解佛法的慈悲與智慧，對於心靈品質的提昇很有幫助。

● 03.26～05.22期間

全球分支道場舉辦清明法會
以虔誠共修傳達感恩之情

為了表達慎終追遠，以及對於先人恩德的感念，法鼓山全球分支道場於3月26日至5月22日期間，分別舉辦清明報恩法會，共有一萬多人次參加。

臺灣各地舉辦的法會，多以地藏法會、大悲懺法會為主，其中，臺南分

臺南分院舉辦地藏法會，每日有近兩百人虔誠共修。

院於3月26日起連續十天，舉辦清明報恩地藏法會，信眾在法會中以法相會，並將祝福迴向祖先及日本地震中受災的民眾，每日有近兩百人參加。桃園齋明寺，首先於3月28日至4月3日舉辦清明報恩七永日，由監院果啟法師帶領，每日禮拜《地藏懺》，4月3日圓滿日誦持《地藏經》；23至24日並舉辦春季報恩法會，進行誦持《地藏經》、禮拜《地藏懺》，以及三時繫念法會等。

此外，北投農禪寺、臺東信行寺分別舉辦佛七、佛三，以精進念佛、淨化自己的身心，圓滿報恩孝親的願心；臺中分院於4月2至9日在逢甲大學體育館啟建梁皇寶懺法會，近千位中部信眾，透過七天的精進拜懺，感念先人。

海外地區方面，美國紐約東初禪寺於4月2日舉辦清明報恩三時繫念暨地藏法會，由住持果醒法師主法，法師開示三時繫念雖是淨土念佛法門，但《三時繫念佛事》卻是由元代著名禪師中峰國師所編寫，因此廣含淨土法門及禪修的實踐；加拿大溫哥華道場於3日舉行地藏法會，法會上，監院果舟法師解說地藏法門，並以「尊敬三寶，深信因果」八字勉眾皈敬三寶，才能永離生死。

2011法鼓山各地清明法會一覽

地區		主辦單位（活動地點）	時間	活動內容
臺灣	北部	北投農禪寺	3月30日至4月5日	佛七
		北投中華佛教文化館	3月28日至5月22日	《地藏經》共修
		臺北安和分院	4月3至17日	地藏法會、禮拜《地藏寶懺》、《地藏經》共修
		三峽天南寺	4月1至3日	慈悲三昧水懺法會、地藏法會
		桃園齋明寺	3月28日至4月3日	地藏七永日：禮拜《地藏寶懺》、誦《地藏經》
			4月23至24日	春季報恩法會：禮拜《地藏寶懺》、誦《地藏經》、三時繫念法會
		臺北中山精舍	4月2至9日	地藏法會、《地藏經》共修
	中部	臺中分院	4月2至9日	梁皇寶懺法會
	南部	臺南分院	3月26日至4月5日	地藏法會
		高雄紫雲寺	4月2日	地藏法會
海外	美洲	美國紐約東初禪寺	4月2日	三時繫念暨地藏法會
		北美護法會加州舊金山分會	4月2日	大悲懺法會
		北美護法會華盛頓州西雅圖分會	4月3日	大悲懺法會
		加拿大溫哥華道場	4月3日	地藏法會
	亞洲	馬來西亞道場（鶴鳴禪寺）	3月27日	大悲懺法會

● 03.27

普化中心舉辦「心靈茶會說明會」
推廣家家都是共學道場

　　由普化中心規畫的第二代「心靈茶會」，於3月27日在北投雲來寺展開說明會，共有近一百位來自各地的學員參加。

　　說明會一開始，普化中心副都監果毅法師為大家介紹心靈茶會的緣起，說明第一代教案歷經多位法師、菩薩的努力，從發想、策畫，再到帶領人培訓、教案製作等，諸多善因緣

資深帶領人等八位成員，現場示範近九十分鐘的茶會流程，在輕鬆活潑的討論中，分享自己的想法與觀點。

的和合，讓第一代心靈茶會以輕鬆活潑、多元關懷的分享，接引許多人體驗、熏習生活佛法的智慧。而第二代心靈茶會，主軸為以茶會友、以法相聚、以心會心，透過心劇團成員自然生動的演出，將「心靈成長」、「幸福家庭」、「人際關係」、「社會關懷」四大主題融入情境短劇中，學習將佛法的正知見，融入生活應用，並提供眾人討論思考的素材，展現第二代茶會的新風貌。

說明會中，資深帶領人邱玫玲等八位成員，現場示範近九十分鐘的茶會流程，引導參與成員，淺嘗清楚、放鬆的生活禪法；藉由觀看「無盡的追逐」短劇，讓成員對劇中情境，紛紛提出自己的想法、觀點、作法，與眾人做分享和交流。整場茶會的內涵、節奏，以及帶領人穿針引線的主持技巧，獲得學員們的讚歎，最後的問答時間，更是互動熱烈。

主辦單位將第二代心靈茶會的教材，包括教案、短片和開示，錄製成DVD光碟，讓生活佛法的傳遞、分享，突破了設備、空間的限制，也期盼茶會輕鬆、活潑的共學活動，為大眾帶來佛法的滋潤。

● 04.01

《我願無窮——美好的晚年開示集》出版
集結聖嚴師父晚年重要開示

法鼓文化於4月出版新書《我願無窮——美好的晚年開示集》，本書集結聖嚴師父自2005年之後的五十五篇已刊登過的開示、演講等文稿。

本書共分為三部分：一、和平在人間：收錄聖嚴師父在國際宗教或各種會議上的專題演講與致詞，十七篇；二、修行在人間：收錄師父對佛法法義的開示，二十四篇；三、好願在人間：師父對社會關懷的開示，十四篇。這些文稿見證了師父曾參與過的社會發展軌跡，師父曾以無比的慈悲攝受力，撫平無數人受創的身心，更以開創性的建言，為世界搭起和平的橋梁。

從編輯整理的文稿總表發現，自2005年至2009年聖嚴師父捨報前，於各場合的開示、談話，高達七百八十七篇，平均一年有一百九十六篇文稿，正是師父「盡形壽，獻生命」生命態度的體現。師父曾說，他留給世人的禮物是佛法。在這本「最後說法」的書中，不但看到師父對眾生、佛法無窮的願力，也是師父在老病纏身的「美好晚年」中，送給世人的美好禮物。

聖嚴師父《我願無窮——美好的晚年開示集》出版。

04.01　05.01

《二十一世紀佛教生活觀》、《心六倫》英文結緣書出版
心倫理運動推廣邁向國際

　　為廣與全球人士分享「心靈環保」理念，以及提供當今人類心靈貧窮問題的根源與切實可行的解決方法，聖基會分別於4月、5月分別出版英文版結緣書《二十一世紀佛教生活觀》（*Living in the 21ˢᵗ Century: A Buddhist View*）、《心六倫》（*The Six Ethics of the Mind*）。

《二十一世紀佛教生活觀》、《心六倫》英文結緣書出版。

　　《二十一世紀佛教生活觀》一書，是由文化中心國際編譯組精選聖嚴師父在世界各地，針對心靈環保、地球永續等議題進行的演說及開示，譯成英文出版；英文版《心六倫》直接譯自中文版《心六倫》結緣書，內容就家庭、生活、校園、自然、職場、族群六項倫理，逐一進行觀念上的介紹，並針對當代臺灣社會與國際情勢，提出回應與實踐的方法。

　　在6月舉辦的IABS國際佛學會議第十六屆大會上，法鼓山以英文版《心六倫》，與《聖嚴師父簡介》、《承先啟後的中華禪法鼓宗》、《二十一世紀佛教生活觀》共四本英文小書冊，和與會人士結緣，期望能為各國與會者開啟一扇窗，藉此從「心」認識、體會當代漢傳佛教。

　　2004年，聖嚴師父在美國紐約聯合國提出「全球倫理」，並支持推動國際間「重建全球倫理」計畫；2006年，師父進一步提出「心六倫」，由法鼓山僧俗四眾共同在臺灣社會推廣「心六倫運動」。歷經多時努力，《二十一世紀佛教生活觀》、《心六倫》結緣書完成英譯，為「心六倫運動」在國際間的推廣增添助力。

04.01　08.01

《今生與師父有約》出版
與大眾分享聖嚴師父的教示

　　聖基會自2009年9月起至2010年12月6日，在會所的聖嚴講堂陸續舉辦了五十二場次的「無盡的身教──今生與師父有約」講座，邀請聖嚴師父僧俗弟子，與大眾分享師父的身教與言教，這些內容分享已集結成智慧隨身書《今生

與師父有約》，第一集、第二集分別於4月1日、8月1日出版，廣與社會大眾分享師父的思想行誼及生命智慧。

第一集《今生與師父有約》，共收錄了禪修中心副都監果元法師、僧團都監果廣法師、女眾副都監果舫法師、僧大副院長常寬法師、聖嚴師父生前侍者常願法師等文；第二集收錄方丈和尚果東法師、僧團副住持果暉法師、美國紐約東初禪寺住持果醒法師、青年院監院果祺法師、關懷中心副都監果器法師等僧眾弟子的分享，內容包括師父在生活中對弟子們言談行儀的細膩調教，國內外弘化時應機教化大眾、調柔眾生的方便，乃至晚年臨病、面對生死的自在身教。

聖基會出版《今生與師父有約》，分享聖嚴師父的思想行誼及生命智慧。

聖基會表示，講座圓滿後，聽眾們感受這些充滿了慈悲與智慧法味的真情故事，於是自動發心聽打講稿、整理文稿，遂促成結緣書的出版，希望讓更多人重溫聖嚴師父的親切教示。

● 04.02～09

臺中分院啟建梁皇寶懺法會
邀請信眾響應「為子孫建寺」種福田

4月2至9日，臺中分院於逢甲大學體育館啟建「清明祈福報恩暨籌建寶雲寺梁皇寶懺法會」，由僧團果興法師主法，十一位僧團法師合力領眾共修，七天共有近千位中部民眾參與精進拜懺，緬懷先人、祝福親友。

法會第一天，方丈和尚果東法師親臨壇場關懷，並以「三業相應真清淨、修行精進真清淨、身心清淨好感應、道交感應福慧應」，勉勵眾人一點一滴開發心中佛性，把握現在、服務眾生。

由於寶雲寺新建工程已於1月動土，法會現場特別設置了

近千位中部信眾把握清明假期，抱持清淨心參加梁皇寶懺法會，精進拜懺，串起共願。

專區，向信眾介紹籌建中的寶雲寺；法會期間，許多人紛紛響應「為眾生祈福，為子孫建寺」活動，共同來種福田。此外，本年法會的「十供養」特別採用青瓷盛裝，信眾於法會後帶回家中佛堂，也將精進心延續到日常生活中。

為成就這場法會，臺中分院於啟建前半年便展開籌備；法會期間，中部七個地區的義工更是全力投入，每位義工安住執事崗位，以「盡心盡力第一」的萬行菩薩精神，具體實踐法鼓家風。

在清明報恩時節，中部信眾透過參與梁皇寶懺法會，緬懷祖先恩澤，更感恩無盡的師恩，在精進共修、奉獻服務的同時，更串起相續的共願，為建設寶雲寺這項心靈淨化工程，寫下美好開端。

● 04.07～08

一行禪師訪法鼓山園區
期許雙方僧團持續交流

睽違十六年，國際知名的一行禪師（Thich Nhat Hanh）帶領三十三位弟子，於4月7日晚間第二度訪臺，由於一行禪師與聖嚴師父法緣道情深厚，此行首站即來到法鼓山園區；翌日，一行禪師與方丈和尚果東法師共同為「墨觀‧禪悅──一行禪師、聖嚴法師書法聯展」揭幕，並為法鼓山僧俗四眾勉勵、祝福。

一行禪師（前排右四）與弟子訪臺，由僧團副住持果暉法師（前排左四）等人代表接機。

8日清晨，隨一行禪師來臺的「梅村」（Plum Village）法師們，也在僧團法師陪同下，前往禪堂溪邊打坐、法華公園行禪；書法展開幕前，一行禪師也前往圖資館參觀，見到豐富的藏書，學僧們專注在館內查閱資料，頻頻讚歎。

一行禪師此行，期勉雙方僧團持續交流、合作、學習，思考如何接引東西方青年學佛，讓年輕人珍惜生命、把握生命，為社會做出更多貢獻。

生於越南的一行禪師，提倡「人間佛法」（Engaged Buddhism），強調以佛法面對現代社會、政治、戰亂問題，堅持不抵抗主義與和平共存。1960年代越戰期間，自美返越，從事和平運動，影響越南年輕僧眾，並於戰後代表參加巴

黎和談；1982年，一行禪師在法國南部建立「梅村」禪修道場；1995年首次訪臺，與聖嚴師父在北投農禪寺展開「禪與環保」對談。

● 04.08～23

聖嚴師父、一行禪師書法聯展
以筆墨分享禪悅

暌違十六年，再度訪臺的一行禪師（右），4月8日與方丈和尚共同為「墨觀‧禪悅」書法聯展揭幕，並為法鼓山僧俗四眾勉勵與祝福。

4月8至23日，法鼓山於園區舉辦「墨觀‧禪悅——一行禪師、聖嚴法師書法聯展」，展出一行禪師與聖嚴師父的墨寶各約五十件。8日上午舉行開幕儀式，由一行禪師、方丈和尚果東法師共同主持，為書法聯展揭幕。隨後，一行禪師在現場揮毫寫下「聖德端嚴」，表達對聖嚴師父的懷念與感佩。

展場上，聖嚴師父與一行禪師的墨寶，一個漢字、一個英文，彷彿東西方的弘法對話。其中，在師父書寫的〈日日春〉相鄰柱面，是一行禪師的墨寶〈Be beautiful, be yourself〉（美麗做自己），筆墨之間，對話著禪法意涵；師父的〈少講話〉、一行禪師的〈Breathe〉（呼吸）也提醒觀者把心安住在呼吸的當下，就不會散心雜話。

這次書法聯展的策展人之一、香港理工大學設計學院資深講師阮曼華表示，聖嚴師父的字，寬綽質樸；一行禪師的墨跡，飛揚婉轉，但都有一個共通點「純真」，一點一捺都是真性情的流露，讓人感受到兩位禪師專注當下，把全部生命注入線條的力量。

開幕儀式前，方丈和尚帶領僧俗四眾於大殿前接駕，並將聖嚴師父所寫的〈弘傳正法〉與〈四眾佛子共勉語〉墨寶致贈給一行禪師，一行禪師則回贈英文版〈心經〉墨寶予法鼓山。方丈和尚表示，一行禪師與師父的許多觀念、思想和作法很相近，皆重視教育，而且淨化人心、弘法利生的精神，一樣平易、活潑而深入人心。

筆墨弘禪續道情
一行禪師再訪法鼓山

1995年3月22日，聖嚴師父與四眾弟子在北投農禪寺，歡喜迎接一行禪師到訪。雖是第一次見面，師父與一行禪師之間，彷彿有著一份熟悉的故舊道誼，師父說：「一行禪師就像老朋友一樣，他的來訪是我這一輩子最高興的事之一。」

2011年4月7日，一行禪師帶著弟子們再度來訪，前往迎接的，是聖嚴師父的僧眾弟子。初次來到師父創辦的法鼓山園區，面對全然不同的人、事、景物，一行禪師向身旁的方丈和尚果東法師說：「我感覺聖嚴法師還在。看到聖嚴法師的法仍在弟子身上傳承，我很感動。」

短暫交會 弘法道心相知相惜

聖嚴師父與一行禪師只相見幾次，彼此的法緣道情，卻在有限的短暫交會中，展露無遺。1995年，在農禪寺展開的「禪與環保」對談上，師父談到自己根據佛法提出的「心靈環保」，就是要人們的心不受污染，這才是保護環境的根本辦法；而淨化心靈

一行禪師（左）在書法聯展展場中，提寫「聖德端嚴」表達對聖嚴師父的懷念。

之道，則是從禪的觀念與修行入手。一行禪師提到自己弘法的核心，為來自佛法的八正道之一「正念」，著重如何讓我們的心識不受染污，就是要時時覺察、時時提起正念，如此才能不傷害自己、他人與環境。

聖嚴師父倡導「建設人間淨土」，一行禪師則說：「Pure land is here and now.」（淨土就在當下）。念念清淨，人間、當下即是淨土，不同的語

言，卻傳達出相通的佛法理念，難怪師父說一行禪師是「老朋友」。

1997年，聖嚴師父新書《完全證悟——聖嚴法師說圓覺經生活觀》（*Complete Enlightenment*）在美國出版，一行禪師在書中的序文寫著：「能成為他的朋友，我很榮幸」。新書發表會當天，一行禪師親自前往紐約東初禪寺，向西方人士推薦師父的書，展現兩人法海同源的相惜之情。

道誼延展　法鼓山與梅村傳承

4月8日，在「墨觀·禪悅——一行禪師、聖嚴法師書法聯展」開幕當天清晨，跟隨一行禪師來臺的梅村弟子們，在法鼓山僧團法師陪同下，前往禪堂溪邊打坐，到法華公園行禪、梵唱。雖然首次見面，卻因著一顆為弘傳正法而努力的道心，而延展出攜手合作的道誼。

展場的設計，受一行禪師書法中「圓」的意象啟發，觀者先經過一道圓形洞門進入展場，最後再通過圓形洞門離開，回到原本所處的世界。

「佛法像一棵大樹，需要大家的灌溉。」十六年前，一行禪師在「禪與環保」對談中的這段話，彷若也是對十六年後雙方弟子的一份期勉。這次書法聯展，從事前的策展聯繫、來訪行程協調，到活動當天的交流，法鼓山僧團與梅村僧團之間，和諧互動，共同圓滿殊勝的弘法活動。這趟行程，一行禪師也勉勵雙方僧團加強合作、學習，思考如何接引東西方青年學佛，讓年輕人珍惜生命、把握生命，為社會做出更多貢獻。

書法聯展上，一行禪師揮毫寫下〈聖德端嚴〉四個字，那是對老朋友的懷念與感佩，還有從聖嚴師父的僧俗弟子身上，真切感受到的法鼓家風，以及願願相續的佛法慧命。

● 04.08～10

傳燈院辦「動禪成長營」
杜正民副校長講授動禪心法的根據

4月8至10日，傳燈院於三義DIY心靈環保教育中心舉辦「動禪成長營」，由常乘法師擔任總護法師，佛教學院副校長杜正民講授「動禪心法與大乘禪觀──『法鼓八式動禪』經教與應用系列」課程，帶領學員深

在動禪成長營中，學員們體會動禪心法背後，蘊涵深厚的佛法根據，以及聖嚴師父的實修體驗。

入認識動禪心法的根據，共有六十四人參加。

系列課程分為六講，分別是「禪修要領──正知正念，觀五蘊非我」、「四念處觀──回小向大，緣起與無我」、「觀照身心──止觀默照，觀五蘊皆空」、「四它心要──生活禪法，無常、無我、寂靜三法印」、「心靈環保──慈悲智慧，慈悲緣起觀──止觀，智慧緣起觀──默照」、「動禪心法──大乘禪法，無住觀與菩提心」。課堂並安排五蘊、四念住的練習，以及空的體驗。

杜老師將動禪心法與經典連接，解說「身在哪裡、心在哪裡，清楚放鬆，全身放鬆」短短十六個字的心法，看似簡單而又容易操作，卻是聖嚴師父深入經藏，以其深厚的理論基礎，加上紮實的實修體驗而提出。課程結束後，學員們感恩杜老師的解說讓大家受益良多，對於動禪心法更有信心，也更有體會。

● 04.08～09.23期間

安和分院舉辦「悠遊職場與人生智慧」系列講座
專家分享運用佛法提昇自我管理能力

4月8日至9月23日期間，臺北安和分院於週五晚間舉辦十二場「悠遊職場與人生智慧」系列講座，邀請各領域專業人士，分享在職場與生活中，運用佛法

提昇自我管理能力，創造優質職場生涯，共有一千多人次參加。

首場，邀請滾石文化發行人段鍾沂，以蘋果電腦創辦人賈伯斯（Steve Jobs）以及自己經營事業的歷程，說明興趣與夢想的實踐充滿各種考驗，而面對逆境時，不僅需要勇氣、努力、堅持，更重要的是抱持一顆樂觀的心，才能身心從容，信心滿滿。

第二場「生命有目標，工作好修行」講座中，文化中心副都監果賢法師指出，如果能以服務的態度從事各項工作，即使遇到困難，就能以歡喜心坦然接受，並將眼前的所有人視為成就自己的菩薩，當成是自己得度的因緣；如此一來，心中只有感恩與歡喜，原本的衝突、挫折、不順遂，都得以轉化，生命品質也可以得到提昇與超越。6月24日的講座中，僧團都監果廣法師則分享如何運用「六和敬」的精神來經營事業與家庭。

針對生命品質的提昇方面，7月8日的講座，邀請作家游乾桂主講「放下，人生更豐富」，指出幸福來自自我的放下、煩惱的消融，而不是任何事物的獲得；7月22日，高雄第一科技大學助理教授薛兆亨則介紹圓滿的理財觀，強調真正有財富的人，是能培福、種福的人；法鼓大學籌備處校長劉安之並於「迎接雲端時代，開啟意義溝通」講座中，解析雲端運算（Cloud Computing）的概念與運用，說明開啟人文新思惟，整合高科技發展，才能再次開創人類生命的新契機。

最後一場，由普化中心副都監果毅法師為大家講述「聖嚴法師的禪法教學與生活應用」，法師以清晰的架構說明，引導大家從中領受漢傳禪佛教的精髓，更期盼藉由師父的禪法，讓每個人的生命品質得以提昇，於生活中無論遇到何種人事煩惱，都能如雲如水、時時輕安自在。總計十二場演講，在法師的祝福中圓滿，也期待大家從他人寶貴的人生智慧中，體會到生命的存在是一件美好又珍貴的事，即便稍有阻礙，仍要抱持感恩、學習的心態，以正面積極的善心面對周遭的人事物。

「悠遊職場與人生智慧」系列講座，邀請各領域專業人士分享創造優質職場生涯的智慧。圖為5月6日，實踐家知識管理集團郭騰尹副董事長分享突破習慣限制，發現自己的潛能。

2011「悠遊職場與人生智慧」系列講座一覽

時間	講題	主講人
4月8日	讓夢想起飛——文化品牌經營與創業經驗談	段鍾沂（滾石文化發行人）
4月29日	生命有目標，工作好修行	果賢法師（法鼓山文化中心副都監）
5月6日	突破習慣限制，領悟有情人生	郭騰尹（實踐家知識管理集團副董事長）
5月27日	活用佛法，提昇管理與職場優勢	戴萬成（前花旗銀行亞洲及中東業務總監）
6月10日	修行在紅塵——以中華郵政公司為例	許仁壽（臺灣證券交易所總經理）
6月24日	領導面面觀——澄靜清明的領導思惟	果廣法師（法鼓山僧團都監）
7月8日	放下，人生更豐富	游乾桂（作家）
7月22日	圓滿人生的個人理財	薛兆亨（高雄第一科技大學助理教授）
8月12日	知音難逢正常事，不因孤獨不理人	常寬法師（法鼓山僧大副院長）
8月26日	了解自己，雙贏溝通	郭騰尹（實踐家知識管理集團副董事長）
9月9日	迎接雲端時代，開啟意義溝通	劉安之（法鼓大學籌備處校長）
9月23日	聖嚴法師的禪法教學與意義運用	果毅法師（法鼓山普化中心副都監）

● 04.09～10　05.22　09.03　10.08

普化中心舉辦讀書會帶領人培訓
推廣共讀共享的共學讀書會

讀書會帶領人培訓課程中，學員熱烈分享、討論。

為深化讀書會帶領人的領導技巧，普化中心在4月9至10日、5月22日及9月3日、10月8日，分別於北投雲來寺及德貴學苑、臺中分院舉辦心靈環保讀書會帶領人培訓課程，由副都監果毅法師、資深讀書會帶領人王怡然老師帶領，課程主題包括認識聖嚴師父著作、讀書會帶領技巧、有效讀書四層次、實務演練等，共有三百多人參加。

　　果毅法師在介紹聖嚴師父的《法鼓全集》時，剖析1993年師父已將《法鼓全集》的架構訂定九個類別，透過著作的瀏覽，帶領學員深入體認師父的宏觀與悲願。法師勉勵學員以「心靈環保讀書會」來推廣師父的精神與理念，讓更多人透過讀書來讀懂人世，讀懂一句，便能受用一生。

　　王怡然老師說明，讀書會、共學活動是有主題、有組織的串連；有對話，但沒有固定的帶領人；對話的精神在於平等、尊重異見、願意傾聽，學員遇到的疑問，就成為討論的切入點。另一方面，運用「熟悉與複習」、「回應與消

化」、「詮釋與驗證」、「活化與深化」四層次提問，帶領學員讀「懂」、讀「透」一本書；強調每天以四層次進行反省，便可以幫助自己，去「看見」與「發現」自己。

多位學員表示，藉由讀書會特有的知性與開放的對話，可以培養生命的洞察力與涵養人際的包容力，對於推廣讀書會，信心益加堅定。

● 04.12～06.14期間

臺中分院開辦長者成長課程
長青學佛健康不老

老菩薩在陪學義工引導下，分組手工勞作製作繪本。

4月12日至6月14日，臺中分院每週二上午於寶雲別苑為長者舉辦成長課程，以故事引導、討論分享方式，帶領老菩薩輕鬆學習，由聖嚴書院講師郭惠芯、資深故事媽媽連惠宜、黃秀玲等帶領，有四十多位年長學員參加。

課程主要內容包括法鼓八式動禪、影片觀賞、繪本導讀等。其中，影片觀賞由郭惠芯老師帶領賞析片中的佛法意涵；在繪本導讀單元中，首先由故事媽媽以國、臺語講說故事內容，再由陪學義工引導長者分享心得與人生經歷。

6月14日舉行結業式，常朗法師以聖嚴師父〈四眾佛子共勉語〉中的「勤勞健康最好」，祝福長者身體健康、勤勞學佛。有學員表示，經由此十週的學習，不僅活化自己的觀念，也開展了新的人際關係，十分感謝陪學義工的熱誠相伴；陪學義工也感恩有此機緣，學習與長者的相處之道。

● 04.21～24

「第四屆自我超越禪修營」法鼓山園區舉行
各界領導階級人士學習禪修、消融自我

4月21至24日，法鼓山於園區禪堂舉辦「第四屆自我超越禪修營」，由禪修中心副都監果元法師帶領，有近八十位來自社會各界領導階層人士參加。

自我超越禪修營課程，以觀看聖嚴師父的開示影片為主，並由果元法師引導禪修的方法，帶領學員進行實際的禪修練習、體驗，進而學習皈依、布施、受

戒等觀念，也對法鼓山的理念有更深一層的認識。

　　活動期間，方丈和尚果東法師到場關懷學員，勉勵學員運用禪修方法超越自我、消融自我，把握當下修福修慧，進而發揮正面影響力，造福社會大眾。

● 04.24～12.10期間

聖基會主辦「聖嚴思想面面觀」系列講座
分享師父思想、行誼的多元面貌

　　由聖基會、法鼓文化、臺中分院、高雄紫雲寺共同主辦的「聖嚴思想面面觀」講座，於4月24日至12月10日期間，分別在臺中分院、紫雲寺進行，邀請僧團法師、各領域專家學者分享對聖嚴師父教法與行誼的精彩探討。

　　系列講座邀請多位2010年5月在第三屆「聖嚴思想國際學術研討會」上發表論文的專家學者擔任主講人，包括：屏東教育大學中文系系主任陳劍鍠、屏東商業技術學院副教授林其賢、臺灣師範大學文化學系助理教授王晴薇。主講人延續研討會的論文主題，進行更深廣的詮解；此外，僧大副院長果光法師、文化中心副都監果賢法師、臺灣師範大學漢學研究所助理教授王美秀，也分享對聖嚴師父的禪法、教法與書寫的研究與體會。

　　十場講座主題包括：「我願無窮──美好的晚年、美好的禮物」、「人間佛教的現代化進程──太虛、印順、聖嚴」、「漢傳佛教禪觀──聖嚴法師禪門教法」、「悅讀人生風景──淺談聖嚴法師的旅遊書寫」以及「法華禪觀在中國的開展與法鼓山之法華圖像」等，從聖嚴師父的生命態度、法脈傳承，到法華禪觀的開展等面向，都有豐富與系統性的闡述，引領大眾探識師父思想、行誼的多元面貌。

　　其中，果光法師在「漢傳佛教禪觀──聖嚴法師禪門教法」講座中，特別深入聖嚴師父的教法精髓與大眾進行個人的體會分享，以師父著作《禪門

果光法師於臺中分院講說聖嚴師父的禪門教法。

修證指要》為主軸，詳盡介紹禪門重要文獻，並針對念佛禪、默照禪、話頭禪，深入淺出地進行講解，也提出方法及日常生活的運用，期勉眾人於日常生活中的一切行住坐臥、起心動念，都能覺照外境、不染著，達到定慧等持的境界。

2011「聖嚴思想面面觀」系列講座一覽

講題	主講人	時間	地點
我願無窮——美好的晚年、美好的禮物	果賢法師（法鼓山文化中心副都監）	4月24日	臺中分院
		5月14日	高雄紫雲寺
人間佛教的現代化進程——太虛、印順、聖嚴	林其賢（屏東商業技術學院副教授）	6月19日	臺中分院
		12月10日	高雄紫雲寺
漢傳佛教禪觀——聖嚴法師禪門教法	果光法師（法鼓山僧伽大學副院長）	7月16日	高雄紫雲寺
		7月17日	臺中分院
聖嚴法師對「淨念相繼」與「入流亡所」的詮釋	陳劍鍠（屏東教育大學中文系系主任）	8月21日	臺中分院
		11月12日	高雄紫雲寺
悅讀人生風景——淺談聖嚴法師的旅遊書寫	王美秀（臺灣師範大學漢學研究所助理教授）	9月10日	高雄紫雲寺
法華禪觀在中國的開展與法鼓山之法華圖像	王晴薇（臺灣師範大學文化學系助理教授）	10月23日	臺中分院

● 04.24～12.18期間

臺中分院舉辦「寶雲講談」
悅眾分享學佛、護法歷程

4月24日至12月18日期間，臺中分院每月擇一週日下午於寶雲別苑舉辦「寶雲講談」活動，全年共九場，包括五場與聖基會共同舉辦的「聖嚴思想面面觀」系列講座，邀請專家學者及僧團法師、資深悅眾分享，共有近兩千人次參加。

張宏吉醫師於寶雲講堂中，介紹歐洲三大博物館的佛像造型藝術。

「聖嚴思想面面觀」系列講座之外的四場講座，包括：5月29日、9月18日、11月13日與12月18日最後一場講座。其中兩場分別由資深悅眾王崇忠、陳瑞娟伉儷與施建昌主講。王崇忠、陳瑞娟伉儷在「蘋果樹下的法鼓緣」講座中，分享親近聖嚴師父的因緣，與學佛帶來的生命啟發與轉變；施建昌則在「他與法鼓山的故事」演講中，講述親近法鼓山，追隨師父學佛護法的歷程。

9月18日的「解析歐洲博物館珍藏之東方藝術」講座，特別邀請前中國醫藥大學附設醫院生殖中心主任張宏吉介紹法國居美博物館（Guimet Museum）、楓丹白露宮（Fontainebleau）及瑞典遠東古物博物館 （Museum of Far Eastern Antiquities）的佛像造型藝術；《他的身影——聖嚴法師弘法行履》製作人張光斗，也在11月13日分享追隨聖嚴師父在西方世界弘法的步履足跡，與師父身教、言教的指導。

<h3 style="text-align:center">2011臺中分院「寶雲講談」活動一覽</h3>

時間	講題	講談人	備註
4月24日	我願無窮——美好的晚年、美好的禮物	果賢法師（法鼓山文化中心副都監）	「聖嚴思想面面觀」講座
5月29日	蘋果樹下的法鼓緣	王崇忠、陳瑞娟（法鼓山美國護法會資深悅眾）	
6月19日	人間佛教的現代化進程——太虛、印順、聖嚴	林其賢（屏東商業技術學院副教授）	「聖嚴思想面面觀」講座
7月17日	漢傳佛教禪觀——聖嚴法師禪門教法	果光法師（法鼓山僧伽大學副院長）	「聖嚴思想面面觀」講座
8月21日	聖嚴法師對「淨念相繼」與「入流亡所」的詮釋	陳劍鍠（屏東教育大學中文系系主任）	「聖嚴思想面面觀」講座
9月18日	解析歐洲博物館珍藏之東方藝術	張宏吉（前中國醫藥大學附設醫院生殖中心主任）	
10月23日	法華禪觀在中國的開展與法鼓山之法華圖像	王晴薇（臺灣師範大學文化學系助理教授）	「聖嚴思想面面觀」講座
11月13日	他的身影——幕後花絮	張光斗（《他的身影——聖嚴法師弘法行履》製作人）	
12月18日	他與法鼓山的故事	施建昌（資深悅眾）	

● 04.30

紫雲寺舉辦「閱讀‧幸福」講座
單德興教授分享「我打禪家走過」

高雄紫雲寺4月30日晚上舉辦「閱讀‧幸福」講座，邀請中央研究院歐美研究所所長單德興主談「我打禪家走過」，屏東商業技術學院副教授林其賢、中山大學外文系教授黃心雅與談，共有兩百五十人參加。

單德興教授談起，自己當年服役時，因為母親生病、軍旅生活不順遂等，感受到人生的苦，同時驚覺個人的學位竟無法解決自己的困境；而佛法卻能貼近自身的問題，尤其是聖嚴師父對佛法的掌握與現代詮釋，更讓他感到信服。

由於聖嚴師父文字般若的接引，單教授皈依三寶，並從翻譯《禪的智慧》、

單德興教授（中）、林其賢老師（右）、黃心雅教授（左），三位學者在「閱讀‧幸福」講座中，分享接觸禪法的因緣與心得。

《信心銘》等師父的英文著作，以及在師父的言教、身教中，學習以佛法觀照自心、讓身心安定，也體會到發願、受戒的重要性，進而發願要透過翻譯，讓師父的教法及思想，遍傳華人世界。

黃心雅教授分享個人親近佛法的因緣，林其賢老師則以聖嚴師父善巧指導東西方禪眾修行的點滴，點出禪法的活潑精神。

最後，單德興教授強調，學習佛法，最簡單的功課雖平淡，但能熏習久遠，譬如閱讀「聖嚴法師108自在語」，一如受聖嚴師父的耳提面命；而在人間扮演好自己的角色，讓他人看見佛法在我們身上實踐，就是最好的佛弟子。

學者們精彩的問答交流，不時引起滿堂熱切的回應，讓週末的紫雲寺充滿了人文氣息與真切的感動。

● 04.30～05.22期間

全球分支單位舉辦浴佛活動
各地民眾感恩生命的雙重恩典

為慶祝佛陀誕辰與母親節，法鼓山全球各分支單位舉辦多元的浴佛報恩祈福活動，藉此表達對於佛恩與母恩的感念，總計共有二十二個分院道場及護法會辦事處、慈基會安心

法鼓隊於農禪寺舉辦的感恩園遊會中，撼動演出。

民眾闔家於法鼓山園區浴佛，象徵滌淨身心煩惱、增長福慧。

服務站舉辦，共有逾萬人參加。

國內方面，北投文化館首先於4月30日舉辦歡慶浴佛節暨母親節親子活動，除浴佛法會，並在館前公園規畫溫馨趣味活動，包括親子聯歡闖關遊戲、義診、義剪，並邀請北投國小才藝表演；北投農禪寺則於母親節前夕，與臺灣銀髮族協會合辦感恩園遊會，結合浴佛法會、孝親奉茶，並安排法鼓隊、禪藝班和日語班的演出。而臺南雲集寺於浴佛活動中，特別邀請合樸農學市集在佳里中山公園擺設市集和舉辦環保講座，許多民眾扶老攜幼歡喜參與。

法鼓山園區、桃園齋明寺則於法會前舉辦朝山禮佛，藉此感恩大地及三寶功德。園區的浴佛活動，還安排惜福市場義賣、天然植物手工拓染、造型捏塑、親子遊戲、美食天地等體驗；也在第一大樓五樓門廳舉辦「朝山ㄩˋ見佛特展」，規畫了法鼓山回顧集、佛陀的故事等展出，帶領民眾從認識法鼓山的起源、佛陀弘揚佛法的歷程中，體會一切得來不易，進而更加知福惜福、感謝佛恩。活動總計有八千多人次參加。

另一方面，臺北安和分院、三峽天南寺、臺中寶雲寺、臺南分院、高雄紫雲寺、六龜安心站等各地，亦先後舉辦浴佛活動，除法會外，現場並備有浴佛香湯及供花，提供民眾前往洗心浴佛，淨化自己的煩惱塵垢，以清淨心共享浴佛喜悅。

海外地區，加拿大溫哥華道場於5月8日舉辦浴佛法會，監院果舟法師開示說明，浴佛旨在藉由外在儀式，滌淨自心、浴心中的自性佛，也祝福天下的母親福慧增長，福壽延年；美國紐約東初禪寺於15日舉辦佛誕慶典，由正在北美展開弘法行程的方丈和尚果東法師主持；北美護法會加州洛杉磯分會亦於同日參加南加州佛教界聯合浴佛節園遊會，現場除了展示法鼓山出版品及文宣品，並舉行義賣活動，當天「菩提媽媽」表揚大會中，有菩提媽媽穿著法鼓山義工服上臺，接受表揚後隨即投入服務，參與分享佛法的行列。

各地的浴佛活動，引領民眾闔家以香湯清淨身口意，以此表達報佛恩、報母恩之意；在誦念浴佛的發願文中，並祈願人人得到清淨智慧。

2011全球分支單位浴佛節暨母親節活動一覽

地區		主辦單位（活動地點）	時間	活動內容
臺灣	北部	法鼓山園區	5月13至15日	朝山‧浴佛‧禮觀音
			5月13至22日	朝山山、見佛特展
		北投農禪寺	5月7日	浴佛法會暨感恩園遊會
		北投中華佛教文化館	4月30日	浴佛法會暨母親節親子活動
		臺北安和分院	5月21日	浴佛法會
		三峽天南寺	5月22日	浴佛法會
		桃園齋明寺	5月7日	報恩朝山浴佛法會暨親子活動
		護法會羅東辦事處	5月15日	浴佛法會
	中部	臺中分院	5月8日	浴佛法會
		南投德華寺	5月1日	浴佛法會
		護法會彰化辦事處	5月1日	浴佛法會
	南部	臺南分院（臺南大學）	5月15日	浴佛法會
		臺南雲集寺（中山公園）	5月22日	浴佛法會
		高雄紫雲寺	5月14至15日	浴佛法會
		臺南安平精舍	5月22日	浴佛法會
		高雄三民精舍	5月8日	浴佛法會
		六龜安心站（寶來社區）	5月3日	浴佛法會暨母親節感恩活動
		護法會屏東辦事處	5月22日	浴佛法會
	東部	臺東信行寺	5月22日	浴佛法會暨園遊會
		護法會花蓮辦事處	5月7日	浴佛法會
海外	美洲	紐約東初禪寺	5月15日	浴佛法會
		加拿大溫哥華道場	5月8日	浴佛法會
		北美護法會伊利諾州芝加哥分會	5月7日	浴佛法會
		北美護法會加州洛杉磯分會	5月8日	歡慶母親節持頌〈大悲咒〉一百零八遍共修
		北美護法會加州洛杉磯分會、南加州佛教界	5月15日	浴佛節園遊會
		北美護法會佛州塔拉西聯絡處	5月15日	參加於塔城佛教中心舉辦的「佛誕日」慶祝活動
	亞洲	馬來西亞道場	5月17日	浴佛法會
		新加坡護法會	5月8日	浴佛法會
		香港護法會	5月10日	浴佛暨皈依法會、知福幸福嘉年華會
		泰國護法會	5月15日	浴佛法會

●05.01　06.07

方丈和尚追思成一長老
感恩長老護持法鼓山之恩

　　與師公東初老人、聖嚴師父師徒兩人法緣深厚的華嚴蓮社成一長老，4月27日在其祖庭中國大陸泰州光孝律寺示寂，享年九十八歲。為感念長老對法鼓山

的長期護持，方丈和尚果東法師於5月1日前往光孝律寺，表達對長老的緬懷。

六十多年前，中華佛教文化館創辦人東初老人創辦臺灣第一本佛教刊物《人生》雜誌，便獲得成一長老的協助；1982年《人生》復刊，也由長老擔任社長。1978年，聖嚴師父創辦中華佛研所，在缺乏經濟支持的情況下，長老出任副所長，大力支持師父辦學，而有後來法鼓山的建立與發展。師父曾說：「沒有長老的支持，法鼓山不可能受到社會大眾這樣多的護持。」因此對長老滿懷感恩。

長老愛屋及烏，支持聖嚴師父興辦佛教現代化的各種事業，德澤惠及法鼓山僧伽教育，法鼓山僧伽大學在6月份獲贈長老的紀念獎學金，使得這份殊勝的法緣，延伸至第三代。6月7日，成一長老追思讚頌會於臺北華嚴蓮社舉行，方丈和尚果東法師特別前往致意，感念長老對法鼓山的提攜與愛護。

成一長老於1914年生於江蘇省泰縣，1947年來臺後，在慈善、文化、教育等各方面均有建樹；1952年，協助其師公南亭和尚創建華嚴蓮社、1975年創辦「華嚴專宗學院」及研究所，在臺延續華嚴法脈；1966年則興辦「智光商工」，落實以佛法辦學的理念。

● 05.07

天主教普世博愛運動會友參訪法鼓山
透過座談彼此交流、學習

倡導普世博愛運動的天主教教友一行二十多人，於5月7日至法鼓山園區參訪，並與僧團法師、護法悅眾進行一場「愛人如己及心靈環保如何在生活中實踐」的座談交流。

座談會上，成員們分享天主教中的博愛、合一、群體性神修、目前生活的每一刻等觀念及方法，法師、護法悅眾們則分享佛法中的慈悲、自利利他、三輪體空、共修、活在當下、禪修等智慧。對於彼此的差異，與會者互相尊重、包容；對於相同之處，則相互分享、學習，共同成長。藉著座談交流，增進彼此的認同，未來在各自推動信仰、理念

普世博愛運動的天主教教友們與法鼓山悅眾進行座談交流。

時，更能彼此尊重，在促進世界和諧、幸福的相同目標下，共同展開合作。

普世博愛運動與法鼓山結緣始於1997年聖嚴師父到歐洲的弘法之行，當時師父拜訪位於羅馬的普世博愛運動總會；2010年，僧團果元法師、常護法師至泰國曼谷參與宗教交流會議時，對彼此提倡的「博愛」、「心靈環保」理念產生交集與共鳴，因而成就這次的交流因緣。

● 05.08

「媽媽好幸福」佛誕暨母親節活動展開
近兩萬民眾虔誠浴佛、感念親恩

方丈和尚（前左一）偕同與會貴賓一起浴佛祈願，為大眾獻上祝福。

法鼓山一年一度慶祝佛誕暨母親節感恩祈福活動，5月8日在臺北國父紀念館廣場展開，法鼓山方丈和尚果東法師、副總統蕭萬長伉儷及經濟部部長施顏祥伉儷等共襄盛會，共有近兩萬人次一同虔誠浴佛，感念親恩與佛恩。

方丈和尚致詞時表示，母親節結合浴佛節具有雙重的感恩意義，除了感恩父母給予肉體色身，也感念佛陀滋養法身慧命。此外，面對賴以生存的自然環境，也要感恩大地的包容，更要以積極的生命觀，結合生命共同體的思惟，消融自我、尊重自然，讓人與人、人與環境間和諧平等。

蕭萬長副總統則以聖嚴師父提出的「心靈環保」為行動指導，鼓勵大眾以實際行動報親恩、佛恩和大地恩。例如：一個擁抱、一聲問候都可以讓母親感到溫暖，行善助人就是在報佛恩，落實節能減碳就是回報大地的最佳行動。

法鼓山在國父紀念館舉辦慶祝佛誕暨母親節活動邁入第五年，2011年以「知福幸福──媽媽好幸福」為主題，分為「報恩浴佛」、「心幸福行動」、「品味幸福」、「低碳生活館」、「體驗幸福」等五大主題區，活動內容除了浴佛及音樂、短劇等演出，還有親子共同參與的「幸福生活博覽會」，包括托水缽、親子茶禪、幸福花束DIY等，也邀請多位低碳達人現身說法，分享如何落

實環保綠生活；期能開啟每個人內在的佛法寶藏，學習知足感恩，以行動回報佛恩、父母恩，並將這份知福奉獻的心，轉而愛護大地、力行環保，實現一個幸福永續的未來。

結合浴佛、祈願的感恩活動，接引親子共同淨心、浴佛、感恩互動，也讓母親節變得更溫馨、更有意義。

● 05.14～12.10期間

紫雲寺舉辦「紫雲講談」
多元講題含括佛像之美、工作禪等

5月14日至12月10日期間，高雄紫雲寺每月第二或第四週週六上午舉辦「紫雲講談」活動，共八場，其中五場為與聖基會共同舉辦的「聖嚴思想面面觀」系列講座，共有兩千多人次參加。

「聖嚴思想面面觀」系列講座之外的三場講座，包括6月25日的「法鼓山佛像之美與其他」，由資深悅眾施建昌從技術性、藝術性、故事性、信仰性、意義性五個層次講述法鼓山佛像之美，說明聖嚴師父期許法鼓山佛像不僅具信仰性，有中國隋唐時期恢弘的佛像風格，也兼融當代臺灣本地特色；佛像造型線條簡單，縉合禪的精神等，具欣賞價值，並引發大眾上山參訪的意願。

8月13日的講談，由聖基會董事傅佩芳主講「得遇名師──一個女性學佛者的驚奇之旅」，分享個人從經營事業到親近聖嚴師父，學習佛法的心路歷程。

10月8日的主題是「六把鑰匙通向幸福」，由僧團都監果廣法師主講，法師藉由生活經驗詮釋工作中的幸福，分享開啟通往幸福之門的六法鑰，包括盡責、充實成長、開解疑惑、滿願、得遇明師及心中無事；也勉眾處世以「四它」為圭臬，勇於面對、坦然接受、智慧處理，最後一定要放下。

果廣法師於紫雲講談中，分享幸福工作禪。

2011紫雲寺「紫雲講談」活動一覽

時間	講題	講談人	備註
5月14日	我願無窮—— 美好的晚年、美好的禮物	果賢法師 （法鼓山文化中心副都監）	「聖嚴思想面面觀」 講座
6月25日	法鼓山佛像之美與其他	施建昌 （資深悅眾）	
7月16日	漢傳佛教禪觀—— 聖嚴法師禪門教法	果光法師 （法鼓山僧伽大學副院長）	「聖嚴思想面面觀」 講座
8月13日	得遇名師—— 一個女性學佛者的驚奇之旅	傅佩芳 （聖嚴教育基金會董事）	
9月10日	悅讀人生風景—— 淺談聖嚴法師的旅遊書寫	王美秀 （臺灣師範大學漢學研究所助理 教授）	「聖嚴思想面面觀」 講座
10月8日	六把鑰匙通向幸福	果廣法師 （法鼓山僧團都監）	
11月12日	聖嚴法師對「淨念相繼」與 「入流亡所」的詮釋	陳劍鍠 （屏東教育大學中文系系主任）	「聖嚴思想面面觀」 講座
12月10日	人間佛教的現代化進程—— 太虛、印順、聖嚴	林其賢 （屏東商業技術學院副教授）	「聖嚴思想面面觀」 講座

● 05.29

高雄三民精舍開辦淨土法門講座
果舫法師勉眾至誠念佛

　　高雄三民精舍於5月29日舉辦講座，由僧團女眾副都監果舫法師主講「如何解行並重自在往生」。內容分成兩部分，上午為「解門」，講授淨土法門，以《聖嚴法師教淨土法門》為綱要；下午為「行門」，實際體驗「般舟三昧念佛方法」，共有一百多人參加。

　　法師首先解釋「阿彌陀佛」包括無量光、無量壽等涵義，並說明極樂世界沒有種種染著、誘惑，能成就一切，得不退轉。而念佛法門是三根普被、利鈍全收，即使是十惡五逆的人，只要信願行具足，也能往生淨土。

　　下午，法師介紹般舟三昧的念佛方法，帶領眾人持名念佛、繞佛，並以禪修的觀念引導放鬆、專注。眾人跟隨法師高聲念佛，整個精舍充滿莊

果舫法師在高雄三民精舍講「如何解行並重自在往生」，帶領一百多位聽眾深入淨土法門。

嚴的佛號聲，每個人的心也隨之安定收攝。

分組分享時，大家彼此交流念佛心得，對於此生能依著聖嚴師父的教導，念佛、學佛，感到相當珍惜。果舫法師最後再叮嚀，念佛法門是易行道，只要至誠懇切、解行並重，必能花開見佛，了脫生死，乘願娑婆，廣度有情。

● 06.01

法鼓文化出版《新好生活》
以自我覺醒、了解 走向幸福生活

法鼓文化6月份出版新書《新好生活》（*The New Good Life*），作者約翰・羅彬斯（John Robbins）從金錢、食、衣、住、行、家庭等各方面，與讀者分享新好生活是一個走向自我覺醒、了解的過程，也是尊重自己、尊重他人，尊重星球上所有的生命。《新好生活》一書並於12月入圍「2011開卷好書獎」。

羅彬斯是美國知名三一冰淇淋的繼承者，二十一歲時選擇出走，在小島過了十年農耕生活；後來以出書、演講累積財富，又因2008年金融風暴，財富歸零，因而體悟「生命的價值不在擁有多少，而是付出多少。」並且提出新好生活第一步，即是認識自己的金錢性格，擁有財務自由、療癒我們與金錢的關係，學習幸福經濟學。

羅彬斯指出，新好生活不只是節儉、環保，而是運用最少的資源過好生活。這樣的新好生活，與聖嚴師父提出的「心靈環保」、「心六倫」理念相契。法鼓文化出版本書，正是希望提醒大眾，多一點勇氣與覺察，穿透「舊好生活」迷思，探索自己的價值觀與自由，運用「以更少活得更好」的原則，降低花費、減輕自己與地球的負擔，創造一種簡單而快樂的新好生活。

呼應心靈環保理念的《新好生活》一書出版。

● 06.01～06.23

聖嚴師父「遊心禪悅」書法展園區展開
翰墨說法 體現無窮願力

聖嚴師父晚年，為了推動法鼓大學的籌設，從2006年8月開始，利用療病之際寫書法，並於2007年2月起舉辦多場「遊心禪悅——法語・墨緣・興學」書法巡迴展籌募辦學經費。延續師父興學弘法的願心，2011年6月1至23日在法

聖嚴師父「遊心禪悦」書法展‧延續師父興學弘法的願心。

鼓山園區展出「遊心禪悅」書法展，展出墨寶皆是未曾發表過的作品，堪稱最後的翰墨說法。

聖嚴師父的書法作品，不乏經典偈頌、古哲詩文，但最多的是對佛法的修證體悟，例如：〈千般計較怎得快樂　心容萬物焉不幸福〉、〈真有意思〉、〈無事樂〉、〈離幻即覺〉等短偈直指人心。

這次展出的作品，尚包括聖嚴師父為了護持臺中寶雲寺、臺南雲集寺的籌建，以及三個成立時間較短的基金會：法鼓山人文社會基金會、聖嚴教育基金會、法鼓山慈善基金會，各書寫二十一幅的墨跡給予支持鼓勵；一筆一畫體現了師父的無盡悲願。

由於展覽期間適逢舉辦IABS國際佛學會議，主辦單位特別於6月20至23日期間，展出十幅法鼓山典藏品，包括故宮博物院典藏的〈四眾佛子共勉語〉、聖嚴師父圓寂佛事後與大眾結緣的《心經》、〈延命十句觀音經〉、〈本來面目〉、〈大悲心起〉，以及描寫法鼓山景觀、生態的〈夕照中〉、〈山中慢步觀鳥〉等詩文，讓各國學者更加認識法鼓山理念和漢傳佛教內涵。

● 06.08

廈門市佛教協會參訪法鼓山園區
欽讚法鼓山僧才、四眾弟子的教育

中國大陸福建省廈門市佛教協會在會長則悟法師帶領下，一行十九人於6月8日至法鼓山園區參訪，方丈和尚果東法師陪同繞行大殿四周，依序介紹園區景觀建築與特色，並對參

方丈和尚（前排左一）為廈門市佛教協會則悟法師等（前排右三）一行人介紹園區景觀與特色。

訪團員解說法鼓山的教育理念與規畫。

身兼南普陀寺方丈和尚的則悟法師稱許法鼓山的各項建設，認為法鼓山是一座寶庫，有許多值得觀摩效法的地方。法師尤其欽讚法鼓山的僧才培育及四眾弟子的教育，持續漸進而有規畫，其他諸如書籍出版及佛學研究等，也都非常值得學習。

由於法鼓山自2002年起與廈門當地多所佛教寺院有多次的交流因緣，因此廈門佛教協會利用此次來臺行程之便，特別安排參訪法鼓山；則悟法師並邀方丈和尚前往廈門各佛教道場參訪，給予佛法開示的指導與建議。

● 06.12　07.09

聖嚴書院北區、中區佛學班結業
學員互勉學佛路上永不結業

聖嚴書院中區佛學班及北區佛學班，分別於6月12日在臺中寶雲別苑、7月9日於北投雲來寺舉辦聯合結業典禮，各有近兩百人、三百多人參加。

在寶雲別苑舉行的中區佛學班結業典禮中，臺中分院監院果理法師

在聖嚴書院佛學班中區聯合結業典禮上，果理法師將全勤獎頒給結業學員。

為一百三十九位結業生頒發結業證書、三年全勤獎，聖嚴書院講師林其賢到場祝福。

典禮在大提琴、小提琴悠揚的樂聲中拉開序幕，初階甲班表演話劇「成為有力量的種子」，傳達每個人心中都有顆成佛的種子；乙班的超級脫口秀「我們這一班」，風趣內容引來熱烈掌聲與笑聲；專題班以國、臺語俏皮朗誦出學佛的酸甜苦辣，快樂活潑地帶動全場氣氛。當天特別在戶外安排作業展示區，呈現學員三年來精進努力的成果，也提供彼此學習觀摩的平臺。

北區佛學班結業典禮於雲來寺舉行，普化中心副都監果毅法師到場關懷，說明法鼓山信眾教育的藍圖與規畫，提醒大眾修學佛法的目的在實踐與奉獻，因此除了持續進階課程，法師也鼓勵結業生成為讀書會、心靈茶會的帶領人，或是福田班的服務學長，讓自己成長為分享佛法、滋養生命的大樹。

活動當天，除了頒發結業證書、影片回顧，各班結業生的各項演出，包括手語、歌仔戲、舞臺劇等，帶動現場氣氛，雖然學員來自北臺灣不同地區，但共同的學習經驗卻牽繫彼此的心，而這場由精讀班學長策畫、學弟妹擔任外護的結業式，邀集普化中心的法師、講師群以及學員家屬一起參與，更凸顯了不分你我、相互成就的佛法精神。

2011年北區共有農禪、海山、新莊、金山、宜蘭五個初階班和一個精讀班，兩百七十一位學員結業。有學員表示，三年來的學習，不僅學會觀照、反省言行舉止，雖然佛學班結業了，但福田班的服務工作，讓自己的學習不中斷。

● 06.17～19

天南寺舉辦中級禪訓班試教
深入禪修的學習階梯

天南寺舉辦「中級禪訓班」大型試教課程，果元法師帶領九十位學員更深入禪修體驗。

傳燈院於6月17至19日在三峽天南寺舉辦「中級禪訓班」大型試教課程，由禪修中心副都監果元法師帶領，共有八十四位具禪修基礎的學員參加。

試教課程中，果元法師以講解禪修心態、數息、隨息、調飲食、調睡眠等初級禪訓班的課程為基礎，進一步深入解說，如何知道自己運用方法是否得當？當數息不得力時，可運用哪些方法來調整等。

另外，法師又於「調五事」——調飲食、調睡眠、調身、調息、調心等基礎工夫延伸，指導學員進行更深入練習。以調心為例，法師說明，在打坐過程中，難免有昏沉、腿痛、妄念等情況，或有放鬆、安定的體驗；而面對不好的狀況，人總希望不要出現，對於好的體驗，也有所期待，因而引起種種煩惱的「取捨心」。法師則以「好的不貪戀，壞的不討厭」，引導學員對「無所求」的心態有深層的體會。

這場「中級禪訓班」試教課程，從認識正確的方法、觀念、心態加以延伸，為學員建立起更完整的禪修學習階梯，讓學員對深入禪修，增益信心、願心和決心。

● 06.19　06.26　07.24

「水陸分享會」全臺展開
宣講員回娘家　傳承推廣經驗

北區水陸分享會於雲來寺舉辦，水陸宣講員於會中交流推廣與接引的實務經驗。

　　法鼓山大悲心水陸法會邁入第五年，2011年首度改以分享修行心得與教育成果的「水陸分享會」，取代往年的「地區說明會」。為了讓歷年來擔任說明會的宣講員彼此共修、共學，弘化院邀請水陸宣講員回娘家，交流推廣與接引的實務經驗，首場於6月19日在北投雲來寺大殿舉行，共有八十多人參加。

　　除了介紹大悲心水陸法會的特色，水陸分享會以「心靈茶會」方式展開，宣講員們分享在地區推廣的心得。例如：有宣講員將聯誼活動融入推廣中，讓參與的人對水陸法會不只停留在知識層面，更有佛法分享。

　　同樣以「回娘家」身分出席的三學院監院果慨法師，則以佛陀因地發心來提醒眾人，法鼓山不是為了辦法會而辦法會，舉辦水陸法會的使命與理念在於宣揚佛法。法師指出，宣揚佛法的目的是為了讓眾生離苦得樂，而相對於全球六十多億人口，接引數十萬、數百萬只是少數，不應陷入數字多寡的迷思，還是要回歸水陸法會的修行本質。

　　分享會最後，弘化院監院果樞法師引領眾人，以誦念「觀世音菩薩」聖號圓滿。6月26日及7月24日，臺中寶雲別苑、高雄紫雲寺也分別舉行「宣講員回娘家」活動，以期建立共識，讓推廣水陸法會的經驗傳承下去。

2011「水陸分享會」全臺舉辦場次一覽

地區	時間	地點
北區	6月19日	北投雲來寺
中區	6月26日	臺中寶雲別苑
南區	7月24日	高雄紫雲寺

● 06.19

新店妙法寺戒德長老示寂
方丈和尚前往緬懷感念

　　佛教界耆德戒德長老，5月21日於新店妙法寺捨報，享年一百零三歲。6月19日在新店能仁家商學校禮堂進行圓寂傳供讚頌大典，方丈和尚果東法師代表法

鼓山僧團及護法信眾前往緬懷致意,除了感恩戒德長老對法鼓山的提攜護持,也致上最深的敬意。

出生於1909年的戒德長老,是江蘇省江都縣人,就讀中國大陸福建省廈門閩南佛學院時期,與師公東初老人、印順長老互為同學。1949年進入臺灣弘法,是教內焰口、水陸、傳戒的專家,其嗓音清亮、悅耳動聽,堪稱是近代中國佛教界梵唄領域的箇中翹楚。

方丈和尚在接受生命電視臺訪問時表示,戒德長老與法鼓山因緣甚深,1983年中華佛教文化館舉辦教界新春團拜時,長老即應邀出席;1995年農禪寺舉辦新春團拜,聖嚴師父也恭請長老前來主法;1998年農禪寺在啟建梁皇寶懺和焰口法會前,法鼓山僧團特地先向長老請益;2005年8月,師父更親至臺大醫院探望住院中的長老。總總殊勝法緣,讓眾人對長老弘法利生、成就大眾的精神非常敬佩,除了永懷感念,也要效法學習。

此次傳供讚頌大典上,特別捐贈佛教界各教育單位獎學金,法鼓佛教學院名列其中之一,並由戒德長老的法眷弟子松純法師代表致贈,希望受贈的教育單位未來繼續培育僧才弘護正法,讓長老的愛遺留人間。

● 06.23　10.04

人基會、法務部合作推動「生命教育暨技藝扎根計畫」
在臺北監獄展開「心幸福感恩音樂會」

法鼓山人基會受邀與法務部合作推動,於全國矯正機關與地檢署展開系列「生命教育暨技藝扎根實施計畫——心六倫運動」,繼於3月23日在桃園女子監獄揭開序幕後,6月23日前往臺北監獄為收容人舉辦「心幸福感恩音樂會」,人基會祕書長李伸一、法務部部長曾勇夫、矯正署署長吳憲璋等均蒞臨與會,表達對受刑人的關懷。

這場音樂會由「心六倫」行動大使、女高音張杏月,以及「心

「心幸福感恩音樂會」中,女高音張杏月、邱志淳教授共同演唱歌曲,表達對受刑人的關懷。

「六倫」之友邱志淳教授擔綱演唱〈天頂的月娘〉、〈智慧〉、〈慈悲〉等十多首歌曲，並帶領收容人誦念《心經》。最後，人基會所有同仁一起上臺，以手語帶動唱「心六倫」之歌〈把心打開〉，表演活潑生動，現場共有近三百位收容人參加。

會後，收容人感恩法鼓山帶來的愛與關懷，紛紛以文字表達感謝。延續這份感動，人基會又於10月4日在臺中監獄舉辦「心幸福感恩音樂會」，並持續在各監所及地檢署宣導「心六倫」，為受刑人帶來向善、向上的能量，希望幫助收容人及受觀護人從心改變，重新建立與社會的美好關係。

● 06.25～08.27期間

紫雲寺舉辦「幸福修練五論」佛法課程
學習在生活中運用佛法

6月25日至8月27日，高雄紫雲寺於週六下午舉辦「幸福修練五論」佛法課程，由聖嚴書院講師郭惠芯主講，共五堂，有近三十位青年學員參加。

課程的主題

青年學員感恩成就「幸福修練五論」課程的一切因緣。

包括「智者的生命觀」、「活在當下」、「分享的藝術」、「真正的自由」與「禪——不斷後設的觀看」。郭老師藉由輕鬆幽默的講說，引領學員學習在生活中運用佛法精神，也經由小組討論的方式，進行分享與交流。

8月27日最後一堂課，特別邀請屏東商業技術學院副教授林其賢帶領，林老師說明，學佛是人生意義的探索與實踐。他藉由淺顯易懂的圖示，說明出離心、增上心、菩提心的關聯，提醒如何在人天法與解脫法之間取得平衡發展，做到兩者兼顧，使自己不斷向上提昇，將佛法帶入自己生活，也分享給他人。

許多學員表示，參與課程不僅學習佛法的正知見，也釐清諸多煩惱的源頭，十分感恩成就課程的一切因緣。

暑期兒童營全臺展開
學童在歡笑中學習心靈環保

法鼓山園區兒童營的小學員，熱烈參與搶答遊戲。

為了培養學童學習「知足」與「感恩」，法鼓山於7月1日至8月6日暑假期間，分別在全臺各分院道場及護法會多處辦事處、慈基會南部安心服務站，共十六個分支單位舉辦「兒童心靈環保體驗營」，共有近兩千兩百位學童參加。

法鼓山園區首先於7月1至24日期間展開，共舉辦四梯次、每梯次四天三夜的「兒童心靈環保體驗營」，內容包括學佛行儀、才藝、大地遊戲、觀音法門等課程，授課講師透過有獎徵答、繪本故事拼經文遊戲等方式，引領學童認識觀音菩薩、《心經》、「心五四」，學習將心安定下來，也學習去關懷他人；並在才藝課程中，利用環保筷、廣告紙，發揮創意製成信插，落實資源回收再利用。

桃園齋明寺兩梯次的活動，規畫了影片欣賞、闖關遊戲等。學童在觀賞「法鼓山的尋寶記」影片中，發現最重要的寶物不在外面，而在心裡，就是菩提心；而闖關遊戲則是透過遊戲情境，引導學童建立正確的是非、價值觀。

南投德華寺則舉辦了為期兩天的兒童營，在暨南國際大學法青會同學的帶領下，進行「聖嚴法師108自在語」、「環保袋DIY」、「自然環保戲劇活動」、「彩畫彩話」等課程，生動的對白與演出，加深學童對自然環保的體驗。

臺南雲集寺本年首度舉辦兒童營，學童在授課講師循序漸進地帶領下，透過故事學習佛法，再於闖關活動時，將習得的觀念運用在各關卡上；最後的感恩奉茶，小學員雙膝跪地，恭敬地為父母奉上一杯茶，感謝父母的養

齋明寺的兒童營，在闖關遊戲中，為學童建立正確的價值觀。

育之恩，讓不少父母感動落淚。

慈基會甲仙安心站舉辦的兒童營，特別規畫在地體驗活動，邀請當地的特產店家共同參與，讓孩子了解自己成長的地方，以及對歷經八八水災受創的家園，產生認同與珍惜的情感。

2011年的兒童心靈環保體驗營，各單位依本身的條件和地利，各自呈現不同特色，期望藉由多元課程，讓學童在歡樂中學習心靈環保的理念與實踐。

2011全臺暑期兒童心靈環保體驗營一覽

地區	主辦單位（活動地點）	舉辦日期	梯次	主要參加對象
北部	法鼓山園區	7月1至4日	第一梯次	國小四至五年級學童
		7月6至10日	第二梯次	國小四年級學童
		7月13至17日	第三梯次	國小五年級學童
		7月20至24日	第四梯次	國小六年級學童
	北投農禪寺	7月4至7日	共一梯次	國小三至五年級學童
	臺北安和分院	7月8至10日	共一梯次	國小三至五年級學童
	桃園齋明寺	7月23至24日	第一梯次	國小一至三年級學童
		7月29至31日	第二梯次	國小四至六年級學童
	臺北中山精舍	7月7至9日	共一梯次	國小三至六年級學童
	護法會新莊辦事處	7月23至24日	共一梯次	國小一至六年級學童
	護法會海山辦事處（三峽天南寺）	8月6至7日	共一梯次	國小三至六年級學童
	金山法鼓山社會大學	7月25至26日	共一梯次	國小三至六年級學童
中部	臺中分院（寶雲別苑）	7月28至29日	第一梯次	國小三至四年級學童
		7月30至31日	第二梯次	國小五至六年級學童
	南投德華寺	7月4至5日	共一梯次	國小一至三年級學童
南部	臺南雲集寺	7月16至17日	共一梯次	國小三至六年級學童
	高雄紫雲寺	8月4至6日	共一梯次	國小四至六年級學童
	臺南安平精舍	7月23至24日	共一梯次	國小三至六年級學童
	護法會嘉義辦事處（臺南雲集寺）	7月1至3日	共一梯次	國小三至六年級學童
	慈基會甲仙安心站	7月2至5日	共一梯次	國小四至六年級學童
東部	臺東信行寺	7月21至24日	共一梯次	國小三至六年級學童

● 07.03

臺南分院舉辦緊急救援教育訓練
專家講授防災救災的觀念與知識

臺南分院於7月3日舉辦「緊急救援教育訓練」，邀請臺南市消防局副局長吳明芳、消防局緊急救護科教官董永窓、社會局督導魏杏真等專家，講授防災救災課程，共有一百五十多人參加。

主講「地震發生時的應變方法」的吳明芳副局長表示，防震是日本人的生活

吳明芳副局長主講「地震發生時的應變方法」，提醒眾人臺灣處於地震帶，須備有防災救災的知識。

常識，臺灣也處於地震帶，國人更要擁有這方面的知識，並強調地震時，要把握黃金逃生九十秒，如果無法逃出，可躲在室內堅固的桌子底下，或大型家具旁；平常也要準備防災包，逃生避難時可以攜用。

董永窓教官以在119救護多年的急救經驗，分享「常見創傷急救方法」；魏杏真督導則講解「參與救災人員應有之心理建設及慰訪應注意事項」，提醒創傷後超過一個月以上痛苦持續，會產生壓力症候群，慰訪者要以同理心察覺、傾聽、接納、陪伴，以正向的態度來做關懷。

臺南分院表示，近年來世界災難頻傳，包括洪水、龍捲風、地震、海嘯等，希望藉由專家的講授與分享，提昇大眾防災救災的觀念與知識。

● 07.08～12期間

夏季青年卓越營於暨南大學舉行
惠敏法師、劉大潭、李興文分享勇氣密碼

7月8至12日，法青會於南投埔里暨南國際大學舉辦「法鼓山2011夏季青年卓越營」，主題是「勇氣出發」，方丈和尚果東法師於11日親臨現場，勉勵青年朋友從心出發，隨時盡責盡分、奉獻利他，展現生命的活力，共有四百多位來自臺灣各地、中國大陸、香港、馬來西亞、新加坡的青年學子參加。

歷屆卓越營中廣受歡迎的「名人有約」座談，此次邀請了發明家劉大潭、佛教學院校長惠敏法師、表演工作者李興文，前來分享人生的勇氣密碼。身為身障人士的劉大潭提到，從小有人稱他「廢人」，連母親也怕他吃苦，偷偷把入學通知單藏起來，但他不以此為意，反而經由同學幫忙推騎三輪車去上學，長大後更發明了能上飛機的手搖三輪車，到德國參加比賽領獎。劉大潭特別鼓勵青年朋友：人生有很多機會，但要成功一定會有困難，所以需要勇氣與創意解決困難。

惠敏法師則以「願景＝利人＋意樂」方程式，分享能夠全神投入、永不言悔

的專注與毅力,再加上助人利人的心態,所成就的夢想最具價值;法師期許學員專注活在每個當下,讓每一秒過得完美、有價值,如此一來,距離圓夢的目標便不會太遠。

卓越營的「勇氣任務」活動中,青年朋友透過互動遊戲,體驗什麼是恐懼,並學習用智慧去克服恐懼。

除了座談,為期五天的卓越營也規畫了「勇氣任務」、「不一樣的聲音」、「美味代價」、「法師有約」等活動,藉由遊戲、影片欣賞、小組討論,參與學員了解人生的道路上,除了勇氣,還要有智慧的觀照、慈悲的胸懷,才能逐一構築自己的夢想藍圖。此外,每天清晨的「與自然共舞」以及夜晚的「鐘鳴禪心」活動單元,學員更藉由法鼓八式動禪、禪坐來練習放鬆、清楚。

不少學員表示,在活動中,見到參與的學員或護持義工均不畏艱難、全心付出,讓自己更有勇氣面對人生的挫折,繼續向前走。

● 07.13

廈門閩南佛學院聖輝法師一行來訪
感念聖嚴師父倡「大悲心起」對教界的啟發

聖輝法師(左)在方丈和尚果東法師(右)陪同下,參觀開山紀念館。

中國大陸廈門市閩南佛學院一行六十多人,在該院院長聖輝法師帶領下,7月13日上午參訪法鼓山園區,由方丈和尚果東法師、僧團副住持果暉法師、果品法師代表接待,進行交流。

繼1999年及2005年法鼓山落成開山後,聖輝法師已是第三次來法鼓山。在方丈和尚陪同下,長老一行首訪開山紀念

館，並觀賞聖嚴師父《一缽千家飯》影片，師父開示「一缽千家飯」的意涵，在於「要從一般社會大眾關懷做起，給他們服務、照顧、得到佛法利益」。長老特別感念師父提倡的心靈環保與法鼓山開山主題「大悲心起」，帶給兩岸佛教界的啟發，也期許大眾應該發長久心、金剛心與菩提心，讓大悲心起的理念繼續延展傳遞。

茶敘時，中華佛研所所長果鏡法師、僧大副校長果光法師、常寬法師介紹法鼓山僧伽教育的理念，閩南佛學院法師讚歎法鼓山僧伽教育的課程規畫與修行法門解行並重，雙方交流熱絡，彼此互益良多。

● 07.14～08.04期間

紫雲寺舉辦佛學講座
陳劍鍠講授《聖嚴法師教淨土法門》

陳劍鍠教授講授《聖嚴法師教淨土法門》，引領信眾體解聖嚴師父淨土思想融攝眾多祖師大德的智慧與悲心。

7月14日至8月4日，高雄紫雲寺每週四晚上舉辦佛學講座，邀請屏東教育大學中文系系主任陳劍鍠講授聖嚴師父的著作《聖嚴法師教淨土法門》，有近七十人參加。

第一週講座中，陳劍鍠教授以多年研究淨土法門的成果，加上自身修持淨土法門的心得，分享信、解、行、證四個修學歷程；第二堂課探討往生佛國淨土的「有相念佛」；第三堂課分享自心淨土的「無相念佛」；最後一週則為《阿彌陀佛》等經典的解說與釋疑。

課程中，陳劍鍠教授不僅導讀《聖嚴法師教淨土法門》一書，並援用原典及相關經論，讓學員了解在聖嚴師父所著作的文字背後，所融攝眾多佛菩薩、祖師大德的智慧與悲心。

● 07.19　07.22

方丈和尚出席悟明長老封缸儀式
感念護持法鼓山的恩澤

聖嚴師父敬稱「師父」的前中國佛教會理事長、海明寺開山悟明長老，7月19日下午在臺大醫院捨報示寂，世壽一百零二歲。方丈和尚果東法師在第一時間接獲消息，隨即趕赴病房，與海明寺方丈明光法師等人在病榻前感恩誦持觀

世音菩薩聖號，為長老送行。

悟明長老是聖嚴師父1961年在基隆海會寺受戒的戒場陪堂師，一般稱「二師父」，師父則從此敬稱長老為師父。自1985年以來，悟明長老連續擔任中華佛研所第一至六屆董事；法鼓山第一期工程，長老也是功德主。

此外，法鼓山殿堂佛像與法鼓山人文社會基金會，也是因長老的一通電話而開啟護持因緣。2006年6月，長老囑弟子赴聖嚴教育基金會捐款，師父當場致電長老詢問用途，長老表示沒有意見，後來善款專用於人基會，做為永久獎學金。

22日上午，方丈和尚並出席在新北市樹林海明寺舉行的長老封缸儀式，感念長老對法鼓山的愛護，也推崇長老平等接濟、大慈大悲的風範。

● 07.22～08.28期間

全球分支單位舉辦教孝月中元報恩法會
民眾以心香虔誠共修　表達感恩

農曆7月是佛歡喜月、教孝月，7月22日至8月28日期間，法鼓山全臺及海外共十七個分支單位，分別舉辦中元祈福報恩法會，共有逾三萬人次參加。

各地舉辦的中元法會形式多元，有地藏法會、慈悲三昧水懺法會、三時繫念法會等，其中多場為地藏法會，包括臺灣北部地區的北投農禪寺、文化館，臺北安和分院、桃園齋明寺，中部的臺中寶雲別苑、南投德華寺，南部的臺南分院、雲集寺、高雄紫雲寺。海外地區方面，美國紐約東初禪寺與北美護法會新澤西州分會、加州洛杉磯分會，以及亞洲的香港護法會、泰國護法會等，也於農曆7月期間舉辦地藏法會。

德華寺於8月7日舉辦的中元地藏法會中，果弘法師特別說明，《地藏經》中說：「命終之後，眷屬小大為造福利，一切聖事，七分之中而乃獲一，六分功德，生者自利。」鼓勵眾人即時修行，唯有趁現在修行，才能分分己獲。

紫雲寺舉辦中元三時繫念法會，果器法師領眾共修。

除了地藏法會，農禪寺啟建一年一度的梁皇寶懺法會，七天共有近兩萬五千人次參加；臺南分院、臺東信行寺以及加拿大溫哥華道場舉辦慈悲三昧水懺法會；紫雲寺、信行寺與美國紐約東初禪寺另行舉辦三時繫念法會等，其中信行寺的法會，由關懷中心副都監果器法師帶領大眾虔心繫念，用佛法的力量供養亡靈孤魂，祈願化除眾生貪、瞋、癡煩惱。

各地法會，民眾皆以心香虔誠共修，將報恩之情轉化為精進修行、護持佛法的力量。

2011海內外中元法會一覽

區域		地點	時間	內容
臺灣	北部	北投農禪寺	7月30至8月5日	梁皇寶懺法會
			8月14日	地藏法會
		北投中華文化館	7月22至24日	地藏法會
			7月25日至8月28日	《地藏經》持誦共修
		臺北安和分院	8月14至28日	《地藏經》持誦共修、地藏法會、地藏懺法會
		桃園齋明寺	8月8至14日	地藏懺法會、地藏法會
		臺北中山精舍	8月14至20日	《地藏經》持誦共修
	中部	臺中寶雲別苑	8月13至14日	地藏懺法會、地藏法會
		南投德華寺	8月7日	地藏法會
	南部	臺南分院	8月14至26日	地藏法會
			8月27至28日	慈悲三昧水懺法會
		臺南雲集寺	8月6至13日	地藏法會
		高雄紫雲寺	8月18至19日	地藏法會
			8月18至19日	三時繫念法會
	東部	臺東信行寺	8月12至13日	慈悲三昧水懺法會
			8月14日	三時繫念法會
海外	北美	美國紐約東初禪寺	8月20日	地藏法會、三時繫念法會
		加拿大溫哥華道場	8月14日	慈悲三昧水懺法會
		北美護法會新澤西州分會	8月14日	地藏法會
		北美護法會加州洛杉磯分會	8月28日	地藏法會
	亞洲	香港護法會	8月21日	地藏法會
		泰國護法會	8月27日	地藏法會

● 07.28

方丈和尚受邀擔任佛光山三壇大戒尊證師
住持心培法師親送聘書並交流弘化經驗

佛光山現任宗長暨佛光山寺住持心培法師，7月28日上午由書記慧浩法師陪同來訪法鼓山園區，邀請方丈和尚果東法師擔任佛光山三壇大戒的尊證法師，

並專送聘書；方丈和尚親自陪同參觀禪堂、祈願觀音殿及開山紀念館等，介紹法鼓山園區的環保施設與規畫理念。

在參訪禪堂時，正逢堂內舉辦禪七，多位禪學系的法師在引導民眾進行禪修體驗；在方丈和尚的解說下，心培法師對法鼓山僧才教育的培養與學程規畫，有進一步的了解。

佛光山寺住持心培法師（左）專送聘書，邀請方丈和尚果東法師（右）擔任佛光山三壇大戒的尊證法師。

餐敘時，方丈和尚與心培法師交流的話題，包括了人才培育、僧眾照顧、寺院經營、國際弘傳、文化傳播及信眾教育等，兩人咸認同菩提心與悲願心，是修學佛法、護持佛法到弘揚佛法，最重要的基礎與前導。

● 07.30～08.05

農禪寺啟建梁皇寶懺法會
首日五千信眾拜懺共精進

北投農禪寺於7月30日至8月5日啟建一年一度的梁皇寶懺法會，首日共有五千多位信眾參與共修。8月5日圓滿日當天的焰口法會，方丈和尚果東法師到場關懷，並向大眾說明「超度」的深層意涵，是指超越度脫一切無明煩惱，勉勵眾人共同發菩提願心，以精進心施食焰口，利益一切眾生。

一連七天的法會，數千位信眾跟隨法師引導，收攝身心，虔敬持誦經文、懺悔、禮拜，將功德迴向先人與法界眾生。每日上、下午拜懺前，眾人並聆聽僧團果竣法師講說「《梁皇

農禪寺舉辦一年一度的梁皇寶懺法會，信眾們收攝身心，虔敬誦經、禮拜、懺悔。

寶懺》的功德」。法師藉由《梁皇寶懺》的緣起故事，說明禮拜這部「懺中之王」的功德；也提醒大家，拜懺過程不能有罪惡感，不要一直處在悔恨、懊惱中，而要進一步行大功德，發菩提心，利益無量眾生。最後，法師期勉眾人珍惜共同成就這場法會的善根福德因緣，能夠愈拜愈感恩、愈拜愈歡喜。

果竣法師以國、臺雙語進行開示，並引用許多故事與生活實例說明，讓與會共修的信眾倍感清涼與法喜。農禪寺的梁皇寶懺法會已連續舉辦十五年，是不少民眾每年都參加的重要共修，許多信眾期許自己年年與會，藉由共修的力量，在修行路上精進不懈。

● 07.31

前印度摩訶菩提協會會長默地訪法鼓山
邀請方丈和尚參與「世界最高塔廟」落成儀式

方丈和尚果東法師（左五）與默地博士（右四）一行於祈願觀音殿前合影。

前印度摩訶菩提協會（Maha Bodhi Society）會長默地（K.M.Modi）博士、凌陽集團董事長黃洲杰、恆通高科董事長薛彬彬等一行八人，於7月31日上午參訪法鼓山園區，由方丈和尚果東法師代表接待，並陪同參觀祈願觀音殿、大殿、開山紀念館等。

默地博士表示，摩訶菩提協會目前在印度已完成世界最高的塔廟，希望藉由樹立新時代精神的象徵建物，聯合所有的佛教領袖和佛教徒共同推廣佛法。默地博士此行，也代為邀請方丈和尚參與2012年塔廟的落成啟用儀式。

默地博士和法鼓山曾有一段殊勝的因緣：七年前，默地博士擔任摩訶菩提協會會長時，擬籌拍一部佛教電影，為了拍攝出忠於佛教精神和教義的內容，2004年11月特別前往美國紐約東初禪寺向聖嚴師父請益，師父當時提出三個原則：忠於佛教史實和經典記載、高水準的藝術表達、合於時代社會的需求。目前，該電影已完成劇本編寫，進入選角的階段。

● 08.01

《大智慧過生活》全新改版
與學子分享佛法智慧

《大智慧過生活》全新改版。

自2001年開始發行，十年來，贈書近三百七十萬冊、超過一百萬國中生閱讀過的《大智慧過生活》，於2011年8月1日出版全新版本。

為了因應快速變化的環境，2010年法鼓山文化中心啟動《大智慧過生活》改版計畫，經過一年的規畫，從問卷調查了解老師和同學的實際使用狀況，同時擬定改版重點，配合時代脈動，將「心靈環保」、「心五四」、「心六倫」等觀念，用中學生能接受、理解的文字和語言融入書中。

全新改版的三冊《大智慧過生活》，在編輯主題上，每一冊緊扣國中三年的成長發展，例如：第一冊以認識、肯定自己為主軸；第二冊為與他人的關係，包括情緒、時間與挫折的管理；第三冊為和團體、社會的關係，以及未來人生方向的思考。提供青少年在成長過程中面臨問題時，能在書中找到參考的解決方法。

在視覺設計上，邀請插畫家四小折、海豚男、江長芳繪製幽默的漫畫，學習單也運用許多趣味插圖來呈現，不但增加學習的樂趣與活潑度，也符合重視圖像思考的時代潮流。企盼在校園播下菩提種子，讓佛法智慧深耕。

另一方面，全新改版的《大智慧過生活》全部內容也上傳至專屬網站，廣與社會大眾分享。

《大智慧過生活》專屬網站：http://life.ddm.org.tw

● 08.06～09.03期間

安和分院舉辦「叛逆中年」系列講座
楊蓓引領自我探索之旅

8月6日至9月3日，法鼓文化、《人生》雜誌每週六下午於臺北安和分院舉辦「叛逆中年」系列講座，由法鼓大學籌備處人生學院副教授楊蓓從心理學與佛法會通的觀點，帶領聽眾進行中年自我探索之旅，共有一千兩百多人次參加。

講座中，楊蓓老師從「改變」、「安頓」、「瞭然」、「豁達」、「重整」等五個面向，帶領學員在中年階段，檢視與統整前半生的歷程與經驗，既清楚

自己，也清楚世界；釐清自己的生存方式，進而創新生命的價值。

楊蓓老師（左）表示中年不是危機，而是轉機，因為有了改變的動力，可以再創生命價值。

楊蓓老師認為生命的疑惑一直都存在，在中年特別容易浮現，是因為遵循社會價值、隨著個人責任告一段落，心中不時會冒出對生命的疑問，這樣的疑情形成了所謂的「中年危機」；但危機也是轉機，因為有了改變的動力，更有前半生努力的成果為「資糧」，可以更勇敢面對社會或世俗的價值觀。

楊蓓老師勉勵眾人，從中年以後開始尋找安身立命的方法，包括學佛、禪修、當義工，學習誠實面對自我，並在奉獻中尋找生命的淨土，再創意義，在中年活出不一樣的生命歷程。

● 08.08

方丈和尚出席《因為有好心》新書發表會
提出「好心」新解

8月8日下午，方丈和尚果東法師出席於德貴學苑舉辦的人基會祕書長李伸一新書《因為有好心—— 一位平民律師的幸福密碼》發表會，提出「好心」新解。

方丈和尚說明，所謂好心，不只是存好心、做好事，更是一種超越的智慧；並指出，佛教講因果，應該要看過去、現在、未來，如果只看當下，順境自然容易接受，若逆境現前，往往無法服氣，但逆境不等於失敗，人生並沒有真正的失敗，人生經歷全都是過程，成功是好的收穫，失敗是好的體驗。方丈和尚勉勵大眾，若能進一步用感恩心來接受，則一切順逆之境，都將是祝福，都是成就我們道心增長的助緣。

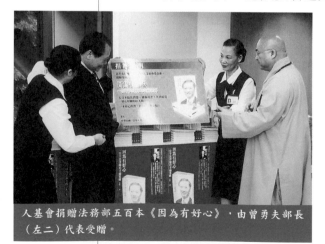

人基會捐贈法務部五百本《因為有好心》，由曾勇夫部長（左二）代表受贈。

《因為有好心》一書，記錄了李伸一祕書長實踐好心的人生故事，李祕書長表示此書所有版稅收入將捐給人基會，

將匯聚讀者的好心，成為推動心六倫運動及關懷生命的後援，讓大家因好心而能獲致幸福，讓社會因幸福而更趨圓滿。

由於法鼓山持續關懷收容人及更生人的心靈發展，新書發表會上，人基會並捐贈五百本《因為有好心》新書予法務部，由曾勇夫部長代表受贈。

● 08.13　08.16

中視專訪方丈和尚、鄭丁旺談師父教導
分享聖嚴師父心靈領航

由行政院文化建設委員會、建國百年基金會委託中國電視公司製播的「百年感恩‧世紀禮讚」系列新聞專輯，聖嚴師父入選為百年來促進臺灣宗教發展的人士之一，8月13、16日分別專訪方丈和尚果東法師、前政治大學校長鄭丁旺，主軸聚焦師父一生的教導與影響，並分享師父提倡「心靈環保」、「建設人間淨土」理念，對淨化社會人心的啟發。

方丈和尚在法鼓山園區接受專訪時提到，聖嚴師父的一生，只有一個大方向，即是將佛法的好與人分享，這份願心串成師父一生實踐佛法的生命歷程；只要還有一口氣在，師父總是盡心盡力為眾生盡形壽、獻生命；一旦生命的無常到來，則放下一切，種種示現，都是身教。

方丈和尚並分享，2005年法鼓山落成開山之前，聖嚴師父常說：「我心中的法鼓山已經建好了。」方丈和尚表示，真正的法鼓山建設不在硬體，而是師父提倡的理念與方法。他進一步說明，聖嚴師父詮解的現代化佛法，如心靈環保、心五四、心六倫等，已廣為整體社會所用；而師父最動人的身教，則來自生活之中，因此法鼓山也將持續推動「心靈環保」理念，讓更多人透過佛法，獲得平安、健康、快樂的人生。

鄭丁旺校長也在16日的專訪中，分享聖嚴師父的大學院教育理念，他提到師父送給參加1992年第一屆社會菁英禪修營學員的八個字「消融自我，成就他人」，是最好的教育方針，也是處世待人的心靈處方。

● 08.23

方丈和尚出席「愛與和平宗教祈福」大會
與各宗教領袖祈願世界和平有愛

8月23日，方丈和尚果東法師受邀出席為慶祝建國百年而舉行的「愛與和平宗教祈福」大會，活動於高雄市佛光山佛陀紀念館前廣場進行，一同與各宗教

領袖代表誦念〈為世界和平祈願文〉，期能凝聚跨越宗教、種族的力量，祈願
「人間有愛，世界和平」。

該大會由佛光山舉辦，佛光山創辦人星雲法師蒞臨致詞，並邀集總統馬英
九、天主教臺灣區主教團樞機主教單國璽，以及道教、一貫道等宗教領袖，
與現場上萬民眾共同祈願用愛和全球人類連結，並為國家、社會及世界和平
祈福。

● 08.27　09.03　09.11　09.14　09.16

人基會心劇團《幸福餅乾》展開巡演
於嘉義、雲林、高雄推廣「心六倫」

為推廣「心六倫」，人基會心劇團全新製作的年度大戲《幸福餅乾Rock &
Roll》，8月27日及9月3、11日分別於嘉義新港公園民俗表演場、雲林斗六縣
立體育館及高雄仁武運動公園演出，三場南部巡迴的演出，共有四千多位民眾
前往欣賞，回響熱烈。

8月27日當天，儘管南瑪都颱風將近，嘉義飄起綿綿細雨，民眾全家大小穿
上雨衣，嘉義縣縣長張花冠也蒞臨會場，與法鼓山關懷中心副都監果器法師、
人基會祕書長李伸一等一同觀賞；9月11日高雄場的演出，則結合了紫雲寺佛
化聯合祝壽暨中秋晚會，搭配園遊會以及祝壽活動，與民眾共度熱鬧又溫馨的
夜晚。

方丈和尚果東法師也南下雲林、高雄，給予心劇團支持與關懷。9月3日雲
林演出前，方丈和尚以「觀音菩薩隨時隨地現身說法」勉勵所有團員，儘管
人生如夢如戲，仍要效法觀音菩薩，在如夢的人生中發菩提心、行菩薩道，
藉由心靈環保、心六倫讓自己得到平安幸福，並透過戲劇演出，讓大眾感染
這份幸福。

人基會「心劇團」全新年度大戲「幸福餅乾Rock & Roll」，在高雄
仁武運動公園演出。

《幸福餅乾Rock & Roll》的劇
情，是敘述一個熱愛搖滾樂而離家
探險的小男孩小鴨，在旅程中遇到
了幸福魔法師、小蝸，學習運用
「吸氣、吐氣、放輕鬆」的生活禪
法，一路突破種種困難與挫折，蒐
集到「熱情、勇氣、愛心」三種幸
福原料，不但如願製成幸福餅乾，
更明白「因為知福，所以幸福」的

快樂真諦。而他的成熟茁壯也獲得父母肯定，繼續朝音樂創作的夢想前進。

由於演出廣受好評，9月14及16日，法務部也邀請心劇團前往桃園女子監獄、少年輔育院加演，將幸福的菩提種子，以寓教於樂的戲劇表演，分享更多溫暖的祝福。

● 08.28

僧團舉辦剃度大典
二十位新戒法師發願為眾生奉獻

2011年共有二十位學僧剃度受戒，學習奉獻自己成就他人。

8月28日上午，法鼓山於園區大殿舉辦一年一度的剃度大典，由方丈和尚果東法師擔任得戒和尚、副住持果暉法師擔任教授阿闍黎，共同與執剃阿闍黎，為二十位新戒法師進行披剃，近千人參與觀禮祝福。

典禮中，方丈和尚期勉新戒法師，勤修戒、定、慧三學，斷絕貪、瞋、癡三毒，策勵自己清淨精進，成為弘揚漢傳佛教的法門龍象，依佛法修行來解脫生死，並度一切眾生離苦得樂。典禮最後在「南無本師釋迦牟尼佛」聖號中圓滿。

二十位受度學僧在剃度之前，皆經過一年以上的學習與適應，方決定披剃受戒，學習僧眾的威儀，奉獻自己以成就他人。

● 08.30～12.27期間

聖嚴書院開辦「禪學班」課程
完整研習教理與禪修法脈

為了讓已具有禪修基礎的學員，更進一步建立禪修的正確知見、觀念與方法，8月30日至12月27日，信眾教育院每週二晚上於北投雲來寺開辦聖嚴書院「禪學班」課程，每班課程延續三年，完整學習教理與禪修法脈，共有一百多位學員參加。

禪學班課程每學年分成上、下學期，8月30日於雲來寺的新班，一年級上學期由僧大副院長果光法師、僧大教師果稱法師以及普化中心副都監果毅法師擔任講師。第一年課程包括：禪的概說、禪宗史、中華禪法鼓宗、次第禪法、漢

禪學班全勤學員於結業式中歡喜合照。

傳禪法，第二年則有：禪的實踐與應用、簡介禪修典籍、《六祖壇經》，最後一年則是默照禪法與話頭禪法。

這些「解門」課程，循序漸進為學員奠定禪法修行的根基。而在「行門」功課方面，學員在三年的修學過程中，至少要完成三次禪七，其中一次必須是高階默照或話頭禪七；此外，學員每年也須投入至少四天時間擔任義工，在奉獻過程中增長自己的「福業」，透過解行並進、福慧雙修的方式，讓學員構築完整的禪修學習。

果毅法師表示，開辦禪學班的目的，主要是讓學員對教理、禪修法脈有更完整的了解，並能將所學落實在生活中。

● 08.31

農禪寺、文化館同獲績優宗教團體表揚
戮力公益慈善事業受肯定

北投農禪寺、中華佛教文化館獲2011年臺北市政府績優宗教團體表揚，8月31日下午臺北市政府民政局在臺大醫院國際會議中心舉行「99年度臺北市改善民俗、宗教團體暨孝行獎聯合表揚大會」，由副市長丁庭宇擔任頒獎人，農禪寺常穎法師及文化館鑑心長老尼代表出席受獎。

丁庭宇副市長致詞表示，宗教團體的力量無遠弗屆，除了弘法事業外，也對弱勢團體予以援助，這種慈悲濟世精神令人相當感佩，期待未來能發揮更大的力量，讓社會更美好。

文化館鑑心長老尼代表接受丁庭宇副市長（左）頒獎。

2011年共有四十七個宗教團體獲獎，農禪寺與文化館已連續多年接受臺北市政府表揚，以心靈環保為核心所推動的各項公益慈善事業，除了深受各界肯定與鼓勵，也為社會帶來一股安定人心的力量。

● 09.05

法鼓山四單位獲績優宗教團體表揚

鑑心長老尼等代表出席受獎

法鼓山佛教基金會、北投雲來寺、北投農禪寺以及中華佛教文化館等四單位，2011年榮獲內政部績優宗教團體表揚。內政部於9月5日在新北市政府多功能集會堂舉辦表揚大會，由部長江宜樺頒獎，法鼓山由鑑心長老尼以及果悅法師、常穎法師出席受獎。

行政院副院長陳冲致詞時表示，宗教團體撫慰人心、扶持弱勢團體，對社會和諧產生正面的力量。江宜樺部長則表示，宗教團體能發揮三個功能，第一是提供信仰的核心，共同闡揚普世價值，第二是發揮慈善救助的愛心，第三是宗教連結人心，

文化館鑑心長老尼代表接受江宜樺部長（左）頒獎。

並創造綿密的網絡，成為民主社會關鍵的力量；也期許宗教界人士，一起透過各種管道教育大眾擁抱地球倫理，讓世界愈來愈美好。

法鼓山各分院道場長期推廣以心靈環保為核心，提昇人的品質，建設人間淨土的理念，深獲各界肯定，未來將更積極推動社會教化、弘揚佛法以及公益慈善活動，成為安定人心、安定社會的堅實力量。

本年共有兩百六十一個宗教團體接受內政部表揚，法鼓山四單位因舉辦四環弘化活動，提倡簡化儀節與孝親精神，如佛化聯合婚禮、佛化聯合祝壽，與推廣宣導佛化喪儀的理念等備受肯定。

● 09.10～12

農禪寺、天南寺、齋明寺、紫雲寺慶中秋

菩提清涼月　感恩知福賀團圓

9月10至12日，法鼓山園區、北投農禪寺、三峽天南寺、桃園齋明寺、高雄紫雲寺舉辦中秋晚會活動，各分院分別安排精彩的表演活動，並在法師關懷祝福下，以感恩知福的心歡度佳節。

三峽天南寺首先於10日舉辦中秋晚會，方丈和尚果東法師親臨關懷祝福；

僧團法師與佛教學院師生,在祈願觀音殿前的水池旁,一同品嘗清涼又放鬆的茶禪活動。

當天活動包括四川變臉戲劇表演、魅力三重唱、法青合唱團佛曲和民歌演出,並安排青年院監院果祺法師帶領民眾進行「月光禪」,練習放鬆身心,共度清涼法喜的團圓夜。

11日,農禪寺在新大殿舉辦「回家團圓中秋晚會」,表演活動有士林區悅眾帶來的創意兔子舞、福德國小鼓隊演出、民歌演奏以及話頭班樂團表演等;紫雲寺於高雄仁武區運動公園舉辦中秋晚會,邀請民眾欣賞人基會心劇團演出《幸福餅乾Rock & Roll》大型歌舞劇,晚會並結合佛化聯合祝壽活動,與民眾以關懷感恩的心,為現場八十五位壽星老菩薩歡喜祝福。

12日中秋節當天,法鼓山園區舉辦中秋月光禪會,方丈和尚與僧團法師、法鼓佛教學院師生們共同參與,一起感受中秋禪味,也祝福眾人能明心見性,如月亮般皎潔而圓滿。

同日,桃園齋明寺舉辦「知福心幸福月」中秋聯誼活動,包括合唱班佛曲獻唱、齋明鼓隊成果發表、祥獅獻瑞、大地遊戲等,並安排「嫦娥與后羿」話劇演出,邀請民眾一同穿越時空,細看中秋節的古老傳說,共度感恩的中秋夜。

● 09.17～18

人基會舉辦兩場「心世紀倫理對談」
啟動心世紀幸福智慧

9月17至18日,在臺北市國父紀念館舉辦的兩場「心世紀倫理對談」,由行政院文化建設委員會指導,法鼓山人基會主辦。第一場由法鼓山方丈和尚果東法師、宏碁集團創辦人施振榮、雲門舞集創辦人林懷民,針對「擁抱幸福的新思維」提出探討;第二場則由法鼓佛教學院校長惠敏法師、前教育部訓委會常委鄭石岩教授、資深媒體人陶晶瑩,共同解讀「開啟幸福的生命智慧」;共有近五千人到場聆聽幸福對談。

第一場座談會,探討「擁抱幸福的新思維」,與談人都提出用「正面思維」來取代負面情緒,是獲得幸福的不二法門。從小喪父的施振榮提到,母親的養育帶給他正確的價值觀,因此從沒有不幸福的感覺,創業過程一路走來,也體會到檢討挫折、分享成功是很幸福的事;林懷民則以2008年雲門八里舞蹈訓練場的一場大火為例,強調失火雖是壞事,卻讓雲門感受到社會各界的肯定與幫助,其中也包括聖嚴師父的關懷與祝福;方丈和尚則以「難,過」取代「難

過」，「抱願」取代「抱怨」，提醒大眾擁有個人幸福之餘，還要以奉獻利他的菩提心關懷別人，將自我中心放下，在放下的同時，幸福就會來敲門。

第二場座談會，惠敏法師、鄭石岩、陶晶瑩分別就宗教觀、心理學、現代家庭和社會人際相處之道，提供大眾「開啟幸福的生命智慧」。陶晶瑩以自身長期從事表演工作的經驗，體會到物質所提供的滿足只是一時的虛榮感受，反倒是與子女相處，才是自己幸福快樂的泉源；而投入教育心理諮商研究逾四十年的鄭石岩教授說明，用正向的態度去接受因緣遭遇，放下偏見與執著就能減輕心理壓力；從科學角度來看，分享行善的人情緒較容易安定，幸福感就會油然而生。

惠敏法師呼應鄭石岩教授的觀點，指出世事無常，如果計畫永遠有明天則不會珍惜當下，生活處世也不會激盪更新的創意，唯有將每天當成最後一天使用，才能細細品嘗每分每秒的幸福滋味。

兩場「心世紀倫理對談」，分享正面解讀、活在當下、快樂助人的「心」法與智慧，邀請大眾以新思維擁抱幸福。

方丈和尚果東法師（右二）、宏碁集團創辦人施振榮（左二）、雲門舞集創辦人林懷民（左一）暢談「擁抱幸福的新思維」。右一為主持人石怡潔。

● 09.18　10.22　10.30

法鼓山社大慶祝成立九週年
學員展現學習成果　感恩心靈成長

法鼓山社會大學為歡慶成立九週年，9月18日至10月30日期間，分別於桃園大溪、新北市金山、新莊舉辦三場「知福幸福：感恩有您‧攜手相伴」活動，

學員們展現學習成果，感恩心靈成長。

活動以「社大學員回娘家」為主軸，第一場於9月18日在大溪校區展開。大溪社大開辦六年來，結業學員逾四千人，當天近兩百位學員齊聚齋明寺，學習法鼓八式動禪，並以禁語、沿路清理垃圾的方式行禪至中正公園。

第二場於10月22日在金山區中山堂舉行，方丈和尚果東法師到場關懷，期許學員把握學習的機會，並能存著感恩心，散播慈善的種子。當天活動除了金山社大二胡班、法鼓山合唱團等演出，並有學員成果分享，包括國畫山水、禪悅花藝、種子盆栽，及咖啡、烘焙、麵食、回收再利用的拼布等，展現豐富的學習成果。

曾濟群校長在金山校區九週年活動上，感恩地方與各界支持，讓社大順利開課，成為建設人間淨土的力量。

新莊、北投社大的活動，則於10月30日於新莊文化藝術中心廣場舉行。新莊校區2011年秋季班十門課程在現場展示成果，並邀民眾參與體驗，例如：書法班提供「聖嚴法師108自在語」讓民眾揮毫、陶土班則有親子捏陶，異國料理、醬菜班的手藝，新莊辦事處義工也在現場介紹法鼓山、分享水陸法會及禪修體驗。

社大校長曾濟群在每場活動中，特別感恩地方與各界鼎力支持與協助，讓社大在各地順利開課，並期許社大和家庭教育連結成無牆的學校，成為建設人間淨土的力量。

● 09.18～2012.06.10期間

臺南分院開辦生命關懷課程
辜琮瑜講授「生死學中學生死」

2011年9月18日至2012年6月10日期間，臺南分院每月舉辦生命關懷課程，由法鼓大學籌備處人生學院助理教授辜琮瑜講授「生死學中學生死」，共七堂課，近兩百五十位學員參加。

辜琮瑜老師說明，「生死學」不是學問，是生命的態度與終極關懷的探索，學習生死學可以練習面對恐懼、面對未知，及勇於面對內在的失落與哀傷、看到別人如何看待死亡、面對死亡；而生死學的最大意義即在於，從生到死這一段過程中，學習如何好好地活、好好地生。

課程中，辜老師藉由西方心理學、哲學及宗教學，帶領學員學習超越死亡恐

懼、珍惜當下,進而學習聖嚴師父「面對
生命、接受無常、處理死亡、放下身後」
的生命態度;辜老師並且不斷拋出問題,
引導學員澄清自己對生命和死亡的觀點,
練習思考「我是什麼樣的人」,以及災難
當前時,會如何處理身外之物等問題。

有學員表示,透過辜老師風趣幽默的舉
例講解,更了解生死課題,也圓滿學習如
何看待生死、如何好好過活。

臺南分院舉辦生命關懷課程,探討生死課題。

● 10.01

法鼓文化出版《心在哪裡?》
收錄聖嚴師父西方禪修開示

聖嚴師父在1975年獲日本立正大學博士學位後,
即受邀前往美國指導禪修,期間所做的禪修開示,為
禪修者指出精闢的修心方向,法鼓文化將其彙編、翻
譯,並於10月份出版《心在哪裡?──聖嚴法師西方
禪修指導》,帶領讀者一同做一回師父的早期弟子。

《心在哪裡?》收錄的二十四篇文稿,為聖嚴師父
1979至1985年間在美國指導禪修的開示,原文刊登於
《禪通訊》(*Chan Newsletter*),之後陸續由文化中心
國際編譯組譯成中文,2009年開始在《人生》雜誌連

《心在哪裡?》收錄聖
嚴師父早期在美國的禪
修開示。

載,相當受到讀者歡迎。由這些開示的年代和地點,輔以師父其他著作內容,
也可拼綴出一些當時的歷史原貌;隨著接觸對象的不同,師父開示的內容、接
引的善巧也愈見精彩。

國際編譯組組長常悟法師表示,當編譯文稿完成準備出書時,發現這些內
容自成完整架構,分別從「需要修行嗎?」、「禪修之路」、「路上風光」
到「本來面目」,四大篇章涵蓋了修行的歷程,包括如何發現煩惱心、如何
展開禪修道路、掌握禪修的必備條件、禪修道路上四大障礙、觀空五層次,
到明白原來萬法唯心造,將煩惱心轉為智慧心,直至無心可覓。

綜觀全書,聖嚴師父為禪修者指出最安全的修心方向,並清楚呈現禪宗「直
指人心」的頓悟法門,又在頓中開展出層次化的漸法教學,明確的階段進程,
十分有利於現代人學習。

● 10.01～11.11　11.12～24

法鼓山園區規畫水陸季活動
結合參學行程 學習自利利他的菩薩行

本年水陸季首次規畫「六度體驗」行程，民眾在一天的參學過程中，體會六度波羅蜜的修行。

10月1日至11月24日期間，法鼓山園區規畫「水陸季」系列活動，主要包括「六度波羅蜜體驗」、「佛國巡禮」，於11月25日水陸法會啟建前，提供各界人士預約參訪。

其中，「六度波羅蜜體驗」活動為本年首度規畫，於10月1日至11月11日進行，內容結合三十分鐘至兩小時的參訪與體驗設計，將六度波羅蜜中的布施、持戒、忍辱、精進、禪定、智慧等六種修行法門融入參學行程，透過出坡、禁語、朝山、感恩禮拜、戶外禪等過程，引導大眾感受水陸法會的大悲精神與修行利益；活動結束後，再至佛前發願、迴向，圓滿淨化自心的六度體驗。

11月12日起展開的「佛國巡禮」，則由導覽義工帶領民眾巡禮壇場，體驗各壇場清淨莊嚴的禪悅境教，並找尋個人相應的修行法門。

水陸小組藉由水陸季系列活動，期許能讓大眾領略大乘佛教自利利他的菩薩行，感受「開啟自性大悲，祈願眾生離苦」的真義。

● 10.06～11.18期間

水陸分享會全臺舉辦十八場
分享正信佛教的作法和觀念

10月6日至11月18日期間，法鼓山於德貴學苑、臺北安和分院、中山精舍等地，共舉辦十八場水陸分享會，由水陸宣講員分享、解說正信佛教的作法和觀念。

分享會中，宣講員首先說明法鼓山大悲心水陸法會的精神和特色，並介紹法會多元的參與形式，包含水陸季六度波羅蜜體驗、佛國巡禮、網路共修、壇場

視訊直播以及大悲心修行自知錄等；將實體法會結合數位時代趨勢，超越時空局限，讓共修無遠弗屆，也提供大眾選擇相應的修行方法。

有學員表示，自己雖然常年參加水陸法會，卻從未深究法會的精神內涵；透過分享會，即能了解到法鼓山大悲心水陸法會富

水陸分享會分享正信佛教的作法和觀念。

含對先人慎終追遠的精神，也深具教育弘化的功能，其內涵更在於讓經懺佛事回歸佛陀本懷，期勉每位信眾以自身的精進修行來供養諸佛菩薩。

● 10.13～14

三立電視臺《大時代》節目採訪僧團
分享心靈導師聖嚴師父的理念

繼8月13日中視《百年感恩 世紀禮讚》節目之後，三立電視臺《大時代》節目也於10月13、14日，前往法鼓山園區、北投雲來寺，分別採訪方丈和尚果東法師、副住持果暉法師、僧團都監果廣法師，分享聖嚴師父推廣的「心靈環保」理念及其對時代社會的影響。

方丈和尚受訪時表示，興辦佛教教育是聖嚴師父一生的願心，因此法鼓山有別於一般寺院，乃是世界佛教教育園區。方丈和尚指出，法鼓山真正的建設是理念，師父將佛教名相淡化，轉換成一般人可理解的詞彙，提出「心靈環保」理念，含括了「心五四」、「心六倫」等，都是提供大眾安頓身心的法門。

果暉法師則分享，聖嚴師父觀察到人類物質生活雖然大有進步，但內心的貧窮卻造成各種問題，唯有提昇人的品質，才能解決社會的不安；因此師父2000年在聯合國提出「心靈環保」，將佛教的修行方法轉化為世界性的語言，這一超越宗教、國家、文化、種族、地域的理念，獲得當時各宗教領袖的支持與認同。

果廣法師表示，聖嚴師父就像是一座燈塔，看到社會倫理失序時，便提出「心六倫」，希望幫助臺灣社會與人心能夠淨化平安，並能以利益他人來成長自己，而師父的身教是留給世人最珍貴的禮物，充分展現智慧和慈悲精神。

● 10.15

齋明寺禪堂落成啟用
百年古寺傳續千年漢傳禪法

桃園齋明寺於10月15日舉辦新禪堂落成啟用典禮,方丈和尚果東法師與桃園縣縣長吳志揚、護法總會副總會長葉榮嘉、桃園市市長蘇家明、大溪鎮鎮長黃睿松等,在典禮中共同揭佛幔;當天並舉辦皈依祈福大典,共有上千位民眾皈依三寶。

方丈和尚致詞時,首先感謝十方信眾的護持成就,讓齋明寺從古蹟修復,到現今圓滿禪堂落成啟用;並指出,只要社會需要,法鼓山就會如「齋明徧照」一般,隨時隨地奉獻自我,展現無私的大悲心、平等心。

吳志揚縣長則讚歎齋明寺不但是桃園地區著名的文化及宗教重地,更是在地佛教傳承的活教材。吳縣長感謝聖嚴師父接任第七任方丈後,以心靈環保理念使得百年古剎活絡起來,讓大眾可以更加親近佛法;而禪堂的落成,也提供民眾一個修習禪法,寧靜內在心靈的空間。此外,由於桃園機場的地緣之便,齋明寺也將成為一個國際化的禪修中心。

齋明寺新禪堂的啟用,為桃園地區增添了一處禪修與心靈環保新據點;此為一處兼具法會、禪修、會議及教育等多功能的修行空間,對於漢傳禪法在桃竹地區的推廣,具有重要意義。

齋明寺新禪堂落成啟用典禮上,黃睿松鎮長(前排左起)、吳志揚縣長、方丈和尚果東法師與蘇家明市長、葉榮嘉副總會長等,共同揭佛幔。

特別報導

齋明古寺新禪心

開展桃竹地區「心靈環保」新氣象

擁有一百七十多年歷史的齋明寺，創建於清道光末年間（1840年代），1999年由法鼓山承續法務後，從一個供奉觀世音菩薩的香火道場，回歸以心靈環保為核心的正信佛教法脈，並於2005年8月起展開四年的古蹟修復工程。為了讓齋明寺整體園區的機能趨於完善，對當地人文開創出更豐富多元的文化活水，自2009年開始，法鼓山在古寺後方規畫興建禪堂。

簡約新禪堂　和諧融入古剎之美

然而，要在閩式三合院建築的後方，興建一棟新式禪堂，並讓其在視覺景觀上達到和諧一致，不是一件簡單的任務。因此，建築師孫德鴻透過空間距離的配置來取得平衡：「齋明寺後方天然土丘上的植栽及百年樟樹，自然形成一個緩衝，隔離了新舊建築的緊張對立，而能夠和平相處在一起。」

其次，建築師刻意降低禪堂的屋簷，避免遮蔽齋明寺飛簷起翹的天際線，並以深灰色的瓦片做屋頂，大量使用淺灰色的清水混凝土做為牆面，使得禪堂在視覺上呈現與法鼓山園區相同的簡約、質樸特色，讓禪堂有如背景一般，凸顯出齋明古剎紅牆黛瓦、丹楹藻繪的細緻與風采。

新禪堂與齋明古剎相互輝映，就像漢傳佛教的根本精神一樣，是互相包容。為了表示不忘本，特地將原本安奉在禪堂後方萃靈塔裡的「西方三聖」，遷移到禪堂裡。這三尊由昔日福建名匠林起鳳所雕塑的「西方三聖」，自1929年萃靈塔啟建後，八十多年來引領無數的先人前往西方淨土，如今供奉在禪堂裡，更具傳承意義。

多功能共修空間　開展多元弘化

而落成啟用後的禪堂，確實讓百年古剎活絡了起來。自2010年6月開始，齋明寺便密集舉辦了多項禪修活動，禪堂前方綠草如茵的草丘，正好成為戶外經行的最佳地點；而陸續舉辦的「元宵燃燈供佛法會」、「佛二暨八關戒齋」、「清明報恩地藏七永日法會」等修行活動，讓桃園、新竹地區的民眾，不用舟車勞頓就能同霑法益。

種種修行與教育活動，隨著禪堂的啟用，一步步開展出來，百歲蛻變的齋明寺不但成為桃竹地區滋養心靈的新據點，對於漢傳禪法的推廣，更具有重要意義。

● 10.23

福田班結業學員充電同學會
以「提放自如的智慧」為主題互許成長

果毅法師期勉福田班結業學員，發願散播教育的種子。

　　為了讓福田班學員有次第地不斷學習，結業後能夠持續互為善知識、互相增長，普化中心10月23日於北投雲來寺首度舉辦「充電同學會」，副都監果毅法師出席關懷，期勉學員發願一起散播教育的種子；已結業的雲來一班、二班及安和班，共有兩百三十八位學員參加。

　　第一次同學會的主題是「提放自如的智慧」，上午由常用法師分享「生命中的提起與放下」，果毅法師也為學員深入導讀《法鼓全集》第一輯——教義論述。

　　下午的課程內容，包括海山地區佛學班學員的「福田劇場」，演出學佛前、學佛後的改變，生動的演出令人讚歎；常林法師以「安人成事」為主題，說明在團體中和敬的重要和實踐；法鼓大學籌備處人生學院副教授楊蓓則以個人的經驗與輔導案例，分享提起與放下的心路歷程及方法。

　　藉由充電同學會的因緣，已結業的福田班學員再次相聚一堂，共同成就精進菩薩道的學習與實踐。

● 10.25

臺大、臺師大法青社邀龔大中創意總監
分享「如何從創意中找到快樂」

　　10月25日，臺灣大學、臺灣師範大學法鼓山世界青年社聯合邀請奧美廣告創意總監龔大中至臺大，與近一百位青年學生分享「如何從創意中找到快樂」。

　　演講中，龔大中簡述自己的創意工作經驗，從中領略到，創意其實是誠實、熱情、勇敢、浪漫、理想及信仰的結合後，終於找到何謂真正的廣告，並開始思考運用廣告做更多有意義的事；例如龔大中曾設計的「沒事多喝水、多喝水沒事」廣告，延伸成「沒事多喝水，多做好事」，因而塑造出一位日行一善、

號召眾人做好事的「水超人」，讓青年學子發現，原來做好事也可以這麼炫。

龔大中表示，不要單只為了推銷某品牌而做廣告，若是為了某種理念，例如：「世界將會變得更美好」來行銷，反而更能達到共鳴的效果；他也勉勵青年同學，保有純真、勇敢、信念，不要害怕失敗，因為每次的失敗都是重新來過的機會。

● 11.02

人基會獲「第九屆國家公益獎」團體獎
推動心六倫受肯定

致力於推動心六倫的法鼓山人基會，獲中華民國公益團體服務協會辦理的「第九屆國家公益獎」團體獎肯定。原在美國巡迴關懷的方丈和尚果東法師，特自美國返回臺灣，出席11月2日下午於臺北圓山飯店舉行的頒獎典禮。

方丈和尚表示，這個獎項的榮耀與成果，是法鼓山全體僧俗四眾共有，而這項光榮的源

人基會獲第九屆國家公益獎，由行政院院長吳敦義（右）頒獎，方丈和尚果東法師代表受獎。

頭，是聖嚴師父提倡的心靈環保。頒獎人行政院院長吳敦義致詞時指出，聖嚴師父是人人敬仰的宗教師，法鼓山在方丈和尚帶領下持續發光發亮，這次得獎代表法鼓山的努力，是向善行善的動力。

「國家公益獎」每兩年舉辦一次，遴選從事社會公益活動具有重大貢獻的團體與個人，頒獎表揚至今已第九屆。聖嚴師父曾榮獲第一屆國家公益個人獎，法鼓山人基會祕書長李伸一亦在2009年獲得第八屆個人獎項。

● 11.03

人基會捐贈《把心拉近》至校園
分享正確的倫理觀與實踐

為鼓勵青年學子向上向善，法鼓山人基會捐贈《把心拉近》，並代捐《因為有好心── 一位平民律師的幸福密碼》一書給全臺大專院校及高中職學校。

11月3日的贈書儀式上，教育部部長吳清基致贈感謝狀給人基會，由顧問黃石城代表接受，《因為有好心》一書作者、亦是人基會祕書長李伸一也出席與會。

吳部長表示，這兩本勵志書是最好的品德教育書籍，相信對於陶冶青年學子的身心，能夠發揮很大的效益。黃顧問則說明，《把心拉近》書中訪問

黃石城顧問（左）代表人基會捐贈《把心拉近》一書至校園，由吳清基部長（右）代表接受。

社會各界賢達，分享正確的倫理觀念和實踐方式，是一本值得推薦的好書。

而《因為有好心》一書是由嘉義市私立博愛社會福利慈善事業基金會贊助，由人基會代表捐贈。李伸一祕書長於捐贈儀式時分享，自己抱著感恩心情撰寫《因為有好心》，希望書中的一句話、一個觀念或一個作為能夠感動讀者，激發更多善的力量。

● 11.04

聖基會《108自在語·自在神童3D動畫》獲獎
為兒童品德教育貢獻心力

《108自在語·自在神童3D動畫》獲「全國優良教育影片徵集機關推薦組入選」，由劉珍維祕書（右）代表出席受獎，左為陳益興次長。

繼《108自在語·自在神童漫畫》獲國立編譯館評選為2010年度優良漫畫獎佳作後，同年11月4日，聖基會再出版《108自在語·自在神童3D動畫》；2011年則榮獲由教育部指導，國家教育研究院主辦的「全國優良教育影片徵集機關推薦組入選」。4日下午於臺北市立教育大學中正堂舉辦頒發典禮，由教育部次長陳益興擔任頒獎人，聖基會由祕書劉

珍維代表出席受獎。

陳益興次長致詞時表示，優良教育影片是教育的源頭跟活水，能夠挖掘孩子內心深刻的感動。《108自在語‧自在神童3D動畫》的劇情取材自現代人的生活寫照、廣為流傳的寓言故事以及社會的真實面，內容以三十則影片詮釋出日常生活中面臨的不同情境，並融入聖嚴師父的法語開示；每一則輕鬆的小故事，引領大眾看待事物，學習以正向思考和自我省思。

《108自在語‧自在神童3D動畫》未來將典藏在國家教育研究院教育資源及出版中心，以數位化方式建置在該院專屬網站，共同傳遞善的力量。

● 11.11

大陸宗教局、中國佛教協會來訪
感佩法鼓山致力推廣佛教文化教育

中國大陸國家宗教事務局副局長張樂斌、港澳臺辦事處處長薛樹琪，以及中國佛教協會副會長印順法師等十一人，於11月11日參訪法鼓山園區，由副住持果品法師代表接待，進行交流。

由於正逢大悲心水陸法會布置期間，各殿堂均在進行壇場的布建與法會彩排，一行人對法會活動表達關注，同時也對生命園區的設置規畫感到興趣。

果品法師為眾人介紹生命園區的植存方式、水陸法會的儀軌，都是為了因應時代潮流與環保觀念而建置。

張樂斌副局長對法鼓山在佛教界的貢獻深感敬佩，尤其是創辦人聖嚴師父致力於兩岸佛教的交流，讓佛法的弘傳造福更多大眾；印順法師則對法鼓山在文化教育方面的推廣表示肯定。

大陸宗教局、中國佛教協會一行人於祈願觀音殿前合影。（右四起依序為印順法師、張樂斌副局長、果品法師）

● 11.12

臺中分院參與逢甲大學五十週年校慶
設置「心靈環保體驗區」分享四環

11月12日，臺中分院受邀參與逢甲大學創校五十週年校慶園遊會，於會中設置「心靈環保體驗區」，藉由豐富、有趣的遊戲及體驗方式，與學校師生、校友及社會大眾互動、分享四環理念。

「心靈環保體驗區」是由臺中法青會籌備規畫，以心靈環保、自然環保、禮儀環保及自然環保為主軸，規畫有「四環推廣區」、「托水靜心區」和「創意書法區」，讓大眾可以透過遊戲、體驗認識法鼓山，並了解心靈環保理念。

其中，在「四環推廣區」，除了播放《108自在語·自在神童3D動畫》，並提供《心靈環保》、《心六倫》、《心五四運動》等結緣書和大眾結緣；在「托水靜心區」，則以托水缽活動，引導民眾學習專注；於「創意書法區」，由義工帶領瀏覽聖嚴師父《遊心禪悅——聖嚴法師法語·墨緣·興學墨迹選》墨寶集，民眾再自選一句自勉法語，進行創意書寫。

學子在「創意書法區」，進行創意書寫。

臺中分院及法青會臺中分會希望藉此活動，在校園推廣心靈環保的理念，接引學子在日常生活中運用心靈環保。

● 11.14

文基會獲頒「100年度社教公益獎」
長期推廣心靈環保獲肯定

法鼓山文基會榮獲教育部「100年度社教公益獎」，表揚活動於11月14日下午在臺大醫院國際會議中心舉行，由教育部部長吳清基擔任頒獎人，文化中心副都監果賢法師代表法鼓山出席受獎。

吳清基部長表示感佩民間團體、人士無條件的付出，並表示民間的力量是無

「100年度社教公益獎」獲獎單位於頒獎後合影。（右六為吳清基部長，右七為果賢法師）

窮的，希望大家都能用愛與關懷實踐社會責任，用教育成就別人，讓臺灣成為世界之光。評審委員代表柴松林教授則說明，民間團體推動社會教育是一個沒有報酬的工作，卻是有報酬的成果，感謝大眾奉獻自己的智慧和能力，營造一個高文化水準的社會。

文基會長期推廣心靈環保、禮儀環保、生活環保及自然環保四種環保的理念，在本年獲獎之前，也曾於2002年及2006年獲獎，顯示出法鼓山在推動心靈改革、淨化社會風氣的努力和成果，受到社會各界的肯定。

● 11.17

方丈和尚出席核災應變中心啟用儀式
開示「心安平安」的內涵

為預防及因應複合性災害發生時可能帶來的衝擊，行政院原子能委員會於新北市金山區成立「核子事故地方災害應變中心前進指揮所」，11月17日與金山消防分隊同步舉行啟用儀式，法鼓山方丈和尚果東法師應邀出席，擔任揭幕及剪綵嘉賓，並開示「心安平安」的意涵。

方丈和尚致詞時表示，核災應變中心的成立，旨在未雨綢繆，事前多一分防範準備，臨事便可

方丈和尚受邀出席核災應變中心啟用儀式，擔任剪綵嘉賓。（右二起依序為新北市市長朱立倫、方丈和尚果東法師、立法委員李慶華）

少一分災害損失,這是很好的立意,卻不代表一定有災難發生,不需過於操心和擔心。

方丈和尚也強調,心安是防災應變的核心重點,平時就需要練習;而防災及消防人員的使命,是為大眾的生命財產安全而奉獻,可以說是觀世音菩薩普門示現的化身。

● 11.25～12.02

第五屆「大悲心水陸法會」法鼓山園區啟建
僧俗四眾合力體現漢傳佛教修行特色

11月25日至12月2日,法鼓山於園區啟建第五屆「大悲心水陸法會」,八天七夜的法會,設有十二個壇場,共有逾四萬人次在園區參加共修;法會期間,每日並透過網路電視直播各壇佛事,讓海內外信眾可在線上參與共修,共有四十四萬多人次上網點閱。

在12月2日的送聖儀式上,方丈和尚果東法師開示指出,大眾精進共修的功德以及網路直播的規畫,讓這場水陸法會凝聚的力量,不僅是救度利益眾生的功德無遠弗屆,各地菩薩清淨修持的功德,同樣無遠弗屆。方丈和尚特別感恩不眠不休、協助法會順利進行的全體萬行壇義工,並讚歎義工們示現的萬行菩薩精神,是真正的菩薩道,也是漢傳佛教最重要的特色。

大悲心水陸法會謹守聖嚴師父的叮嚀,秉持改革經懺佛事、推動正信佛教的原則,落實「清淨、環保、簡約」的理念。

方丈和尚也指出明年2012年，是創辦人聖嚴師父提出「心靈環保」二十週年，為了感念師父的教導，法鼓山將把2012年訂為「心靈環保年」，籲請社會各界從每一個人自己做起，用「心靈環保」讓自己與他人都能夠平安、健康、幸福。

高雄地區信眾在紫雲寺大殿中，藉由網路直播畫面，同步參與焰口法會。

大悲心水陸法會是法鼓山的年度大事，也是信眾們每年重要的共修功課，清淨安定的修行氛圍、「開啟自性大悲，祈願眾生離苦」的共願，已成了法鼓山的人文特色之一。

● 12.03

大悲心水陸法會首辦普請
四眾齊共修　恢復道場本來面目

法鼓山園區首度於水陸法會圓滿後舉辦普請活動，由參加法會的法師及信眾們，在12月3日一起出坡共修，恢復園區的樣貌，共有五百多人參加。

活動前，方丈和尚果東法師到場關懷並開示指出，普請大眾有助於團體和樂共處，進而凝聚向心力，每位僧俗四眾也透過這樣的共修過程，學習奉獻服務的精神，從中體驗動中禪的修行。

負責籌辦普請活動的三學院監院果慨法師說明，普請在中國叢林行之已久，即是普請道場的住眾同心協力、出坡勞動；而透過普請共修，不僅讓大眾明白修行不只是拜懺、誦經，法會時要精進努力，法會圓滿則要學會放下，並藉由法會壇場的布置與善後，提點大眾「因緣有而自性空」的法義，說明一切現象皆從因緣而來。

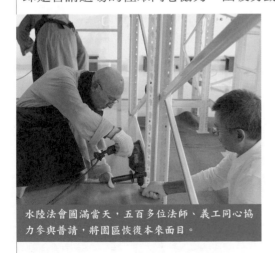

水陸法會圓滿當天，五百多位法師、義工同心協力參與普請，將園區恢復本來面目。

經過一整天的勞動，來自香港的信眾表示，法會期間受到義工們的照顧，能有機會體會他們的辛苦、學習萬行菩薩的精神，使得感受更為深刻。

大悲心精神無限開展

眾緣和合 同心共願

　　2011年第五屆大悲心水陸法會自11月25日正式啟建，歷時八天七夜的法會共修，在12月2日送聖儀式後圓滿。期間共有超過四萬人次來到法鼓山園區參加共修，本屆更延續2010年網路共修的創新作法，同步即時直播法會壇場共修現場畫面，共有四十一個國家、超過四十四萬人次上網點閱，將水陸法會「超越時空，獻上祝福」的精神無限延伸。

人文內涵與場布　塑造法鼓山文化財

　　水陸法會謹守聖嚴師父的叮嚀，秉持改革經懺佛事、推動正信佛教，讓法會富有教育功能的原則，以「清淨、環保、簡約」的理念訴求，開創當代佛教法會的創舉，例如：數位牌位、數位送聖等形式，還有網路共修的電子經書、直播共修等，都避免了不必要的資源浪費及環境污染，充分展現創新的時代意義。

　　此外，法會廣設十二壇，每一個壇場都是在修持漢傳佛教的法門，都是漢傳佛法的精華。法會壇場皆依據經典進行場布，運用現代美學設計和多

法鼓山第五屆大悲心水陸法會是漢傳佛教經懺佛事的革新，賦予法會教育與關懷的功能，提醒大眾雖然法會圓滿，但修行的道路沒有結束。

元媒材，表達既莊嚴又富創意的法會空間。

藥師壇前方的琉璃色七佛如來，在祥雲和光影的投射中，宛如置身東方琉璃淨土，壇場四周還有十二大願文和十二藥叉神將護持壇場，真實呈現經典中藥師佛悲智光華普照一切有情眾生的莊嚴氛圍；楞嚴壇則重現觀音菩薩聞海潮音證悟的環境，壇場前方只有蓮花座，沒有佛像，象徵人人本具自性佛，唯有向內觀照，開啟自性大悲，方能與佛菩薩相契應；投射數位牌位的功德堂，則以彌陀淨土的蓮池海會為場布意象，溫潤的白玉彌陀佛像，慈眉含笑迎接每一位到訪的信眾，也凝聚了所有人的善念，為法界眾生送上祝福。

水陸法會另一項特色壇場則是「萬行壇」，參加者是所有共同成就法會順利進行的義工，法會期間投入的義工人數，是參加人數的倍數。萬行壇緣起於聖嚴師父稱法鼓山的義工為「萬行菩薩」，萬行壇沒有固定壇場，而是在成就大眾的奉獻服務中，體驗處處是修行的道場。

網路直播共修 家家是壇場

從2010年開始推動的網路共修，希望讓水陸壇場跨時空延伸，全球信眾能以影音媒體、電子經書、世界串連地圖、迴向、祈願等功能參與法會。本屆更透過水陸法會網站的視訊直播，各壇同步連線共修；而高雄紫雲寺、臺南分院、雲集寺與海外的新加坡護法會等，也利用數位科技的便利性，全程連線，讓無法上山共修

網路直播跨越了時空限制，世界各地的信眾都能透過網路共修，一起參加這場莊嚴的佛事。圖為臺南分院與地藏壇同步共修的情景。

的信眾，感受現場攝受的氛圍。因此每壇現場都設有網路壇主，負責網路直播的品質，並即時提供現場共修的訊息，讓家家戶戶是壇場，進而匯聚所有共修的善念，讓世界成為祥和的淨土。

「這場名為水陸法會的修行道路，沒有開始，也沒有結束。」送聖典禮上，大螢幕上的字句，提醒全體大眾，大悲心水陸法會雖然圓滿了，但修行的道路沒有終點，要長長久久一直走下去。水陸法會的精神是平等普施，尊重每一個生命，更啟發修行者學習慈悲與智慧，利益一切眾生。

2011大悲心水陸法會各壇

地藏壇

法華壇

大壇

藥師壇

總壇

華嚴壇

淨土壇

焰口壇

楞嚴壇

禪壇

萬行壇

祈願壇

● 12.04

海外福田班學員齊聚總本山
共同參與「體驗法鼓山」課程

　　普化中心於法鼓山園區舉辦海外地區福田班第六次課程「體驗法鼓山」，由副都監果毅法師及常惠法師等帶領，共有一百二十九位來自馬來西亞、香港、美國加州洛杉磯、舊金山與加拿大的學員參加；僧團副住持果品法師及海內外各分支道場的法師，包括果舟法師、常華法師等皆前來關懷。

　　上午首先展開的是「禪悅境教法鼓山」活動，由普化中心常惠法師帶領學員認識「法鼓十景」，並引導同學運用三種方法——安定、收攝、放鬆，以及兩種態度——崇敬、感恩，體驗聖嚴師父為眾生創建的一方淨土。清楚方法後，學員們分為十條動線，在參學導覽員帶領下，巡禮園區、體驗境教。

　　下午則安排分享法鼓山的建設理念課程，帶領學員了解聖嚴師父如何帶領工程團隊，掌握禪宗的簡樸特色、尊重自然環境的保育、細心考量每處空間的通風採光，讓人感受法鼓山充分發揮教育、修行、弘法的功能。

　　最後的大堂分享，學員表示感受到心靈環保理念在山中建築的展現，身處其中，心靈有種無限延伸的觸動；香港學員則分享表示，聖嚴師父就像是點燈的人，而當自己了解法鼓山建設過程背後的用心，以及看見每位義工的無私奉獻後，深受感動，期許自己能更精進修學佛法、護持佛法，讓這份光持續照亮世間。

世界各地的福田班同學齊聚法鼓山園區，一同參與福田班第六次課程「體驗法鼓山」。

● 12.06

宗南嘉楚仁波切參訪法鼓山
期許雙方更密切交流

方丈和尚（右）將聖嚴師父的《心經》墨寶贈予宗南嘉楚仁波切，同時邀請仁波切再訪園區。

第一位在西方獲得博士學位的藏傳佛教喇嘛宗南嘉楚仁波切，12月6日參訪法鼓山園區，方丈和尚果東法師、副住持果暉法師全程陪同，並為一行人介紹園區的環境規畫，以及法鼓山培育佛教人才的教育體系。

方丈和尚向仁波切概述法鼓山的組織體系、精神理念，並說明法鼓山僧團目前在全球各地的奉獻服務、僧伽教育的進展，以及法鼓山基金會的運作，都是以聖嚴師父倡導的「心靈環保」理念為主軸，透過三大教育的實踐來淨化人心。

宗南嘉楚仁波切推崇聖嚴師父的理念，對法鼓山以教育及禪修來弘法，深表認同；雙方也提出互訪邀約，期許彼此有更多的互動交流。

本年4月，宗南嘉楚仁波切指導的「宗南聯合佛教基金會」，在尼泊爾藍毘尼園（Lumbini Garden）舉行大塔院開光大典，首座和尚惠敏法師應邀代表法鼓山出席。方丈和尚除了當面感謝宗南嘉楚仁波切的邀請，也感恩這次的相聚因緣，加深彼此的認識。

● 12.10～24

安平精舍舉辦佛學講座
果祥法師圓滿《六祖壇經》課程

12月10至24日，臺南安平精舍每週六下午舉辦佛學講座，由僧團果祥法師主講《六祖壇經》。這項課程原訂七堂課，由於2010年上完四堂課後，果祥法師前往美國弘法，課程暫時中斷；在學員期盼下，事隔一年後，法師接續講授未完的課程。

此次重新開課，果祥法師運用許多生活化的實例，深入淺出地推演論述《六祖壇經》的義理，例如：法師從護生農場，引伸至對生命的愛護、對大自然的尊重，處處拈來都是佛法，也都是修行的下手處；法師提醒眾人修行是漸進的

過程，要時常注意自己的身心行為，逐步地深化、提昇自己。

最後一堂課，果祥法師為先前的六堂課做了總複習，並釐清《六祖壇經》中關於傳說和附會的部分，讓學員了解到《六祖壇經》的修行法門不離生活中的行住坐臥，進而更深刻體會經典的要義。

果祥法師深入淺出地講述《六祖壇經》的要義。

● 12.11

農禪寺舉辦「彩繪好願，攜手結好緣」活動
美化周邊環境　與社區結好緣

正在進行水月道場興建工程的北投農禪寺，與鄰近國小合辦「彩繪好願，攜手結好緣」活動，邀請小朋友發揮想像和創意，將工程圍籬轉化成色塊明亮的彩繪好願牆。12月11日，小朋友們將色彩鮮豔的油漆，塗在一片片裁切成荷花、蓮蓬、花草等圖形的木板上，美化周圍的環境。

這項「彩繪好願」活動共分成兩部分，一是「主題創作」，一是「塗鴉著色」。「主題創作」包括「新春祝福關懷」與「未來環保生活」兩項主題，由北投區石牌、北投、文化、清江、逸仙、義方、桃源等七所國小的師生和家長共同參與。

石牌國小校長張淑慧、教務主任黃明宏表示期望學生藉由參與社區活動，學會付出與回饋，因此將彩繪活動排入「藝術與人文」課程，帶領小朋友發想創作；逸仙國小師生利用課後時間，由老師與家長陪同完成畫作；北投國小則由家長會長帶領社區親子熱烈參與。完成的十八幅主題創作，包括：「樂活與惡活」、「青山綠水環保島」、「愛惜地球資源，我不要塑化劑」等，表達了學童對新年的祝賀與對未來生活的期許。

除了主題創作，大度路旁一百多公尺長的工程圍籬上，則由臺北藝術大

農禪寺與鄰近國小合作「彩繪好願」，將工程圍籬轉化成色塊明亮的彩繪好願牆，美化周邊社區環境。

學學生與社區老菩薩們，事先油漆底圖、裁切各種圖案的彩繪木板，於活動當天，由小朋友們完成「塗鴉著色」。

活動尾聲，眾人在黃明宏主任的生動解說下，了解作品意涵，並進行一回環境美化巡禮，圓滿此次活動。

● 12.17

「菁英禪修營共修會」於法鼓山園區舉行

藉茶修禪　品茗當下

菁英共修會的禪眾們，以恭敬、感恩的心，慢慢品飲當下這一杯茶。

法鼓山於12月17日在園區舉行的「社會菁英禪修營第七十一次共修會」，首度在共修中規畫茶禪，共有一百一十多位歷屆菁英禪修營學員參加。

每三個月舉辦一次的社會菁英禪修營共修會，這次特別在園區進行，上午的禪坐共修由副住持暨共修會輔導法師果品法師帶領，引導大眾在繁忙的生活與工作壓力下，練習運用方法放鬆身心。下午首先由僧伽大學男眾學務處常元法師帶領唱誦〈延命十句觀音經〉，大眾搭配手語，專注唱誦。接續的茶禪活動，則由中華佛研所所長果鏡法師帶領。

在第一聲大磬聲中，開始以茶「會友」，禪眾靜默禁語，並跟隨茶席上茶者法師的沏茶動作，暖壺、置茶、注水、倒茶等，在緩慢凝練的動作中，漸漸把心收攝回來，以恭敬、感恩的心，慢慢品飲當下這一杯茶。第二聲大磬響起，進入「談心」階段，眾人開始交流互動，從茶的話題談及中國茶禪與日本茶道的差別，進而討論生活中的煩惱與學佛修行上的困惑。

其中，第一次擔任「茶者」的僧大常順法師引導禪眾將茶禪的體驗與生活經驗結合，例如：一次只做一件事，以感恩心接受當下的因緣；擔任茶者的常修法師藉著禪眾提問，將茶席導向茶禪的歷史，並講解唐代趙州禪師的「喫茶去」公案，讓禪眾認識禪的精神，就在以「平常心」面對生活中的每一件事。第三聲大磬，代表茶禪圓滿。

席間，方丈和尚果東法師到場關懷，與禪眾一起飲茶互動，也鼓勵學員經常回法鼓山禪修充電，再回到工作崗位上發揮影響力，利益更多大眾。學員紛紛表示，這次的茶禪讓自己體驗深刻，尤其跟法師面對面互動、請教修行問題，有很好的收穫。

● 12.19

移民署長謝立功訪法鼓山
結合宗教團體的力量關懷新住民

謝立功署長（左）與方丈和尚就新住民適應問題，交換意見。

近年來，不斷成長的新移民人口，已蔚為臺灣社會新面貌之一。為了協助新住民族群在臺灣土地上安心安身、安家安業，移民署署長謝立功於12月19日下午參訪法鼓山園區，與方丈和尚果東法師就新住民的照顧、信仰與外籍勞工的人權等議題，交換意見。

謝立功署長表示，臺灣現有新移民約四十五萬人，在克服語文及生活適應後，更重要的是心靈上的需求，因此希望結合宗教團體的力量，從信仰及心靈層面，協助新移民找到更深的歸屬感。

方丈和尚也分享「心六倫」價值，指出新移民已是臺灣社會結構的一環，大眾應予尊重、接納，更應懷抱感恩心，感謝新移民及外籍勞動人士的加入，彌補了某部分臺灣社會的現實需求。

在場陪同的慈基會祕書長果器法師及總幹事江弘基，則從法鼓山三大教育，說明對新移民照顧可提供的各項資源。

● 12.25

「讀書會大會師」於雲來寺舉行
帶動實踐書中法寶

果毅法師（右）頒發「最佳回饋獎」，感謝讀書會固定回傳「帶領人紀錄表」，分享各地成員的成長。

普化中心12月25日於北投雲來寺舉辦「讀書會大會師」，副都監果毅法師出席關懷，由僧大副院長常寬法師、資深讀書會帶領人方隆彰老師、悅眾李子春分享讀書心得，共有來自全臺各地三十個讀書會，近兩百位成員參加。

這場活動，由人基會心劇

團表演「閱讀的快樂」揭開序幕。接著,從活動前拍攝的各地讀書會影片中,眾人分享彼此深入聖嚴師父著作、成長自我生命的過程。

在「跨領域的新視野」專題演講中,笑稱自己不愛讀書的常寬法師,分享第一次接觸聖嚴師父的著作《聖者的故事》,在故事中看見出家眾的生活如此莊嚴殊勝,因而觸發自己出家的契機;並提到,師父在自傳中稱童年為「無憂的童年」,晚年為「美好的晚年」,明明是生活、身體最窮苦的時候,師父卻認為是無憂、美好時期,這番心境的轉換,值得眾人學習。

此外,李子春分享「跨領域的新視野」,表示原本不喜歡閱讀傳記書籍,但在閱讀聖嚴師父的《空花水月》、《東南西北》等寰宇系列自傳書籍中,深深感受到大乘佛教徒的菩薩道精神;由方隆彰老師授課的「一堂無聲的新課程」,則以法鼓山的草木生長情形,說明「生死觀」的意涵,也提醒大眾「把握當下」。

最後的頒獎時刻,法師們分別頒發「新苗獎」、「好厝邊獎」、「好有福獎」等獎項,給各地讀書會,勉勵成員以充滿活力的精進心,分享實踐書中法寶。

● 12.31～2012.01.01

臺中分院舉辦跨年活動
以寧靜心迎新年

臺中分院的跨年活動上,故事花園班的兒童們帶來唱歌、觀呼吸表演。

臺中分院於12月31日晚上至2012年1月1日凌晨,舉辦「幸福100吉祥101」跨年活動,內容包括祈福法會、禪坐,法青會戲曲演出、故事花園兒童班唱歌等,以寧靜心迎新年,共有三百多人參加。

活動由法鼓隊擊鼓揭開序幕,接著由法青演出文殊菩薩戲劇、人生框框遊戲,遊戲以「真大吉祥」為主題,眾人必須信任隊友、團隊必須互助合作,還要在輸贏的得失心中學會放下;接著,並以汽球做成文殊寶劍,穿過象徵煩惱的汽球甜甜圈,在新年之始,以趣味遊戲開啟智慧。故事花園兒童班則帶來唱歌、觀呼吸等充滿童趣的表演,小菩薩們將在場的人都視為蛋糕,象徵性地要點亮人們心中的蠟燭。最後在法師們帶領下,眾人靜下心來禪坐,在寂靜中迎接新年到來。

圓滿跨年的時刻,監院果理法師以「真大吉祥」勉勵眾人,學習以真心做人做事,真誠真心廣結善緣,不只自己吉祥,也祝福別人,讓每個人都能歡喜。

貳【大關懷教育】

從生命初始到生命終了，
以「心靈環保」出發，
落實各階段、各層面的整體關懷，
安頓身心、圓滿人生，
實現法鼓山入世化世的菩薩願行。

融攝生命教育內涵
深耕地區關懷

2011年的大關懷教育，涵融生命教育的觀念與落實，
以每位鼓手為「心靈環保」的種子，
於地區深耕信眾關懷，廣傳法音，
並彰顯關懷教育雙向互動的精神；
在全球社會的急難關懷方面，以四安為方法，
協助打造安心工程，凝聚、串連關懷無國界的願心，
攜手共築知福幸福的淨土。

本年度大關懷教育，融攝生命教育內涵，在深耕地區關懷的基礎上，拓展心靈環保的落實與活用，並且在全球發生急難、亟需關懷的地區，協助大眾以生命教育打造安心工程，具體架構「心安就有平安」的願景；同時，法鼓山出席慈善相關會議，交流國際賑災救援經驗，分享法鼓山如何以「心靈環保」為核心，以四安為方法，參與跨國關懷的經驗與成果。

信眾關懷　在地區深耕

2011年法鼓山首場信眾關懷活動是由護法總會在1月舉辦的「歲末感恩分享會」，出席北投雲來寺現場的方丈和尚果東法師感恩表示，每一位信眾都是法鼓山的寶，並期勉大眾都能

夠「知福、知足，有幸福；感恩、奉獻，真快樂。」

而護法總會每年例行舉辦的「正副會團長、轄召、召委聯席會議」，2011年首次在地區舉辦，5月在臺中寶雲別苑展開，來自全臺各地一百四十位悅眾齊聚一堂，關懷中心副都監果器法師特別出席關懷，說明法鼓山不僅是指在金山的法鼓山園區，每位鼓手在地區弘揚法鼓山理念、推動弘法活動時，就是法鼓山的所在。

護法總會接著於6月起，將沿用已久的「勸募負責人」，更名為「勸募關懷員」；原來的勸募推薦人，則更名為「勸募接引人」，此名稱的更動，同時也彰顯了法鼓山大關懷教育雙向互動的精神，以及深耕關懷的意義。

為了擴大募人修行、法鼓傳薪，9、10月陸續於北投雲來寺、高雄紫雲寺、臺中寶雲別苑舉行「2011勸募會員授證典禮」，全臺共有三百多位新進會員受證，發願與更多人分享佛法，廣傳法音。

12月，臺南雲集寺舉辦南區榮譽董事頒聘儀式，方丈和尚果東法師出席為四十二位圓滿榮譽董事頒發聘書，三百多位榮譽董事及其眷屬齊聚，共同見證並給予祝福，傳達了榮譽董事以參與、護持法鼓山為榮，是一份榮譽的深意，更感恩有法鼓山這塊大福田，讓大眾擁有奉獻的幸福。

跨年之夜，護法總會在法鼓山園區舉辦了一場「2012年會團長、轄召、召委、委員授證營」，以「同心同願，法鼓傳薪」為主題展開三天課程，來自全臺各地三百三十五位悅眾共同參加，從方丈和尚手中接下證書，接續護法弘化的使命。

法鼓大學的興辦是聖嚴師父的悲願，社會大眾護持興學的願心，更是持續不斷；「5475大願興學」專案自2007年啟動，延續至今。本年10月，法鼓山上特別舉辦了一場「5475大願興學滿願勸募感恩會」，來自全臺各地的「滿願菩薩」和觀禮親友近八百人，分批前往法鼓大學預定校園的最高點，巡禮俯瞰建設進度。「5475大願興學」專案啟動以來，已有二十多萬人加入護持行列，而接引超過百人的鼓手，共近七百位；這樣的興學願

心凝聚活動，鼓勵了眾人承繼興學任務，感恩滿願並且再發願。

其次，在各會團的關懷活動方面，助念團一年一度的年會於9月在北投農禪寺舉辦，本年全臺共近八百位團員參加，分享助念關懷的核心價值與善巧方便。而助念團每年在全臺各分院及護法會辦事處推廣的大事關懷課程，本年更由地區主動發起，如文山辦事處於臺北市文山區木柵行政中心舉辦「自利利他的大事關懷」課程，將大事關懷的種子廣播到地區角落。

社會關懷　心靈環保跨國分享

心靈環保體驗與實踐的分享，是法鼓山關懷社會大眾的主要方式。本年，在落實「禮儀環保」方面，法鼓山園區於1月舉行「第十六屆佛化聯合婚禮」；9月起，「第十八屆佛化聯合祝壽」活動在全臺各地展開二十八個場次。全臺送暖的100年度歲末關懷，則自12月起陸續展開，除了延續以往提供物資及慰問金的關懷之餘，並舉辦祈福法會或念佛共修，引領大眾感受佛法慈悲與安定身心的力量。

為響應「世界地球日」，慈基會與環保署等單位共同舉辦「清親地球海岸維護教育宣導活動」，於4月在新北市金山區進行淨灘，活動結合慈基會「百年樹人獎助學金」北部地區聯合頒發典禮。透過兼具教育與自然環保意義的活動，讓大眾體會只要謙卑地與大自然互動，就能建設清淨和樂、

健康平安的人間淨土。

本年度5月，慈基會還應邀出席「中華民國建國一百年民主論壇」活動，並以「從聖嚴法師國際弘化看法鼓山體系如何參與國際社會」為題，與大眾分享法鼓山如何以「心靈環保」為核心，參與國際關懷的經驗；8月則應外交部之邀，參與在美國首府華盛頓會議中心召開的第二十七屆「美國國際志工行動協會年會」，將以四安為方法的國際賑災救援經驗，與各國政府、非政府組織、社區組織代表進行交流分享。

慈善關懷　打造安心工程

至於在全球社會災難、貧病的慈善關懷方面，秉持聖嚴師父「心安就有平安」的指示，持續關懷災區，不分海內外，只要有需要的地方，就可見到法鼓山打造安心工程的身影，將溫暖傳送到國際社會的每個角落。

在臺灣，2011年持續推展對莫拉克八八水災受災地區的關懷，3、4月分別在高雄市六龜國小、杉林區集來休閒農場，舉辦「百年樹人獎助學金」頒發活動；由法鼓山捐建的桃源區、六龜區龍興段永久屋也於4月正式動土；9月，則圓滿在雲林縣古坑鄉的援建工程。雖然莫拉克風災已屆滿兩年，法鼓

山協助重建的腳步未曾停歇，除了有形的硬體建設，更以「四安」幫助災區民眾重建希望家園。

本年度大關懷教育運用更多元的方式落實生命教育。在國內，六龜安心服務站與廣達集團、廣達文教基金會於1月舉辦「寒假生命教育高中營隊」；暑假期間，南部安心服務站為了培養兒童學習知足與感恩，舉辦多場心靈環保體驗營；另外，甲仙、林邊、六龜等災區民眾，在5月受邀至高雄紫雲寺觀賞IABS第十六屆大會最具特色的文化活動──《悠悠鹿鳴》手語劇的巡演。不論是營隊或表演，均希望透過生活化、藝術化的熏陶，引領大眾思考生命平等及慈悲的真義。

在中國四川地震災區，慈基會首先於1月在安縣秀水為教師舉辦「生命教育心靈環保體驗營」，暑假期間，則為中小學學生展開四梯次的「生命教育心靈環保體驗營」活動，共有近

慈基會於中國四川地震災區推廣生命教育，引導學子勇敢分享彼此的生命經驗，感受生命交會時的歡喜。

四百位學子參加；秀水安心服務站也在10月展開為期三個月、四十班次的「生命教育」系列體驗活動，讓師生們在彼此分享各自的生命經驗後，轉化為相互支持的力量，領略自助助人、心安平安的意義。

法鼓山援建的北川縣陳家壩鄉的衛生院門診部，則於5月落成，由第十三梯四川醫療團在當地展開三天的義診服務。除了進行家園重建，在德陽市什邡、安縣秀水兩地的安心服務站，並舉辦多場「心理重建・生命教育」交流座談會，不僅陪伴居民走過災後重建之路，也透過生命教育、心靈環保觀念的推廣，為當地居民與校園師生的心靈加油。

在南亞海嘯援助計畫方面，儘管此計畫已圓滿結束，本年度，由慈基會第十梯次醫療團、法青會、心劇團共同組成的義工團隊，仍以「希望、微笑、點燃心力量」為主題，再次前往斯里蘭卡，透過各種生命教育活動，及頒發獎助學金、提供民生物資和學用品等，啟發當地居民的心靈內在力量，生起面對未來生活的勇氣與智慧。

災難救援 以「四安」為方法

3月，日本發生了強震、海嘯、核災，消息傳出，法鼓山隨即啟動緊急救援系統，除了捐助善款，也同時匯集救災物資，配合外交部專機陸續送往；農禪寺和總本山、各地分院更同步舉辦三時繫念法會，透過網路電視臺線上直播，發起持〈大悲咒〉億萬遍，籲請大眾共同祝禱，祈願災區民眾早日重建家園。6月，法鼓山並響應日本立正大學募集災區學生獎助學金專案，捐款日幣三百萬元，由該校佛教學部教授三友健容代表接受。

另一方面，東南亞的泰國、柬埔寨自7月起接連遭逢水患，造成嚴重傷亡及損失。慈基會分別前往兩國勘災，結合泰國護法會及當地臺商的力量，前往受災嚴重的地區發放民生救援物資，並捐贈第一線救災人員所需的救生背心、防水衣，提供柬埔寨的受災家庭緊急救濟物資等。

法鼓山的大關懷教育以「四安」為方法，在全球各災難現場，結合在地人力，透過綿長的關懷與對生命教育的實踐，長期陪伴、重建居民對生命的希望與熱忱，希望協助當地居民建立相互支援的系統，共同迎向嶄新的生活。

結語

長期以來，法鼓山對社會大眾的整體關懷，受到各界的肯定，2011年慈基會榮獲行政院內政部舉辦的「財團法人社會福利慈善事業基金會評鑑」優等殊榮，慈基會祕書長果器法師受獎時表示，得獎榮耀歸於法鼓山僧俗四眾共同的奉獻。未來，法鼓山仍將秉持聖嚴師父的「四安」理念，做為推展心靈重建工作的原則，為社會注入安心向善的力量。

● 01.02～31期間

99年度歲末大關懷全臺展開
合計關懷逾一千八百戶家庭

東勢當地書法家現場揮毫祝福語與民眾結緣。

慈基會舉辦99年度「法鼓山歲末大關懷」系列活動，從2010年12月11日起，自北投農禪寺展開首場關懷，並陸續在法鼓山各地分院、護法會辦事處舉辦，活動於2011年1月底圓滿，關懷對象包括低收入戶、獨居老人、急難貧病者及特殊個案等一千八百餘戶。

各地的關懷活動，除了延續以往提供物資及慰問金之外，並為各地的關懷戶舉辦祈福法會或念佛共修，例如：北投農禪寺、法鼓山園區、桃園齋明寺等，皆由法師帶領祈福，南投德華寺、臺南分院及高雄紫雲寺等，則安排念佛共修，引領大眾感受佛法慈悲與安定身心的力量。

系列關懷活動中，臺中分院、埔里安心站及護法會多處辦事處更提供「關懷到家」服務，由義工直接將關懷物資送到關懷戶家中，進行慰訪關懷。

各地的關懷活動，也結合在地特色和因地制宜的設計，臺東信行寺監院果增法師除帶領念佛，也以佛法故事分享念佛的殊勝；高雄紫雲寺安排多項藝文表演節目，包括二胡與直笛演奏、戲劇表演，並舉辦「有獎問答」等趣味活動，現場充滿溫馨氣氛，為參與活動的民眾帶來歡喜。

每年的歲末關懷，慈基會都希望結合各界資源，透過物質與精神上的扶持，讓關懷戶感受到社會的溫暖。

99年度「法鼓山歲末大關懷」活動一覽

區域	時間	活動地點	活動內容	關懷地區（對象）	關懷戶數
北區	2010年12月11日	北投農禪寺	祈福法會、節目表演、園遊會、致贈禮金及物資	臺北市、新北市關懷戶	386
	2010年12月19日	法鼓山園區	祈福法會、供燈、致贈禮金及物資	北海四地區低收入戶、基隆地區個案	241
	2010年12月25日	桃園齋明寺	祈福法會、節目表演、致贈禮金及物資	桃園、新竹、中壢、大溪地區低收入戶	142
	2011年1月15日	護法會苗栗辦事處	關懷送到家	苗栗地區關懷戶	12
中區	2010年12月22至30日	竹山安心站	關懷送到家	南投縣竹山、集集、鹿谷關懷戶	92

區域	時間	活動地點	活動內容	關懷地區（對象）	關懷戶數
中區	2010年12月25日至2011年1月15日	護法會彰化辦事處	關懷送到家	彰化地區低收入戶	31
	2010年12月28日至2011年1月10日	護法會豐原辦事處	關懷送到家	豐原地區關懷戶	28
	2011年1月1至31日	臺中分院	關懷送到家	臺中地區低收入戶	84
	2011年1月2日	南投德華寺	念佛、供燈、致贈禮金及物資	南投縣埔里低收入戶	90
		南投安心站	念佛、《我願無窮》影片播放、園遊會	南投縣草屯、中寮、名間鄉關懷戶	120
		東勢安心站	念佛、《我願無窮》影片播放、音樂饗宴	臺中縣東勢低收入戶	88
		護法會員林辦事處	關懷送到家	彰化縣員林低收入戶	79
	2011年1月8日	埔里安心站	關懷送到家	南投縣仁愛、魚池、國姓鄉關懷戶	70
南區	2010年12月25日	臺南分院	念佛、《我願無窮》影片播放、致贈禮金及物資	臺南市獨居長者及低收入戶	75
	2011年1月23日	高雄紫雲寺	念佛、節目表演、致贈禮金及物資	高雄縣清寒、弱勢家庭	130
東區	2010年12月22日	花蓮市全民老人養護中心	念佛、節目表演、致贈禮金及物資	獨居、重症老人	1
	2010年12月25日	羅東普賢育幼院	節目表演、致贈禮金及物資	育幼院孩童	1
	2010年12月25日至2011年1月15日	護法會宜蘭辦事處	關懷送到家	宜蘭市關懷戶	8
	2011年1月3至10日	護法會羅東辦事處	關懷送到家	羅東地區低收入戶	25
	2011年1月4至13日	護法會花蓮辦事處	關懷送到家	花蓮地區關懷戶	61
	2011年1月9日	臺東信行寺	念佛、致贈禮金及物資	臺東地區關懷戶、獨居老人	46
總計					1,810

● 01.08

「歲末感恩分享會」全臺同步舉行
護法鼓手以「法」相聚

護法總會與各地分院聯合舉辦的「2010年歲末感恩分享會」於1月8日在法鼓山園區、北投農禪寺、雲來寺、三峽天南寺、桃園齋明寺、臺中分院、臺南分院、雲集寺，以及高雄紫雲寺、臺東信行寺、護法會花蓮辦事處等十一處同步進行，共有八千多位護法鼓手參加。

方丈和尚果東法師出席雲來寺現場，感恩鼓手們的護持與奉獻。

出席雲來寺現場的方丈和尚果東法師表示，歲末感恩分享會的十一個視訊點沒有主場、副場的區別，每一個現場都是主場，也透過視訊感恩每位信眾，每一位勸募會員都是法鼓山的寶，並藉由本年主題「知福幸福」，期勉大眾「多也知足、少也知足、沒有也知足」。

除了祈福法會與地區活動回顧、2010年大事記影片等內容，本年各地舉辦的感恩分享會，豐富且充滿在地特色。在法鼓山園區，北七轄區鼓手們演出「心六倫」話劇、國樂、鋼琴、舞蹈等，內容兼具人文與歡喜的氣氛。

北一、北二轄區鼓手則齊聚農禪寺，許多資深悅眾的小菩薩特別隨父母前來，擔綱演出精彩節目；而回到齋明寺的信眾，除了參與感恩分享，在義工帶領下，並體驗一趟難得的古剎導覽、經行與托缽活動。

臺中分院有別往年，由於分院所在地即將重建，鼓手們把握歲末相聚時刻，巡禮分院建築、珍貴歷史影像，感懷從創立至今走過的足跡，歡喜邁向重建的新里程。

在南部地區，臺南分院的分享會上，三十四位鼓手捧著去年（2010年）參加傳燈法會的信物，再接受法師傳燈，並傳給各組的鼓手，象徵燈燈相續、薪火相傳。

透過歲末感恩分享會，護法鼓手們以「法」相聚，感恩「安和豐富」的2010年，更期許新的一年「知福幸福」。

● 01.10

法鼓山持續援助八八水災重建工程
雲林古坑永久屋動土

法鼓山持續關懷八八水災災後重建工程，由法鼓山認養的雲林縣古坑鄉東興段永久屋社區重建工程，1月10日上午與雲林縣政府在重建基地上，舉行灑淨祈福暨動土儀式，方丈和尚果東法師、雲林縣縣長蘇治芬、莫拉克重建委員會

行政管理處處長孫繼中、古坑鄉鄉長林慧如等共同執鏟，共有一百多人參加。

灑淨祈福儀式，由慈基會祕書長果器法師主法，當地村民、法鼓山雲嘉南地區義工，共同持誦《心經》、〈大悲咒〉，隨同法師沿途灑淨，為工程順利、社會和諧祈福。

方丈和尚表示，雲林縣和法鼓山雖處不同區域，但眾人的無私奉獻與關懷，卻是沒有距離；也感恩十方善念的匯聚，才能成就一方淨土的善緣，並以法鼓山本年主題「知福幸福」，祝福社會大眾都能獲得心靈上的富足。

蘇治芬縣長致詞時，則感謝法鼓山為縣民提供協助，也分享曾在法鼓山園區感受的清淨法喜，期盼未來在虎尾開闊的綠地公園，也能呈現人間淨土的氛圍。

方丈和尚果東法師（前排左五）、雲林縣蘇治芬縣長（左四）及來賓們共同見證古坑鄉東興段永久屋社區重建工程動土。

● 01.15

高雄小林社區永久屋落成啟用
由法鼓山、紅十字會等共同援建

1月15日，由法鼓山慈基會、中華民國紅十字會等各界協力合作，於高雄市甲仙區五里埔重建的小林社區，正式落成啟用。

果器法師與義工關懷入住永久屋的小林村居民。

典禮當天，紅十字會會長陳長文代表將永久屋鑰匙、入住禮，贈予小林居民；慈基會祕書長果器法師除了到場祝福，並偕同高雄地區的慰訪義工，關懷入住的小林居民。

目前小林社區已完工落成的永久屋共有九十戶，其中可容納兩百多人的多功能活動中心，由法鼓山

援助興建，於5月正式啟用。該中心設有圖書室、會議室與聯合辦公室，可提供居民完善的生活與聚會空間。

● 01.15

第十六屆佛化聯合婚禮於法鼓山園區舉行
七十二對新人共結菩提姻緣

第十六屆佛化聯合婚禮共有七十二對新人接受三寶的祝福，共組佛化家庭。

法鼓山第十六屆佛化聯合婚禮於1月15日在法鼓山園區大殿舉行，本屆婚禮以「知福美滿‧幸福百年」為主題，共有七十二對新人共組佛化家庭，締結百年的幸福，方丈和尚果東法師親臨為新人們祝福。

典禮上，方丈和尚為新人們授三皈五戒，期勉新人懷抱著感恩心，珍惜菩提因緣，並將佛法、禪法、心法的力量運用在生活中，做為彼此和樂和敬的基石，齊心建立和諧幸福的佛化家庭，為人間淨土立下基礎。擔任證婚人的伯仲基金會董事長吳伯雄，則以一曲〈你儂我儂〉為新人獻上祝福。

新人們在佛菩薩前，互許終生幸福的承諾，讓簡樸、莊嚴的婚禮現場，洋溢著溫馨、動人、歡喜的幸福氣氛。

● 01.21～22

慈基會於四川舉辦「教師生命教育心靈環保體驗營」
秀水第一中心小學教師思索生命教育的內涵

法鼓山持續關懷中國大陸四川震災災後「四安」重建工程，1月21至22日於四川省安縣秀水第一中心小學舉辦「教師生命教育心靈環保體驗營」，由僧團副住持果品法師、法鼓大學籌備處人生學院副教授楊蓓帶領，共有一百二十五位當地老師及志願者參加。

在體驗營課程中，果品法師引領學員思索「生命教育」的本質與意涵，指出教育不僅僅是教授知識技能、倫理道德，更需要引導孩子學習與人相處技巧，

活得平安、健康、快樂的方法；法師期勉大家，要正視自己與自己、他人、環境的三種關係，並學習心的轉念。

由楊蓓老師帶領的「生命故事」課程，則以「身心合一聽故事、全神專注說故事」為主軸，透過大堂及小組討論方式，分享自己的生命故事，鼓勵學

「教師生命教育心靈環保體驗營」中，果品法師帶領老師們思索生命教育的內涵。

員多一點冒險與自我開放、多一分省思與自我統整，耐心持久地陪伴孩子。

最後，由果品法師主持的「生命放輕鬆」單元，帶領學員們現場體驗放鬆的感覺，並學習對自我與他人、環境的關係有更真實的認識與體會。

● 01.21～23

慈基會舉辦生命教育高中營隊
六龜高中學生學習發掘心靈內在力量

為持續推展對八八水災受災地區青年學子的關懷，慈基會六龜安心站與廣達集團、廣達文教基金會於1月21至23日在高雄市杉林區集來生態休閒農場，共同舉辦「2011寒假生命教育高中營隊」，由副祕書長常法法師帶領，共有六十六位六龜中學高中部學生參加。

六龜中學高中部學生參加生命教育營隊，學習發掘心靈內在力量。

在始業式上，六龜高中教務主任葉淑燕致詞感謝法鼓山舉辦生命教育營，讓學生有機會學習與成長，也期勉學生努力學習，將來有能力時，也要奉獻自己、回饋社會。

營隊安排了農事體驗實作、一人一故事劇場等活動。農事體驗引領學習尊重、愛護大自然；一人一故事劇場，則帶領學員體驗各種肢體開發，透過探索、發現，突破自我，也藉由分享與合作，增進彼此間的溝通、團結及向心力。多元的活動內容，寓教於樂，引導學生從參與中建立自信，開拓生命視野，發掘心靈內在的力量。

最後的結業式，常法法師勉勵學員，自信不是來自於完美，而是能夠「認識自我」、「肯定自我」、「成長自我」，因為能夠認識、接納自己的不完美，進而學習、成長自己，才能逐漸產生對自我的信心。

● 01.25～26　04.28～05.06期間　10.26～10.27

法鼓山持續在四川頒發獎助學金
全年共近四百位學子受益

法鼓山持續在四川頒發獎助學金幫助學子就學。圖為常悅法師與民興中學受獎學生合影。

法鼓山持續關懷中國大陸四川震災災後重建工作，2011年於當地學校共舉辦三梯次獎助學金頒發活動，共嘉惠近四百位學子。

1月25至26日，慈基會首先於安縣綿陽中學舉辦第二屆貧困續優大學生獎助學金頒發活動，共有四十三人獲獎。活動由僧團副住持果品法師主持，法師指出人生在每個階段會有不同的目標，但大方向一定要確立，勉勵學子時時抱著學習、感恩的心態，在服務奉獻中成就慈悲與智慧，就能提昇自己生命的價值。

4月28日至5月6日期間，陸續於綿陽中學、南山中學、什邡中學、安縣中學、民興中學、秀水第一中心小學舉辦頒發儀式。第一階段4月29日至5月2日為高中獎助學金頒發活動，果品法師出席時提醒學子，快樂其實很簡單，就是懂得知足與感恩，他說明快樂是一種心理感受，可以由自己決定；並期勉同學調整心態，珍惜與感恩現在所擁有的一切。

第二階段於5月3至6日進行，出席關懷的經營規畫處監院常悅法師，藉由《108自在語‧自在神童3D動畫》及美國小提琴家於地鐵演出的影片，為學子說明快樂不等於享樂，勉勵大家不要怕眼前的辛苦、不拿別人的話懲罰自己，並且為了不要造成未來的遺憾，現在一定要努力。

下半年的頒發活動，於10月26至27日在各校進行，共有一百三十七人受益。

在每場獎助學金頒發活動中，同時進行心靈環保營隊活動，透過團康遊戲、小組討論，帶領年輕學子探索生命的意義，進而提昇生命的價值。

而校方對於心靈環保理念，則表示高度的肯定，對於法鼓山三年來持續在災區關懷貧困績優學子的作法，也深受感動。

● 02.10   02.11

「成就大願」感恩音樂會國父紀念館舉行
諄諄法音　緬懷師恩

2月10、11日晚上，榮譽董事會於臺北國父紀念館舉辦兩場「成就大願」感恩音樂會，包括方丈和尚果東法師以及教界今能長老、副總統蕭萬長、法務部部長曾勇夫、經濟部部長施顏祥、行政院大陸委員會主任委員賴幸媛等來賓應邀出席，由臺中市文化局局長葉樹姍主持，共有四千五百多位榮董、護法信眾參加。

方丈和尚在音樂會前致詞表示，音樂會以聖潔豐富的音樂融入東方佛法的精神，也是對聖嚴師父另一種崇敬的頂禮和無盡的感恩。

在國父紀念館舉辦的「成就大願」感恩音樂會，透過聖潔豐富的音樂，共同感念聖嚴師父。

音樂會以《法鼓山組曲》的鋼琴協奏曲揭開序幕,由愚韻交響樂團演奏帶領重溫聖嚴師父辛苦創立法鼓山的點滴;隨後「牛牛」張勝量分別以鋼琴獨奏和小提琴全球首演《傳奇》一曲,獻給師父與全場聽眾。張勝量表示《傳奇》是特別為了音樂會而創作,因為師父在他心中就是不朽的「傳奇」。

音樂會上,特別播放兩段聖嚴師父開示影片,大眾在靜默中聆聽師父講解「大地觀」,師父提醒人們,大地是孕育萬物的母親,是我們感恩的源頭,人有感恩的心就不會因個人利益而做出破壞環境的行為;第二段影片以師父擊鼓的畫面,感恩大眾成就法鼓山,也勉勵大家要感恩有法鼓山可以奉獻、培福,再次提示知恩、感恩與報恩的重要。

舞臺布景以特殊的不規則投影方式,穿插播放聖嚴師父在病中為籌建法鼓大學經費所寫的墨寶,讓大眾再次領受師父的興學願心。

● 02.12

「關懷長者研習工作坊」於紫雲寺開辦
在感恩中關懷老菩薩

學員製作「生命記事簿」,學習引導長者回顧自己的生命故事。

為協助慰訪義工提昇關懷長者的技巧與方法,並鼓勵更多人加入關懷行列,慈基會2月12日於高雄紫雲寺舉辦「關懷長者研習工作坊」,邀請美和科技大學老人服務暨事業管理學系的專業老師授課,關懷院果選法師、慈基會副祕書長常法法師出席關懷,共有八十三位來自高雄甲仙、六龜、屏東林邊等當地義工參加。

課程在聖嚴書院講師郭惠芯講述「法鼓山的理念與生命的關係」後展開,由周芬姿、吳孟如兩位老師介紹「懷舊治療」的優點,以及與社會心理學的關聯性。

下午進行「生命記事簿」課程,陳秋雅老師以實際操作的方式,帶領學員製作「生命記事簿」,藉由記事簿的完成,學習引導長者回顧自己的生命故事、找回曾有的夢想,並進一步思考追求未來的生活。每位學員也準備自己的照片互相分享,包括工作經驗、生命中感恩的人。

課程結束前,陳秋雅老師以愛心樹的故事,提醒眾人施與受的重要,期許學員們將自己的所長,發揮到世界上每個角落,共同發願為更多長者提供關懷與服務。

● 02.20

慈基會舉辦「義工培力工作坊」
提昇慰訪關懷內涵

2月20日，慈基會於屏東大仁科技大學舉辦「義工培力工作坊」，邀請嘉南藥理科技大學嬰幼兒保育系助理教授邱敏麗帶領，慈基會副祕書長常法法師全程參與，共有二十五位甲仙安心站專職及慰訪義工參加。

慈基會舉辦「義工培力工作坊」，提昇慰訪關懷內涵。

上午的課程，由邱敏麗老師以實際到受災地區的陪伴及治療經驗，引導學員們思考災後輔導的疑惑與陪伴的意義，及認識創傷症候群的典型症狀，並強調「陪伴」能撫慰孩童的心靈，發揮安定的力量。

下午的課程則以實際操作的「沙盤遊戲治療法」（Sandplay Therapy），以象徵性的玩具擺設出心中的圖像，引導學員們分享服務經驗與自我對話。邱老師則以「我不做，等誰去做？」期許學員散播善的力量，讓世界更美好。

課程內容結合理論與實務，參與的學員認為不僅拓展未來在慰訪過程的思考深度，也提昇了對於關懷內涵的了解。

● 03.11～16

法鼓山關懷日本震災
捐助善款、物資　配合專機送往災區

日本東北地區於3月11日發生芮氏規模八‧九的強烈地震，隨即引發海嘯、核災等災害，法鼓山在第一時間啟動緊急救援系統，並成立總部應變救災中心。

12日，慈基會於北投雲來寺召開救災決策會議，提撥新臺幣五百萬元善款，捐助日本政府供救災使用；並參與中華民國外交部救濟日本專案，同時匯集睡袋、外套等九千多件救災物資，於14日送達桃園聯倉貨運公司，配合外交部16日專機送往日本。

15日下午，法鼓山受邀參與外交部於聯倉貨運公司召開的日本賑濟物資專機說明會，由慈基會祕書長果器法師代表參加，會中並轉達方丈和尚果東法師感

謝協助募集物資、打包工作的
民眾及義工的幫忙。

由於聖嚴師父曾留學日本立
正大學,僧團包括首座和尚惠
敏法師、副住持果暉法師與中
華佛研所所長果鏡法師都曾留
學日本,與日本的因緣深厚,
法鼓山也於災後第一時間聯繫
相關友好的學校與學者教授,
表達慰問和提供協助之意;並

上百位法鼓山義工協助打包救災物資,配合外交部專機送往日本。

透過體系內四眾服務系統,由通曉日語的義工致電或通訊,慰訪日籍信眾與旅
日僑胞,期盼帶給他們安定心靈的力量。

● 03.20 03.21～27

法鼓山為日本震災受災民眾祈福
舉行三時繫念法會、〈大悲咒〉共修

為協助日本東北震災賑災,3月20日下午,法鼓山於北投農禪寺舉辦三時繫
念法會,為震災往生者超度,並為傷者消災祈福,總本山、桃園齋明寺、臺中
分院、臺南分院、臺南雲集寺、高雄紫雲寺、臺東信行寺同步視訊連線,共有
近三千人參加,網路電視臺亦同步直播。

法鼓山舉辦三時繫念法會,祈願透過佛法的力量,為日本東北關東大震災的罹難民眾超薦,並為災區民眾祈福。

方丈和尚果東法師開
示時,引用聖嚴師父曾
說的話:「災難與我們
每一個人的生命都是息
息相關的。因為這塊土
地是我們大家所共同居
住的,任何一個地方發
生災難,都是彼此互相
關連的,正所謂牽一髮
而動全身。所以我們每
個人都有照顧災區災情
的責任。」提醒大眾應
當發揮慈悲精神,以人

溺己溺的心情，給予受災地區祝福，祈求人人平安無苦難。由於臺灣位於多地震地區，方丈和尚也提醒國人，平日要做好震災的各項防護措施和準備，雖要有危機感，但也要以平常心看待，只要心安就有平安。

法會中，大眾透過三個時段念佛、懺悔、唱誦、讚佛，為災區的往生者及民眾祈福，而各地舉辦法會的功德金，也全數捐做災區重建使用。

另一方面，法鼓山並自3月21日起至27日，每日晚上七點至七點四十分，舉辦持誦〈大悲咒〉共修，祈願觀世音菩薩的慈悲救護，祝福災區民眾早日脫離苦難。民眾也可透過網路下載或參與線上持咒。

● 03.20

慈基會「兒童暨青少年學習輔導專案」研討會
學習運用團隊力量圓滿關懷

慈基會於3月20日在三峽天南寺舉辦「兒童暨青少年學習輔導專案2010成果分享研討會」，藉由經驗分享，落實對關懷家庭孩童的協助與輔導，共有來自全臺十三個地區、四十二位學員參加。

研討會中，播放聖嚴師父的開示影片《大法鼓》之「生命的意義與人生的價值」片段，並藉由小組成員的經驗分享，交換彼此對人生意義的思索與反省。

下午的課程，討論內容包括：如何開辦課程、實際輔導等問題，從學員們的經驗交流中，了解

「兒童暨青少年學習輔導專案」研討會學員分享學輔工作的經驗。

到學輔工作，需要靠眾人的集聚合作，分工落實；個人的能力有限，而團隊力量可集思廣益，更能圓滿對學童的關懷。

當天研討會，學員們透過彼此的分享，學習到不同領域的教學方式，尤其是在課程設計方面，助益不少，這些經驗也成為未來規畫活動的參考。

● 04.02

法鼓山捐建六龜、桃源永久屋動土
為八八災區居民重建希望家園

為持續關懷八八水災災後重建工程，法鼓山捐建的高雄市桃源區樂樂段、六龜區龍興段的永久屋工程，分別於4月2日上、下午舉辦動土儀式，為桃源區勤

六龜區龍興段永久屋的動土儀式中，方丈和尚果東法師（右二）、行政院重建會羅世雄主祕（左一）、高雄市陳菊市長（左二）、劉世芳副市長（右一）一起執鏟覆土，展開希望家園的重建工程。

和村、六龜區新發村及新開部落等三地居民，重建希望家園。

當天上午，在樂樂段基地上，三位部落耆老合力將一顆畫有部落圖騰的石頭擲出，隨後行政院莫拉克颱風災後重建推動委員會家園重建處處長邱啟芳、高雄市市長陳菊、勤和村遷居重建會理事長曾江清水，與法鼓山慈基會祕書長果器法師、建築師徐伯瑞等人共同執鏟覆土，象徵著部落的根就埋在這裡，往後居民將在此安居樂業。

下午，龍興段的動土典禮，在龍興國小太鼓隊的鼓聲及社區金獅陣熱情的表演中展開。方丈和尚果東法師、行政院重建會主任祕書羅世雄、高雄市市長陳菊、六龜區區長葉吉祥、新開部落重建協會理事長潘星貝，也與當地民眾共同參與。

陳菊市長分別在兩場典禮中，表示應尊重多元文化及宗教信仰，並感謝法鼓山一直以來默默認養災區，與災區民眾共同找出希望；羅世雄主任祕書則感謝法鼓山長期的陪伴，無論在心靈與物質上，都給予居民堅定向前的力量。方丈和尚則以「放下心中的石頭，就是平安的基石」為民眾祈福，並期勉大眾以慈悲關懷他人，利人即是利己，以感恩心、奉獻心共同努力。

興建後的樂樂段永久屋，將嘉惠二十戶勤和村居民；而龍興段永久屋則有新發村與新開部落共十七戶居民受惠。其中，大量採用傳統布農族家屋元素的樂樂段永久屋，規畫有社區活動中心、風雨球場、生態示範中心等設施。

● 04.10　04.17

慈基會舉辦緊急救援系統教育訓練
學習由救災工作中實踐觀音法門

為強化領導與救災專業技能，慈基會於4月10、17日分別於北投雲來寺、高雄紫雲寺舉辦「緊急救援系統教育訓練」課程，共有近一百九十位學員參加。

首場於雲來寺進行的北區課程，慈基會祕書長果器法師出席勉勵學員藉著研習與經驗交流，彼此學習成長；法師也帶領練習「放鬆與靜坐」，期勉在緊急狀況中仍不忘放鬆，藉由禪修讓自己的內在安定，同時將這份「安心」，透過關懷傳遞給受助的對象。第二場於紫雲寺進行的課程，慈基會副祕

學員於緊急救援系統教育訓練課程中，分享救援過程及人力動員等經驗。

書長常法法師到場關懷，提醒學員念觀音、求觀音，更要學觀音、做觀音，共有近七十位來自中、南部及臺東的學員參加。

兩場教育訓練，主要內容為上午的「救災與觀音——由救災工作中實踐觀音法門」課程，由慈基會顧問謝水庸主講，闡述觀音法門的實修方法與真實意涵，說明救災是觀音法門的實踐，強調義工心態是不自我設限，以同理心關懷。

在「如何因應核能事故」講座中，分別邀請行政院原子能委員會核能研究所副所長邱太銘、核安中心副主任高梓木，介紹核能事故的緊急應變與防護措施，及提供食品、飲用水安全及求生資訊等。

下午的主題是「救災專題分享」，由悅眾分享救援過程、物資及人力動員等議題，並進行分組演練，藉由經驗交流，提昇專業救災能力。

● 04.16　05.29　09.24

教聯會舉辦成長講座
分享禪修方法　學習做快樂老師

4月16日、5月29日及9月24日，教師聯誼會於德貴學苑舉辦成長課程，每次課程包括上午的「法鼓八式動禪——坐姿教學」、《108自在語・自在神童3D動畫》及教學實務分享；下午進行專題演講，邀請專家分享教學經驗，每場均有六十多人參加。

4月16日的講座，邀請臺北市松山高中生命教育老師劉桂光主講「活出精彩的生命」。劉老師說明，雖然學生的問題，師長不一定都能解決，但應努力培養學生解決問題的能力；也強調正向看待事情，積極面對生命各種歷程的重要

盧蘇偉保護官勉勵父母和老師要以身作則，協助青少年找回自己的價值。

性，如此才能引領學生活出精彩的生命。

在5月29日「喚醒孩子心中的巨人」講座中，新北市少年調查保護官盧蘇偉分享表示，發掘每個孩子自身的獨特，就能協助青少年找回自己的價值，師長可以透過教育，使孩子成為願意付出、分享、服務的人，而父母、老師也需要不斷學習成長，並以身作則，永遠保持正向、積極的態度回應孩子。

心理諮商專家鄭石岩教授在9月24日「禪與教育——禪的輔導效能」演講中，說明禪坐可以讓身心減少緊張、焦慮，促進與人和諧相處；禪坐也可以提昇心靈的效能，更加了解自己，進而接納自己，當外境一波波來時，能有正向的選擇；面對誘惑時，有能力自我約束；在繁雜人事中，能用單純的心，時時活在當下，體驗禪的喜悅。

活動最後，關懷中心副都監果器法師到場關懷，為學員解說禪修的觀念、方法要從「心五四」、「心六倫」著手，勉勵眾人在教聯會這塊園地共同耕耘、一起成長。

● 04.22～05.29期間　09.25～12.10期間

十八、十九期「百年樹人獎助學金」頒發
全臺兩千九百多位學子受惠

4月22日至5月29日、9月25日至12月10日期間，慈基會於全臺各地分別舉辦第十八、十九期百年樹人獎助學金頒發活動，全年共六十五場，各場頒發活動多結合當地特色，合計有兩千九百零二位學子受惠。

4月23日於新北市金山區中角沙珠灣沙灘舉行的頒獎典禮，活動結合世界地球日，於典禮結束後進行淨灘活動，現場並安排環保DIY教學、「以物易物」的交換攤位與夢想城市堆沙堡等競賽活動，在寓教於樂中，學會彼此分享與交流，讓資源重新再利用。

南部地區的頒發活動，於4月24日在高雄紫雲寺舉行，監院果耀法師鼓勵遭遇困境的學子，時時感恩，保持愉快的身心，讓自己快樂並且也帶給別人快

樂；5月15日於臺南分院進行的場次，則結合浴佛節活動，讓學子及家人可以得到諸佛菩薩的慈悲加被，得到大眾的祝福。

下半年的頒發活動，則結合感恩卡創意大賽頒獎典禮，希望學子們能於過程中感受到社會的溫暖，進而建立正向、積極的人生觀。

另一方面，為鼓勵南部八八水災地區學子努力向學，慈基會南部六龜、林邊、甲仙等三處安心站，也於3月26日至4月10日、10月16至23日期間，舉辦獎助學金頒發典禮及心靈環保關懷活動，共有近一千一百人次受益。

臺南地區的受獎學子，參加浴佛活動，領受諸佛菩薩的慈悲加被。

2011百年樹人獎助學金發放人次一覽

期別／學別	國小	國中	高中	大學（專）	總人數
第十八期	575	343	340	203	1,461
第十九期	472	381	330	258	1,441
合計	1,047	724	670	461	2,902
百分比（％）	36.0	25.0	23.1	15.9	100

● 04.23

慈基會推動「清親地球海岸維護教育」
百年樹人獎助學金受獎學子響應淨灘

為響應「世界地球日」，法鼓山慈基會與行政院環保署、新北市政府環保局、交通部觀光局北海岸及觀音山國家風景區管理處（簡稱：北觀處）等單位，共同舉辦「清親地球海岸維護教育」宣導活動，4月23日在金山區中角沙珠灣沙灘進行淨灘，活動結合第十八屆「百年樹人獎助學金」北部地區聯合頒發典禮，包括四百三十一位受獎學子，共有近一千六百人參加。

頒獎典禮中，慈基會祕書長果器法師致詞表示，淨灘是清除外在有形的垃圾，但是內心無形的雜念煩惱也應該被清理，法鼓山所推動的「心靈環保」就是從根本去導正觀念，清除不好的想法，用善念來引導外在所表現的善行。

環保署副署長邱文彥則表示，國家社會的發展以環境為優先，重視跨世代的公平，讓生活環境永續發展，因此我們要發自內心愛護環境，並從每一天的生活做起。

第十八期「百年樹人獎助學金」北區聯合頒發典禮，結合「清親地球 微笑・希望・心力量」宣導活動，於金山中角沙珠灣舉行淨灘和頒獎儀式。

典禮結束後，四百多位受助學生與現場義工、民眾隨即展開淨灘、清淨海洋家園的活動。

慈基會期盼這場兼具教育與環保意義的獎助學金頒贈活動，能讓參與民眾體會到，只要具備大關懷的精神，謙卑地與大自然環境互動，就能建設出清淨和樂、健康平安的人間淨土。

● 05.08

四川北川縣陳家壩衛生院門診部完工啟用
提供偏遠山區民眾更完善的醫療服務

繼去年（2010年）中國大陸四川省安縣秀水第一中心小學、秀水中心衛生院落成啟用後，由法鼓山捐助重建，位於北川縣的陳家壩中心衛生院門診部也正式完工，於5月8日舉行落成典禮，僧團副住持果品法師到場主持，並由第十三梯四川醫療團展開三天的義診服務。當天，四川省委統戰部副部長王增建、四川

北川縣陳家壩中心衛生院門診部完工啟用，果品法師（前排左五）與第十三梯四川醫療團成員、四川當地義工合影。

省宗教局副局長楊伯明，以及當地數十位政府領導、上百位陳家壩鄉民均到場觀禮，共同見證偏遠山城重生的感動。

捐贈典禮上，果品法師代表方丈和尚果東法師，表達對四川重建地區人民的關心及祝福，並感謝臺灣民眾的善心捐款、四川省和北川縣各級領導及當地民眾的協助，讓重建工程順利圓滿；更期望衛生院在重建之後，發揮醫療服務功能，幫助更多需要幫助的人。

曾任省宗教局局長的王增建致詞時，特別感謝法鼓山於第一時間進入重災區賑災，並且持續到現在；難能可貴的是，此次陳家壩衛生院門診部的啟用，將讓偏遠山區居民獲得更完善的醫療資源與服務。

2008年，四川汶川地震瞬間奪走八萬多條生命，摧毀無數家園，法鼓山組成賑災團隊進入受災嚴重的地區，展開各項長期重建救助計畫；三年以來，以「四安」為方法，除了進行緊急救援、家園重建等工作，並在當地陪伴災區居民，重建民眾對生命的希望與熱忱，同時結合在地人力，協助居民建立相互支援的系統，重新迎向新的生活。

● 05.12～13

南部安心站舉辦專職暨專任義工教育訓練
觀摩社區工作者於災後重建的耕耘

為了能更清楚、確實地規畫安身、安心、安家、安業的「四安」工作，以及掌握未來各項方案的實施，慈基會南部安心服務站於5月12至13日舉辦「專職暨專任義工教育訓練」，慈基會副祕書長常法法師全程陪同來自林邊、六龜及甲仙三個安心站的專職及義工，共有十三人參加。

教育訓練安排參訪了南投埔里鎮「桃米生態村」、德華寺、中寮鄉龍眼林社區、鹿谷鄉清水溝工作站等，觀摩社區工作者對災後重建工作的投入，以及社區工作者堅持從「細微」處著手，著重

常法法師與專職及義工等一行至中寮鄉龍眼林社區「長青健康活力補給站」，參訪老人日托和烘焙果物的方式。

關懷品質，一點一滴地累積陪伴力量等，不但增加學員們對社區工作規畫與執行的知能，也由衷生起「有為者亦如是」的學習與感佩。

兩天一夜的觀摩參訪，在大家的分享報告及常法法師帶領發願下圓滿；透過這一趟豐富充實的學習之旅，不僅提昇安心站的關懷服務品質，更助益於未來關懷工作的推動。

● 05.20

悅眾聯席會首度移師臺中
鼓勵各地鼓手發揮「一」的無限力量

悅眾鼓手們在臺中寶雲別苑歡喜相聚，聆聽楊蓓老師的簡報與分享。

2011護法總會「正副會團長、轄召、召委聯席會議」於5月20日在臺中寶雲別苑展開，共有全臺各地一百四十位悅眾參加。這是護法總會首次在地區舉辦的悅眾聯席會議，臺中分院監院果理法師及關懷中心副都監果器法師、護法總會副總會長黃楚琪也到場關懷。

果器法師表示，法鼓山不僅是指在金山的法鼓山園區，每位鼓手在地區弘揚法鼓山理念、推動各項弘法工作時，就是法鼓山的所在。「勸募是法鼓山的心臟。」法師以此鼓勵眾人多方接引認同法鼓山理念的民眾，加入勸募鼓手的行列，共同提昇人的品質，建設人間淨土。

上午的議程，主要布達法鼓山例行活動和行政事務，包括沿用許久的「勸募負責人」，自6月起更名為「勸募關懷員」，原來的「勸募推薦人」，則更名為「勸募接引人」，雖是小小的名稱更動，卻彰顯法鼓山大關懷教育的精神，以及深耕關懷的意義。此外，2011年的水陸法會說明會也更名為「水陸分享會」，藉由分享達到雙向互動的教育功能。

會議下半場，由法鼓大學籌備處副教授楊蓓出席簡報法鼓大學的建設工程、招生辦學等進度，並分享生命中的「輕」與「重」。楊蓓老師提到，每位鼓手每一天都在分享法鼓山，也拼湊自己心中的法鼓山地圖，並以承擔與奉獻，孰「輕」孰「重」？「放下也是一種承擔。」期勉悅眾鼓手們，不僅要有承擔的「毅力」，也要有放下的「勇氣」。

最後，會議主持人、護法總會主任陳高昌也勸請眾人從「一」開始，充分發揮每個「一」的功能，從撥一通關懷電話開始，將「一」的力量發揮至無限大，讓每個小小的「一」，成就法鼓山的無窮大願。

● 05.21

四川綿陽市訪問團參訪法鼓山
表達對法鼓山賑災的感恩

在中國大陸四川大地震發生三週年之際，四川省綿陽市副市長易林等一行二十四人，於5月21日上午至法鼓山園區參訪，並且向副住持果品法師表達感謝，感恩法鼓山及臺灣民眾對四川災區民眾的支持與關懷。

果品法師在茶敘交流時，對來訪的貴賓們表示，三年前前往四川進行重建關懷的工作，是自己人生歷程中最重要的學習旅程，因為從賑災中學會如何去關懷需要幫助的人，並學會奉獻自己的力量，所以是懷著感恩的心向災區學習，非常珍惜這次的因緣。

易林副市長則表示，從災區逐漸改善的生活、醫療衛生，及民眾們的熱情回應，可以想見法鼓山在當地所付出的心力。

法鼓山慈基會在2008年四川大地震後，於四川省綿陽市安縣進行五年關懷計畫，並成立安心服務站從事家園與心靈關懷的重建工作。2010年完成秀水第一中心小學的興建及衛生院的落成啟用，2011年5月8日，陳家壩衛生院門診部也已完成啟用，目前正進行秀水一小的宿舍建設。

果品法師（前排右三）與四川省綿陽市易林副市長（前排右二）等一行人於祈願觀音殿前合影。

● 06.17

慈基會受邀出席「中華民國建國一百年民主論壇」
分享法鼓山參與國際關懷的經驗

法鼓山慈基會於6月17日下午應邀出席於臺北晶華酒店舉辦的「中華民國建國一百年民主論壇」，活動由行政院文化建設委員會、財團法人中華民國建國一百年基金會等單位共同舉辦。代表出席的慈基會總幹事江弘基以「從聖嚴法師國際弘化看法鼓山體系如何參與國際社會」為題，參與「中華民國非政府組織國際參與高峰論壇」，與大眾分享法鼓山參與國際關懷的經驗。

江弘基總幹事以聖嚴師父三十多年來國際弘化的經歷為例，說明宗教乃是全人類共同的源頭和依歸，也是師父弘化國際的起點。他在會中指出，法鼓山以教育的方法與態度來建立「全球倫理價值」，原則是尊重每一個生命，並以寬容取代對抗、以敬愛取代暴力、以療傷止痛的方式取代報復仇恨，而具體的作為，即是透過各項國際救災及賑災行動，落實人類本是一體的精神。

慈基會代表參加「中華民國建國一百年民主論壇」，與大眾分享法鼓山參與國際關懷的經驗。

參與此次論壇的與談人，另有外交部非政府組織國際事務委員會副主委吳榮泉、臺灣原住民族學院促進會祕書長金惠雯及國際佛光會中華總會祕書長覺培法師等人，各自以其所經歷的業務進行交流分享。

● 06.19～12.18期間

大事關懷系列課程全年七場
分享積極的生命關懷

為因應地區需求，及接引地區民眾建立積極正向的生命態度，6月19日至12月18日期間，關懷院、助念團共舉辦四場「初階大事關懷課程」及三場「進階大事關懷課程」，由關懷院果選法師、助念團團長顏金貞與各地區悅眾帶領，共有一千多人參加。

學員從大事關懷課程中，學習認識生命的實相，讓人生更歡喜自在。

初階課程主要藉由《一片葉子落下來》、《豬奶奶說再見》、《獾的禮物》等三本繪本故事的導讀，帶領學員思索生命的意義與價值。之後進行分組討論，學員彼此分享從這些故事中所獲得的啟發，與個人生命中面臨生離死別的體驗。

進階課程則是延伸初階課程的學習，內容包括「世俗喪儀的探討」、「佛教生死觀」等，以及

完整介紹佛事過程的意義、法鼓山大關懷教育的願景,引領學員認識正信的佛法觀念。

兩階段的課程,還安排由助念團成員與各地護法悅眾共同演出行動劇,實地演練臨終助念、告別式等過程,讓學員深刻體會如何進行莊嚴而簡約的「喪事與佛事」。

由於內容實用,學員回響熱烈,許多人表示此課程帶給自己正向的生死觀念,並從中學習到以莊嚴從容的態度面對無常。

法鼓山自2009年3月起進行的「大事關懷課程」,雖已於2010年底圓滿第一階段的推廣工作,但地區若有需求,大事關懷課程會適時開辦,為更多民眾提供生死教育的學習。

2011大事關懷課程一覽

課程	地區		時間	地點
初階	北區	護法會淡水辦事處	6月19日	淡水鄧公國小
	中區	護法會嘉義辦事處	11月19日	護法會嘉義辦事處
		護法會雲林共修處	12月17日	護法會雲林共修處
	南區	臺南雲集寺	11月5日	臺南雲集寺
進階	北區	護法會北投辦事處	7月17日	北投雲來寺
		護法會淡水辦事處	9月10日	淡水正德國中
	南區	臺南雲集寺	12月18日	臺南雲集寺

● 06.21

法鼓山捐款日本立正大學
提供東北地震與海嘯災區學生獎助學金

日本於3月11日發生芮氏規模八‧九的東北大地震,法鼓山為響應日本立正大學募集地震、海嘯災區學生獎助學金專案,由慈基會捐款日幣三百萬元。捐款儀式於6月21日在法鼓山園區舉行,由方丈和尚果東法師、日本立正大學佛教學部三友健容教授代表雙方出席。三友健容教授在接受捐款後,數度合掌表達最誠摯的感謝,他也分享災後的日本社會,許多價值觀正在重整。

「關懷他人的苦痛,成為一種新的社會氛圍。」來臺出席IABS會議的三友健容教授有

三友健容教授(左)代表日本立正大學,接受法鼓山提供災區學生的獎助學金,以及方丈和尚的祝福。

感而發指出，只彰顯個人、獨善其身的教育是非常不足的，唯有能夠關懷別人的苦痛、關心自身以外的周遭環境，感受個人與環境是密不可分的共同體，才是教育最深刻的意義。

對於三友健容教授的分享，方丈和尚深表認同，並援引聖嚴師父的兩句話「受苦受難的是大菩薩，救苦救難的是菩薩」指出，日本大地震與海嘯發生後，法鼓山隨即啟動物資救援，並透過大學院教育單位向日本多所姊妹校表達關懷；慈基會祕書長果器法師一行，也於5月23至25日前往仙台，訪視災區民眾後續需求，種種作為均在表達一份感同身受的關心。

如今，立正大學為災區學生募集獎助學金專案，法鼓山同樣感恩有奉獻的機會，方丈和尚並祝福日本全國人民，早日重建幸福家園。

● 07.10　09.18

中部地區興願鼓手聯誼會於臺中寶雲別苑舉辦
新鼓手、老鼓手傳承勸募願力

資深悅眾與新進勸募會員於聯誼會中分享勸募經驗。

7月10日、9月18日護法總會「中部地區興願鼓手聯誼會」於臺中寶雲別苑舉辦，臺中分院監院果理法師、果雲法師到場關懷，共有一百多人參加。

當天資深悅眾與新進勸募會員交流熱絡，有悅眾鼓手分享說明，能夠帶給別人良善與關愛，是自己最深刻的勸募體驗；也有悅眾表示勸募必須先感化自己，才能進一步感動他人、在廣種福田中成長自己；新進會員則分享加入勸募鼓手後的成長蛻變，鼓勵眾人勇敢分享佛法，成就他人，比成就自己功德更大。

活動中，聖嚴書院學員們演出活潑的話劇，分別以戒菸篇、田園篇、主婦篇、E世代篇，搭配NOBODY音樂，諧趣道出勸募是「有心人」的事。

果理法師在7月10日活動最後關懷時提及，佛陀七十歲時，身邊雖有眾多弟子，每天還是親自持缽乞食。法師以此說明，佛陀乞食是為了讓人有布施、種福田的機會，乞食本身即是修福，勸募就是在化緣，鼓勵眾人發阿耨多羅三藐三菩提心，實踐六度萬行，繼續傳播佛法種子。

● 07.19～08.13

慈基會赴斯里蘭卡展開後續關懷
頒發獎助學金及勘查義診事宜

法鼓山在南亞
斯里蘭卡的五年
災後重建工程，
已於2009年12月
底圓滿，但有
鑑於當地家園殘
破，學子就學仍
需協助，7月19
日至8月13日，
慈基會派遣義工
前往斯里蘭卡進
行學童獎助學金

南亞海嘯五年震災計畫已圓滿，慈基會仍持續於斯里蘭卡提供獎助學金，鼓勵學子就學。

頒發活動、提供民生物資和學用品等，共有一百八十二位學子受益。

三位義工走訪皮瑟庫迪耶里普（Pithukudiyilipu）、瓦武尼亞（Vavuniya）、穆來蒂武（Mullativu）等地，進行八場獎助學金頒發活動，勉勵同學努力向學，也訪視關懷特殊境遇的獎助學金個案家庭，致贈民生物資及生活補助金。

此行三位義工並拜訪政府單位，就日後醫療團義診有關事項，進行磋商與協調，也評估捐助穆特（Mutur）地區學校設備事宜等。

● 07.21～23　07.26～08.11期間

慈基會舉辦「生命教育心靈環保體驗營」
啟發四川學子探索生命意義

法鼓山持續在中國大陸四川震災地區展開心靈重建工程，慈基會與法青會於7月26日至8月11日暑假期間，分別以中小學生為對象，在當地舉辦「生命教育心靈環保體驗營」，共有近四百位學子參加。

暑期「生命教育心靈環保體驗營」課程，內容主要融合「心五四」、「心六倫」理念的精神與內涵，由僧團副住持果品法師、常願法師、常元法師及常雲法師等，指導法青會成員及當地青年義工，共同為四梯次的營隊服務；並於7月21至23日在法鼓山秀水安心站舉辦三天的小隊輔行前培訓，介紹「心

五四」、「心六倫」的內涵與提昇營隊帶領技巧,共有二十五位臺灣及當地青年參加。

營隊活動的高中營,首先於7月26至29日在綿陽中學舉行,果品法師開示說明,「生命教育」要從心開始,關懷自己、關懷他人,運用方法譜出生命的樂章。此梯高中營,活動主題即為「閱讀生命的樂章」,透過法師大堂分享、討論及排演劇場等方式,討論「心靈環保」、「心五四」、「生命故事」、「心的方向」等議題,帶領高中生反思生命的意義與價值;也結合法鼓八式動禪與坐禪,提供學員動靜自在的禪修體驗。第二梯次的高中營,則於8月8至11日在什邡中學進行。

在綿陽中學舉行的高中營,學員們從法師手中接過心燈,提醒自己奉獻自己、服務他人。

初中營在7月31日至8月1日於民興中學進行,常元法師勉勵同學用心學習,也發願當義工來回饋。在兩天一夜的活動中,一百零六位學子在法師及小隊輔的帶領下,藉由大地闖關活動、團康遊戲等,學習團隊合作與自我認同感,並激發彼此相互支持的力量。

針對小學生舉辦的營隊,於8月4至5日在秀水第一中心小學舉行,透過團康活動,以小學員最喜愛的卡通人物為主題,製作相關課程教具,並藉由簡單易懂的動畫,帶領學員討論「心靈環保」主題,啟發思考,進而體驗自己與他人、自己與環境的關係,學習感恩與祝福。

● 08.07

四川綿陽中學教師體驗園區境教
感受漢傳佛教新風貌

中國大陸四川綿陽中學副校長陳治國,帶領該校教師及眷屬一行七十八人於8月7日上午參訪法鼓山園區,並表達感恩之意。方丈和尚果東法師與長期投入四川重建工作的僧團副住持果品法師、慈基會祕書長果器法師等皆出席關懷。

陳治國副校長說明,綿中名列中國大陸百強高中之一,學生課業壓力大,同儕間充滿競爭,三年來接觸法鼓山生命教育、心靈環保的理念,學生開始懂得

四川綿陽中學教師一行於祈願觀音殿前合影。（第二排左五起依序為果器法師、陳治國副校長、方丈和尚、果品法師）

關懷同學、主動助人；2011年更有二十多位受助學生畢業後，主動回營隊擔任小隊輔，與學弟妹分享成長經驗。

參訪當天，果品法師為教師們導覽園區建築、菩薩造像。多位老師表示，過去在四川便閱讀過聖嚴師父的著作，深受啟發；此次有因緣實地走訪法鼓山，體會園區境教，再度領略師父的人品與思想，看見漢傳佛教的新風貌。

綿陽中學與法鼓山結緣於2008年汶川大地震，當救援告一段落後，接續展開家園重建及安心工程，法鼓山在當地舉辦的心理重建交流座談、獎助學金頒發、生命教育心靈環保體驗營等各項活動，綿陽中學不僅提供場地供營隊使用，教師們更全力支援。

● 08.08

法鼓山出席「幸福平安福佑臺灣」活動
果器法師領眾誦「觀世音菩薩」聖號祝禱

由高雄市政府主辦的「幸福平安福佑臺灣」祈福祝禱大會，8月8日上午在鳳山體育場舉行，法鼓山受邀參與，由慈基會祕書長果器法師代表參加，與各宗教團體及各界代表，共同為臺灣祝禱。

大會中，由果器法師主持「祈願淨土在人間」活動，帶領現場近三千位民

眾持誦「觀世音菩薩」聖號，希望藉由觀音菩薩的慈悲願力，為社會帶來安定的力量。

果器法師表示，人心的安定一定要先從個人做起，才能進一步安定他人的心；從少數人的心安，變成多數人的安定，就能創造出一個幸福平安的社會。

果器法師與法鼓山義工在「幸福平安福佑臺灣」祈福祝禱大會上，與大眾共同持誦聖號，為臺灣祈福。

● 08.10～12

慈基會受邀出席國際志工年會
分享以「四安」為本的國際賑災經驗

法鼓山應外交部之邀，參與8月10至12日在美國華府華盛頓會議中心（Washington Convention Center）召開的第二十七屆「美國國際志工行動協會」（American Voluntary International Action, InterAction）年會，由慈基會專職吳慎代表參加。

慈基會參與此次協會年會，與各國政府、非政府組織、社區組織代表進行交流，分享法鼓山多年來以安心、安身、安家、安業為方法的國際賑災救援經驗。

慈基會專職吳慎（左三）代表參加「美國國際志工行動協會」，與臺灣代表合影。

「美國國際志工行動協會」總部設於華府，是全美規模最大的人道救援組織，2011年會議題包括：自然災難、食物短缺、貧窮、性別平權、青少年問題、全球氣候變遷等，與會者相繼提出機構間必須做到溝通、協調、合作與透明化的資訊分享，共同解決上述全球化問題。

● 08.19

法鼓山出席外交部日本震災人道救援感恩茶會
馬英九總統親頒表揚狀

　　法鼓山受邀出席外交部於8月19日下午在臺北賓館舉辦的日本震災人道救援感恩茶會，由慈基會祕書長果器法師、護法總會副總會長黃楚琪代表參加。

　　茶會由外交部部長楊進添主持，總統馬英九、行政院院長吳敦義也到場頒贈相關單位與人員表揚狀。馬英九總統致詞時，特別感謝民間團體的投入，提昇臺灣正面的國際形象。

　　該項表揚，計有七個協助運送賑災物資的單位、十個勸募機關團體及兩個搜救單位、七個捐贈賑災物資單位及十四個捐款團體及個人獲頒表揚狀。

馬英九總統親自頒贈表揚狀，由果器法師代表受贈。

● 08.20～11.13期間

關懷院試辦「航向心故鄉」生命關懷課程
通識課程結合世學與佛法　達成全人關懷

　　8月20日至11月13日期間，關懷院在北投雲來寺舉辦「航向心故鄉——生命關懷講座與工作坊」課程，邀請心理諮商師帶領探討如何活用諮商技巧，在慰訪關懷中達成關心他人也照顧自己的全人關懷教育，有近兩百人參加。

　　系列課程內容包括六場講座及三次工作坊，其中，8月20日上午在「悠遊自在人際通」講座上，諮商心理師胡延薇透過「周哈里窗」（Johari Windows）理論，讓學員認識開放、隱藏、盲目、未知等四個自我，了解人際互動的關鍵要素；除了個案探討，學員也分組演練「同理心」技巧。下午「心情舒放Spa去」講座，則著重認識情緒並轉化壓力，諮商心理師劉翠芬從腦科學的角度切入，分析杏仁核、海馬迴等如何影響情緒和行為，並提供多元方法做為日常紓壓練習。劉老師援引生活實例，並搭配逗趣的卡通影片做說明，引起學員共鳴。

　　課程結束後，還安排關懷員就每次學習到的諮商技巧，與學員互動練習。此課程設定為一般的關懷入門課程，學員結業後可再接受慰訪、救災、臨終關懷等專業教育訓練。

　　關懷院果選法師表示，法鼓山大關懷教育涵蓋出生到死亡各個人生階段，在

第一線接引社會大眾的護法悅眾，往往需要運用各種方便善巧來做好關懷，因此關懷院特別規畫這門通識課程，結合世學與佛法，從人際關係、情緒管理、婚姻溝通、親職教育、長者關懷、認識精神疾病等面向，幫助悅眾掌握心理諮商技巧，隨時活用方法。

關懷院舉辦生命關懷課程，學員研習關心他人也照顧自己的全人關懷教育。

2011關懷院「航向心故鄉」生命關懷課程一覽

時間	類型	主題	帶領人
8月20日	講座	悠遊自在人際通	淡江大學諮商輔導組組長胡延薇
		心情舒放Spa去	聖約翰科技大學諮商輔導組組長劉翠芬
9月17日		牽手走進幸福路	聖約翰科技大學諮商輔導心理師劉素鳳
		聽聽！孩子在說話	東南科技大學學生諮商中心主任陳莉榛
10月1日		幫助我，該怎麼辦	新北市諮商心理師公會理事利美萱
		歡喜陪伴家中寶	醒吾技術學院通識中心副教授林千立
10月15至16日	工作坊	找回自己	淡江大學諮商輔導組心理師方將任 臺北大學學生諮商中心心理師李克翰
10月29至30日		人際一路通	新北市諮商心理師公會理事利美萱
11月12至13日		聽見你的心聲	聖約翰科技大學通識教育中心副教授李旻陽

● 08.26

果祥法師於臺大分享禮儀環保
推廣精緻環保的祭祀文化

果祥法師應邀於臺大水利工程試驗所，分享法鼓山的禮儀環保文化。

　　法鼓山應臺北市政府民政局之邀，8月26日上午於臺灣大學水利工程試驗所參與分享精緻祭祀文化，由果祥法師代表前往，發表「從心祭祀——談法鼓山的禮儀環保」專題演講，共有一百多人參加。

　　果祥法師在演說中指出，法鼓山從農禪寺時代起即提倡簡約、淨化與環保的祭祀禮儀，各分院道場亦無設置焚化紙錢的金亭；而創辦人聖嚴師父更在《正信的佛教》著作中明白說明

祭祀、供佛時，心的虔誠與恭敬是最重要的，而供品的多寡有無則屬其次。

　　法師也分享法鼓山開創近代佛教祭祀法會的環保創舉，如使用數位牌位及數位送聖的方式來取代傳統大量紙製品的祭拜方式；希望環保、莊嚴而又富有教育意義的祭祀活動，能夠獲得更多寺廟道場的響應，朝向簡約環保而隆重的方向發展。

　　演講最後，果祥法師還介紹了法鼓山所推動的佛化臨終關懷及自然環保的奠祭，目地在於推廣簡約淨化、莊嚴而隆重的佛化奠祭，將人生的結束當成是一場莊嚴的佛事，用惜福、培福的心態來完成，並鼓勵大眾以為往生者助念誦經來取代傳統的祭祀排場，以達到冥陽兩利的奠祭功能。

● 08.28

高屏地區舉辦勸募會員成長營
悅眾分享勸募意義與心態

　　護法總會8月28日於高雄紫雲寺舉辦高屏地區「勸募會員成長營」，關懷中心副都監果器法師到場關懷，共有一百三十二位來自高雄、潮州、屏東地區的會員參加。

　　課程一開始，由資深悅眾講述勸募的意義，

高屏地區勸募會員成長營中，悅眾分享勸募的意義與心態。

並分享如何「學觀音、做觀音」。有悅眾表示，小時候因母親的教誨，體驗到念觀音的利益，因而鼓勵人人念觀音、求觀音、學觀音、做觀音；也有悅眾表示雖不曾見過聖嚴師父，卻十分感念師父的德行，進而擔任勸募鼓手，並分享在與人結緣、分享心得、參與活動中，將法鼓山理念推廣出去的方法，也提到勸募會員都是「功德銀行的理財專員」，鼓勵眾人抱持「與好朋友分享好東西」的心情，接引親友一起學佛護法。

　　下午，護法總會主任陳高昌將勸募方法轉換成實地演練。在資深悅眾引導下，各組鼓手藉由一次次演練，不斷審思自己對佛法、對法鼓山的了解。

　　課程最後，紫雲寺監院果迦法師期勉眾人，如果願自己、願眾生都不再受苦，菩提心是最重要的力量，而勸募正是「願眾生離苦得樂」的承擔。

● 09.03

法鼓山援建古坑東興社區永久屋落成
祝福居民在新家園安居樂業

八八風災屆滿兩年，法鼓山在重建區雲林縣古坑鄉的東興社區永久屋援建工程，於9月3日上午舉行落成典禮，方丈和尚果東法師、慈基會祕書長果器法師，與行政院重建委員會副執行長陳振川、雲林縣縣長蘇治芬、古坑鄉鄉長林慧如等，共同為社區紀念碑揭幔，也祝福居民在新家園安居樂業。

重建後的東興社區占地一點四七公頃，共有兩層樓的住屋二十八棟，以及一棟活動中心。每棟建築頂樓都架設太陽能電板，以達到節能減碳的效果，建築外觀則採灰色牆面及咖啡色磁磚，風格簡約樸素。

在東興社區永久屋的落成典禮上，方丈和尚（右）將象徵永久屋的鑰匙贈與社區代表廖錦東（左），祝福居民在新家園安居樂業。

方丈和尚於致詞時感謝臺糖、自來水公司等社會各界的協助，以及八個月來各單位全力以赴，共同成就這樁善事。蘇治芬縣長則感謝法鼓山的支援，讓居民於災後能夠擁有一個安全的家園。林慧如鄉長則表示，法鼓山就像觀音菩薩的示現，希望鄉民能夠知福惜福，並對未來的生活有信心，因為背後有來自各界千百萬的助力。社區代表廖錦東更帶領所有住戶向法鼓山致謝。

● 09.04　09.25　10.01

勸募會員授證典禮在北中南各地展開
三百多位新鼓手加入護法行列

護法總會於9月4日、25日及10月1日，分別於北投雲來寺、高雄紫雲寺、臺中寶雲別苑舉行「2011勸募會員授證典禮」，方丈和尚果東法師、關懷中心副都監果器法師、護法總會總會長陳嘉男、副總會長黃楚琪、楊正雄等到場關懷祝福。本年全臺各地共有三百多位新進會員授證，加入分享佛法、募人修行的行列。

北部地區授證典禮於9月4日在雲來寺進行，方丈和尚勉勵一百多位新進會員，在勸募過程中必然會遇到許多挫折，但應藉事鍊心，跌倒了再爬起來；並進一步說明智慧不是知識，而是用無我的態度來面對批評與讚歎，

方丈和尚在雲來寺舉行的授證典禮中，一一關懷各組新進會員，勉眾隨時覺察自己的起心動念。

隨時覺察自己的起心動念，放下自己，便能夠人成事成。

活動中並安排基隆和羅東合唱團、生活佛法宣導劇團、話頭班樂團的表演，也為現場增添溫馨的氣氛；其中，由臺北市中山區悅眾組成「生活佛法宣導劇團」演出的《心靈鼓手》，劇情改編自一位勸募會員的真實故事，獲得了許多共鳴。

9月25日在紫雲寺的授證典禮上，方丈和尚則以「悲智和敬、永不退轉」勉勵所有勸募鼓手，運用正確的觀念和心態，盡心盡力、隨緣努力，有願就有力；與會來賓也祝福一百一十一位新進會員，能在勸募過程中弘揚佛法、續佛慧命，成為推廣法鼓山理念的鼓手。

中區授證典禮於10月1日在寶雲別苑舉行，由關懷中心副都監果器法師和臺中分院監院果理法師授證，方丈和尚勉眾以抱願取代抱怨，修德修慧；黃楚琪副總會長則分享遇到挫折時持續發願，讓自己透過願力前進的經驗。

各地的授證典禮，除了觀看聖嚴師父開示影片，了解募人募心的意義，還安排了資深悅眾的勸募心得分享，期許能協助新進會員建立信心，並體會勸募即修行的意涵。

● 09.10～12.17期間

第十八屆佛化聯合祝壽全臺舉辦28場
結合社區關懷、中秋、重陽節日　感恩家中寶

9月10日至12月17日期間，法鼓山「第十八屆佛化聯合祝壽」活動於全臺各地分院、辦事處陸續展開。本年北、中、南各地共舉辦二十八個場次，共有近

陪同參加佛化聯合祝壽的子女，藉由奉茶活動，向父母表達感恩的心意。圖為在松山辦事處舉辦的活動。

兩千四百位老菩薩參加，壽星們並與陪同的家人參與各項祝壽活動，歡喜度過知福、感恩的溫馨佳節。

方丈和尚果東法師透過影片，祝福各地所有參與祝壽的老菩薩，並說明，有些菩薩隨著年紀漸長，難免身體違和，但色身衰老不是障礙，反而要把握當下，以念佛安頓身心，即使生病，也會「病得很健康」；更要珍惜生命每一刻，利益他人，便能夠「老得有智慧」。

「家有一老、如有一寶」，向家中寶表達感恩，是落實禮儀環保、家庭倫理的重要一環。各場活動皆安排「感恩奉茶」單元，當晚輩們恭敬地奉上一杯茶，一句「謝謝您！」令許多老菩薩備感窩心，而不少擁抱的畫面，更讓現場充滿了感動的氣氛。

此外，各地的祝壽活動也各具特色，9月10日於臺南展開的第一場佛化祝壽，於健生障礙照護中心舉行，便是結合慈善基金會的地區關懷活動；而11日在高雄仁武運動公園舉行的「中秋暨佛化聯合祝壽」，結合法鼓山人基會心劇團的巡演，現場活動還包括：「心六倫」園遊會、紫雲寺兒童才藝班表演、心劇團演出等，上千人一同為長者獻上祝福。

10月2日重陽節前夕，臺北安和分院、臺東信行寺，以及護法會中正萬華、宜蘭、基隆、彰化、三重蘆洲等辦事處，則同步舉行佛化聯合祝壽。其中，安和分院特別安排了地藏法會，透過莊嚴的法會及眾人的願力為社會大眾祈福。

除了結合社區關懷、中秋、重陽節日，部分地區的佛化聯合祝壽活動，也與第十九期「百年樹人獎助學金頒發」一同舉辦；受獎學生並為老菩薩帶來祝壽表演節目，表達回饋社會的感恩心。

本年於活動前，主辦單位特別舉辦「圓滿爺爺奶奶一個心願」徵件活動，邀請民眾透過完成老菩薩的心願，將這份關愛之情，傳遞給周遭所有的親人。

2011法鼓山佛化聯合祝壽活動一覽

地區	活動日期	舉辦單位	活動地點
北區	9月17日	新店辦事處	護法會新店辦事處
	9月18日	羅東辦事處	宜蘭羅東高中
	9月25日	淡水辦事處	淡水水碓社區活動中心
	9月28日	松山辦事處	護法會松山辦事處
	9月30日	大同辦事處	臺北世界素食館
	10月1日	三芝石門辦事處	新北市石門體育館
	10月2日	臺北安和分院	臺北安和分院
		中正萬華辦事處	臺北市立心慈善基金會
		新莊辦事處	護法會新莊辦事處
		宜蘭辦事處	護法會宜蘭辦事處
		基隆辦事處	基隆仁愛國小
		蘆洲共修處	護法會蘆洲共修處
	10月3日	松山辦事處	護法會松山辦事處
	10月15日	中山辦事處	臺北中山精舍
		社子辦事處	護法會社子辦事處
	10月15至16日	新竹辦事處	（關懷社區長者）
	10月22日	石牌辦事處	護法會石牌辦事處
	10月29日	海山辦事處	三峽天南寺
	12月17日	士林辦事處	護法會士林辦事處
中區	9月25日	員林辦事處	護法會員林辦事處
	10月2日	彰化辦事處	護法會彰化辦事處
南區	9月10日	臺南分院	臺南健生障礙照護中心
	9月11日	高雄紫雲寺	高雄仁武運動公園
	10月9日	屏東辦事處	護法會屏東辦事處
	10月30日	潮州辦事處	護法會潮州辦事處
東區	10月2日	臺東信行寺	臺東信行寺
	10月29日	花蓮辦事處	護法會花蓮辦事處

● 09.24

助念團年會於農禪寺舉辦
近八百團員分享大事關懷善巧之道

助念團於9月24日在北投農禪寺舉辦一年一度的年會，全臺各地近八百位助念團團員參加，方丈和尚果東法師、關懷中心副都監果器法師、果選法師以及護法總會總會長陳嘉男等人到場關懷，感恩團員長期推動法鼓山大事關懷的理念，並分享助念關懷的核心

2011年助念團年會，近八百位會員齊聚農禪寺，分享助念關懷的善巧方便。

價值與善巧方便。

方丈和尚開示時，強調助念是幫助自己與他人保持正念，隨時觀照心念，淨念相繼；並釐清助念團不是誦經團，助念關懷也不只是臨終佛事，而要能隨時隨地活用佛法，當下成就淨土。方丈和尚提醒大眾，值勤時如果遇到理念不相應的狀況，應掌握原則、彈性溝通，同時懷著感恩心，感恩有學習慈悲、智慧的機會。

當天，除了觀看聖嚴師父的開示影片，也安排資深悅眾現身說法、大事關懷問答、導讀繪本故事《拼被人送的禮》等單元，協助團員深入生命教育的各個面向，累積佛法資糧，回應生命長流的每一個變化球。

有團員表示，一年一度的聚會，雖然活動流程看似相同，但隨著每一次參與的人、互動模式的改變，就如同出生和死亡，每一刻都是體驗無常的最佳機會；進而從中體會到，人的價值不在生命的長短，而在每一個奉獻的當下。

● 10.03～09

什邡安心站舉辦「慢活一週」
放鬆、慢活體會禪味

10月3至9日，時值中國大陸「國慶長假——十一黃金週」期間，法鼓山設於四川省什邡市的什邡安心站舉辦「慢活一週」活動，進行環保創意菜市場、禪文化講座、茶禪、植物拓染等，提供民眾領受全然放鬆、充滿禪味的慢活假期。

3日的「環保創意菜市場」，帶領民眾將周遭隨手可得的物件，如回收紙、破掉的瓦片、路邊的小花野草等，一一變成創意花材。5日舉辦「禪文化講座」，邀請當地馬祖書院主人、禪文化研究會會長郭輝圖介紹馬祖道一禪師的生平與思想，並將禪宗法脈與法鼓山推廣人間淨土的理念做一梗概說明。

活動期間，每天晚上舉行心靈茶會，請民眾關掉手機，將煩惱、妄想打包，靜心品茗；茶席上不談佛法不說禪，但禪悅法喜卻沁入每位茶客的心靈中。

郭輝圖會長為民眾介紹馬祖道一，以及禪宗法脈與法鼓山推廣人間淨土的理念。

● 10.07～21

斯里蘭卡第十梯次醫療團出發
展開義診、關懷服務

　　法鼓山針對南亞災後重建與關懷工作持續進行，10月7至21日，慈基會派遣第十梯次醫療團隊，前往斯里蘭卡東北部亭可馬里（Trincomalee）地區的巴答利普蘭（Paddalipuran）、勾瑪蘭卡達威拉（Gomarankadawela）及波隆那魯沃（Polonaruwa）地區的威利坎達（Welikanda）進行義診服務，共計服務三千六百六十多人次。

　　此梯次醫療團包括外科、內科、家醫科、小兒科、牙科及眼科等七位醫師、四位藥師、十二位護理師、中醫推拿針灸等，與斯里蘭卡安心服務站義工，共四十五位成員。除醫療耗材外，醫療團另準備了奶粉、指甲剪、凡士林、老花眼鏡、文具用品等物資，希望照護更多孩童、老人等病患需求。

　　醫療關懷期間，當地省立醫院院長谷納蘭（Gunalan）及衛生局長庫那蘭（P.K.Ghana Kunalan）親臨關懷，除讚歎醫療團陣容堅強，服務項目齊全外，更感謝醫療團對當地居民的付出，希望法鼓山能持續辦理醫療義診。

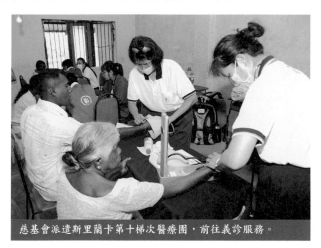

慈基會派遣斯里蘭卡第十梯次醫療團，前往義診服務。

● 10.23

「5475大願興學滿願勸募感恩會」舉辦
承繼師父興學任務　感恩滿願再發願

　　10月23日下午，護法總會於法鼓山園區舉辦「5475大願興學滿願勸募感恩會」，方丈和尚果東法師、法鼓大學籌備處校長劉安之均出席關懷，來自全臺各地的「5475滿願菩薩」和觀禮親友近八百人參加。

　　當天上午，眾人先分批前往法鼓大學校園最高點，在工程人員的導覽解說下，巡禮俯瞰整體校園建設進度。

　　下午的感恩會，首先觀看聖嚴師父的開示影片，片中提到法鼓大學是一個光明的、動能的發源地，對於淨化社會、淨化人心具有種子的功能，籲請大家對法鼓大學的建立，要有百分之兩百的信心。劉安之校長接著向在場的「法

全場滿願菩薩看著聖嚴師父「滿一個願」墨寶，互勉滿願之後再發願持續前進。

鼓大學創辦人」，說明法鼓大學的現況與未來：目前法鼓大學校園第一期工程，包括了提供師生研究、學習及專職辦公的行政、教學大樓，而提供師生活動的體育館、禪悅書苑，與即將發包的步步橋等將陸續展開，教育部也已通過法鼓大學設置四個碩士學程，待立案後即可招生。

為了向鼓手們獻上感恩，八位法師代表將聖嚴師父的「滿一個願」墨寶，一一頒贈給在場的三百四十多位滿願鼓手。方丈和尚果東法師也帶領眾人，念誦聖嚴師父2003年寫給大眾的一封信：「我們在過去無量世中，許過不少善願，所以今生之中有許多機會讓我們還願。還願是慈悲和智慧的實踐，也是自動自發、樂在其中的修行。」方丈和尚鼓勵大眾帶著師父的祝福再發願，繼續推動師父未竟的大願。

許多全家一起參與感恩會的鼓手表示，今天的活動讓自己更有信心繼續接引人來護持法鼓大學的建設，讓大眾可以學佛、行善、還願，讓聖嚴師父的興學大願早日圓滿成就。

● 11.01～05　11.22～28

法鼓山救援柬埔寨水災
關懷五千戶災區家庭

柬埔寨於8月間遭逢該國十年來最嚴重水患，造成兩百四十多人遇難、一百五十萬人受災、三十多萬公頃農田被淹沒，國家重要建設均遭破壞。法鼓山慈基會先於11月1至5日派遣義工前往暹粒省（Siem Reap）、卜迭棉芷省（Banteay Meanchey）

慈基會義工於柬埔寨暹粒省、卜迭棉芷省勘災，並發放救援物資，傳達關懷與祝福。

勘災，拜會當地政府救災機關與NGO組織，了解實際受災情況。

22至28日，慈基會並派員前往賑災，與紅十字會暹粒分會及卜迭棉芷省華商

商會合作，於當地發放緊急救援物品，包括米、鹽、蚊帳、毛毯等民生物資，協助五千戶受災家庭，傳達法鼓山的關懷與祝福。

● 11.11～14　11.21～23

法鼓山援助泰國水患救災
捐贈救生背心、防水衣　給予關懷

泰國於7月底起遭逢該國五十年來最嚴重洪災，持續四個月的大水，波及全國三分之二的土地，許多工業園區全部關閉，農業及各個產業慘遭重創，為該國五十年來最嚴重的洪災，已造成超過六百人死亡、兩百萬人受難、四千多間工廠遭波及。法鼓山除持續關注災情，並於11月11至14日前往泰國曼谷等地勘災，評估賑災需求。

21日起，慈基會派遣賑災人員前往泰國，結合法鼓山泰國護法

泰國護法會召集人蘇林妙芬（右三）等人代表將救災背心等救援物資，捐贈給泰國皇家警察總署。

會悅眾與泰國吞武里（Thon Buri）臺商救援中心等數十位國內外義工，於當地採購米、水、油、醬油及奶粉、水桶等民生物資，在二十位邊防警察的協助下，搭船前往曼谷西北區巴吞他尼（Pathumthani）、大城府（Ayutthaya）西郊的縣市等受災嚴重地區發放物資，提供一千戶受災家庭緊急使用。

同時，從臺灣空運三百五十件救生背心、兩千份皮膚藥膏，由泰國護法會召集人蘇林妙芬等人，代表法鼓山捐贈給泰國皇家警察總署及災區民眾，後續也捐助約一千件防水衣（青蛙裝）投入前線救援工作。

● 12.01～07

斯里蘭卡四安重建圓滿
啟發學子面對未來心力量

法鼓山於南亞海嘯地區斯里蘭卡的四安重建工作，即將圓滿之際，12月1至7日，由慈基會、法青會、人基會心劇團組成的義工團隊，再次前往斯里蘭卡，

進行「獎助學金聯合頒發暨心靈環保感恩圓滿」活動，除了頒發獎助學金，協助學子繼續就學，並透過各種生命教育活動，啟發學子們的內在力量。

法青會義工帶領孩子閱讀《花婆婆》繪本，學習做一件讓這個世界變得更美好的事。

此行，義工團隊先後前往巴達里普蘭（Paddalipuran）、瓦屋尼亞（Vavuniya）、穆拉第屋（Mullativu）、波隆納魯沃（Polonnaruwa）等東北部及北部地區的學校頒發獎助學金，並在當地的法師、各校師長協助下，以「希望、微笑、點燃心力量」為主題，展開心靈環保活動。

各地的活動中，法青義工們藉由《花婆婆》、《愛心樹》兩則繪本故事導讀，引導學生們思索：什麼是生命中最重要的事；並透過許願娃娃的製作過程，激發孩子內在的向前力量，同時也經由許下的願望，去覺察生活中的困境。此外，手工幸運繩教學、臺灣與斯里蘭卡文化的交流課程，也讓學子們拓展更寬廣的國際視野。

由於當地衛生教育普遍缺乏，心劇團並以改編自童話《灰姑娘》的戲劇表演，活潑逗趣地傳達出愛護環境、保持清潔的重要性。一位當地教師分享表示，法鼓山規畫的心靈環保活動，改變了自己固有的教學觀念，進而了解到原來教學可以這麼活潑生動，而且在書本知識之外，還有更多值得學習的人生課題。

除了頒發獎助學金、心靈環保活動，北部地區因長期戰亂，人民生活貧困且無電可用，此行在巴達里普蘭學校時，法鼓山特別捐贈一百個LED太陽能燈，希望為臨時安置戶的居民，帶來有光亮的夜晚。

慈基會義工代表法鼓山將一百個LED太陽能燈，捐贈給巴達里普蘭地區的臨時安置戶，希望為居民帶來有光亮的夜晚。

● 12.10　12.17

農禪寺、法鼓山園區舉行歲末大關懷
傳達各界的關懷與祝福

慈基會於12月10、17日分別在北投農禪寺、法鼓山園區舉辦「100年度歲末大關懷」，共有六百多戶關懷戶參加。

「100年度歲末大關懷」首場活動於10日在農禪寺舉行，除了致贈慰問金、民生物資，受邀民眾並在法師、義工們引導下，一同進行祈願祝福。而平日受到關懷的民眾們，當天也帶來表演節目，包括苗栗地區百年樹人獎助學金的受助學生，與家長一同演唱原住民歌

農禪寺進行的歲末關懷活動中，苗栗地區百年樹人獎助學金的受助學子，與家長共同演唱原住民歌曲。

曲；海山區學習輔導班的小朋友手語表演《感謝天，感謝地，幸福的臉》，表達對社會各界的感恩。

17日在法鼓山園區舉行的關懷活動，首先由僧團女眾副都監果舫法師帶領進行祈福法會，引領民眾持誦「觀世音菩薩」聖號，並勉勵大眾多念佛、結善緣，如此才能安定心靈，轉換人生的境遇；僧團法師也為每位民眾繫上佛珠及致贈祝福卡片。

法會圓滿後，關懷戶在參學導覽員引導下，參訪祈願觀音殿、開山觀音公園等地，體驗園區禪悅法喜的氛圍，讓內在心靈充盈安定祥和的力量。

法鼓山「100年度歲末大關懷」系列活動，自12月10日開始，延續至2012年1月31日，陸續於全臺各地展開，傳達各界的祝福與關懷。

● 12.11

南區榮董聘書頒發暨聯誼會於雲集寺展開
方丈和尚感恩護持弘法願心

12月11日上午，榮譽董事會於臺南雲集寺舉辦南區榮譽董事聘書頒發暨聯誼會，方丈和尚果東法師、關懷中心副都監果器法師、加拿大溫哥華道場監院果

在南區榮董聯誼會上，方丈和尚與圓滿榮董合影，感恩護持。（僧眾坐者排右起依序為果謙法師、果舟法師、果器法師、方丈和尚、劉偉剛會長）

舟法師、榮董會會長劉偉剛等出席關懷，共有三百多位雲林、嘉義、臺南、高雄、屏東等地的榮董參加。

方丈和尚首先在頒聘儀式中開示指出，大眾齊聚聯誼會，是善緣、法緣的凝聚，展現佛法慈悲智慧的生命力；接著方丈和尚為四十二位榮譽董事頒發聘書，場面溫馨。

劉偉剛會長致詞時表示，榮譽董事以參與、護持法鼓山為榮，是一份榮耀；感恩聖嚴師父送給我們這塊大福田，讓我們耕種，帶給我們幸福快樂。

會中，並安排常元法師與十位法青同學，以手語帶動大眾唱誦〈延命十句觀音經〉，祈願延生命、續慧命；「感人時刻」則由資深悅眾分享擔任救災總指揮、參加水陸法會送聖及禪七等體驗與學習成長。

最後，方丈和尚勉勵眾人，將〈延命十句觀音經〉落實在日常生活中，珍惜當下人生的價值，了悟世界在變化，凡事不執著、發菩提心，時時累積成佛的資糧。

● 12.15

慈基會獲內政部評鑑績優
江弘基總幹事分享社會救助經驗

由行政院內政部舉辦的「財團法人社會福利慈善事業基金會評鑑」，法鼓山慈善基金會榮獲優等殊榮，12月15日於桃園舉行的全國慈善基金會聯席會報上接受表揚，由慈基會祕書長果器法師代表領獎，聯席會報中也邀請總幹事江弘基分享社會救助的實務經驗。

這項評鑑每三年舉辦一次，主要針對98年度至100年度全國一百七十六個財團法人基金會，

慈基會獲行政院內政部評鑑績優，祕書長果器法師（右）從內政部常務次長曾中明（左）手中接下這項肯定。

進行組織會務營運管理、業務規畫執行、財務運作等三方面的評鑑，總成績為一百分，慈基會以九十九分的成績，獲得全國優等的表彰。

自2001年成立以來，慈基會辦理多項國內外災難救助及社會福利、公益慈善等工作，以安心、安身、安家、安業的理念，適時協助需要幫助的人。果器法師表示，得獎的榮耀歸功於法鼓山僧俗四眾共同奉獻，未來仍將秉持聖嚴師父的「四安」理念，做為推展心靈重建工作的原則，為社會注入安心向善的力量。

● 12.30～2012.01.01

護法總會舉辦會團長、轄召、召委、委員授證營
各地悅眾發願做菩薩行者

12月30日至2012年1月1日，護法總會於法鼓山園區舉辦「2012年會團長、轄召、召委、委員授證營」，方丈和尚果東法師出席授證、開示，共有來自全臺各地三百五十五位悅眾參加。

三天的授證營，內容包括禪修中心副都監果元法師帶領賞析電影《把愛傳出去》（*Pay It Forward*），說明助人可以改變自己的人生，並讓世界更美好；果竣法師則分享「人間淨土的藍圖」，述說聖嚴師父建設法鼓山的困難與考驗；

授證營中，悅眾們從方丈和尚手中接受證書，歡喜地接續護法弘法的使命。

常延法師主講「純真初心」與「菩提路上」，引領眾人省思親近法鼓山的因緣，如何生起對佛法的信心，進而發心護法、弘法。

最後一天的授證典禮，首先播放聖嚴師父曾於召委成長營的開示影片，悅眾們專注聆聽，並跟隨螢幕中的提問做回應。方丈和尚開示時，特別感恩悅眾的承擔與奉獻，並勉勵眾人學習聖嚴師父「盡形壽，獻生命」的精神，讓護法因緣代代相傳。護法總會總會長陳嘉男也分享個人經驗，當弘法工作遭遇挫折時，不忘回到自己的初發心。

不少悅眾表示，藉由多項課程與觀看聖嚴師父的開示影片，自勉不忘初發心，還要把自己的感動化為行動，傳遞給更多人，做一位真正的菩薩行者。

參【大學院教育】

涵養智慧養分的學習殿堂，
以研究、教學、弘法、服務為標的，
培養專業的佛學人才，
開啟國際學術交流大門，
朝向世界佛教教育園區的願景邁進。

歡喜豐收的2011年

立基於三十多年的辦學基礎，
2011年大學院各教育體系展現豐實的成果，
尤以主辦國際佛學界最盛大的學術會議「IABS大會」，
帶領大學院教育邁開國際化的腳步；
並在穩健的辦學步伐中，各單位皆有具體的果實：
佛教學院獲教育部核准設立博士班，籌備中的法鼓大學
也獲准設置四個碩士學位學程，創校屆滿十週年的僧伽大學，
更持續創辦人聖嚴師父的建僧願心，因應時代的需求，
朝向多元化的發展，象徵著佛法慧命的綿延與開創。

2011年，是大學院教育成果豐碩的一年！由法鼓佛教學院、中華佛學研究所主辦的「IABS國際佛學會議第十六屆大會」，圓滿成功；佛教學院獲教育部核准設立博士班；籌備中的法鼓大學，也獲准設置四個碩士學位學程；而法鼓山僧伽大學則是十年有成。種種成果，一步步實踐二、三十年來，法鼓山致力推動佛教教育、培育心靈環保人才的理想。

法鼓佛教學院

本年佛教學院在辦學方面，不僅獲教育部核准增設博士班，《遠見》雜誌2011年各校評比中，也獲多項肯定，包括：「私立學校平均每位學生獎助學金」名列第二、國科會及教育部研究計畫「教師貢獻度」排名第七；校

長惠敏法師更因於佛學研究和教育領域的奉獻，獲頒「文化教育獎」。

諸多成果中，以博士班的設立尤具意義。傳承中華佛研所三十年辦學經驗的佛教學院，創校四年來，碩士班、學士班先後招生，本年博士班成立後，整個佛教教育體系完整成形，也讓臺灣在高等佛學研究、教育人才的培養上，邁入新紀元。博士班以漢傳禪佛教為立足點，以「佛教禪修傳統與現代社會」為發展特色，為世人拓展更多深入、創新的佛學研究。

在學術研討與演講方面，本年除了主辦「IABS第十六屆大會」，「第二屆華人宗教研究論壇」也在法鼓山園區舉行兩場論壇。

不僅學者專家前來研討交流，校長惠敏法師、副校長杜正民等，也於8

月至11月間，分別至德國、義大利、日本等國，就「臺灣佛學研究數位資源」、「臺灣佛學研究數位人文資料庫的發展」、「法鼓佛教學院的時間地圖與數位計畫」等主題，與各國大學展開交流，並獲諸多回響。

校際合作方面，2月底與南亞技術學院締結姊妹校，持續為國內技職大學校院規畫禪修課程；4月聘請佛經語言專家、政治大學中文系教授竺家寧擔任榮譽教授，協助佛典數位化計畫。踏實的努力，讓佛教學院朝傳統與創新、理論與實踐的方向，不斷邁進。

法鼓山僧伽大學

成立於2001年的法鼓山僧伽大學，於2011年創校屆滿十週年。十年來，僧大各項教育活動，以培養漢傳佛教宗教師為宗旨，並因應時代需要，朝多元創新的方向發展，各種活動都融入新的元素。

本年招生說明會首度結合僧活營舉行，除了僧大師長、學僧介紹說明，透過兩天的僧活營課程，有志出家的青年們親身體驗出家生活，更了解現代僧伽教育的意義和使命，深入思考人生的方向。

講經交流會在原有的國語、英語組之外，本年新增臺語組，強化學僧運用多種語言分享經典的能力。而對於生死教育、臨終關懷、數位牌位等當代問題的關注，編製影片和結緣小書的弘法創意，則展現在畢業製作成果

發表會上，反映出新世代學僧的度眾願心和實踐願力。

2011年發行的《法鼓文苑》以「僧大十週年——佛道上的接力賽」為專題，回溯創辦人聖嚴師父的建僧願心、法鼓山僧教育的演變，從「果」字輩到「常」字輩，一代代學僧在僧大搖籃中成長，實踐出家奉獻的本願。8月底，第一批「演」字輩行者求度出家，發願成為自利利人的宗教師。「聖、果、常、演」四代法名傳續，象徵著佛法慧命代代相傳。

中華佛學研究所

國際佛學界卓有聲譽的中華佛研所，本年除了與佛教學院主辦「IABS第十六屆大會」，並受邀參加兩場學術研討會，由榮譽所長李志夫偕同僧團法師、法鼓大學籌備處研究人員出席。

5月中旬與10月底，中華佛研所應邀參加於中國大陸舉辦的「趙州禪、臨濟禪、生活禪學術研討會」、「湖北第二屆黃梅禪宗文化高峰論壇」，會中發表多篇論文，在漢傳佛教的研究領域，持續與各國學者進行交流與對話。

已招收二十五屆學生的中華佛研所，歷屆校友在各領域表現傑出，12月底舉行的校友座談會，邀請第十六屆校友、建築師許育鳴分享「走入時空的感動——古印度石窟與中國古典建築」，不僅回饋各界對佛教教育的護持，也展現中華佛研所培育的人才，將佛法融入生活、工作的成果。

法鼓大學

以實踐「心靈環保」為核心的法鼓大學，本年籌備進度邁開大步。2010年向教育部提出「學位學程計畫書」，9月獲准設立「生命教育」、「社區社群再造」、「社會企業與創新」、「環境與發展」等四個碩士學位學程，從個人、社區、社會，進而擴及生存環境，體現關懷人類全體、培育悲智兼具人才的目標。

硬體建築方面，金山校區的第一期工程，包括：行政及教學大樓、體育館、禪悅書苑等建築，已漸次成形。為使社會大眾了解辦學特色與精神，1月舉行了教職員禪修、「邂逅法鼓大學」體驗營，9月並發行《法鼓人文社會學院NEWSLETTER》，介紹設校進度及校園資訊。

學術活動方面，本年受邀參加香港「第六屆青年佛教學者學術研討會」、中國大陸「湖北第二屆黃梅禪宗文化高峰論壇」等會議。校際交流方面，5月北京大學訪問團來訪，並繼2003年之後，再度簽署「法鼓人文講座」協議書，持續在中國大陸推廣心靈環保與人文教育；6月則有美國法界佛教大學前來進行交流。

在正式招生前，各學院積極舉辦論壇、講座、工作坊等教育推廣活動，包括：人生學院「禪思與禪行」、「禪與身心靈健康」、「禪文化入門」等講座；公益學院「公益論壇」探討微型志工、社會企業和創新；環境學院「生活綠行動」工作坊，以及「通識到博雅之路」、「法鼓山另類教育」等演講，展現法鼓大學對不同層面的省思和實踐。

與各大學、社會團體合辦的研習交流，本年持續進行，包括：「亞洲佛教藝術研習營」、「生命教育進階研習」、「生命故事與心靈療癒工作坊」，其中7月「添福日本，臺灣有愛」活動，法鼓大學「一人一故事劇團」引導日本311災區學生抒發災後情緒，以實際行動投入跨國界的生命教育。

邁向國際化辦學願景

邁向國際化，是大學院教育的願景之一。自1990年起，中華佛研所已辦理五屆「中華國際佛學會議」；佛教學院成立後，亦經常與國內外、中國大陸等知名大學及佛學院合辦學術活動、簽署合作協議，或締結姊妹校，奠定國際化的辦學基礎。

2008年，中華佛研所、法鼓佛教學院攜手爭取到「IABS第十六屆大會」主辦權。歷經四年籌備，本年於法鼓山園區順利舉辦了這場被喻為「佛學奧林匹克」的國際級會議。全球三十多個國家、近六百位學者來到臺灣，帶來最新的佛學研究成果，使大學院體系師生開拓佛學視野；各國學者也藉此認識臺灣佛學的研究現況和成果。這對大學院教育的國際化進程，實具有指標性意涵。

大學院教育國際化的腳步，不僅展

現於主辦IABS上，也反映在招生情況上。本年佛教學院碩士班、學士班三十位新生中，有來自法國、泰國、馬來西亞的學生，並有四位大陸佛學院法師來校短期研修；僧大也不乏東南亞的學僧。不同國家的人才來法鼓山交流學習，間接說明了大學院教育邁向國際化的現況。

體現學術與弘化交融互用

學術與弘化，一者為客觀的研究，一者為信仰的體現，向來被認為難有交集，在法鼓山的大學院教育中，卻產生了交融互用的特質。

從本年主辦的「IABS第十六屆大會」來看，由於僧團法師、義工的投入，使得本屆IABS有別以往的會議。除了佛教學院、中華佛研所師生，僧團法師也組成小組踴躍提報論文。各國學者藉由法師發表的專題，增加對漢傳佛教內涵的了解和興趣；僧團法師則透過會議討論、論文發表，而有

IABS與會學者發表不同佛學領域的研究成果，豐富多元，呈現當代佛學研究百花競放的一面。

難得的交流和成長。此外，與會人士因為義工熱忱奉獻的態度，深刻感受到在佛教道場參與會議的殊勝，由衷發出肯定與讚歎；義工也經由服務過程，接觸平常甚少了解的佛學研究。

學術與弘化的交融互用，還展現在大學院成員的研究主題上。從論文來看，惠敏法師於德國「正念禪修」國際學術研討會中，發表〈「正念」在臺灣安寧緩和醫療中的位置〉、常諗法師於河北發表〈聖嚴法師的心靈環保生活禪〉、法鼓大學籌備處助理研究員陳平坤於香港發表〈法鼓山聖嚴法師所倡「心靈環保」的中華禪精神〉等，主題都是從學術的思惟架構，探索漢傳禪法對現代社會的啟發，同時也發揚了佛法的精神。

法鼓大學籌備處於10月舉辦「禪與身心靈健康講座」，青年院監院果祺法師、中國大陸武漢大學教授師領、法鼓大學籌備處副教授楊蓓，分別從禪修實務和學術研究面向，探討現代人身、心、靈的健康。學術與弘化的對話，也展現學術與弘化的交融互用。

結語

2011年大學院各教育體系，立足於二、三十年的辦學基礎上，加上法鼓山僧俗四眾共同努力，展現各項令人歡欣的成果。在穩健辦學的步伐中，邁入2012年的大學院教育，接續百年樹人的使命，為世界培育一代代傳持正法、心靈環保的優秀人才。

● 01.08　11.12

法鼓大學舉辦兩場公益論壇
以「微型志工」、「社會企業與創新」為主題

「多背一公斤」發起人余志海分享「微型志工」對社會產生的影響。

法鼓大學籌備處公益學院於2011年在德貴學苑舉辦兩場「法鼓公益論壇」系列座談，分別邀請專家、學者、業界分享個人、企業對公益事業的參與。

1月8日首場座談，由法鼓大學與開拓文教基金會、網絡行動科技公司共同舉辦，邀請「多背一公斤」發起人余志海主講「微型志工，From Outsider to Insider」，中央大學客家學院院長江明修主持，由中央大學客家政治經濟所所長陳定銘、臺灣國際志工協會副理事長張瓊齡擔任與談人，共有四十多人參加。

座談中，余志海介紹「多背一公斤」網站（http://www.1kg.org）是中國大陸鄉村教育的公益服務平臺。透過公益旅行，動員大眾在旅行途中探訪鄉村學校、傳遞物資和知識，並蒐集學校資訊和需求。借助網路社群的力量，「多背一公斤」網站的志願者服務涵蓋中國超過一千所鄉村學校，每月由志願者自發組織的公益活動超過三十個，服務形式覆蓋了公益旅行、物資捐贈、支援偏遠地區教育等方面。

余志海強調，真正能做很多事的「超人」是很少的，大部分的人做的可能是點點滴滴很少的事情，「微型志工」的概念因而產生；並鼓勵大眾勿因善小而不為，透過微型志工的參與，每個人都可能改變世界，讓世界更美好。

11月12日的座談，邀請至善基金會執行長洪智杰、訊連科技股份有限公司董事長黃旭主講「社會企業與創新」。洪智杰執行長分享至善基金會在臺中縣和平鄉部落的工作經驗，目前該會除持續關注部落照顧、職業訓練外，也積極朝向社會企業方向發展，以確保基金會永續發展、活化地方經濟。

黃旭董事長則從「社會目標」與「經濟目標」角度，說明社會企業就是找出社會問題的解決方案，並使其成為經營的商品；也以各國經驗為例，闡述社會

企業型態多元與創新性實踐的特徵。最後並肯定網路科技技術的革命，不僅是未來企業的新典範，更是有志從事社會企業者的創業契機。

● 01.08～09

法鼓大學舉辦「生活綠行動」工作坊
推廣從飲食改善環境

由法鼓大學籌備處環境學院主辦的「生活綠行動・節能減碳工作坊——傳承生命的味道」活動，於1月8至9日在德貴學苑舉辦，共有四十多位學員參加。

兩天的課程，深入淺出地介紹與「食」相關的節能減碳主題，包括：認識臺灣這片土地、規畫自己夢想食堂的菜單、認識食材的碳里程和食物的碳足跡、探討食物的各種食用安全問題等。

第一天下午，參與學員在法鼓大學籌備處商能洲等講師群的帶領下，前往臺灣師範大學環境教育研究所實地感受綠生活環境，並體會每個人都有責任與義務，給予下一代相同的生存與發展環境。之後，並安排學員分享「媽媽的味道」，以及希望留給孩子的味道。

兩天工作坊，在祝福聲中圓滿，學員們體認到要改善生活環境，應從建立良好的飲食習慣做起。活動最後，透過贈送每位學員一株韭蘭種株，希望眾人將心靈環保的觀念傳達出去，像種子一樣發芽、茁壯、開花，影響身邊每個人。

在講師群帶領下，學員們前往師大環教所，實地感受綠生活環境。

● 01.21

華人宗教研究論壇兩場次於佛教學院舉行
與國際佛教學術社群接軌

華人宗教學者的高峰會議「第二屆華人宗教研究論壇：華人的宗教研究方法」之「佛教研究方法」、「當代佛教研究」兩場論壇，1月21日於佛教學院階梯教室舉行，共有五十多位來自臺灣、中國大陸、香港兩岸三地的專家學者

「第二屆華人宗教研究論壇」於佛教學院舉行「佛教研究方法」論壇，與會者熱烈交流。

參與。

會中除了對傳統的佛教研究方法展開探討與反思，也對學界在佛學研究方法上較少觸及之議題，例如佛教暴力等進行探討，透過熱烈的提問與回應，為佛學研究者提供另一思考的面向。

佛教學院校長惠敏法師在回應時表示，未來佛學研究必須朝向傳統與創新並融、理論與實踐並重，以符現今社會需要；法師並以佛教學院的課程設計以及目前正在執行的「Zen──『輕安一心』創意禪修空間研究計畫」為例，說明未來須突破學科的藩籬，進行學科之間的合作。

「華人宗教研究論壇」本年度由政治大學宗教研究所、香港中文大學宗教與文化學系、中國大陸上海復旦大學宗教系及北京大學宗教系共同舉辦，於1月18至21日分別在政治大學、佛教學院進行，期許能讓華人宗教研究成果和國際學術社群接軌，並逐步擴展為華人宗教與世界宗教的對話平臺。

● 01.22～24

亞洲佛教藝術研習營在臺展開
深入新疆石窟 探索亞洲佛教藝術

由法鼓大學籌備處、覺風佛教藝術文化基金會及艋舺龍山寺共同主辦的「2011年亞洲佛教藝術研習營」，1月22至24日在臺北龍山寺板橋文化廣場舉行，共有兩百多位學員參與這趟以「新疆石窟藝術」為主題的探索之旅。

2011年亞洲佛教藝術研習營以「新疆石窟藝術」為主題。

新疆南絲路是中世紀中亞最重要的交通路線之一，沿途的石窟遺跡正可以窺見當時佛教藝術的蓬勃發展。具有豐富的田野調查、考察石窟經驗的覺風基金會寬謙法師、臺北藝術大學傳統藝術研究所所長林保堯、銘傳大學應用中文系副教授梁麗玲與中國大陸北京大學考古系副教授魏正中等，分別從淨土變相圖、本生與佛傳圖像等主題進行講說。

除了專題講座，研習營也安排僧傳文獻探討，以及現今參訪實況、石窟現狀等內容，用古今交會的方式，呈現石窟藝術不同的面向。

● 01.25

佛教學院舉辦「法門之光」專題講座
法門寺前館長分享地宮祕寶故事

佛教學院於1月25日舉辦專題講座，邀請中國大陸陝西省佛教會副會長、法門寺博物館前館長韓金科主講「法門之光」，介紹目前發現年代最久遠、規模最大的佛塔地宮——陝西法門寺地宮及其重要保存文物，共有五十多位師生參加。

韓金科副會長與師生們分享發現地宮的過程，以及歷來保護法門寺地宮的事跡；並透過影像介紹地宮的設計，以及佛指舍利、五重寶函、捧真身菩薩等重要文物，帶領聽眾穿越時空一探地宮祕寶。

法門寺博物館前館長韓金科與佛教學院師生分享發現法門寺地宮的經過，一探地宮祕寶。

法門寺地宮，從西元874年封閉到1987年出土，沉寂一千一百多年。韓金科副會長表示，從史料及文物考證得知，地宮珍寶得以重新問世，與歷來僧俗四眾護法衛教的願心密切相關；而法門寺千年來的衰敗與繁華，也讓人深刻體會成住壞空的世間實相。

● 01.29～31

法鼓大學首度舉辦體驗營
「預見」與「遇見」心靈環保學府

法鼓大學籌備處首度舉辦「邂逅法鼓大學——從預見到遇見」體驗營，1月29至31日於法鼓山園區進行，方丈和尚果東法師於第一天出席關懷，包括在學

大學生、教師、上班族，共有八十二位學員參加。

　　方丈和尚在致詞中說明，法鼓大學是最符合時代脈動需要的大學，在十方大眾信心、願心、恆心、耐心的護持下，正逐步開展心靈環保的視野與願景。

　　活動首先進行「法鼓巡禮」，帶領學員認識法鼓大學所在的園區環境；法鼓大學籌備處校長劉安之並講述「二十一世紀的領袖人才在法鼓」及各學院簡介，勾勒出法鼓大學的藍圖。

　　接著，學員們依照藝術與文化、公益、人生、環境學院分為四組，體驗各具特色的學院活動，包括環境學院鎖定「環境教育」，帶領學員實地踏察園區鄰近一帶，並嘗試設計透過遊戲介紹園區的人文、生態等方案；藝術與文化學院則引導學員深入佛教藝術與生活，並討論社區營造的實例；公益學院邀請「雨林咖啡」負責人吳子鈺分享回饋農民的經營理念。此外，人生學院由副教授楊蓓帶著學員在園區經行、溪邊立禪，預先體會不同於一般大學的書苑生活；並邀請心理學家鄭石岩教授講授生命圓通的意義。

依未來書苑生活的學院聯席會餐方式，劉安之校長、法鼓大學師長們與學員共進午餐，展現書苑生活的特色。

楊蓓老師表示，體驗營的舉辦是希望讓學員了解四個學院的辦學，如何扣住「心靈環保」與「悲智和敬」的核心；目前各學院也會持續舉辦公益論壇、節能減碳工作坊等課程，展現「心靈環保」學府的新思惟。

● 02.24

佛教學院、南亞技術學院締結姊妹校
將展開校際禪修課程

　　佛教學院與南亞技術學院締結為姊妹校，雙方於2月24日在南亞技術學院綜合大樓國際會議廳簽署合作協議書，由佛教學院校長惠敏法師與南亞技術學院校長王春源代表簽訂。惠敏法師並以「論『道』與『人生應有的服務態度』」為題發表演講，引起熱烈回響。

南亞技術學院為佛教學院與國內外大學簽署合作協議的第十七所姊妹校，也是繼臺灣科技大學後，第二所締約的技職大學校院。南亞技術學院希望未來能參考佛教學院為臺科大規畫「人文關懷學程」中的「心靈提昇實作」（禪坐）課程，指導學生

佛教學院校長惠敏法師（右）與南亞技術學院校長王春源（左）簽署合作協議書。

學習禪坐，該校學務處也已覓得適合學習禪坐的場地。

佛教學院表示，近年來，隨著陸續與國內技職大學院校締約，已由該校研修中心擔負起這項校際禪修課程指導的任務，負責規畫佛教學院的禪修等行門課程，讓學生在專業課程之外，也能透過修行方法的練習結合學術理論，將佛法運用到日常生活中。

● 03.09

佛教學院舉辦園藝治療講座
黃盛璘分享植物帶給身心正面影響

佛教學院舉辦專題講座，邀請臺灣首位取得美國園藝治療師認證的黃盛璘主講「園藝治療之過去、現在、未來」，包括佛教學院校長惠敏法師、中華佛研所所長果鏡法師在內，共有一百多人參加。

黃盛璘表示，園藝治療不是治療植物，而是讓植物來治療人，園藝治療服務的對象非常廣泛，包括兒童、高齡者、身障者、中輟生、學習障礙、精神障礙者等；植物可以刺激人的視、聽、嗅、觸、味等五感，適合使用的植物則需要有強健的生命力，不能嬌弱易死，才能讓人從治療中獲得幫助與成就感。而園藝治療的

黃盛璘治療師分享親近大自然元素，帶給身心的正面影響。

任務之一就是讓參與者喜歡上植物，讓植物進入生活中，並喚醒解決問題的能量。

黃盛璘說明，有些老年人常慨嘆自己「沒用啦！」，但其實許多老人都是善於照料植物的「綠手指」，藉由每日不斷生長變化的植物，可以帶給他們生命力與期待感，重新發現生命的長處；而在安寧病房，病人無法走出房間，治療師就把植物帶進屋內，同時帶入的更是生命、季節感，讓病人能藉此感受四季的更迭變化，親近大自然的元素，帶給身心正面的影響。

● 03.11～12

僧大舉辦「僧活營暨招生說明會」
四十多位青年體驗出家生活

為了接引更多社會青年體驗出家生活、了解現代僧伽教育的意義與使命，僧伽大學於3月11至12日在法鼓山園區舉辦「僧活營」，由常元法師帶領，共有四十多位學員參與出家生活的體驗，重新思考人生的方向。

兩天的僧活營，內容包括早晚課、法鼓八式動禪、禪坐、出坡與經行，並藉由營隊課程，讓學員親自體驗出家眾的生活樣貌，並學習基礎禪修，練習放鬆身心的方法。

課堂中也邀請學僧分享就讀僧大的因緣，同時安排一場菩薩戒誦戒會，由僧大學僧擔任悅眾，帶領學員透過懺摩、誦戒等儀式，來安定身心、反省自我，進而達到身心的清淨。第二天清晨的戶外經行，繞行法華鐘與開山觀音，學員也恭誦發願文，為日本震災海嘯中的受難者祈福。

有學員表示，在與法師們的互動中，感受到法師們莊嚴的威儀，以及自然散發的清淨與安定，而僧活營的誦戒等儀式，也讓自己體認到，要成為一個宗教師，需要經過很多的鍛鍊，更需要大願心與長遠心；也有學員感恩從禪修、誦戒體驗，學習到如何把心安住在當下，更相信佛法可以幫助大眾找到生命的方向。

僧大法師們與學員圍坐成圈，分享個人出家因緣，也解答學員對僧伽教育、出家生活的提問。

● 03.12～12.24期間

法鼓大學舉辦「禪文化入門講座」
從多元面向探討禪文化內涵

　　3月12日至12月24日期間，法鼓大學籌備處人生學院在德貴學苑舉辦七場「禪文化入門講座」，邀請臺灣大學哲學系副教授蔡耀明、法鼓大學籌備處人生學院助理研究員陳平坤主講，分別從多元面向探討禪文化的內涵。

　　首場講座於3月12日舉行，由蔡耀明副教授主講「法界觀引發的禪修脈動」，解說禪修的功用在鍛鍊專注、清明、覺察的心意識狀態，目的在於發掘問題心態，

在第三場「禪文化入門講座」中，陳平坤老師帶領賞析禪詩的意境與禪理的文思行旅。

進而改變心態，成就良好的生命品質；當觀察、思惟一切諸法緣起，由緣起串流成變動歷程而交織為幻化網絡，便形塑出所謂的「法界觀」。依此「法界觀」，便能轉變各式各樣不適切的、偏差的心態觀和世界觀，從而引發正確的禪修脈動。

　　其餘六場，皆由該院助理研究員陳平坤講授，分別於5月21日、7月16日、8月20日、9月17日、11月5日及12月24日舉行。

　　首先是在「『將心來，與汝安！』──中華禪的安心法門」講座中，陳老師指出「安心法門」在中華禪教中的重要性，並透過禪宗有關「安心法門」的不同教授，點出修行者的安心處所，也探究安心之道的學理基礎，引導與會者在無常世間中找到究竟安心處；接著於「人從橋上過，橋流水不流──禪詩裡的禪思」講座，帶領聽眾賞析禪詩的意境與禪理的文思行旅。

　　陳平坤老師並於「生死兩茫茫？──禪師和道家的生死交響曲」、「但用此心直了成佛？──《六祖壇經》裡的惠能禪法」兩場講座中，分別剖析禪師和道家對於生死問題的探索，以及禪宗六祖惠能的心性論與功夫論，說明《六祖壇經》在中華禪學史上的開創性意義。

　　最後兩場主題為「洪州宗風──平常心是道」、「石頭路滑──即心即佛」，陳老師分別講述唐朝同一時期馬祖道一禪師的禪法教學、石頭希遷的禪學思想，解析「平常心是道」、「即心即佛」的義理蘊涵。

● 03.13

僧大舉行100學年度招生說明會
邀請青年加入僧才培育

招生說明會上，僧大師長鼓勵學員藉由進入僧大受教育、奉獻服務的過程，找到生命的著力點。

僧伽大學於3月13日在法鼓山園區第三大樓階梯教室舉辦招生說明會，兩位副院長果光法師、常寬法師及果肇法師等師長出席，共有五十多人參加。

說明會上，播放聖嚴師父的開示影片，師父說，僧大培養的是宗教家，一個偉大的宗教家具有轉動乾坤的力量，可以影響全世界的人類。以此勉勵青年藉由進入僧大，在受教育與服務的過程中找到生命的著力點。

常寬法師在會中指出，成立屆滿十週年的僧伽大學，是漢傳佛教宗教師的搖籃，尋找的是有善根的嬰兒菩薩，希望從本屆開始能有「嬰兒潮」；尤其日本最近遭逢地震巨難，印證佛經所言「世間無常，國土危脆」，世界需要有道心的宗教師來協助人類的生活。

說明會中，僧大學僧也分享應考的準備與方法；並透過小組互動，讓輔導法師、學僧解答準考生們的提問，並說明僧大的辦學特色和目標。最後，僧大安排考生與家長參觀校內的軟硬體設施，讓大家對法鼓山清淨而完備的教育環境留下深刻印象。

● 03.29

法鼓大學「通識到博雅之路」專題講座
季淳教授肯定書苑的教育功能

法鼓大學籌備處舉辦專題講座，邀請政治大學國家發展研究所、政大書院客座教授季淳於3月29日上午在德貴學苑演講「通識到博雅之路：從打敗哈佛的威廉斯文理大學談起」，介紹美國大學的書院制度與文化、目前推動政大書院的經驗，以及對未來法鼓大學書苑制度的期許。

季淳教授從大學的「通識教育」（General Education）與「博雅教育」

（Liberal Arts Education）談起，尤其對美國行之有年的「博雅教育」做了重點分析與介紹，強調其核心價值在於培養獨立的判斷、肯定人文的價值、選擇重要的信念，以及樂於實踐之精神。季淳教授指出，在西方文化下孕育出來的博雅教育，造就了許多文化根基深厚，對整個文化、社會，乃至世界影響深遠的領導者。這樣的精神之所以能建立，主要在於教授們的投入與奉獻，同時與學生共同創造學習氛圍，就如春風化雨般，讓學生在學習過程中自然感受到「如清風拂面，無形無蹤，但受者自當心領神會」的境教。

談到法鼓大學的書苑制度與想法，季淳教授認為法鼓大學要實施博雅教育有其得天獨厚的條件，因為法鼓大學四個學院本身就是博雅的課程，還有法鼓山園區獨有的「境教」，而最重要的是教職員的投入與奉獻，將法鼓大學視為一份志業，這份願心願力不是其他學校能展現的。

演講最後，季淳教授表示期待在不久的將來，在法鼓大學教職員共同努力下，能夠在第一座禪悅書苑的境教中，共同創造並達致博雅教育的核心目標。

季淳教授期許法鼓大學創造並達致博雅教育的核心目標。

●04.08

佛教學院創校四週年慶

聘請竺家寧為榮譽教授 展出學習成果

佛教學院於4月8日舉辦創校四週年慶祝活動，內容包括校慶典禮、社團成果展、淨山活動等；董事長方丈和尚果東法師出席典禮並致詞，締約學校臺北市東山高中、南亞技術學院等代表亦觀禮祝福。

方丈和尚嘉許學生們在課業之餘，每年都積極參與校慶活動，展現活潑、富朝氣的精進精神，並以「有勁、耐勁」，鼓勵學生在緊湊的學習生活中，保持心的寧靜，體現耐心、清淨、精進、悲智和敬的精神。

校慶典禮上，並邀請政治大學中文系教授竺家寧以「談佛經語言研究的意義與價值」為題，發表演講。竺教授表示，古代譯經者為了傳播佛法，都是運用當時的大眾口語進行翻譯，因此佛經其實是相當平易近人的；然而由於時空環

佛教學院四週年校慶典禮上，校長惠敏法師（右）將佛教學院榮譽教授聘書，頒發給竺家寧教授（左）。

境變遷，在古代是白話文，到了現代，卻是難以理解的文言文。研究佛經語言，就是要將這些語言現象弄清楚，幫助讀者克服讀經時的語言障礙，以做為探索經典的重要憑藉。

由於竺教授在佛經語言研究上，貢獻卓著，校長惠敏法師也頒發聘書，聘請竺家寧為榮譽教授，期望未來進行的佛典數位化計畫，能有竺教授的指導與協助。

校慶活動中，學生們也將課餘學習成果，包括書法社、國畫社、行願社、藥王社、澄心社等社團，以靜態展覽、影片播放、舞蹈、歌曲等方式呈現，希望邀請更多同學把社團當成實踐夢想的實驗室。

● 04.23～12.17期間

法鼓大學「哲學家的咖啡館」全年八場
以互動對話反思生命課題

法鼓大學籌備處人生學院於4月23日至12月17日期間，在德貴學苑舉辦八場「哲學家的咖啡館」系列活動，由助理教授辜琮瑜主持，以互動對話的方式，帶領學員思索生命的課題，每場有三十多人參加。

「哲學家的咖啡館」的討論主題包括「掌握與自由」、「包容與忍讓」、「完美與缺陷」、「匱乏與充足」、「妥協與堅持」、「加速與減速」、「孤獨與寂寞」、「幸福的條件」等，學員在辜老師的帶領下，釐清現象與本質的不同，也帶著更開

在辜琮瑜老師（站立者）的帶領下，參與「哲學家的咖啡館」的學員藉由對話與思辨，反思生命課題。

放、包容的心走入所處的身心情境,與更多人開展檢視過後的新關係。

每場對話,辜老師說明看似相對的概念,在進入深層思維後,會發現根本不存在所謂的二元對立;也提醒在人生旅途中或哲學思辨中,許多標準答案在訂定或堅持之前,可以先經過思辨與檢視,再決定要如何取捨。

學員表示,「哲學家的咖啡館」提供一個自在、被支持、相互接納的環境,在多元觀點的對話中,讓每位參與者透過傾聽、表達與回應,得以進行理性思辨、自我覺照與省思,共同探索人生課題。

● 04.27

瑞典馬莉安・葛維博士受邀至法鼓大學演講
分享尼日開拓經驗

4月27日下午,法鼓大學籌備處公益學院於德貴學苑舉辦專題講座,邀請瑞典伊甸基金會(Eden Foundation)馬莉安・葛維(Miriam Garvi)博士主講「透過願景開拓,促進環境轉化與社區共榮:伊甸故事」,介紹瑞典伊甸基金會在非洲尼日的開拓經驗,有近四十人參加。

瑞典伊甸基金會馬莉安・葛維博士分享在非洲尼日的開拓經驗。

葛維博士說明,尼日地屬沙漠氣候,農業發展條件不佳,且土地過度使用,沙漠化現象更形顯著;不但造成當地農村生活日益困苦,旱季來臨時,在無田可種的情況下,男性青壯人口大批外移,更造成嚴重的家庭問題。因此,伊甸基金會在當地致力推廣原生經濟植物的復育計畫,希望在復育自然生態、減緩土地沙漠化的同時,也能減緩人口外移,並協助重建傳統家庭生活。而長遠的願景、開拓的承諾,以及永續的影響,更是該基金會尼日經驗成功的要素。

講座中,透過豐富的影像資料,讓與會者了解伊甸基金會二十餘年努力的成果,也更深刻體會環境保護與經濟發展間的相生相依,以及社區共榮、家庭發展與族群傳統的互賴關係。葛維博士也期待法鼓大學正式成立後,雙方開展更密切的合作關係。

● 05.04

惠敏法師獲頒中國文藝獎
以文化藝術、禪修思想的推廣獲得肯定

繼聖嚴師父於2008年榮獲中國文藝協會頒贈「文化貢獻獎」，法鼓佛教學院校長、同時也是法鼓山首座和尚的惠敏法師，因致力文化藝術、禪修思想的推廣，並在佛學研究與教育領域貢獻卓著，獲頒2012年的「文化教育獎」。

5月4日，惠敏法師出席在國家圖書館舉行的頒獎典禮，並應邀代表受獎人在大會中致詞。法師以日本震災發生後，日本表演工作者渡邊謙特別錄製朗讀短詩的影片為例，指出文藝的功能不僅可以陶冶性情，也可以在苦難中為大眾帶來希望。法師表示，文藝的軟實力不像硬體設備容易被破壞，它可以在生活中產生鼓舞人心的力量，值得被深化。

惠敏法師（中）出席在國家圖書館舉行的中國文藝獎頒獎典禮，並代表受獎人在會中致詞。

本年文藝獎章共有二十位藝文界傑出人士獲獎，惠敏法師獲得獎章，再次顯示法鼓山對文化教育的貢獻，獲社會高度肯定。

● 05.11～12　05.21～22　05.24

「拈花微笑聾劇團」擔綱IABS文化節目演出
於全臺北、中、南三地展開巡演

為迎接由法鼓佛教學院、中華佛研所共同主辦，於6月20日在法鼓山園區展開的IABS國際佛學會議第十六屆大會，主辦單位邀請具有多元文化特色的「拈花微笑聾劇團」擔任IABS大會文化節目演出。會前，該劇團以手語搭配國語發音在全臺展開巡演，5月11日起陸續在臺北國軍文藝活動中心、高雄紫雲寺、臺中啟聰學校演出《悠悠鹿鳴》。

由劇作家汪其楣編導的手語劇《悠悠鹿鳴》，取材自古老的印度佛教故事〈鹿王〉，內容敘述原本安居在草原上的鹿群，因人類的獵捕，被迫協議每逢初一、十五定時提供一頭鹿供人食用。直到一頭懷孕的母鹿被抽中，母鹿拒絕

讓腹中小鹿也一起去送死，因為母鹿認為小鹿並沒有抽中籤。鹿王同意母鹿的說法，決定代替母鹿前往人國，以身作則教了人王寶貴的一課。

舞臺上，十二位聾人演員、五位聽人演員攜「手」演

《悠悠鹿鳴》劇目取材自佛典故事，加入現代人文、自然、環保議題等元素，展現群體無我的互助與合作，引起現代人的共鳴。

出。雖然聾人演員聽不到自己和現場的聲音，在視覺上的專注力、觀察力，以及刻畫動作的表現，卻比一般人更敏銳細膩。透過聾人演員豐富的肢體表情、手語的鮮活，再搭配歌樂、舞蹈和聽人演員口語的表達，層次豐富並以多元形式呈現出佛法內涵和藝術，讓觀眾深深感動，進而體會眾生平等、慈悲關懷萬物的精神。

主辦單位期盼該劇在國際佛學會議舉辦期間的演出，可讓與會嘉賓體驗愉悅又清新動人的文化饗宴，也為IABS會議增添更多人文藝術色彩。

2011拈花微笑聾劇團──IABS大會會前演出

場次	時間	地點
臺北場	5月11至12日	臺北國軍文藝活動中心戲劇廳
高雄場	5月21至22日	高雄紫雲寺
臺中場	5月24日	臺中啟聰學校活動中心

● 05.12

北京大學訪法鼓大學交流辦學經驗
雙方簽署「法鼓人文講座」協議書

來臺展開學術交流的中國大陸北京大學參訪團，由北大校長周其鳳率領二十五位團員於5月12日至德貴學苑拜會法鼓大學，除了展開座談會就未來的學術合作交換意見，方丈和尚果東法師並與校長共同簽署「法鼓人文講座」協議書，持續在中國大陸推廣心靈環保、啟迪社會人文教育風氣。

方丈和尚表示，法鼓佛教學院是臺灣第一所單一宗教研修的高等學府，法鼓大學則以培育具有人文關懷、心靈環保理念的人才為宗旨，而北大具有悠

久的學術傳統與創新的教育理念，希望透過彼此的交流合作，在辦學方面更上一層樓。

周其鳳校長表示，人文學科一向是北大的強項，宗教研究也是發展重點，北大擁有中國大陸第一個宗教學系，很多研究正陸續開展，未來期望能加強與法鼓山的合作，共同促進學術的發展與進步。

延續聖嚴師父於2003年10月親赴北大，簽署設置「法鼓人文講座」的精神，當天雙方再度簽署「法鼓人文講座」協議書，持續邀請海內外知名學者進行公開演講，以大學校園為起點，落實人文關懷精神。

隨後舉行的座談會上，法鼓大學籌備處校長劉安之帶領公益、環境、人生、藝術與文化等四個學院的師資群，與北大副校長李岩松、教務部部長方新貴、學生工作部部長馬化祥、社會科學部部長李強等展開交流，分享彼此辦學和教學的經驗。劉校長並歡迎北大師生在法鼓大學校園落成後再度來訪，親自體驗法鼓山的境教禪悅。

周其鳳校長（前右二）率領北大參訪團，前往德貴學苑拜會法鼓大學，展開雙方未來學術合作的契機。

● 05.14～16

中華佛研所參與首屆三禪會議

常諗法師發表論文〈聖嚴法師的心靈環保生活禪〉

中國大陸河北省社會科學院、柏林禪寺於5月14至16日在河北省省會石家庄舉辦「趙州禪、臨濟禪、生活禪學術研討會」，中華佛研所應邀參加，由佛研所榮譽所長李志夫教授、常諗法師代表出席，與一百二十位來自大陸各省以及

日本、臺灣等地學者，共同展開為期四天的研討。

第一天開幕式後，會議隨即登場，分為「趙州禪臨濟禪」、「生活禪」、「禪學與其他」三組進行討論，其中「生活禪」組發表了六十多篇論文，包括常諗法師發表的〈聖嚴法師的心靈環保生活禪──其傳承與當代開展〉在內。

李志夫榮譽所長（中）、常諗法師（左三）代表出席中國大陸河北省石家庄首屆三禪會議。

這場首屆舉辦的三禪會議，是中國佛教界少見的大型學術會議，除了佛教學者，七位出席的僧眾學者也相當令人矚目，包括中國佛教協會副會長、擔任會議主持人的淨慧法師、中國佛學院副院長宗性法師、教師戒毓法師、蘇州西園戒幢佛學研究部宗舜法師、閩南佛學院講師法緣法師、臺灣清華大學慧謹法師、中華佛研所常諗法師。

● 05.14～15

僧大講經交流會 現代化的詮釋更多元
宣講《八大人覺經》、《佛遺教經》等多部經典

法鼓山僧伽大學於5月14、15日在園區第三大樓階梯教室舉辦第三屆講經交流會，宣講的佛典有《八大人覺經》、《佛遺教經》、《地藏經》、《心經》、《觀世音菩薩普門品》等，也有學僧分享法鼓山的理念、心五四運動等。

本年除了延續以往的國語組、英語組，更多了臺語組，各班推選的十六位代表中，有三位學僧以臺語進行發表。常培法師說明，會選擇以臺語分享《佛說阿彌陀經》，是希望和更多長者分享這部經典。以鄉土語言分享經典，讓臺下聆聽者更有親切感，問答及評審回應時，也改以臺語熱情回饋，現場充滿歡

本年僧大講經交流會中，學僧們嘗試以鄉土語言分享佛典與法鼓山理念。

喜。除了經典之外,常興法師講說「分享心五四」,演燈行者分享「法鼓山的理念」,現代化的詮釋,令人耳目一新。

針對本年講經交流會的多元呈現,副院長常寬法師以《美好的晚年》書中,聖嚴師父提到「多元是未來必然的趨勢,唯有接受多元文化、包容文化,並與之共同成長,才有希望。」勉勵學僧們豐富自己的生命,才能展現漢傳佛教的生命力。

● 06.05

法鼓大學舉辦「禪思與禪行」講座
繼程法師說明修行須建立正見、確立目標

法鼓大學籌備處於6月5日在德貴學苑舉辦講座,邀請馬來西亞佛學院院長繼程法師,以「禪思與禪行」為題,講說禪宗的思想脈絡,以及與修行之間的關係,共有近四百人參加。

抱病來臺的繼程法師,巧妙地

「禪思與禪行」講座中,繼程法師指出,「假我」本身是因緣和合的無常變化,何須再去放下?

由自身狀況切入主題。法師首先點出,人們雖知生命不免於老病死,但一有病痛,還是希望盡快復原,甚至期盼生命可以長存;也因為這層恐懼死亡的心理,各種宗教或講靈魂、或透過天堂等,讓人們得以暫時放下肉身「假我」,來面對死亡。

法師指出,有時候這種放下並非真的放下,只是「放棄」無法掌握的,然後再去抓取其他可攀附的;而不斷抓取,只會讓「我執」更加堅固。因此,要放下的不是「假我」,而是「我執」;因為「假我」本身是因緣和合的無常變化,何須再去放下?

繼程法師說明,禪宗在佛教中屬如來藏系統,講真如、佛性、如來藏,因此常被誤認和其他宗教的靈魂或真我思想相同。但禪宗強調,修行到最後,還是須將對如來藏的執著放下,回歸佛法的究竟義──無常、無我、空。這也說明

修行者必須先建立佛法正見，確立修行目標。

這場演講，宛如為聽眾描繪一張修行地圖，讓修行者明確看見修行的目標，也提醒眾人在修行過程中，不要迷失方向，或停留在語言文字的爭論，而忘卻此行的目的。

● 06.07

美國法界佛教大學參訪法鼓山
交流臺美佛教教育發展經驗

美國法界佛教大學（Dharma Realm Buddhist University）、法界佛教總會一行十八人，在該校宗教事務副校長恆實法師帶領下，於6月7日拜訪法鼓大學、法鼓佛教學院，並舉辦座談會，除了交流辦學經驗，也分享臺、美兩地佛教教育的發展現況。

上午，參訪團一行先前往德貴學苑參觀法鼓大學籌備處，由校長劉安之說明目前的籌備現況。中午餐敘時，方丈和尚果東法師出席陪同，並致贈聖嚴師父著作《美好的晚年》等書籍與團員結緣。下午參訪團前往法鼓山園區參訪，由佛教學院校長惠敏法師接待，陪同參觀大殿、開山紀念館與「遊心禪悅」書法展等，隨後並在教育行政大樓海會廳舉辦座談會。

美國法界佛教大學恆實法師（前排左三）等一行與惠敏法師（前排左四）合影。

座談會中，參訪團員對於佛教學院在臺灣的發展現況與課程規畫相當感興趣，希望從中吸取經驗，藉以協助法界大學在美國的發展與經營。惠敏法師表示，該學院是以秉持「悲智和敬」的精神，培養理論與實踐並重、傳統與創新相融、具有國際宏觀

惠敏法師（右）陪同參訪團參觀圖資館，並為恆實法師介紹館內的各項館藏與設備。

視野的宗教師暨學術文化兼具的人才，藉以推動佛教教育文化工作，落實社會整體關懷，肩負起帶動世界淨化的使命。

法界佛教大學恆實法師對法鼓山各教育單位的規畫及發展願景感到欽佩，並期許未來雙方能有更進一步的交流與合作。

● 06.20～25

佛教學院主辦IABS第十六屆大會
法鼓山上展現國際佛學研究盛況

由法鼓佛教學院主辦的「IABS國際佛學會議第十六屆大會」（XVIth Congress of the International Association of Buddhist Studies），於6月20至25日

IABS會長謝勒蕭布在開幕典禮上，表示感謝本屆大會所付出的心力。

在法鼓山園區展開，在這場為期六天的國際會議中，雲集了來自全球三十多國、近六百位佛教學者，以英語展開多元、豐富的佛教學術研討，共發表了五百多篇佛學論文。

開幕典禮上，IABS現任會長克麗絲蒂娜‧謝勒蕭布（Cristina Scherrer-Schaub）感謝主辦單位法鼓佛教學院、中華佛學研究所以及法鼓山，為本屆大會所付出的心力。佛教學院校長惠敏法師致詞時表示，聖嚴師父是IABS創始會員之一，曾參加多屆IABS佛學會議，非常重視IABS對佛學研究的重要，因此，2007年即指示佛教學院爭取

IABS主辦權，促進臺灣佛學界與世界佛教學者的交流。

　　大會期間展開的論文發表研討（Panels & Sections），聚焦在佛教思想、歷史、原典、藝術、禪修、佛教哲學以及跨科際研究等主題。本屆大會中，有關區域研究、比丘尼受戒、聖跡地理學、應用佛教、數位佛學資訊、敘事研究等主題，均是學者十分關注的場次，而多達九十篇的漢傳佛教研究論文發表，也大大提昇了漢傳佛教的國際能見度。

　　會議期間，主辦單位也安排「拈花微笑聾劇團」演出改編自佛典故事的《悠悠鹿鳴》手語劇，法鼓山上還有聖嚴師父「遊心禪悅」書法展、佛畫家林季鋒白描觀音畫展與現場示範、禪修與茶禪體驗、園區巡禮，以及野柳、故宮參訪等活動，讓學者們在密集的學術研討之外，也能充分體驗法鼓山禪悅境教和臺灣多元的佛教與人文特色。

　　此外，大會期間也發起支持日本災後重建的「日本加油」聯名簽署活動；在24日的會員大會中，由IABS會長謝勒蕭布與惠敏法師將寫滿祝福的卷軸，致贈給日本，由出席的日本印度學佛教學會會長齋藤明（Akira Saito）代表接受。

　　隨後蒞臨會場的方丈和尚果東法師，除歡迎學者們來到法鼓山，也致贈聖嚴師父書寫的《心經》，以及《法鼓山之美》DVD，祝福學者們常駐於人間淨土。

IABS大會開幕典禮中，佛教學院校長惠敏法師致詞表示，聖嚴師父是IABS的創始會員之一，本屆大會能於法鼓山上舉辦，別具意義。

佛學奧林匹克在法鼓山
IABS國際佛學會議第十六屆大會

IABS是全球最盛大的國際佛學學術會議,被譽為佛學研究的奧林匹克,2011年由法鼓佛教學院主辦第十六屆大會,於6月20日在法鼓山園區盛大展開。本屆結合了法鼓山體系各單位全力籌備兩年餘,是自1978年IABS開辦以來,參與人數最多、論文發表最豐富、文化節目安排最獨特的一次。

「促進臺灣佛學界與世界佛教學者的交流。」佛教學院校長惠敏法師在開幕典禮上致詞指出舉辦IABS的重大意義。法師表示,聖嚴師父是IABS創始會員之一,曾參加多屆IABS佛學會議,深知也非常重視IABS對佛學研究的重要,因此,在2007年即指示佛教學院爭取IABS主辦權。

IABS標誌有深意

本屆IABS的標誌,巧妙地將會議舉行地點「法鼓山」、佛教與學者的研究心血結合在一起。其中,條碼代表各篇論文的獨特性,以及會議舉辦的時間,字母A的造型彷彿法鼓山的山徽石、字母B則象徵法輪常轉。

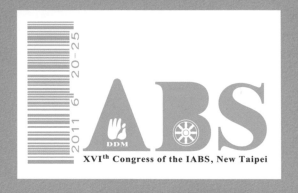

陣陣撼動人心的鼓聲,為臺灣首度舉辦的IABS揭開序幕。法鼓山園區雲集了來自全球三十多國、近六百位佛教學者,以英語展開多元、豐富的佛教學術研討,六天中,共有一百零一場專題研討(Panels & Sections),發表五百多篇佛學論文。從本屆發表的論文來看,大致有五個研究主題較為突出,分別是漢傳佛教、藏傳佛教、早期佛教、犍陀羅藝術、比丘尼受戒等議題。

除了各國學者共襄盛舉,法鼓佛教學院、中華佛研所、法鼓山僧伽大學師資與僧團法師等各單位,也踴躍提報了十餘篇論文,分享在漢傳佛教研究、佛學資訊系統、漢傳禪法、心靈環保等領域的研究成果,也是聖嚴師父多年來致力於佛教教育、推動漢傳佛教國際化的成果展現。

綜觀本屆會議的研討內涵,透露出三大訊息:從原典研究轉向入世關懷;以多元研究方法開展佛學向度;與會學者年輕化、團隊化。

從原典研究 轉向入世關懷

大會策畫人馬紀（William Magee）教授指出，本屆大會在臺灣舉辦會議的優勢，吸引許多在地學者參與，讓漢傳佛教及臺灣佛教的相關議題備受矚目。而藏傳佛教相關的論文篇數較往年成長一倍，其中關於金史密斯（E. Gene Smith）紀念專題、藏文大藏經翻譯計畫（Tengyur Translation Project），凸顯了文獻保存及翻譯的重要性。相關場次均有許多學者前往聆聽、討論。

此外，佛教學院副校長杜正民以多年來參加IABS的經驗分享，這十多年來，佛學研究議題已逐漸從原典、文本的探究轉向當代關懷，例如：本年提出的臨終關懷、環境生態學、女性主義等題目，顯示佛學研究已轉向能與時代對話，展現佛教學術研究入世關懷的一面。

首度參加IABS的美國佛羅里達州立大學助理教授俞永峰也認為，跨領域的研究愈來愈多，本屆有從人類學、生態環境、建築空間等面向切入，相信透過這樣的學術交流，未來的研究議題會更豐富多元。

以多元研究方法開展佛學向度

至於在研究方法方面，政大哲學系教授林鎮國觀察表示，長期以來佛學研究的方法側重文獻學和語言學；但資訊科技的發展則逐漸改變這個傳

本屆會議中，含括各種新議題的討論，參與者熱烈回響。此場討論議題為「丹珠爾翻譯計畫」。

統，並帶動數位佛學的興起。

杜正民副校長於1999年代表中華佛研所出席IABS大會時，即提出「佛學數位圖書館」的論文，不僅成為IABS數位佛學研究的濫觴，後來也成了大會常設專題。本年佛教學院圖資館館長馬德偉（Marcus Bingenheimer）則提出聖跡地理學（sacred geography）、洪振洲助理教授提出數位佛學資源，獲得廣大回響。

其中，聖跡地理學的論文如明清時期的普陀山遊記、晚明的五臺山與佛教等，便整合了地方誌、遊記、宗教學等方法論，透過地理資訊系統（GIS）標記佛教歷史上重要事件的發生時間和地點，以視覺圖像呈現佛教的發展軌跡，標示著佛學研究的新里程。

跨科際的整合也為佛學研究帶來新視野，例如：心理學、腦科學、人類學、民族誌等，尤其近年來受到人文研究的影響，本屆也有不少以「敘事研究」（narrative studies）為方法的專題，包括本生故事（Jataka Stories）、佛教歷史著作的敘事策略（Narrative Strategies in Buddhist Historical Writings）、犍陀羅及案達羅佛教敘事語境（Gandharan & Andhran Buddhist Narratives in Context）等。

與會者年輕化、團隊化

大會期間，讓人感受特別深刻的是，跨領域專家以及年輕學者的參與。由於IABS採會員制，資格不限於佛教學者，因此總能吸引全球各領域的

IABS在法鼓山上舉辦，六百位各國佛教學者雲集、研討佛學，實踐漢傳佛教國際化的願景。

專家與會。例如美國醫學中心醫師雷蒙（Geoffery Redmond）提出「佛教與卜筮」（Buddhism and Divination）的專題，探討卜卦在佛教信仰中的角色；而來自德國的文物修復專家華海燕、化學工程師徐靄可（Eckhard Stroefer），醫學教授朱迺欣、楊賢馨等人提報的論文，也為本屆大會增色不少。

會場上，另一引人注目的是研究生的發聲，由教授帶領研究生們一同與會、發表論文，也是IABS的一項傳統，本屆會議上政大哲學系的研究生便相當活躍，不僅積極參與討論，還發起「認識論及救度思想」（Epistemology and Soteriology）專題研討，吸引了各國青年學者的參與交流。

六天會期中，國際會議廳、雀榕樹下、宴會廳、圖資館，隨處可見與會者三三兩兩群聚，分享自己最新的研究發現、交流彼此的想法與建議，這些景象不僅點出IABS做為國際佛學交流平臺的重要性，也逐步實踐了聖嚴師父期勉法鼓山成為世界佛教教育園區的理想。

第十六屆IABS大會各場次發表主題

日期	專題研討（Panels & Sections）
6月21日	當代漢傳佛教的建構（1&2）／心靈環保：略探禪佛教與佛教倫理／柬埔寨的遺跡／紀念金史密斯：他的一生及成就／本生故事（1&2）／《大毘婆沙論》的編纂問題／戒律及發願／漢傳佛教的佛典研究（1&2）／因明與知識論（1&2）／藝術與建築／漢傳禪修／漢傳佛教的思想／臺灣的佛教／空性與倫理：二十世紀東亞思想中的佛教／六至七世紀在中國的印度佛教思想（1）／佛教尼眾：傳戒／西藏的社會學研究／佛教歷史著作的敘事策略：方法學上的問題／絲路佛教（2）／中觀
6月22日	犍陀羅文獻與犍陀羅的佛教（1&2）／重新檢視聖嚴的禪修、學術研究及對大乘經典的詮釋／早期佛教（1）／跨越種族的民族佛教：東南亞的佛教／佛教與卜筮（1&2）／藏傳教義的研究／入世佛教的教學策略／透過東亞資料研究印度佛教（1）／佛教歷史著作的敘事策略：印度/西藏/東亞佛教／佛教哲學和救世神學意識的形式或角度（1&2）／藏傳佛教授比丘尼戒的展望／藏傳佛教的翻譯：語言、傳遞與轉型／表演與念誦：東南亞和斯里蘭卡南傳佛教的維善塔拉本生／六至七世紀在中國的印度佛教思想（2）／戒律研究最近的進展／日本佛教視覺文化中的在地感，真實或想像／大乘佛教（1）／漢傳佛教中的植物、動物及花園／丹珠爾的翻譯計畫
6月23日	自空/他空：印藏對話的觀點／中世紀亞洲印度佛教的傳輸模式／古代日本手稿、禮儀手稿與佛教儀式的研究／談話的旅程：作者的詮釋旅行／佛教哲學的比較法／陳那的研究／居士在形成現代佛教當中的角色／民族佛教／伊朗民間的佛教／鳩摩羅什及中國早期大乘的發展——以經典與圖像為證之說明
6月24日	佛教與中國/西藏/日本中世紀之宗教傳統（1&2）／反對和諧：激進佛教之思想與實踐（1&2）／禪與晚唐至元代的教法／早期印度佛典中的女性／佛教在亞洲或跨亞洲的地方動態，易位以及回歸語境／密續／知識論與救世神學／韓國佛教與環境行動／犍陀羅及案達羅佛教敘事語境／佛教與超越戒律之法律／聖跡地理學（1&2）／彌勒佛：犍陀羅、中國及南亞圖像與經典的研究／佛教自然化？／八至十二世紀《陀羅尼經》在東亞的流傳與使用／阿毘達磨的重新思考／現代漢傳佛教的正信、正統與邊界／早期佛教（2）／初期大乘的進路／漢傳天臺教法中之禪修、經驗、傳遞、經文與詮解／跨東亞地區佛教建構的理性宗教
6月25日	印度如來藏教義的早期呈現／重構晚期印度佛教歷史：密教與非密教教義之間的關聯性／從實際的角度來看佛教窟：它們的使用及功能／中觀與瑜伽：對手或盟友？／佛教哲學研究／日本與韓國／尋找世親／密教的儀式：東南亞與東亞的密教禮拜儀式／安寧和緩療護之臨床佛教研究／大乘佛教（2）／佛學研究之數位資源（1&2）／早期佛教文獻與藝術／佛教做為社會之少數：維持身分的圖解與策略／《法華經》：大乘或超越大乘？／佛教語言哲學／藏傳原典研究／二十世紀中國與日本佛教思想中的人道精神與人類／佛教地點

● 06.26～27

僧大舉行畢業製作成果發表會
新世代弘法　願力結合創意

僧大應屆畢業學僧發表畢業製作，充分展現弘法新世代的創意與熱忱。

僧伽大學於6月26至27日舉行畢業製作成果發表會，共有九位佛學系應屆畢業學僧參加。不同於一般學術論文發表，成果發表會充分展現漢傳佛教宗教師續佛慧命、廣度眾生的悲心和願力。

本屆成果發表會，學僧發表主題包括：生死教育、臨終關懷、數位牌位、聖嚴師父的菩薩戒開示、僧教育理念、〈四眾佛子共勉語〉，以及緣起性空的中道修行等，不僅面向多元，於呈現方式上，更顯示出新世代學僧的創意及熱忱。例如：結合豐富圖像和聲音的影片、結集師父早齋開示重點，製作成可隨身攜帶的「一〇八僧命自在語」，或以結緣小書型態呈現的《師父的叮嚀》，均引起現場的驚歎和共鳴。

方丈和尚果東法師出席發表會致詞時，以「若要佛法興，唯有僧讚僧」，勉勵畢業學僧以慈悲、智慧來實踐大乘菩薩的基本精神，以和敬展現生活的修行，期許學僧不論在法會支援、心靈環保的推動、日常生活的運用中，都不忘懷著一顆奉獻報恩的心，展現佛法化世的功能。

指導學僧畢業製作的僧大副院長果光法師，肯定學僧們的努力過程，以及畢業製作對僧教育的正向價值；同時宣布禪學系的禪修專題將成為下屆必修科目，期許學僧藉此修練，體驗從無到有，在不斷摸索的過程中，利益僧命。

● 06.28

佛教學院博士班獲准設立
臺灣首所獨立宗教學院博士班2012年招生

佛教學院於6月28日接獲教育部核准設立博士班的公文，將從101學年度（2012年）起招收博士生，為國內第一所獨立宗教研修學院博士班。

佛教學院校長惠敏法師表示，博士班將以「佛教禪修傳統與現代社會」為發展特色，與碩士班及學士班共同形成完整的佛教教育體系金字塔，為世界培養

更多優秀的高等佛學研究與教育人才，以深入研究與發揚正信佛教。

未來就讀的博士生，將培養七項核心能力，除了專業學養、經典語言與學術語言的進階能力，還要掌握社會脈動與國際趨勢；對於相關的經典、專題、人物與現代社會等領域，也將培養出良好的詮釋與評析能力。此外，博士生同時要增強國際性禪修教學與交流的經驗與能力，發展人文創意、跨領域論述與研發能力，以與當前注重將禪修運用於現代社會的世界研究趨勢接軌；並探索與建構「佛教禪修傳統、佛學資訊與現代社會」的研究理論與方法、專題研討，掌握其在現代社會的意義，成為當前國家社會所需，能安定人心與淨化社會的「心靈環保」人才。

「在歐美、日本等國，與佛學研究相關的博士學程已行之有年，臺灣則還沒有獨立宗教研修學院的博士學程，欠缺培養高等佛學研究人才的管道。」惠敏法師表示，因此佛教學院自2007年成立後，除陸續開辦碩士班與學士班，也積極規畫籌備博士班學程，並於2010年11月向教育部提出設立申請。

法師指出，佛教學院延續中華佛研所二十六年的辦學基礎，創校以來，碩士班已經建構出完備的印度、漢傳、藏傳等「佛教傳統」與「佛學資訊」課程架構，學士班則設置佛教基礎課程與通識課程；如今博士班獲准設立，等於建立起佛教研究的金字塔頂部，能培養具備融會各佛教傳統研究與禪修能力，並善用佛學資訊的現代科技，落實社會關懷與開拓全球視野的佛教學者、宗教師與社會菁英。

● 07.28

法鼓大學關懷日本震災學童
以生命教育課程開啟生命新希望

法鼓大學籌備處應嘉義縣議會之邀，參與「添福日本，臺灣有愛」活動，7月28日以「心靈陪伴·生命關懷」為主題，於該議會圖書室裡，為三十六位來自日本岩手縣岩泉町小本中學的學生，進行生命教育課程。

當天課程由人生學院副教授楊蓓規畫，在法鼓大學「一人一故事劇團」引導下，從互動過程中探索並抒發災後情緒。課程從遊戲開始，小朋友學習用

日本學童在生命教育課程中，製作幸福的禮物，送給五年後的自己。

肢體、聲音來表達情緒，並學唱原住民歌曲「NA-LU-WAN」。小朋友嘗試用不同情緒演唱，也帶出這段期間心裡最想說的一句話。

情緒探索課程以「幸福的禮物」為題,讓小朋友選一張覺得最開心、最幸福的圖卡,並依據圖卡創作一個禮物,送給五年後的自己。小朋友動手彩繪、摺紙、剪貼、捏製黏土,以具體形象呈現心中的期許和想望,寫下祝福的話送給未來的自己。

活動最後,法鼓大學贈送日文版《聖嚴法師108自在語》和「大悲心經典御守」與小學員結緣,希望此次交流能為孩子開啟新的希望。

● 07.28～30

法鼓大學受邀參與青年佛教學者研討會
陳平坤推衍「心靈環保」的延伸面向

7月28至30日,法鼓大學籌備處受邀參加香港中文大學人間佛教研究中心舉辦的「第六屆青年佛教學者學術研討會」,由人生學院助理研究員陳平坤代表參加並發表論文,共有二十六位中國大陸、香港、臺灣的青年佛教學者與會。

研討會以「佛教的生態環保與心靈環保」為主題,針對生態環保問題、心靈環保問題、網路佛學研修資源,展開三場專題演講。陳平坤老師在發表論文〈法鼓山聖嚴法師所倡「心靈環保」的中華禪精神〉中,指出「心靈環保」的經論依據,並闡述佛教對於心靈問題的反思與對策,以及法鼓山對此的繼承和開展。而藉由探討聖嚴師父開示「智慧」、「慈悲」二行門在「心靈環保」方面的貢獻,陳老師還簡介了法鼓山的「心靈環保」、由此推衍出來的禪修與教育,及其承繼的中華禪精神。

陳平坤老師的論文獲得不少回響,與會者還當場引用以解釋其他學者的疑難。這場研討會不僅探討佛教面對環保問題時,能夠提供的思想資糧和具體辦法,也促進青年學者在人間佛教領域內的意見交流、想法溝通。

陳平坤老師(中)於「第六屆青年佛教學者學術研討會」中,分享法鼓山「心靈環保」的延伸面向。

● 07.29

法鼓大學舉辦東日本震災經驗分享講座
落實防災教育與訓練

法鼓大學籌備處藝術與文化學院於7月29日在德貴學苑舉辦專題講座,邀請日本岩手縣岩泉町副町長橋場覺主講「東日本大震災經驗分享」,內容涵蓋

災害前、中、後三階段的準備及應對模式。關懷中心副都監果器法師出席聆聽，有近五十人參加。

橋場覺副町長首先介紹岩泉町的地理環境與歷史人文，說明該地過去也曾發生過大海嘯，因此依過往的災害經驗，將防波堤水閘門增至十三公尺高，只是仍抵擋不了311地震後引發的海嘯，造成不少房舍瞬間淹沒。所幸平日即加強民眾的危機意識，落實防災教育與訓練，定期為防範海嘯做逃生疏散演練，才能將這次傷害降到最低。

法鼓大學邀請橋場覺副町長分享日本震災的應變模式。

目前，岩手縣正展開重建工程，在十年重建計畫的時程中，包括三年內完成硬體建設，以及之後的生活重建。橋場覺副町長強調，大自然的變化與人類的生活模式息息相關，最重要的是要愛惜我們所生存的土地，落實防災教育，災害來臨時才能做好即時又正確的應變。

● 08.01

僧大《法鼓文苑》第三期出刊
分享僧大創校十年故事

由僧伽大學學僧負責採訪、編輯、攝影、插圖的學僧刊物《法鼓文苑》，於8月1日出版第三期。第三期《文苑》，以「僧大十週年——佛道上的接力賽」為專題，從初出家的學僧角度，介紹僧伽大學的過去、現在與未來；內容並收錄學僧們的投稿，以及古雅書法、趣味漫畫等，分享出家學習的心路過程。

第三期《法鼓文苑》出版。

由於2011年適逢僧大創校十週年，專題「佛道上的接力賽」回溯聖嚴師父創辦僧伽大學的願心，以及從農禪寺到僧大，果字輩到常、演字輩的僧教育演變，並介紹新世代的年輕學僧，在僧大的學習成果與成長。

《文苑》各單元的學僧投稿，是學僧透過書寫，將生活的所學、所思與各界分享的點滴。這份分享的心意，承續自六十年前還是沙彌「常進」的聖嚴師父

所許下的心願，《文苑》的出版，正是抱持著向「常進」學習的態度。

第三期《法鼓文苑》編輯小組召集人、僧大三年級學僧常提法師分享，《文苑》是聖嚴師父給僧大學僧的功課之一，編輯團隊也在編輯過程中，深刻體會到師父和師長們的用心，期望透過編輯來整合文字、圖像，與全世界分享佛法；而團隊從零學起，在溝通、合作中成長，更是最大的收穫。

● 08.18～21

惠敏法師出席德國「正念禪修研討會」
發表「正念」與安寧緩和醫療論文

佛教學院受邀出席8月18至21日於德國漢堡大學（University of Hamburg）舉辦的「正念禪修：可為當代社會所用的一種佛教修行」（Mindfulness: A Buddhist Practice for Today's Society）國際學術研討會，由校長惠敏法師代表參加，並於「傳統與現代」討論小組中，發表〈「正念」在臺灣安寧緩和醫療中的位置〉論文。

這場研討會由漢堡大學佛教研究中心舉辦，美國藏學專家艾倫‧華勒斯（Alan Wallace）受邀於開幕式演講，隨後與會學者透過一連串的小組討論，以及佛教與教育、醫療等工作坊，從不同領域探討正念的現代運用。

惠敏法師參加的研討小組，旨在探討正念在傳統經典與現代應用的結合。論文中，法師首先比較「靈性照顧」和「正念照顧」：身心靈對比身受心法；以及四念處和三腦理論（triune brain model，三腦即爬蟲類的腦、哺乳類的腦、人類的腦）的關係，並介紹臺灣醫療中心運用正念進行臨終關懷的臨床案例，分享臺灣在安寧緩和醫療以及培訓臨床宗教師的歷史發展與經驗。

● 08.22

法鼓大學邀美國生態工程學專家賀瑞克斯演講
期許為環境永續發展盡心力

法鼓大學籌備處環境學院於8月22日在德貴學苑舉辦專題講座，邀請美國伊利諾大學（University of Illinois）土木暨環境工程學系教授愛德溫‧賀瑞克斯（Edwin Herricks）主講「從工程到生態——角度與角色的轉換」，共有五十多人參加。

講座中，賀瑞克斯教授首先以各種面向的環境變遷實例來檢視生態工法的趨勢與必要性，也分析如何有效評估何種工法合乎整體生態體系的利益，而一個

賀瑞克斯教授期待人類為環境永續發展盡一份心力。

健康的環境與生態體系，指的是「預期可提供萬物永續生存條件之服務」。

賀瑞克斯教授更進一步說明，當人類使用自然資源而不自制，超過大自然可復原的範圍時，所面臨的環境災害、生命與財產上的損失，都將出現難以預料的嚴重後果；他以臺灣莫拉克風災和日本地震所造成之海嘯與核災為例，說明發生頻率不高卻造成重大傷害的災難，正是當前所有科學家和工程師所面臨的難題。

講座最後，賀瑞克斯教授期待人類能建立與大自然互相尊重、互蒙其利的思維與行動，為環境永續發展盡一份心力。

● 08.26　09.09　10.07　10.21

法鼓大學、教育部合辦生命教育進階研習
高中教師反思生命教育的教學意義

8月26日至10月21日期間，法鼓大學籌備處人生學院、教育部生命教育學科中心共同舉辦四場「生命教育進階研習——哲學家的咖啡館」課程，由助理教授辜琮瑜帶領，藉由傾聽、表達、省思、溝通，讓不同的教學經驗交會，每場有近三十位完成生命教育學科培訓的高中老師參加。

北區課程於德貴學苑舉行，8月26日首場的主題是「生涯輔導與意義探索」，在辜老師帶領研討下，學員從「道德與法律」、「生命的尊嚴」、「樂在其中」、「價值判斷」、「市場供需」等多元面向，探討如何輔導學生進行生涯規畫，並以自身的生命經驗與歷程，引導學生檢視自己，進而發現自己，觸發其朝向廣闊且多元面向去思維，並找到生命意義與價值。

在10月7日「自我生命價值與意義何在？」的討論中，辜老師提醒不僅從表相，還要從動機與理念檢視問題的本質。有學員回饋表示，教學工作讓自己與年輕的生命產生互動與連結，因而發掘了自己的存在意義。

中區課程，分別於9月9日、10月21日在臺中寶雲別苑、臺中市文華高中進行。9月9日的主題是「參與、理解、練習與開發」，探討秉持「態度開放接納，立場公正客觀」的原則看待，隨時關懷學生，並讓自己成為可開放諮詢的對象，引導學生從角色與分寸拿捏反思，進而為自己的言行舉止負責。

10月21日最後一場，主題是「從關係本質談師生互動」，辜老師說明如何在

教學過程中，以開放的心接受學生的質疑與挑戰，並主動成為支持與支援的管道，讓師生之間建立起友善的互動關係。

● 09.10

100學年度大學院聯合畢結業暨開學典禮
展現宏觀、國際化的辦學視野

「法鼓山大學院100學年度聯合畢結業暨開學典禮」9月10日上午在法鼓山園區國際會議廳舉行，中華佛研所、佛教學院、僧大的全體師生共同參加。

方丈和尚果東法師在典禮上表示，聖嚴師父對於佛學教育的推廣，一直不遺餘力，法鼓山大學院教育在全體教職員和學生共同努力下，2011年舉辦IABS國際佛學會議，不但受到國際間的肯定，也展現出多年來努力的成果；方丈和尚也期許大學院教育能夠開展更宏觀、國際化的辦學視野。

佛教學院校長惠敏法師則以「身心健康五戒」，勉勵所有學生隨時保持微笑、刷牙、運動、吃對、睡好的好習慣；強調有好的身心，才能有好的學習。

本年佛教學院碩士班和學士班共有三十位新生，其中碩士班更有來自泰國、馬來西亞、法國的學生，也有四位中國大陸佛學院法師來校短期研修。不同國家的學術人才來此交流學習，更肯定了佛教學院的辦學有成。此外，佛教學院碩士班的畢業生中，有十位順利完成畢業論文，研究主題多元廣泛，為漢傳佛教注入更多的研究方向。

僧伽大學本年則迎接十四位新生，其中一位來自馬來西亞，同時有十六位畢業生圓滿四年的學習。畢業學僧們期許成為續佛慧命的現代佛教青年，實踐出家奉獻的本願，成為自利利人的宗教師。

法鼓山大學院於園區國際會議廳舉辦「100學年度聯合畢結業暨開學典禮」。

實踐篇 【參】大學院教育

241

僧大創校十週年

見證聖嚴師父建僧悲願的重要進程

特 別 報 導

9月10日法鼓山大學院於法鼓山園區舉辦「100學年度聯合畢結業暨開學典禮」，中華佛學研究所、佛教學院、僧伽大學所有師生，共同見證了僧大創辦十週年的歷史時刻。

2001年秋，僧大在聖嚴師父揭櫫的「悲智和敬」校訓中創校，是師父實現太虛大師「建僧」悲願的一大重要進程，也是為了因應日益成長的法鼓山僧團。僧大規

經過行者階段的適應與學習後，學僧們發心求度出家，成為僧團的一份子。

畫之初，整合了中華佛研所二十年的辦學經驗，與僧團二十年的僧才養成資糧，而匯歸出辦學的方向，聖嚴師父強調，僧大的教育必須能與僧團融合，在隨眾作息的僧團生活中，接受系統化、次第化的學院教育。

師父建僧悲願的重要進程

以培養具大悲願心的宗教師為宗旨的僧伽大學，目前有佛學系、僧才養成班、禪學系三個系別。首先於2001年開辦的佛學院（2006年改為佛學系），是透過四年制全方位的學習，培育出弘揚佛法與住持三寶的人才。而2003年開辦的僧才養成班，則是為接引具社會經驗、專業素養的人才，從體驗出家人持戒清淨、奉獻利眾的修學中，開創生命深度與廣度，進而發心出家、終生奉獻。另外，為培育發揚法鼓宗風的禪師人才，歷經三年籌備的禪學系在2006年開始招生，透過完備的修學體制、簡樸的禪修生活與環境，培養實修實證、悲智具足的禪師人才，也讓中華禪法鼓宗的弘揚，增添新血輪。

學僧在僧大修學的課程設計，分為慧業、福業、德業三大類，其中，慧業著重解行並重，解門以戒、定、慧三學為基礎，以聞、思、修三慧為階梯，並透過弘化與作務的實習成就福業，以身心及僧格的陶冶鍛鍊來養成德業。

具宗教情操與生活實踐的僧教育

進入僧大第一堂課就是要從頭學「規矩」,也就是清淨身儀、心儀、口儀和僧格養成等出家行儀,更重要的是藉由佛法的因緣觀、禪修方法認識自己,學習在僧團中安住身心。

學會自我承擔之餘,更要學習承擔眾生。僧大每天的生活從發願開始,也以發願結束,目的就是要學僧們時時發起利他為第一的菩提願心,在課程中熏習佛法義理,學會出家人必備的「三刀六槌」基本工夫,在大寮、法會、營隊實習、辦活動中成長自我,為多元的弘化型態做準備,成為推動三大教育、社會所需要的人才。

展望僧大下一個十年

十年來,僧大共培養出一百四十七位畢結業學僧,在法鼓山體系各單位領執,投入弘化服務。展望僧大下一個十年,僧大副院長果光法師表示,目前正著手整理聖嚴師父的僧教育理念,做為檢討與強化僧伽基礎教育的根本,同時將透過與佛教學院、未來法鼓大學的教學資源整合,充實教理與通識教育,並融合僧團運作,包括寺院及禪堂的實習,讓學僧在實務中歷練修行。

面對時代變遷與國際交流的頻繁,果光法師表示,僧大的教育也會吸收他人的優點,融攝新的思惟、觀念,使教育風格更符合時代需要,又不失漢傳佛教精神;另一方面,也將研發禪法的教學及運用在生活上的方法,讓學僧們用功更得力,成為出色的漢傳佛教宗教師。

展望未來,僧大的教育將融攝新的思惟、觀念,讓教育風格更符合時代需求,又不失漢傳佛教精神。

法鼓山僧伽大學大事記

年代	重要記事
1998	・僧團成立教育院，規畫僧伽教育體制與課程。 ・9月聖嚴師父開示，首度將創辦佛學院納入計畫。
1999	・3月召開第一次「法鼓山佛學院籌備會議」，由聖嚴師父親自主持。 ・10月擬定「法鼓山佛學院規畫書」。
2001	・9月12日僧伽大學佛學院第一屆開學，為四年制。 ・11月2日《僧大通訊》創刊。
2003	・2月24日「出家體驗暨僧才養成班」學僧入學，為二年制課程。
2004	・2月「出家體驗暨僧才養成」改隸僧伽大學學制之內。 ・2月僧伽大學舉辦首屆「生命自覺營」。 ・4月僧大關懷考生刊物《僧芽》雙週刊創刊。 ・6月擬定「法鼓山禪學院規畫書」。 ・8月召開第一次「法鼓山僧伽大學禪學院籌備會議」
2005	・1月「出家體驗暨僧才養成班」更名「僧才養成班」，首屆僧才養成班15位學僧畢業。 ・第三屆「僧才養成班」改為9月入學。 ・9月第一屆佛學院9位學僧畢業。
2006	・6月第一屆僧大禪學系招生，為六年制；佛學院同步更名「佛學系」。 ・7月僧大首度舉辦畢業製作成果發表會。
2009	・5月學僧刊物《法鼓文苑》創刊。
2010	・9月第一屆禪學系2位學僧畢業。 ・9月第一批「演」字輩學僧入學。
2011	・9月僧大第一批「演」字輩學僧剃度。 ・9月僧才養成班停止招生。

資料來源：《法鼓山年鑑》、僧團三學院、法鼓山僧伽大學簡介、《法鼓山僧伽大學年報》

僧伽大學畢／結業生統計（2005～2011年）

禪學系
18人

佛學系
67人

僧才養成班
62人

共合計：147人（禪學系18人中，含畢業3人、結業15人）

● 09.30～10.15

佛教學院參加梵諦岡國際會議
杜正民教授發表數位研究成果

9月30日至10月15日，法鼓佛教學院教授杜正民前往義大利，主要參加梵諦岡博物館（Vatican Museums）所舉辦的「宗教、自然與藝術國際會議」（Religion, Nature and Art Conference），並應邀至威尼斯大學（University

杜正民教授（中）應威尼斯大學之邀，以「臺灣佛學研究數位資源」為題，與東亞學系師生進行交流。

of Venice）、索非亞大學（Sophia University）以及羅馬大學（University of Rome）演講，分享佛教學院數位研究成果，以及進行中的「Zen──『輕安一心』創意禪修空間研究」專案，讓歐洲學界了解臺灣佛學研究的發展現況，並討論建構數位資料庫及國際合作、資源共享等事宜。

10月12至15日於梵諦岡舉行的「宗教、自然與藝術國際會議」，共有五十多位學者發表論文，分別從跨宗教、藝術、環境正義等面向切入，探討人類與宗教、大自然間的關係。杜正民教授發表論文〈禪、自然與藝術〉，以聖嚴師父提出的「心靈環保」為主軸，將禪法融入自然、日常生活及公共藝術，題材新穎活潑，引起現場熱烈討論。

停留義大利期間，杜教授先於10月3日前往威尼斯大學，以「臺灣佛學研究數位資源」為題，與東亞學系師生進行交流。6至8日則應邀至索非亞大學參訪，7日晚間在專題演講「法鼓佛教學院的學習與實修」中，介紹佛教學院解行並重的研修生活，共有七十多位各國學生到場聆聽，會後提問踴躍。

11日轉往以漢學研究聞名的羅馬大學，杜正民應邀以「臺灣佛學研究數位人文資料庫的發展」為題進行演說，當天容納百人的教室座無虛席，許多學生席地而坐，不願錯過難得的交流機會。

杜正民教授此行不僅拜會多位漢學及佛教學者，還與羅馬大學馬紀（Mauro Maggi）教授討論和闐文文獻數位化建置、拿坡里大學（University of Naples）藏學中心主任歐柔菲諾（G. Orofino）商談校際合作等，也邀請佩魯賈大學（University of Perugia）漢學專家比安奇（Ester Bianchi）於2012年1月來佛教學院講學，加深國際互動交流。

● 10.13

法鼓大學舉辦「禪與身心靈」研討講座

從禪修、心理學等面向深入探討

　　法鼓大學籌備處人生學院10月13日於德貴學苑舉辦「人生講座」，由青年院監院果祺法師、中國大陸武漢大學哲學院心理學系教授師領、法鼓大學籌備處人生學院副教授楊蓓，分別從禪修實務與學術研究等面向，探討「禪與現代人身、心、靈的健康」，共有五十六人參加。

　　講座中，果祺法師從禪修促進身心健康的觀點出發，分享自己開始禪修之後，身心狀態有了明顯轉變，身體愈來愈健康，心中的恐懼也漸漸消失，因而認知到身體健康的前提是心理健康，並開始研讀聖嚴師父著作、學習佛法，進而轉變觀念，體悟事事隨時變化的人生常態。

　　楊蓓老師表示，近年來，進行深度訪問十二位在法鼓山打過默照禪七的學員，發現他們在身心狀態上明顯改善，除了身體病痛減輕，並能真誠面對自己，應用佛法轉念，學習接納與放下過往的不順遂，慢慢找到生命著力點，處理人際關係變得更加柔軟，面對生死的態度也變得豁達。楊蓓老師說明這些禪修後的正向改變，正是「認識自我、肯定自我、成長自我、消融自我」的歷程。

　　從心理學角度思考的師領教授則認為，西方醫學與心理學僅能緩解與控制身心症狀的不適，佛教才是治心的本業，禪修可協助治療生理與心理的疾病；而禪更是每個人與生俱來的能量，可以透過許多方式來鍛鍊開發。

　　最後，三位與談人一致認為，修行才是解決問題的根源。每個人的生命歷程不同，遇到的困境也不同，藉由禪修能清楚看見自己的心，保持正知正見，在行住坐臥中真修實練，便能提昇生命的品質。

果祺法師（中）、師領教授（左）與楊蓓老師（右）對談分享「禪與現代人身、心、靈的健康」。

● 10.18

佛教學院受邀加入「卓越新北教育策略聯盟」
與新北市各大專院校共起教育合作平臺

應新北市市長朱立倫之邀，佛教學院校長惠敏法師10月18日參加「卓越新北教育策略聯盟——大專院校校長座談會暨教育合作備忘錄簽署儀式」，將合作辦理多元學習課程，與新北市政府和各大專院校一同攜手建構教育合作平臺。

惠敏法師表示，佛教學院「ZEN——『輕安一心』創意禪修空間研究計畫」豐碩的成果，優質的禪修地點及館藏豐富的圖書資訊館，以及重視培育學生具專業佛學素養、資訊科技運用能力及禪修觀照、重視人際禮儀及愛護自然的品格，兼具宗教家的情懷、服務社會的熱忱，這些軟硬體資源以及人才，均能提供為新北市的教育資源。

惠敏法師（右）應朱立倫市長之邀，簽署教育合作備忘錄。

「卓越新北教育策略聯盟」為新北市政府所發起，藉由與各大專院校建立、建構教育策略聯盟內資源的共享管道，共同規畫舉辦多元學習課程活動，期能提昇新北市各級學校學生的多元學習效益。佛教學院為轄內二十四所大專院校（包括籌備中的法鼓大學）中，唯一的一所佛教學院。

● 10.27～28

法鼓山應邀參與「黃梅禪宗文化高峰論壇」
李志夫教授、陳平坤老師發表三篇論文

10月27至28日，中華佛研所榮譽所長李志夫、法鼓大學籌備處人生學院助理研究員陳平坤，代表法鼓山前往中國大陸湖北省黃梅縣，參加「中國‧湖北第二屆黃梅禪宗文化高峰論壇」，與會學界、教界人士超過三百位，共發表論文一百六十三篇。

李志夫教授發表兩篇論文，在〈大勢至菩薩的相變探討〉一文中，以《實

相般若波羅蜜經》的四種異譯本，說明大勢至菩薩轉變成密教金剛手菩薩後，顯示出更具體的菩薩位格；另一篇〈四祖道信在中國佛教史上特殊之貢獻〉則從時代

李志夫教授（左二）、陳平坤老師（左一）於「第二屆黃梅禪宗文化高峰論壇」發表論文。

背景，論述四祖何以能夠首創禪宗叢林，並說明叢林以後的佛教及禪宗，對往後佛教發展的影響，彰顯四祖道信對佛教、對禪宗的貢獻。

陳平坤老師發表的〈黃梅禪教之安心法門〉，探討隋末唐初在湖北省黃梅縣一帶，向外傳揚的黃梅禪教有關於「入道安心」課題的教導，藉以釐清「暫時義」與「究竟義」的安心之道的差異，同時說明兩者之間的義理連繫和實踐關聯。

除了發表論文，會議期間，陳平坤老師也擔任論壇主持人，主持臺灣學者代表發言的場次。會議結束後，與會人士並參訪四祖寺、五祖寺、老祖寺等禪宗祖庭，並相互交流研究觀點，增進彼此認識乃至合作的可能。

● 11.09～21

杜正民教授赴日參學
交流數位研究計畫

11月9至21日，佛教學院教授杜正民、法源法師受邀前往日本發表演講、研究交流佛教學院的數位研究計畫。

杜正民教授此行，主要於18日應日本京都龍谷大學教授桂紹隆之邀請，在該校亞細亞佛教研究中心發表演講，主題是「法鼓佛教學院的時間地圖與數位計畫」（Time Map and Digital Projects in DDBC），分享佛教學院執行佛教時空數位資源計畫的經驗；並參訪龍谷大學大宮圖書館及博物館，參觀「大谷探險隊」帶回的西域絲路佛教「大谷文書」等文獻及日本佛教特展。

其他學術活動，還包括17日前往京都大學拜訪維習安（Christian Wittern）教

授,討論電子佛典事務;20日與日本國際佛教學大學院大學教授落合俊典,於河內長野金剛寺進行古寫本藏經調查研究及商討合作計畫。

訪日期間,杜正民教授一行也於10至12日參加在大阪河內長野市所舉辦的中日茶禪「一葉一如來」茶會交流,了解佛教學院於日本舉行交流活動的可行性。同時前往多所寺院參學,包括到高野山金剛峰寺參學「阿字觀」禪法練習與受戒活動,體驗真言宗的修行與弘化方式;並參觀位於京都滋賀縣的美秀美術館(Miho Museum)的「天臺佛教之道」展覽,了解奈良時代末期最澄禪師開創的日本天臺宗傳承。

● 11.14

法鼓大學舉辦公平貿易座談會
分享公平貿易的發展與願景

法鼓大學籌備處、臺灣公平貿易推廣協會、輔仁大學管理學院社會企業研究中心於11月14日在德貴學苑舉辦「另類商機!公平貿易如何掀起倫理消費與道德採購的全球浪潮」座談會,邀請臺灣公平貿易推廣協會理事長徐文彥、國際公平貿易標籤組織(Fairtrade Labelling Organizations International, FLO)國際市場開發部經理安卓爾·理查特(Andrea Richert)、國際商品部總監馬丁·希爾(Martin Hill)等座談,共有三十多人參加。

徐文彥會長以「臺灣公平貿易發展簡介」為題,提出公平貿易在臺灣的現況及願景,指出臺灣具有三個發展公平貿易的潛力,包括樂於參與慈善、消費意識抬頭、永續農業運動的興起等。

希爾總監指出,公平貿易意味著貿易的合作關係是基於對話、透明與尊重,以及道德驗證的系統、非營利組織、多元股東的參與等,以增加市場、改善生產者的生活、融資管道、較平等的貿易、增加消費者市場等方式,來支持全球的生產者。

● 11.16

法鼓大學邀霍普金斯教授演講
講析悲心與心靈療癒

法鼓大學籌備處、臺北市藏傳佛典協會於11月16日在德貴學苑共同舉辦專題講座,邀請美國藏傳佛教學者傑佛瑞·霍普金斯(Jeffrey Hopkins)主講「悲心與心靈療癒」(Compassion and Psycho-Therapy),共有七十多人參加。

霍普金斯教授指出，當前心理疾病的問題比起癌症更為嚴重而迫切，而心理治療不是精神科醫師的責任，從某個層面來看，現代人都有心理上的困擾；另一方面，孩子照顧父母、夫妻照顧另一半、朋友照

霍普金斯教授於德貴學苑講授「悲心與心靈療癒」。

顧朋友，每個人也都是心靈看護，因此如何生起悲心特別重要。

霍普金斯教授進一步說明，面對家人生病，不論是精神或生理上的，我們常以為自己只是沮喪而已，並不會生氣，但仔細向內觀照，正因為無法承受，通常第一個生起的便是瞋恨心；因而，必須藉由不斷練習，才能讓悲心「活」起來。

霍普金斯教授最後強調，培養慈悲心，一定要先真誠面對自己的感覺，唯有看見自己的貪與瞋，才能超越。

● 12.24

中華佛研所舉辦校友座談會
校友許育鳴分享古印度石窟考察心得

中華佛研所於12月24日在德貴學苑舉行校友座談會，由第十六屆校友許育鳴發表專題報告，主題是「走入時空的感動──古印度石窟與中國古典建築」，並邀請文化大學史學研究所教授陳清香擔任評論，包括中華佛研所所長果鏡法師、榮譽所長李志夫等，共有三十多位老師、校友參加。

許育鳴是建築師，從事臺灣寺廟古蹟修復工作已有八年，2010年前往印度佛學大城那爛陀與古印度石窟考察。他分享實地走入佛教的發源地印度，再回顧法鼓山和中國大陸、臺灣的佛教建築，發現竟與古印度石窟建築的元素一脈相承，都具有簡單、不加裝飾的特質，這樣的特質，不僅是最適合修行的寧靜道場，也容易讓人體會建築空間感動人心之處。

中華佛研所校友許育鳴發表「走入時空的感動」專題報告，分享至印度考察的體會。

陳清香教授以二十五年前參與古印度石窟建築紀錄的經驗，讚歎許育鳴十一天巡禮所吸取的養分，內容足以比擬大學中一學期的課程。果鏡法師除了感謝許育鳴的分享，同時也為校友們說明中華佛研所已轉型為研究單位，目前持續展開佛教研究工作，傳承創辦人聖嚴師父的願心，繼續鋪展佛教學術研究之路。

中華佛研所成立三十年以來，共招收二十五屆學生，畢業後繼續升學獲得博士學位的校友將近二十位。中華佛研所主任陳秀蘭表示，各屆校友在各項領域表現傑出，師長們的肯定與勉勵，觸發了校友與大眾分享所學的願心。日後舉辦的校友座談會，將繼續以專題報告的方式進行，除了回饋各界對佛教教育的護持，也分享將佛法學習融入生活、工作的成果。

● 12.25

佛教學院研修中心舉辦自然環保講座
何一先講述「臺灣生態概說」

為了推廣法鼓山「心靈環保」的核心理念，落實自然環保從「心」做起，佛教學院研修中心於12月25日，邀請臺北鳥類協會總幹事何一先，於法鼓山園區教育行政大樓海會廳演講「臺灣生態概說」，共同探討自然生態保護的議題。

何一先指出，近年來全球氣候產生急遽的變遷，為全世界各地帶來巨大災變，這是因為當前人類對自然生態的結構不了解，導致人為因素大量破壞自然，影響生態的動態循環，造成失衡的結果。

何一先從「生態的整體是有機的自然整體」開始介紹，透過生命系統和環境系統的次第說明，解說生命系統的生物大分子、細胞、個體、種群、群落等層次，進而闡釋大自然中的生產者、消費者、分解者等，巧妙構成食物鏈功能性的關係，讓現場聽講的二十多位義工，重新認識臺灣大自然之美與生命奧妙的循環體系。

何一先表示，臺灣原始的生態環境，由於人為因素的污染物，經過食物鏈的傳遞，以濃縮方式往高階的消費者累積，對生物造成了極大的威脅。他也提醒，臺灣島嶼與森林的原始面貌極容易受到破壞，如何保留尚未開發利用者，是值得深思的課題。

肆【國際弘化】

為落實對全世界、全人類的整體關懷，
透過多元、包容、宏觀的弘化活動，
經由禪修推廣、國際會議、宗教交流……
消融世間的藩籬及人我的對立與衝突，
成就普世淨化、心靈重建的鉅大工程。

拓展視野 深化國際交流

2011年法鼓山的三大教育在國際間推展不遺餘力,
除持續為法鼓山的理念與漢傳禪法的弘揚而努力,
更首度舉辦IABS國際佛學會議,
同時藉由國際交流實務及內部培訓課程,
積極拓展四眾的國際視野,
充分顯示出法鼓山與國際接軌的深厚信心及廣長願力。

　　本年度的國際弘化,持續為法鼓山的理念與漢傳禪法的弘揚而努力。其中,素有佛教界「奧林匹克」之稱的「IABS國際佛學會議第十六屆大會」,6月份在法鼓山總本山盛大舉行。這也是自開山以來,第一次主辦如此大規模的國際學術活動,計有來自全球三十多個國家、近六百位學者參與,於上百個主題場次全程英語發表了五百多篇論文。主辦單位法鼓佛教學院及中華佛學研究所,可說是全力以赴,而整個法鼓山世界佛教教育園區各角落莫不洋溢著一份國際交流的欣喜,見識全球佛學饗宴之餘,更是大家汲取經驗、觀摩學習的難得機會。

　　基於創辦人聖嚴師父生前與一行禪師的道情,4月份首次舉行兩位法師的墨寶聯展。國際知名的一行禪師率領梅村三十多位國際弟子參訪法鼓山並參與墨寶展開幕典禮,兩天一夜的行程與僧團法師分享交流禪修心得。

　　除此之外,大普化教育「聖嚴書院福田班」也首度在海外據點開班;大悲心水陸法會首次嘗試開闢各壇、焰口及送聖等,同步進行全球網路直播,提供線上共修;大關懷教育也在國際賑災及災區重建方面有重要的建樹,包括日本核災的物資

「IABS第十六屆大會」於法鼓山園區舉辦,來自全球三十多國、近六百位各國佛教學者雲集研討,開展漢傳佛教國際化的願景與實踐。

捐助及慈善捐款、泰國及柬埔寨水患的物資救援等，並積極參與國際NGO組織的互動與經驗分享，在國際發展上均刻畫出新的里程碑。

培養具國際宏觀及特殊專長的優秀人才

國際人才的培養是項長期的任務，而為培養更多四眾國際人才，國際發展處繼2010年舉辦國際慈善與人道關懷相關的論壇及工作坊之後，本年度特別規畫了「國際禮儀」及「拓展國際視野」兩系列的講座與課程，期能持續每年針對特定主題領域開設培訓課程，以因應各類國際交流實務之所需。

除國發處負責基礎培訓課程外，更邀請法鼓山體系之貴賓接待組資深義工團隊講解示範，及外交部謝棟樑大使主持國際禮儀的講座，深入淺出、實用又豐富的內容，引起廣大回響。在國際視野的拓展方面，也邀請到新聞局資深祕書丁榮祿教授來分享國際形象塑造與品牌推廣，有助於法鼓山國際弘化的深耕。

深化國際交流

學術方面，大學院教育單位代表參與國內、外舉辦之國際會議及論壇，發表多篇漢傳佛教、心靈環保等相關論文，大幅提高法鼓山在國際舞臺的能見度。同時，僧團也指派代表

「聖嚴書院福田班」首度在海外開班，圖為洛杉磯福田班班導師常華法師，邀請來自不同文化背景的學員一同學習成長。

參與重要的國際活動，包括泰國衛塞節佛教國際會議、尼泊爾藍毘尼聖園大塔院開光活動及在印度舉辦的「氣候變遷的內在面向」青年會議等，透過跨宗教的角度，將法鼓山的理念及對環保的重視分享於國際。此外，法鼓山對國際社會的貢獻屢獲肯定，除了國內的獎勵，方丈和尚果東法師4月份亦獲泰國國會眾議院宗教藝術文化委員會頒贈「佛教傑出奉獻獎」（the Buddhagunupakan Award of Excellence），這項殊榮由副住持果暉法師代表受頒。

兩岸三地的交流已日趨頻繁，包括宗教局、政協、佛協、寺院、佛學院、大學乃至民間機構等，分別組團來法鼓山參訪交流。5月份方丈和尚果東法師更與中國大陸北京大學校長共同簽署「法鼓人文講座」協議書，持續在大陸推廣心靈環保、啟迪社會人文教育風氣。

此外，宗薩欽哲仁波切、卡盧仁波

切、宗南嘉楚仁波切等重要藏傳國際領袖本年度也有與法鼓山交流的因緣；南傳法身寺及泰國各寺的代表也都與法鼓山有所良好的互動。其他尚有來自北美、歐、中南美洲、東北亞及東南亞等地的國際貴賓到訪，體驗法鼓山之美。

僧團果元法師至印尼弘傳禪法，帶領學員體驗法鼓禪風。

國際媒體方面，2011年不僅有國際媒體、記者等來法鼓山參觀，亦有美國夏威夷KITV電視臺來法鼓山採訪拍攝禪修主題、匈牙利公共電視臺及「會議評論」（Meetings: Review）等媒體就介紹臺灣宗教的角度來法鼓山拍攝採訪；而方丈和尚於北美關懷的行程當中，也接受了當地的媒體採訪。創辦人聖嚴師父的弘法開示內容在民間漢傳佛教文化協會的努力下，已分別在「ICN紐約中文電視臺」及「ICN紐約僑聲廣播電臺」播出。

推廣漢傳禪佛教

海外據點分別舉辦禪期，推廣禪修不遺餘力。例如：7月美國紐約象岡道場首度舉辦念佛禪七、8月東初禪寺於象岡道場首次開辦楞嚴禪修營等，開啟結合教理與禪修的精進禪風；僧團也派員至波蘭、墨西哥、印尼等地帶領禪修，聖嚴師父的法子們也積極在海外推動漢傳禪法，十一位來自克羅埃西亞與挪威的弟子，更於4月抵達法鼓山園區，展開為期五天的祖庭溯源，自許能擔起弘化西方的任務；而西方法子之一的約翰·克魯克7月示現無常，病逝於英國，其所帶領的西方禪眾在悼念之餘，仍會秉持其遺志，努力將禪法播種於歐洲。

國際發展處本身也分別與國際扶輪社、美國長島大學（Long Island University）合作，舉辦國際青年的宗教體驗營，透過禪修的學習、課程或工作坊的介紹與討論，讓國際青年深入體驗佛教的簡樸生活與漢傳禪佛教的特色。不少來自各國的學校或民間團體也會特地申請一日參訪，不同於蜻蜓點水式的參觀，而是結合了禪修體驗或座談交流，透過與法鼓山的實際接觸，更能留下深刻印象，並分享給自己的親朋好友，無形中將交流的層面延伸至世界各角落。

凝聚共識，擘畫未來

本年度自5月起至9月止，法鼓山針對不同的對象及議題，舉辦了一系列的共識活動。在對象上包括僧團法師、專

職、義工、護法悅眾及顧問等；在主題上則含括了海內、外的發展策略、營運方向、目標訂定等面向。透過共識營、討論會、工作坊等不同性質的活動設計，廣納意見並充分溝通，以做為未來體系發展的參考指標。

10月底，「北美護法會年會」於紐約象岡道場召開，以「回家與分享」為主題，進行學佛心得與各地分會弘化經驗的分享。整體來說，海外部分對於國際化討論出了健全組織運作、培養國際人才等八大優先執行的重點項目，而形式上不論是積極拓展或被動受邀、人員至海外參與國際活動或外賓至國內來進行交流，都是法鼓山與國際接軌的可行方案。此外，也透過制度的強化，擬訂相關規章辦法，並朝向海外人力、物力需求的有效整合。

海外弘化及據點發展

2011年方丈和尚除5月、10月北美關懷行之外，特別安排行程於7月至東南亞；護法總會、國際發展處及僧團法師分別至澳洲、泰、馬、新、港等海外據點關懷考察；北美部分，國際發展處及僧團法師也前往各據點弘化。

值得關注的是，香港專案啟動之後，1月初在香港護法會進行空間啟用灑淨等儀式，僧團開始派遣法師留駐當地關懷支援，期許未來香港道場的籌備工作能順利進展。美國西岸的洛杉磯分會也順利購置新的道場，並將積極籌備搬遷事宜，同時也組成工程小組為整建新道場的工程專程回臺至總本山及北、中、南各分院觀摩考察。此外，法鼓山在英國里茲成立了新聯絡點，這是繼盧森堡之後歐洲第二個聯絡點，對漢傳禪佛教在歐洲的發展奠下有利的基礎。

結語

綜觀本年度的國際弘化，在三大教育的推廣及國際團體的交流方面都有豐碩的成果，而體系在凝聚共識及據點的營運上也逐漸有了具體的方向與目標，相信明年度將有更好的發展契機。

文／果見法師
（國際發展處監院）

方丈和尚、果醒法師等十多位法師，與美國各州、加拿大等一百二十位東西方悅眾，在象岡道場展開北美護法會年會。

● 01.01～03

香港護法會新會所灑淨
果品法師主法　為弘法利生祈願

香港護法會新會所舉辦灑淨祈福法會，由果品法師主法。

香港護法會新會所於1月1至3日舉辦灑淨祈福法會、佛學講座，以慶祝道場擴建之喜，法會由僧團副住持果品法師主法，關懷中心副都監果器法師、僧大講師果竣法師及常應法師、常嶺法師等前往關懷，共有兩百多位護法信眾參加，共同為位於九龍荔枝角永康街的新會所，祝福祈願。

1日進行灑淨儀式，果品法師首先為信眾講述「灑淨」的意義，法師說明道場設立後，隨之舉辦各項弘法活動，成為眾生修行學佛的地方；而灑淨就是邀請諸佛菩薩的加持，令道場清淨，護持在這裡的眾生學佛和修行。之後，法師領眾為擴建道場、弘法利生祈願，並期勉大家，繼續推動法鼓山理念，並以實際行動護持佛法、關懷社會，共有兩百多人參加。

2至3日，由果竣法師於新會所舉辦佛學講座，主講「《心經》概要」和「佛法概說」，引導信眾在學佛之初，建立正知正見，開顯生命中的佛性，做一個解行並重的學佛人。

● 01.10～14

東初禪寺首次舉辦「楞嚴教理研習營」
領眾體會心念的生與滅

1月10至14日，美國紐約東初禪寺首次舉辦「楞嚴教理研習營」，由住持果醒法師帶領，共有五十多人參加。

五天的課程中，果醒法師每天上午、下午各講解一卷《楞嚴經》後，帶領學員唱誦該卷經文與持誦〈楞嚴咒〉一遍，晚上並安排問答時間。法師由大綱至細目，摘要地講述經文，從五蘊與覺性，以及六入、十二處、十八界與覺性的關係等角度切入，並列舉實例與故事來說明；法師也提供講義，以清楚的對照表，總合並列出其間的關係，以及《楞嚴經》與其他經文的對照。

　　法師指出《楞嚴經》寶貴之處，在於明白闡釋地水火風、世間現象如何從心產生、變現出來，且強調發心修行的關鍵是不能用生滅心，來追求不生不滅的性。而六入、十二處、十八界等是現象界，是心性內的現象，我們因無始以來的習氣使然，心一動就聚焦到動中的現象，而不見本具的湛明覺性，就像相機聚焦在一個畫面上，已不見原本的廣大無邊。

　　最後，果醒法師與大家共勉，清楚、接受在日常生活中的所有感受及念頭，並且如履薄冰地持戒清淨。

● 01.26～02.02

果元法師至墨西哥弘傳禪法
帶領禪七、介紹漢傳佛教梵唄

　　1月26日至2月2日，禪修中心副都監果元法師、僧大禪學系五年級學僧常啟法師，前往墨西哥弘法。除了帶領禪七，果元法師並應當地大學電臺（Radio Universidad）之邀，向聽眾介紹漢傳禪法，為法鼓山的國際弘化寫下嶄新一頁，讓中華禪法鼓宗持續在西方社會生根、發芽。

　　法師們的墨西哥行，是玉海禪堂負責人蘿拉（Laura Del Valle）繼2010年後再度提出邀請。首先在1月26日至2月1日，於納亞里特州（Nayarit）的玉堂海灣（Mar de Jade）帶領禪七，由蘿拉擔任西班牙文翻譯，共有二十四位保育團體人士、醫師、企業家、大學教授等參加。果元法師以調身、調息、調心為主軸，帶領坐姿訣竅與放鬆要領；開示禪修方法時，則以生動的禪宗故事與譬喻，說明不思善不思惡、默照層次，以及活在當下等禪法觀念。

　　禪期結束後，果元法師於2月2日應邀至瓜達拉哈拉大學（University of Guadalajara），接受大學電臺專訪。電臺主持人珂羅（Coral Forda Felice）是該校心理學教授，因參加禪七受益，發願邀請法師向墨西哥人介紹佛教、漢傳禪法，以及漢傳佛教的梵唄。

　　一小時的訪問中，果元法師從印度原始佛教，到傳播世界的大、小乘佛法來介紹佛教。法師表示，佛教是以安定人心、以慈悲智慧為內容的宗教，任何信仰的人都

果元法師接受瓜達拉哈拉大學的大學電臺專訪，向墨西哥聽眾介紹佛教與漢傳禪法。

可以修學佛法。訪問後,法師們進入錄音室,錄製〈普賢十大願〉、〈四弘誓願〉、〈三皈依〉等梵唄音聲,果元法師並以中文、西班牙文,解釋經文意義,這些內容也安排在大學電臺連續播出一個月。

圓滿墨西哥之行,果元法師、常啟法師於2月5日轉往美國洛杉磯弘法關懷。

● 01.28～02.13

果徹法師至舊金山弘法
弘講《四十二章經》 勉眾實踐修行

果徹法師於舊金山分會弘講《四十二章經》要旨。

僧團果徹法師於1月28日至2月13日,前往北美護法會加州舊金山分會進行弘法關懷,主要進行系列佛學講座,並主持法會、禪修活動,引領信眾以懺悔發願、實踐修行來迎接嶄新的一年。

法師首先於1月28至30日,2月4至5日,在分會弘講五堂「修行法門的精華錄──《四十二章經講記》導讀」,以聖嚴師父著作《四十二章經講記》為教材。進入經文前,果徹法師先以總說、傳說、歷史地位、特色、版本、註本、譯者、架構等八個主題,並參考太虛大師的科判,為學員完整解說整部經的脈絡;並說明《四十二章經》內容含攝大、小乘一切教義,文辭簡約精要,不談艱深理論,卻著重修行的實際運用。法師也勉勵眾人,捨離我所愛,乃至放下對自我的執著,才是真正地修學佛法。

課程中,果徹法師並介紹戒律,述說佛陀制戒的起源、動機與目的,讓眾人更能體會戒律的真正精神,是從內心的淨化開始。法師表示,當每個人以正知正念持守淨戒的同時,所身處的團體也因此更加安樂清淨,進而達到正法久住,利益眾生的目的。

2月6日上午,法師於分會主持新春大悲懺法會;在10日的「佛陀聖跡巡禮」講座中,藉由照片觀賞,帶領學員巡禮佛陀弘化的足跡。

12日是聖嚴師父圓寂兩週年,分會舉辦法鼓傳燈日禪一,由果徹法師帶領二十位禪眾精進修行。法師提點禪修的正確觀念和善用方法,勉勵眾人提起願心之餘,更要在生活中實踐修行、自利利他。

● 01.28～30

安省分會舉辦英語弘法活動
邀請俞永峰帶領禪修與講座

北美護法會安省多倫多分會於1月28至30日舉辦英語弘法活動，邀請美國佛羅里達州立大學（Florida State University）宗教系助理教授俞永峰前往帶領，內容包括佛學講座、一日半禪等，共有近一百三十人次參加。

安省分會舉辦一日半禪，由俞永峰老師帶領。

28日，俞永峰老師於多倫多大學（University of Toronto）班漢中心（Bahen Centre）舉辦一場佛學講座，主講「禪宗：生命、親密、與覺醒」（Chan Buddhism: Life, Intimacy, and Awakening），分享如何運用禪修觀念與方法，面對寶貴生命與親密關係，並充實精神層次的力量，學習面對無常，共有四十一人參加。

之後，分會於多倫多大學的多元化信仰中心（Multi-Faith Centre）舉辦兩項活動，包括29至30日的默照一日半禪，俞永峰老師講述默照禪的修行法門，並引導二十五位東西方禪眾逐步練習精進禪修的方法；31日則進行佛法師資培訓課程。

系列弘法活動皆以英語進行，期能讓西方人士領略漢傳禪法的活潑與實用。

● 02.02～12期間

海外各道場舉辦共修迎新春
邀請民眾安心過好年

2月2日除夕至12日春節期間，除了全臺各分院道場規畫系列慶祝活動外，美國紐約東初禪寺、加拿大溫哥華道場，北美護法會加州洛杉磯分會與舊金山分會、華盛頓州西雅圖分會、伊利諾州芝加哥分會，以及亞洲泰國護法會等，也同步舉辦迎新春活動，以祈福法會為主，邀請信眾一起過好年。

美洲地區，東初禪寺迎新春活動於2日除夕夜展開，住持果醒法師帶領近

温哥華道場舉辦新春普佛法會，信眾以清淨、歡喜心前來禮敬諸佛、懺悔業障，迎接新年。

五十位信眾持誦二十一遍〈大悲咒〉，為全人類祈福；接著於3日初一至7日初五期間，總共進行九場藥師法會，以及6日初四的普佛法會，接連十場的新春法會，讓東西方信眾感受充滿法味的新年。果醒法師於普佛法會圓滿後，以「新心相印，欣心向榮」為主題進行開示，勉眾發願精進學佛，斷貪瞋癡，勤修戒定慧。

温哥華道場於2月3至5日連續舉辦新春普佛、大悲懺、藥師法會，共有四百多人次前往禮敬諸佛、懺悔禮拜；6日舉辦「觀身受法」禪修活動，由常賡法師帶領，引導學員體驗放鬆的感受，共有八十多人參加。

泰國護法會於3日上午舉行新春普佛祈福法會，由果界法師、果晨法師等四位法師帶領，大曼谷地區一百多位信眾扶老攜幼參與；下午舉辦佛學講座，由果界法師主講《佛說八大人覺經》。此外，中國大陸四川什邡安心站也於3至7日舉辦「心靈環保迎新納福」活動，內容包括托水缽、影片播放等，分享法鼓山「心靈環保」的理念，與逾萬人次的參與民眾共度心靈充實的新春佳節。

海外地區的新春系列活動，在各地法師與義工的用心規畫下，廣邀信眾以諸佛菩薩的清淨智慧，淨化身心，得平安自在。

2011海外分支道場新春主要活動一覽

區域	地點	日期	活動名稱／內容
美洲	美國紐約東初禪寺	2月2日	持誦〈大悲咒〉
		2月3至7日	新春藥師法會
		2月6日	新春普佛法會、藝文表演
	北美護法會加州洛杉磯分會	2月6日	新春觀音法會
	北美護法會加州舊金山分會	2月6日	新春大悲懺法會
	北美護法會華盛頓州西雅圖分會	2月6日	新春大悲懺法會
	北美護法會伊利諾州芝加哥分會	2月12日	《禮八十八佛洪名寶懺》法會
	加拿大溫哥華道場	2月3日	新春普佛法會
		2月4日	新春大悲懺法會
		2月5日	新春藥師法會
		2月6日	「觀身受法」禪修體驗
	北美護法會安省多倫多分會	2月6日	新春聯誼會
亞洲	馬來西亞道場	2月3日	新春祈福法會
	泰國護法會	2月3日	新春普佛法會、佛學講座
	中國大陸四川什邡安心站	2月3至7日	心靈環保迎新納福

● 02.05～13

果元法師洛杉磯弘法關懷
指導禪修、主持法鼓傳燈日

結束墨西哥弘法行，禪修中心副都監果元法師、僧大禪學系五年級學僧常啟法師於2月5日轉往美國洛杉磯，6至13日，於北美護法會加州洛杉磯分會帶領新春祈福法會、禪一，並主持法鼓傳燈日活動等。

果元法師於洛杉磯分會主講「默照禪的前方便」，介紹放鬆的方法。

6日為農曆春節初四，果元法師於分會帶領新春觀音法會，法會前特別開示「觀音法門」的意義，也分享聖嚴師父與觀世音菩薩結緣的過程。法師說明「觀音法門」是「直觀法門」的一種，透過耳根聽聞的功能去直觀，而「觀音法門」的方法是不特別去選擇什麼聲音來聽，重點是要放鬆，輕輕鬆鬆活在當下的狀況，即可開始練習觀音法門。

9至11日晚上於分會舉辦的禪修講座上，果元法師主講「默照禪的前方便」，介紹放鬆的方法、打坐前後的運動、體驗呼吸及禪修的三種心力等，並由常啟法師示範。法師強調，當感受到念頭變重，就要練習放輕鬆，才不會衍生另一個念頭，禪修要在鬆的狀態下用功。12日進行禪一，共有四十一位禪眾參加。

分會於13日舉辦聖嚴師父圓寂兩週年法鼓傳燈日活動，由果元法師帶領，內容包括觀看介紹師父生平影片「禪心自在」、傳燈儀式，法師勉眾承繼師父建設人間淨土的悲願，持續修學、推動、護持正信佛法。

於洛杉磯分會關懷信眾，指導觀音法門與禪修之後，兩位法師於14日返臺，圓滿此行。

● 02.11～28期間

美國塔拉哈西聯絡處展開系列弘法
期望接引西方人士親近漢傳佛法

甫於2010年10月底成立的美國佛羅里達州塔拉哈西聯絡處，於本年聖嚴師父圓寂兩週年期間，自2月11至13日舉辦一系列的弘法活動，包括三日禪、佛學講座、緬懷師恩等，以持續師父弘揚漢傳佛法的願心。

11至13日舉辦三日禪活動，由塔拉哈西聯絡處、佛羅里達州立大學佛學社共

同主辦,透過聯絡處召集人,亦是該校宗教系助理教授俞永峰的帶領,二十二位青年學子對漢傳禪法有了初步的體驗與認識。

14日西洋情人節當天,俞永峰老師特別以「愛的力量:慈悲觀的修持」為主題,舉行一場講座,並帶領大眾練習禪坐,從中體驗修行的慈悲觀念。

塔拉哈西聯絡處舉辦聖嚴師父圓寂兩週年活動,俞永峰老師為眾人簡介師父的一生。

緬懷聖嚴師父圓寂兩週年的活動則於28日舉行,俞永峰老師為眾人簡介師父的一生,並播放師父的錄影開示;此外,聯絡處並致贈每位參與者一本師父的英文著作《佛心眾生心》(*Getting the Buddha Mind*),共有六十多人參加。

3月份開始,每月第三週週五晚上,聯絡處開始舉辦讀書會共修,期望透過各種活動,接引更多西方人士親近漢傳佛法。

● 02.11～28期間

海外四眾弟子緬懷師恩
分別於三十三個據點舉辦傳燈、禪修活動

2011年2月,聖嚴師父圓寂兩週年,海外各地弟子傳承師父的教導,在三十三個據點舉辦傳燈活動及聯合禪修,包括美國紐約東初禪寺、象岡道場及亞洲馬來西亞道場,北美各地護法分會、聯絡處;還有師父的西方法子們所帶領的禪修團體,均一同參加,當日除了播放師父的開示影片,還贈送師父英文著作,包括《完全證悟》(*Complete Enlightenment*)、《信心銘》(*Faith in Mind*)、《智慧之劍》(*The Sword of Wisdom*)等書。

2月12日,東初禪寺的法鼓傳燈一日禪活動,由住持果醒法師帶領,共有七十多位東西方弟子參加;象岡道場則由監院常聞法師帶領二十五位西方禪眾進行禪一,內容包括:慢步經行、瑜伽運動,同時播放聖嚴師父生前錄製的《大法鼓》節目,法師並針對禪修日用、四念處等主題進行開示。加拿大溫哥華道場也於同

果醒法師帶領七十多位東西方信眾,進行法鼓傳燈一日禪。

日舉辦傳燈法會，由監院果舟法師主持傳燈儀式，在一盞盞相傳的燭燈中，眾人緬懷聖嚴師父的教化恩澤。

在北美各地分會，加州洛杉磯分會由禪修中心副都監果元法師、舊金山分會由僧大助理教授果徹法師帶領傳燈及禪修，華盛頓州西雅圖、伊利諾州芝加哥、新澤西州等分會，加州、華府、康州、密蘇里、密西根、佛羅里達等聯絡處，以及安省多倫多分會，則由資深悅眾帶領聯合禪修。

英格蘭地區「山谷森林禪修會」以植樹活動來緬懷聖嚴師父。

亞洲的馬來西亞道場，於2月11日（農曆正月初九日）聖嚴師父圓寂兩週年當天，舉辦緬懷師恩活動，監院常慧法師透過投影片、《他的身影》影片的播放，與眾人再次緬懷師父一生行誼，共有近六十位信眾、義工參與。

聖嚴師父的西方法子，包括：吉伯‧古帝亞茲（Gilbert Gutierrez）在美國加州帶領「河濱禪修會」（Riverside Chan Meditation Group）、賽門‧查爾得（Simon Child）在英國帶領「西方禪修會」（Western Chan Fellowship），約翰‧克魯克（John Crook）更召集十四個英格蘭地區「山谷森林禪修會」（Forest of Dean Chan Group）等英國禪修團體，共同舉辦聯合禪修活動，有的團體還安排閱讀師父的著作、植樹活動等。

2011海外分支道場及禪修團體法鼓傳燈活動一覽

區域	主辦單位	日期	活動內容
亞洲	馬來西亞道場	2月11日	播放投影片、《他的身影》影片
美洲	美國紐約東初禪寺、美國紐約象岡道場、北美護法會加州舊金山分會、北美護法會加州洛杉磯分會、北美護法會安省多倫多分會	2月12日	一日禪
	加拿大溫哥華道場	2月12日	傳燈法會
	北美護法會新澤西州分會、美國加州「河濱禪修會」	2月13日	一日禪
	北美護法會伊利諾州芝加哥分會、北美護法會華盛頓州西雅圖分會、北美護法會密西根州蘭辛聯絡處、北美護法會南康州聯絡處、北美護法會密蘇里州聖路易聯絡處、北美護法會加州省會聯絡處、北美護法會華盛頓特區聯絡處、北美護法會佛州塔拉哈西聯絡處	2月13日	半日禪
	北美護法會佛州塔拉哈西聯絡處	2月28日	觀看聖嚴師父開示影片
大洋洲	澳洲雪梨分會	2月13日	觀看聖嚴師父開示影片
歐洲	英國「西方禪修會」	2月12日	一日禪
	英格蘭地區「山谷森林禪修會」等十四個禪修團體	2月12至13日	半日禪、一日禪、植樹等

● 02.12～03.26期間　05.12～23期間

溫哥華道場、舊金山分會舉辦「中國佛教史」講座
常悟法師帶領從史觀看佛教

常悟法師為舊金山信眾講授「中國佛教史」系列課程，從歷史角度來了解佛教的思想發展與內涵。

　　加拿大溫哥華道場、北美護法會加州舊金山分會分別於2月12日至3月26日、5月12至23日期間，舉辦「中國佛教史——二千年的寶藏」佛學講座，由僧團常悟法師主講，內容包括「為求大法，何惜生命——佛教的東傳與高僧的西行求法」、「水能載舟，亦能覆舟——佛教與政治」、「一花開五葉——中國禪宗略史」、「何處是淨土——中國淨土思想史略」、「諸宗匯流——明末的佛教」、「挑戰、轉機與重生——近代的佛教」等六個主題，各有近八十人、三十多人參加。

　　課程中，法師引經據典，並援引聖嚴師父著作《法鼓全集》中的相關內容，說明中國佛教的歷史演變。講述歷代高僧行誼，也引用師父的評論做總結，使學員在認識歷史高僧風範的同時，也能更加了解師父的思想。

　　常悟法師運用多元的教材，除了投影片、紙本講義，並播放相關的影片，例如：於介紹中國禪宗史時，便播放《五百菩薩走江湖》DVD片段，帶領眾人一覽百丈禪寺等禪宗祖庭的今日樣貌。

　　許多參與講座的學員表示，從歷史的角度來研讀佛教，對於思想的發展背景與內涵，都能有更深刻的了解。

● 02.13

新加坡護法會舉辦自我提昇培訓營
法師帶領討論「法鼓山關懷的理念」

　　新加坡護法會於2月13日舉辦義工「自我提昇」培訓營，主題是「法鼓山關懷的理念」，由馬來西亞道場常文法師、常峪法師帶領，有近五十人參加。

　　上午的課程，由常文法師說明法鼓山大關懷教育的理念，是以人間化的佛法，普遍平等地關懷社會大眾；因此人的一生，從出生、嬰幼兒、青少年、成年，乃至老年、臨終、死亡等各階段與各層面的需求，都是大關懷教育的範圍。

　　常峪法師在下午的課程中，則帶領學員討論關懷的心態與技巧，強調以同理心的思惟，去體會當事人的感受與情緒，才能在關懷的過程中，幫助他人，也成長自己；學員也透過「角色扮演」活動，體會他人的內心感受，深入了解同理心的運用。

　　許多學員表示，在此項課程中更深入了解法鼓山大關懷教育的理念，也擴大關懷的心靈層面。

● 02.20～27期間

西雅圖分會舉辦佛學講座
常華法師弘講《圓覺經》

　　北美護法會華盛頓州西雅圖分會於2月20、21、23、25、27日舉辦佛學講座，由護法會輔導法師常華法師主講「完全證悟：聖嚴法師說圓覺經生活觀」，共五堂，有近四十人參加。

　　常華法師的弘講內容，主要出自聖嚴師父的著作《完全證悟——聖嚴法師說圓覺經生活觀》。法師依《圓覺經》中十二位菩薩向佛陀請法的過程，穿插師父書中活潑的譬喻及故事，以及現代生活上的實例，說明佛陀如何回應眾生在修習圓覺路上，所遇到的不同層次問題。

　　法師透過禪修的生活觀，以平實易懂的語言和實例，講說《圓覺經》的利益與日常生活中的運用，也勉勵學員精進修行，徹底了悟我們的身、心和這個客觀世界都是虛幻的，便能從煩惱與輪迴中解脫。

● 02.25～27

芝加哥分會舉辦三日禪修活動
由古帝亞茲帶領禪法的入門方便

　　北美護法會伊利諾州芝加哥分會於2月25至27日舉辦禪修活動，邀請聖嚴師父西方法子吉伯・古帝亞茲（Gilbert Gutierrez）帶領，內容包括一場講座及二日禪。

　　在25日進行的專題講座中，古帝亞茲為三十五位聽眾主講「禪法的入門方便」，說明禪雖不是修行佛道的唯一方

參加禪二的禪眾與古帝亞茲（前排立者左四）合影。

法，卻是修行佛道的通途或要門，它以戒律的生活與禪觀定力為基礎，智慧與慈悲大菩提心的開發為目的；也指出禪的修行方法並無定法，若得明師指點，一切方法，均可匯歸禪的入門方便，包括念佛、持咒、禮拜、讀誦等方法，不僅限於靜坐。

26至27日進行禪二，在古帝亞茲的帶領下，十五位學員練習數息、禪坐、懺悔禮拜，並練習將禪修方法運用在日常生活中。

古帝亞茲為芝加哥信眾深入淺出地闡明禪法的特點，並搭配禪修方法的指導，讓許多禪眾深感受益良多，並表示希望古帝亞茲有機會再到芝加哥分享禪法。

● 02.26～27

安省分會舉辦新春禪修弘法活動
果醒法師帶領生活禪

北美護法會安省多倫多分會於2月26至27日，於當地北約克市民中心（North York Civic Centre）舉辦弘法活動，由美國紐約東初禪寺住持果醒法師前往帶領，內容包括新春大悲懺法會暨皈依典禮、一日生活禪等。

26日上午，果醒法師首先帶領新春大悲懺法會，領眾虔誠共修；會後舉辦皈依儀式，共有三人皈依三寶。下午舉辦電影欣賞，由法師帶領賞析影片《佛陀》（*The Buddha*），並分析片中的佛法意涵，有二十多人參加。

27日進行生活禪講座，果醒法師說明，在日常生活中我們的身、口、意不停地造業而引發現世報，卻渾然不知，應該練習以專注的心念，察覺貪瞋癡的作用，運用無常、無我、空的觀念來解決問題；並藉由人生百態的照片，引導學員分析自己是用貪瞋癡在看影像，還是用心觀察。該講座共有四十二人參加。

用完齋後，法師帶領大家玩遊戲，兩手各擲吸管頂著球，一邊是乒乓球，一邊是玻璃珠，然後進行走路、談話和日常生活一般，但不要讓球掉下來，藉以練習放鬆身體、集中心力面對生命的每一刻；進而學習在日常生活中，清清楚楚地放鬆，隨時提起方法，練習禪修的活用。

果醒法師於安省分會帶領一日生活禪，進行大堂分享。

● 02.26～03.06

果毅法師美西弘法關懷
導讀聖嚴師父著作、闡述禪法的層次化教學

2月26日至3月6日，普化中心副都監果毅法師前往美國加州洛杉磯、舊金山，展開為期十天的弘法關懷之旅。

法師首先於洛杉磯分會舉辦兩場講座，分別導讀《法鼓全集》及聖嚴師父的禪修著作《牛的印跡》。在26日《法鼓全集》導讀講座上，果毅法師從師父一生行誼談起，剖析師父寫作的因緣及目的，主要在於讓更多人認識佛法、實踐佛法，因此鼓勵學員從「多元、實用、需要」的角度，從中找到與自己相應的智慧法寶，並活用於生活中；27日下午，在《牛的印跡》導讀課程中，法師除了

果毅法師在舊金山分會講說聖嚴師父禪法的層次化教學。

逐一介紹各章的重點，也補充說明中國禪宗與中華禪法鼓宗的法脈源流。

27日上午，果毅法師特別向大眾介紹法鼓山大普化教育的核心理念及發展現況，包括聖嚴書院、讀書會、法鼓講堂等多元化的學習管道，其中聖嚴書院「福田班」課程，也於2011年6月起在美西陸續開辦，引領學員開展服務奉獻的福慧人生。

3月1至6日法師在舊金山分會關懷期間，除了帶領信眾們禪坐共修、半日禪，並針對大悲心水陸法會的精神、聖嚴師父禪法的層次化教學、師父禪修書籍，進行介紹與講說，合計共三場講座。

首場講座於3日進行，果毅法師為聽眾講說「近代高僧——虛雲老和尚」；在5日「水陸法會的精神和介紹」講座上，法師從總壇與外壇的關係切入，詳細介紹水陸佛事的結構，說明法鼓山是以正信佛教為依歸，對傳統水陸法會中不合時宜的地方，做了符合時代需要的修訂。

6日，果毅法師介紹「聖嚴師父禪法的層次化教學」，法師提到，師父將南傳及藏傳佛教的優點，運用在傳統的禪法中，初學者可以先用法鼓八式動禪來調身，再用數息法調息，安定身心。過程中，讓原本的散亂心保持專注集中，進而統一之後達到無心，這也是師父整理出頓法中的次第化漸修法門，希望讓人們更容易學習禪法。

此外，法師對聖嚴師父所著的禪修書籍進行導讀，並將師父的三十本著作，

分為應用、基礎、原典釋義、專修、原典選輯等五類；果毅法師建議大眾，找出有興趣的、跟自己相應的書來看，會更容易入門。

● 03.01～09

果器、果見法師展開澳、泰弘法關懷
雪梨新禪堂灑淨、國際交流拓展

關懷中心副都監果器法師、國際發展處監院果見法師及護法總會副總會長周文進，於3月1至9日前往澳洲、泰國，展開一趟跨越南北半球的護法關懷活動，除了為雪梨分會新禪堂主持灑淨，也至雪梨大學（The University of Sydney）參訪交流，為法鼓山未來的海外弘法、國際學術交流，進行相關規畫。

果器法師一行在1日抵達澳洲墨爾本（Melbourne）關懷當地悅眾後，3日轉往雪梨，感謝提供雪梨分會新禪堂的納維康（Nature's Care）集團總裁吳進昌伉儷；下午前往雪梨大學，拜訪由印度次大陸研究系所（Department of Indian Sub-continental Studies）所開設的佛學研究學程現任負責人馬克·亞隆（Mark Allon），以及克蘭格（Crangle）、麥格里提（McGarrity）等教授。

法鼓山與雪梨大學的因緣，源於2004年聖嚴師父的澳洲弘法行，當時師父在雪梨大學舉行公開演講，並代表中華佛研所與該校宗教系簽訂學術交流備忘錄。亞隆教授表示，目前該系增聘一位漢傳佛教的教授，專長在禪宗方面的研究，希望未來能與法鼓佛教學院、法鼓山僧伽大學，進行學生交換和學術交流。

雪梨分會新禪堂的灑淨儀式於3月5日舉行，由果器法師主持。分會召集人莫靄瑜表示，過去十年，雪梨信眾們無固定的共修場所，新禪堂讓法鼓山在雪梨有了推動弘法修行的固定會所；2月13日，分會已在新禪堂舉辦傳燈法會，讓中華禪法鼓宗的精神在澳洲傳承下去。

結束澳洲行，6日果器法師一行人轉往泰國護法會關懷，會長蘇林妙芬向法師們說明目前的弘法現況與需求，法師們則協助分會推動當地組織制度的運作，期望未來在泰國更積極地推廣漢傳禪法。

雪梨分會新禪堂的灑淨儀式，由果器法師主持，當地信眾們感恩有了一處固定的共修場所。

●03.20～04.04期間

馬來西亞道場舉辦梵唄課程
果增法師講授梵唄的意義與內涵

　　3月20日至4月4日期間，馬來西亞道場舉辦梵唄研習課程，由臺東信行寺監院果增法師帶領，共有二十五人參與，深入梵唄的意義與內涵。

　　果增法師在課堂上，首先介紹梵唄在中國的起源、不同的唱腔，以及唱念的方法，並詳細講解唱歌和梵唄的不同，說明梵唄的要領在於掌握準確的拍子、不帶閒音重字、注意口型、腔調清緩和雅；也介紹引磬、木魚、地鐘等法器的功用和執掌技巧，以及拜懺時，東西單引磬的打法、六字和

果增法師（左）為馬來西亞學員介紹引磬、木魚、地鐘等法器的功用和執掌要領，常慧法師（右）在一旁協助引導。

四字佛號的唱誦速度、出位繞佛和轉板引磬、小魚的打法等。

　　課程中，法師引導學員實際使用每一種法器，並以〈懺悔偈〉做示範，讓學員輪流試唱。大堂課程之外，果增法師也利用空檔時間，為悅眾菩薩指導法會的儀軌，以及正確的唱誦方法。

　　課後，學員們表示感恩法師傾囊相授，認為此次課程是一個美好開始，而梵唄的學習也將成為一生的修行功課之一。

●04.03～08.21期間

東初禪寺舉辦〈寶鏡三昧歌〉佛學講座
果醒法師剖析詩偈的禪理

　　4月3日至8月21日期間，美國紐約東初禪寺舉辦週日講座，由住持果醒法師主講〈寶鏡三昧歌〉，共七場，每場有五十多人參加。

　　法師說明，〈寶鏡三昧歌〉是一首四言偈頌，共三百七十六字。全詩闡述人人皆有自性寶鏡，只因被煩惱遮蔽，而失去映照能力，若能拭去心鏡上的塵埃，寶鏡即能再顯明淨。

　　果醒法師的弘講內容，主要是導讀聖嚴師父的著作《寶鏡無境》，剖析寶鏡是一種象徵，代表諸法的根本、一切眾生的根源、諸佛的本質；而三昧是指

寶鏡的力量，只有當一個人達到最深層的三昧時，這種力量才會顯現，到了這個時候，所有的執著皆已脫落；而這種力量表現在兩方面：一是袪除煩惱以自利，二是幫助別人發覺自己的寶鏡以利他。

最後，法師勉眾善用〈寶鏡三昧歌〉的禪理，並在生活中時時修行，即能化煩惱為菩提，體驗真正的禪悅。

● 04.04～05

法鼓山出席藍毘尼大塔院開光
惠敏法師代表出席、分享「心靈環保」要義

4月4日，在佛陀誕生地興建落成的尼泊爾藍毘尼（Lumbini）大塔院舉行開光典禮，法鼓山受邀出席，由僧團首座和尚惠敏法師及常惺法師代表參加。兩位法師以漢傳佛教的唱誦儀式，與來自世界各地的南傳、藏傳佛教代表輪流灑淨祝禱，隨後惠敏法師並參與漢藏佛教對談，談佛法的現代運用。

當天的開光典禮，由宗南嘉楚仁波切主持，隨後三系佛教代表分別灑淨及祝福，彰顯佛教流傳兩千六百年後的世界佛教風貌。下午的漢藏對談，由惠敏法師、宗南嘉楚仁波切、佛光山德里中心監院慧開法師與談，對談內容包括佛教的根本教理、如何向內斷除煩惱、向外展現慈悲等，惠敏法師也分享聖嚴師父提倡的「心靈環保」要義。

藍毘尼位於印度及尼泊爾邊境，四世紀東晉法顯大師、七世紀唐代玄奘大師

惠敏法師（右一）與藏傳、南傳佛教代表，出席尼泊爾藍毘尼大塔院開光典禮。右五為指導興建大塔院的宗南嘉楚仁波切。

均曾到此求法，聖嚴師父也曾於1989年帶領僧俗四眾來此朝聖；由於阿育王石柱被勘定的歷史證據，藍毘尼園於1997年被列為聯合國世界文化遺產。

2005年，聯合國在遺址旁東岸規畫出藍毘尼園區，分配成四十二區，並以人工運河區分南、北傳佛教建築區，供世界各國佛教徒興建塔寺。位於十九區的大塔院，由尼泊爾籍的第四世宗南嘉楚仁波切指導興建，大塔院建築主要的設計團隊、開光典禮籌備團隊及重要資金捐助，均來自臺灣。

對談結束後，與會人士前往藍毘尼園遺址區參訪。隔天，則參訪迦毘羅衛城（Kapilavastu），在頹圮的王城殘跡中，見證興衰起滅的無常，並緬懷佛陀堅毅的求道身影。

● 04.09

美國羅徹斯特大學師生訪芝加哥分會
認識佛教與聖嚴師父行誼

美國羅徹斯特大學（University of Rochester）宗教學系教授約翰‧巴頓（John Patton）與學生一行三十七人，4月9日上午參訪北美護法會伊利諾州芝加哥分會，由資深悅眾王翠嬿接待，並

美國羅徹斯特大學學生一行參訪芝加哥分會。

介紹聖嚴師父的生平，分享法鼓山的理念。

參訪過程中，王翠嬿特別為第一次接觸佛法的學生們介紹佛教、禪的修行以及佛陀的事蹟和行誼，並指導靜坐，也引導學生觀摩大悲懺法會。

活動中，學生們對於如何打坐、佛教如何解釋人死後的去處、拜懺、法鼓山山徽的象徵意義等問題極感興趣，紛紛提問。參訪結束前，分會代表法鼓山，贈送每位學生英文版的《聖嚴法師108自在語》、《禪》雜誌（*Chan Magazine*）等結緣品。巴頓教授表示，此行收穫豐富，未來還會繼續帶領學生至分會學習。

● 04.10

匈牙利公共電視臺拍攝法鼓山
向中歐民眾介紹漢傳佛教道場

匈牙利公共電視臺的導演與攝影師兩人,在法鼓山國際發展處監院果見法師、行政院新聞局人員陪同下,於4月10日前往法鼓山園區進行拍攝,介紹臺灣漢傳佛教道場的特色與建築之美。

兩位工作人員,除了在祈願觀音殿、大殿及周邊環境取景外,由於當天適逢假日,許多民眾攜家帶眷來到法鼓山上,信眾參拜禮佛、請領心靈處方籤的過程,也成為拍攝取景的重點。在果見法師的示範解說下,導演也向觀音菩薩祈求了一張心靈處方籤,祝福遠在匈牙利的親人。

● 04.14~16

新加坡護法會舉辦佛三
果舫法師勉眾念佛趣向淨土

4月14至16日,新加坡護法會於當地大悲佛教中心舉辦佛三,僧團派請女眾副都監果舫法師,以及果芃法師、常及法師前往帶領,每日有兩百多人參加。

在果舫法師帶領下,新加坡信眾攝心專注地唱誦及禮拜,用至誠懇切的心念佛。

果舫法師開示時,說明學佛修行的基礎,一要相信因果,二要受持戒律,三要確定行門;為了讓眾人增長對念佛法門的信心,法師以本身的經歷,以及歷代祖師大德的事蹟,鼓勵眾人發願一心念佛、求生淨土。一心念佛,先拿到極樂世界的護照,就可以隨願到他方世界救度眾生。

法會每日從早上九時到晚上九時,從〈讚佛偈〉、繞佛、坐念、拜佛、拜懺、晚課及大迴向,處處可見眾人在清淨的梵唱聲中,攝心專注地唱誦及禮拜,而法師也時時叮嚀大眾,要用至誠懇切的心來念佛。

除了在大殿用功,用齋時間,法師也不忘引導眾人用方法,不只咀嚼時清楚飯菜在口中的變化,更可一邊咀嚼、一邊念佛。一口飯咀嚼五十二次,正好是十三聲佛號,不但幫助消化,也等於做了一堂功課。

此次佛三,有三位來自臺灣臺南地區悅眾,與當地的義工,共同成就這場殊勝的法會,也接引許多新加

坡民眾一起念佛學佛。法會圓滿後，法師還一再叮嚀眾人，要趕緊確定修行法門，並在生活中不斷努力用功，時時提起彌陀聖號，念念歸向極樂淨土。

● 04.15～17

北美360度禪修營於舊金山舉辦
果醒法師、常華法師帶領習禪第一步

邁入第三屆的「法鼓山北美360度禪修營」，本年首度於北美護法會加州舊金山分會舉辦，4月15日起一連三天，在美國紐約東初禪寺住持果醒法師、北美護法會輔

參加第三屆的「法鼓山北美360度禪修營」的學員們，在果醒法師（中右）、常華法師（中左）帶領下，踏出禪修第一步。

導法師常華法師帶領下，學習正確的禪修觀念和方法，共有十八位學員參加。

「360度禪修營」三天課程以觀看聖嚴師父的開示影片為主，果醒法師並適時補充說明禪修方法，從旁引導學員聞法與實修交錯，讓學員在理解禪法之餘，也能實地跟隨悅眾的示範，加強方法上的熟練運用。這次參加學員，包括作家、記者、醫護人員、教師、社團負責人、財經專家及工程師等不同領域人士。

17日活動圓滿後進行大堂分享，有學員表示，自己長時間以來尋找禪修方法，直到這一次才踏入門；也有學員對於懺悔禮拜，深受感動與受益；一位學員談及自己在美定居數十年，尋尋覓覓不同教派，但總是未能十分相應，如今聽聞聖嚴師父說法，心中有說不出的歡喜。

為接引西方人士親近漢傳禪法，北美護法會接續以往的「社會菁英禪修營」，開辦「360度禪修營」，邀請居住在美國本地、鎮日忙錄於專業與管理的族群人士，前來學習漢傳禪法。舊金山分會位於商業都會及科技重鎮，成為舉辦本屆禪修營的地點，籌備、舉辦期間，當地悅眾全力護持，期望漢傳佛教可以早日在美國弘傳開展。

● 04.22～24

香港護法會舉辦讀書會帶領人培訓
推廣讀書交流共學風氣

三天的交流共學，讓參加香港讀書會帶領人培訓的學員們發心推動心靈環保讀書會，成就淨化心靈、利樂他人的資糧。

4月22至24日，香港護法會舉辦讀書會帶領人培訓課程，由普化中心副都監果毅法師、信眾教育院常用法師、資深讀書會帶領人王怡然帶領，共有五十多人參加。

22至23日進行「讀書會帶領人初階培訓」課程，常用法師首先帶領學員認識法鼓山讀書會的內涵，說明讀書會不單是一個團體、讀一本書，而是一個交流和共學的機會、是一個動態與靜態兼具的活動；法師並分享推動讀書會的心得，以「讀懂一句，受用一生」寓意「知」與「行」的妙用，強調讀書會的目的不在於「書」，而在於「人」，在於如何與人分享知識的利益，如何用心聆聽、用心表達、用心參與。

王怡然老師講解「讀書會意涵」、「帶領人職責與涵養」，也解析「如何讀懂？如何提問？如何深入？如何活化？」的「四層次提問」。23日課程，並進行分組演練「四提問」的觀念和運用，學員反應熱烈，對擔任帶領人的信心，益加堅定。

24日，由果毅法師導讀《法鼓全集》，法師從聖嚴師父的一生行誼、寫作目的切入，詳細介紹《法鼓全集》的分類內涵，針對個人閱讀、讀書會選讀運用，指引出一條實用清晰的脈絡，帶領學員深入師父的精神世界。

多位學員表示，三天共學課程，澄清了許多盲點，也期許自己要持續推動心靈環保讀書會，成就淨化心靈、利樂他人的資糧。

● 04.23

方丈和尚獲頒泰國「佛教傑出奉獻獎」
致力弘揚漢傳佛教受肯定

方丈和尚果東法師因承繼聖嚴師父悲願，致力弘揚漢傳佛教，2011年獲泰國國會眾議院宗教藝術文化委員會頒贈「佛教傑出奉獻獎」（the Buddhagunupakan Award of Excellence），頒獎典禮於4月23日舉行，由僧團副

住持果暉法師代表受獎。

泰國以佛教為國教，為鼓勵四眾弟子為佛教盡心盡力奉獻，並支持在世界各地弘揚佛陀教法的僧眾法師、在家居士及團體，因而設置「佛教傑出奉獻獎」。其中獲得「佛教奉獻獎」的僧侶，都是在佛教行政、佛教教育、慈善公益、佛教學術文化、佛教環保等方面，有五年以上的奉獻。本年除了方丈和尚，臺灣方面獲獎的還有佛光國際總會星雲法師、元亨佛教研究所澈定法師，以及臺灣佛教青年會會長淨耀法師。

● 04.26～30

克羅埃西亞禪眾回法鼓山尋根
與僧眾交流東西方禪修經驗

4月26至30日，十一位來自克羅埃西亞和挪威的「法集」（Dharmāloka）佛學會的禪眾，在聖嚴師父法子查可·安德列塞維克（Zarko Andricevic）帶領下，參訪法鼓山園區。

「法集」佛學會此行除參加禪修活動，並拜會方丈和尚果東法師、巡禮金山環保生命園區，也走訪三峽天南寺、桃園齋明寺，27日並與多位僧團法師交流，讓平日相隔遙遠的臺灣、西方禪眾有機會相聚，並分享彼此禪修的體驗。

查可（右二）率同克羅埃西亞和挪威禪眾，回到法鼓山展開祖庭溯源。一行人前往生命園區巡禮。

查可說明，這次來臺主要是進行祖庭溯源巡禮，之前已在中國大陸停留十六天，最後一站來到法鼓山總本山，是因為這裡是他們學習佛法、禪修的源頭，是承接聖嚴師父法脈的起點，所以法鼓山對他們而言是心靈的家。

查可並提到，西方人常以為「禪」就是打坐的方法，與佛教思想沒有任何關聯，但聖嚴師父卻將大小乘的教理、教義融入禪法裡頭應用，讓「法集」的學習邁入一個全新的階段。往後，「法集」成員便以漢傳禪法為修學核心，並定期往返紐約參加禪修，查可更於2001年獲得師父傳法，承擔起弘揚漢傳佛教的任務。

1970年代成立於克羅埃西亞的「法集」佛學會，是克國歷史最悠久、且唯一獲政府正式立案的佛教團體。團員平均教育程度相當高，而真正接觸到佛教的修行，是從聖嚴師父的英文著作開始，其部分成員也曾到美國紐約東初禪寺打過禪七，並且將師父的文章或著作翻譯成該國語文進行推廣。

克羅埃西亞弟子至法鼓山祖庭溯源

堅定傳承法脈、弘揚佛法的道心

4月26日，聖嚴師父法子查可‧安德列塞維克帶領十一位來自克羅埃西亞和挪威的「法集」佛學會禪眾，結束在中國大陸的朝聖之旅，抵達法鼓山園區，接續展開為期五天的祖庭溯源。

這一趟，除了參加禪一、巡禮金山環保生命園區，走訪三峽天南寺和桃園齋明寺，查可一行人也和七十多位僧團法師圍坐禪堂，分享在西方接觸佛教、推廣漢傳禪法的因緣與歷程。

「法集」佛學會以查可為首，成立於1970年代，是克羅埃西亞境內最悠久的佛教團體。最初以教授中國功夫和瑜伽為主，之後也接觸佛教、禪修，90年代，團體因理念不合而分裂，為了尋找新的禪修教師，查可參訪不少禪修道場，直到在美國紐約跟隨聖嚴師父打了第一個禪七後，便認定師父就是他尋覓多年的明師。

於是，查可邀請聖嚴師父指導禪修、舉行公開演講。1997年，師父首次踏上克國的土地，展開弘法，卻在此天主教國家引起廣大回響，演講會場上原定一百五十個座位，最後卻湧入三百多人聽講，此行也成為漢傳禪法在當地扎根的開始。

由於克國近九成民眾都是天主教徒，加上常年戰亂、族群對立，佛教的發展空間有限；但查可認為，正因為處於這樣的環境，佛法的慈悲與智慧反而提供一個全新的視野，也影響一些天主教徒的想法。查可引導當地民眾，明白天主教是自己的根，同時清楚自己的生命開始與佛法相遇，並認知這些只是一個演變的過程。查可說明，這個過程本身就是「無我」的練習，如果能真正放下我執，就能體會聖嚴師父所說的「慈悲沒有敵人」。

近年來，查可不僅在克國境內巡迴教學，每年還到美國、德國、挪威等地指導禪修，並積極參與跨宗教對談，承續聖嚴師父弘法西方大願。

此行，查可也分享，「法集」即將興建永久道場。邁向嶄新階段之際，克羅埃西亞禪眾選擇回到東方、朝禮祖庭，實際走過祖師大德曾經生活、修行的地方，更深刻體會聖嚴師父建設法鼓山的用心與遠見，傳承法脈、弘揚佛法的道心，也更為深刻而堅定。

「漢傳佛教文化協會」首場講座於紐約展開

果祥法師弘講「漢傳佛教的時代意義」

三十多年來，聖嚴師父戮力於西方社會弘法，播下漢傳佛法的種子，師父的悲願，除了由僧眾弟子接續，在美國的護法信眾龔吳淑芳、王榮等人的聯繫策畫下，2011年初於紐約正式成立「漢傳佛教文化協會」，期望秉承聖嚴師父的願心，護持漢傳禪佛教在西方社會的弘揚。

5月7日，協會在當地法拉盛喜來登大飯店舉行首場弘法演講，邀請僧團果祥法師主講「漢傳佛教的時代意義」，象岡道場監院常聞法師、文化界耆老王鼎鈞教授，以及美國哥倫比亞大學（Columbia University）宗教學系教授于君方都到場致詞，並對協會的成立給予肯定和鼓勵。

果祥法師於演講中，清晰有條理地從歷史的角度、宗派的傳承，以及生活的層面，向現場兩百多位聽眾介紹漢傳禪佛教的特色與優點，在於其消融性、包容性、適應性，以及人間的普及性和社會的接納性。法師並深入淺出闡述漢傳佛教與當今社會的連結，還有如何將禪法落實在日常生活中。

「漢傳佛教文化協會」將持續在大紐約地區舉辦系列弘法講座，並透過頒發獎學金給研究漢傳佛教的博碩士生、捐贈《法鼓全集》給美國各大學校等活動，在北美地區推廣人間化、生活化的漢傳禪佛教。

有關該協會在大紐約地區舉辦系列弘法講座方面，包括與「ICN紐約中文電視臺」、「ICN紐約僑聲廣播電臺」簽約，運用廣播、電視頻道播出聖嚴師父的弘法開示。自6月1日起每週五下午三時，播出三十分鐘《快樂過生活——聖嚴法師的智慧妙錦囊》廣播節目，7月1日起每週五晚間七時四十五分於Ch.24.2播出《大法鼓——聖嚴法師智慧談人生》電視節目。

漢傳佛教文化協會在紐約舉行首場弘法演講，兩百多位美國聽眾到場聆聽果祥法師主講「漢傳佛教的時代意義」。

● 05.12～29

方丈和尚北美弘法行
接受媒體專訪並主持皈依、佛法講座

19日在安省分會記者會上，方丈和尚接受多倫多華文媒體訪問。左為安省分會召集人張慈芳。

方丈和尚果東法師於5月12至29日期間，展開北美巡迴弘法行，首站抵達美國紐約，18日飛往加拿大東岸多倫多，除了關懷安省多倫多分會、舉行大悲懺法會、皈依典禮，並接受當地新聞媒體訪問；23至29日前往西岸溫哥華，同時在溫哥華道場舉行佛法講座及皈依典禮。

12至17日期間，方丈和尚於14日前往北美護法會新澤西州分會關懷信眾，勉勵眾人掌握社會脈動，推廣符合現代人所需、含有教育與關懷的佛法內涵。15日，在紐約東初禪寺主持皈依典禮、佛誕慶典，並以「安於當下，活在當下，佛在當下」為題進行開示，勉眾在面對天災頻繁的社會環境時，抱持一切都是因緣和合的佛法觀念，珍惜當下每一個因緣，開啟與佛一樣的慈悲與智慧，就是安於當下、活在當下。

隨後前往加拿大，此次北美行中最受矚目的是方丈和尚由安省多倫多分會召集人張慈芳陪同，於19日在當地舉行記者會，接受「多元文化電視臺」（Omni TV）、《世界日報》、《明報》、《星島日報》等華文媒體訪問，訪談內容並於當天播放及刊出。有記者提問，近來西方社會的末日預言甚囂塵上，佛教如何看待？方丈和尚表示，面對種種天災人禍，我們應該要有危機感，但不須心生恐慌，佛法教我們「心淨則國土淨」。雖然世界末日論提出科學、客觀的論點，佛教的態度既非悲觀，也非樂觀，而是「因果觀」，所有事物都是因緣而生。

接著，方丈和尚、北美護法會輔導法師常華法師一行人至安省分會，參加20日舉辦的「願願相續」募款素宴，希望凝聚眾人願

方丈和尚於溫哥華道場主持皈依典禮，並和三百多位聽眾分享如何面對生命的起承轉合，讓生命趨向圓滿。

心，在多倫多購置一處固定道場，提供更多人共修，將漢傳佛法推廣至西方社會，當晚有兩百四十人參加。22日，方丈和尚於北約克市政中心（North York Civic Centre）主持皈依典禮，有十五人皈依。

圓滿多倫多行程，方丈和尚轉往溫哥華，分別關懷本拿比區、菲沙河谷區、列治文區、溫哥華西區等地信眾。29日於溫哥華道場舉行佛法講座，並為七十四位民眾授三皈依。有鑑於世界天災、人禍不斷，方丈和尚以「生命的『起、承、轉、合』——知福幸福」為題，與三百多位聽眾分享：起是尊重生命，承為莊嚴生命，轉為淨化生命，合為圓滿生命；也期勉眾人，人雖然無法決定生命的長度，卻可以決定生命的寬度及品質，若以正向的心態扮演好自己的角色，知福、惜福就能幸福，讓生命趨向圓滿。

2011方丈和尚北美弘法行一覽

時間	地點	活動內容
5月12至17日	美國紐約東初禪寺	主持皈依典禮、佛誕慶典等
5月14日	北美護法會新澤西州分會	舉辦關懷活動
5月19至22日	北美護法會安省多倫多分會	接受華文媒體訪問、參加「願願相續」募款素宴、主持大悲懺法會、皈依典禮等
5月23至29日	加拿大溫哥華道場：本拿比區、菲沙河谷區、列治文區、溫哥華西區	舉辦關懷聯誼會、佛法講座、主持皈依典禮等

● 05.12～14

果暉、果鏡法師出席第八屆聯合國衛塞節
提出「心靈環保」的人間化、現代化、年輕化、實踐化

第八屆聯合國衛塞節暨慶典活動，於5月12至14日在泰國曼谷與大城府舉行，法鼓山由副住持果暉法師、中華佛研所所長果鏡法師代表出席。12日的開幕致詞典禮中，果暉法師除了向八十四歲的泰皇表達祝賀，並向與會代表介紹法鼓山提倡的「心靈環保」，即是將佛教人間化、現代化、年輕化、實踐化。

在第八屆聯合國衛塞節各國代表致詞時，果暉法師向與會代表介紹法鼓山提倡的「心靈環保」，即是將佛教人間化、現代化、年輕化、實踐化。

衛塞節是南傳佛教紀念佛陀誕生、成道、涅槃的節日，近年來，聯合國都在泰國舉辦慶祝活動，本年的主題是「以佛教普世價值來探討現代社會經濟發展」，13日在朱拉隆功佛教大學（Mahachulalongkornrajavidyalaya University）舉行國際研討會，由各國代表針對「佛教領袖和社會經濟發展」、「建構和諧社會」、「環境保護和復原」、「運用智慧來覺醒社會」等主題展開討論。果暉法師受邀參與「共同佛教文本專題工作坊」，與各國學者就漢傳、南傳、藏傳三大佛教傳統的重要教義，如何翻譯成現代英文的問題，進行互動探討，期望將佛教介紹給世人知道。

14日閉幕典禮上，全球八十六個國家、近五千多位各國代表，共同在大佛城（Buddhamonthon）參加唱誦祈禱儀式，在莊嚴的點燭繞佛三匝後，圓滿三天的活動。

● 05.20～22　06.19　08.21　09.17

馬來西亞道場舉辦安寧療護課程
分享正念治療、靈性照顧

由法鼓山馬來西亞道場與《星洲日報》合辦的「與自己的生命相約」安寧療護課程，在鶴鳴寺、龍華寺以及慈心基金會（Kasih Foundation）協辦下，第一系列課程於5月20至22日展開，邀請來自臺灣的安寧療護專家宗惇法師、臺大醫院家庭醫學部主治醫師姚建安、臺灣大學護理學系副教授胡文郁、彰化師範大學輔導與諮商學系助理教授黃鳳英，分享為安寧病人服務多年的經驗，共有三百人次參加。

首場講座，由胡文郁老師為大家說明何謂安寧療護、安寧療護所需扮演的角色，以及如何協助病人在安寧療護下，得到良好的生活素質。

駱毅真老師講授「你的明天會活得更好嗎？」。

之後兩天講座於孝恩館進行，由大馬電視臺主播蔣佩佩主持，《星洲日報》編輯曾疏林、馬來西亞道場監院常慧法師及負責此次課程的常妙法師均出席致詞。課程中，姚建安醫師主講「身體症狀的醫療處置」，並提出「醫學目標就是要探索致病

的根源」。他說明，安寧療護教育能幫助大眾探索，卻礙於現今一般人對安寧療護教育多有誤解。姚醫師呼籲，對待病人須一視同仁，沒有歧視、沒有隔離；在當義工或照顧病人時，必須接納病人，並以病人為中心。

胡文郁老師則以「心理社會」為題，分享如何告知以及面對病情，也提醒大眾，照顧病人時，須有同理心，學習靜默與傾聽，不須急於回答病人的問題；也要尊重病人了解病情的權利，同時顧及病人的接受度。

黃鳳英老師在「悲傷治療」講座中，則分享如何帶領家屬走出喪親的悲傷，尤其是小孩，更需要大人的協助與理解。黃教授並推廣正念治療，幫助身心現實化，讓自己如實地察覺，完全活在當下，以協助家屬走出悲傷。

最後一堂，由宗惇法師講授如何靈性照顧安寧病人，說明靈性的定義，是對正法的感應、證悟與理解能力，是一種生命力，心智成熟的表現；而安寧靈性照顧，須解決病人心理的病，協助病人找回尊嚴及給予力量。

由於回響熱烈，馬來西亞道場於6至9月間又陸續舉辦多場安寧療護講座，協助大眾找到生命的意義。

馬來西亞道場「與自己的生命相約」安寧療護系列課程

時間	主講人	主題
5月20至22日	胡文郁（臺灣大學護理學系副教授）	心理社會
	姚建安（臺大醫院家庭醫學部主治醫師）	身體症狀的醫療處置
	黃鳳英（彰化師範大學輔導與諮商學系助理教授）	悲傷治療
	宗惇法師（安寧療護專家）	靈性照顧安寧病人
6月19日	吳碧彬（慈心基金會主席）	安寧舒適護理的原則與方法
	駱毅真（馬來西亞大學醫院安寧病房主任）	你的明天會活得更好嗎？
8月21日	馮以量（馬來西亞臨終關懷資深社工）	如何陪伴喪親者走過悲傷
	唐朱琬（馬來西亞扶貧作家）	分享中國癌症村的臨終服務
9月17日	李荷琴（馬來西亞心蓮居家療護醫師）	一位安寧醫生的心聲

● 05.29　06.18　06.19　06.25

聖嚴書院福田班海外開課
香港、美國、加拿大相繼開班

普化中心聖嚴書院福田班於5月29日首度在海外開辦，第一場在香港舉行，隨後陸續於6月18日、19日、25日，分別在北美護法會加州洛杉磯分會、舊金山分會、加拿大溫哥華道場開課，廣邀大眾「同一師學，同飲法乳」，學做福慧具足的萬行菩薩。

為了協助開班，普化中心副都監果毅法師、常用法師，特別自臺灣前往各地區為課程進行整體介紹。香港開課第一天，果毅法師首先指出，福田班的課

程設計，融貫解行並重、福慧雙修；並說明，無論是親近法鼓山多年的資深悅眾，或是皈依不久的新學菩薩，都能有系統地學習聖嚴師父留下的珍貴法寶。而常用法師則從師父的人格特質、一生的五個時期，詳盡說明師父的行誼風範，讓學員們對師父有更深一層的認識。

北美第一班在洛杉磯分會展開，學員來自臺灣、香港、越南、大陸等地，由於分會前一天正好購入新的分會場所，即將展開整建。果毅法師特別舉例，地基、水電管線等基礎工程雖看不到，卻是所有建築的最初著手處，而福田班就如同學佛的「基礎建設工程」，以此勉勵新學者打好基礎，舊學者重新檢查「裝備」，菩薩道路即能步步踏實。

舊金山福田班學員同聚一堂，由果毅法師為大家介紹福田班的整體課程。

在舊金山分會，班導師常華法師以自身經驗分享，笑稱當地學員多半是學習理工出身，往往「理性」較強，喜歡論理、辯論；但學佛必須理性與感性兼具，因此勉勵大家要學習同理心、關懷他人，將佛法活用在人際互動中。法師一席話，讓學員們心有戚戚焉，也讓大家了解「福田班」的精神內涵，即是要落實聖嚴師父所說「佛法生活化，生活佛法化」。

溫哥華道場開課的福田班，是道場自2006年啟用後，首度舉辦系統化的義工培訓課程。學員們對於深入實用的課程內容、法師輕鬆活潑的授課方式，都有耳目一新的感受。擔任班導師的道場監院果舟法師，鼓勵大家珍惜難得因緣，在法鼓山團體中共同學習成長，做一位福慧具足的萬行菩薩。

各地區的第一班學員人數，統計在香港一百八十七位，洛杉磯九十六位，舊金山六十五位，溫哥華一百三十位。各地福田班除了接引不少新進的學員，更讓悅眾彼此更加凝聚、和諧。

此外，主辦單位為了協助海外道場福田班開辦，也於5月20日起在北投雲來寺，透過視訊連線方式，舉辦「福田班關懷員培訓」，由果毅法師親自為舊金山分會、溫哥華道場、洛杉磯分會的關懷員授課。

● 06.01起

聖嚴師父弘法開示在紐約播出
漢傳佛教文化協會結合媒體推廣佛法

為了讓西方社會大眾，也有機會親近聖嚴師父留下的智慧法寶，漢傳佛教文化協會日前與「ICN紐約中文電視臺」、「ICN紐約僑聲廣播電臺」合作簽約，分別運用廣播和電視頻道，於6月起播出師父切合現代生活、平易實用的弘法開示。

內容包括：於6月1日起每週五下午三時播出三十分鐘廣播節目《快樂過生活──聖嚴法師的智慧妙錦囊》，以及7月1日起，每週五晚間七時四十五分在Ch.24.2播出十五分鐘電視節目《大法鼓──聖嚴法師智慧談人生》，提供大紐約地區民眾收看與收聽，以親近佛法智慧。

● 06.08～14

馬來西亞首辦中英禪五、佛法講座
果元法師勉眾學習自利利他的精神

為接引馬來西亞的英語族群禪修者，馬來西亞道場首度於6月8至12日舉辦中英禪五，由法鼓山禪修中心副都監果元法師主持，共有六十位學員一同體驗法鼓禪風；13、14日則進行兩場佛法講座。

禪修內容包括打坐、法鼓八式動禪、戶外禪、走路禪、法師開示等；學員們在法師引導下，逐步學習放鬆身心、安頓身心。果元法師向學員說明，禪修不只在蒲團上，更須延伸至生活中，從覺照身心做起，隨時活在當下；並提到，修學漢傳禪法，須將自利利他的精神融入生活中，與人相處不要老是想：我能從他人身上得到什麼？而是讓念頭轉為：我能利益他人什麼？從照顧自己、家庭，到團體、國家、世界，如此才是真正修學大乘禪法。

果元法師在馬來西亞道場舉行中英文佛法講座，分享如何以禪修方法面對生活中的順逆因緣。

　　13、14日，法師並於當地進行兩場講座，首場以華語講說「活著活著，就笑了！」第二場以英語講說「How to overcome tsunami-like problems？」（如何克服海嘯般的問題），法師分享面對生活中的順逆因緣，隨時練習微笑轉念，將壓力轉為激勵，以及如何運用「四它」來處理問題。

　　在馬國期間，果元法師也接受當地報刊媒體《Star》、《中國報》的採訪，針對佛法對黑心食品、世界末日、天災人禍頻傳、環保危機的看法與應對。法師指出，這諸多問題的產生，多是因為人類不知因果、因緣，只為一己的好處而枉顧他人。法師表示，雖然地球成住壞空是必然現象，卻因人類的貪婪而加快；而減緩毀壞速度的根本方法，就是從心靈環保做起，少一些自私自利，多做一些利他的服務與奉獻。

● 06.09～13

果醒法師至舊金山弘法關懷
弘講頓悟漸修的禪修法門

　　美國紐約東初禪寺住持果醒法師於6月9至13日前往舊金山灣區弘法關懷，除了指導監香培訓課程、出席360度禪修營同學會、帶領初級禪訓班、講解大悲懺法會儀軌，並舉行「禪的生死觀」、「默照禪、話頭禪與《楞嚴經》」兩場弘講。

　　果醒法師9日飛抵舊金山，首先出席分會召集人交接儀式，前任召集人張洪中卸下重任，之後由新任召集人施志龍承接。10日晚間，法師展開「禪的生死觀」講演，提到一般人看不到五蘊身心隨時都在生生滅滅，只看到一期生命的生死，故貪生怕死；如果能藉由修行提昇自己，便能像菩薩一樣，不畏生死、不著生死、不離生死，並在生死中救度眾生。現場除了有近六十位聽眾，分會的網路直播小組也同步轉播。

　　11日，由法師講授「默照禪、話頭禪與《楞嚴經》」，共有五十多人參加。法師對《楞嚴經》做了概略介紹，從阿難尊者的「七處徵心」，講到眾生以攀緣心為自性，因而失去「涅槃妙心」，如能做到「能所雙亡」、「主客不分」、「物我兩忘」，就能達到「寂而常照、照而常寂」

果醒法師為舊金山信眾開示禪法。

的境界。法師並說明禪宗從直指人心的頓悟法門，逐漸演進為頓悟漸修的默照與話頭禪法。

四天的活動中，舊金山信眾在果醒法師的提點下，更深刻體會修行與生命的連結，也期待法師再來灣區弘法，以法相會。

● 06.11～12

馬來西亞道場舉辦兒童營
帶領小朋友感受大自然的生命活力

馬來西亞「大自然的農夫與天地合一」兒童營參加學員合影。

馬來西亞道場於6月11至12日舉辦「大自然的農夫與天地合一」兒童營，並走訪位於珍達貝克（Janda Baik）的古法有機園，感受生氣勃勃的大自然氣息，共有四十位六至十一歲的小朋友參加。

營隊中，帶領小朋友近距離觀察、接觸許多在城市中不常見的昆蟲，例如：蜻蜓、豆娘、蝴蝶、蜜蜂等，並活潑地介紹大自然中相互依存關係的食物鏈，讓小朋友明白及尊重其他生物的生長環境之重要性；另外，還安排參觀農場，認識果實的栽培過程與農人照顧土地與植物的方法。

老師們並引導小朋友運用竹葉編織公雞、路燈、粽子、棒棒糖等童玩，也親臨小溪邊，學習傾聽河流緩緩流動的聲音，用心體會水、石頭與小魚間的對話。

小朋友在兒童營中，藉由種種不同的體驗與接觸，加深了對大自然更深的認識與興趣；同時透過營隊小組進行活動的方式，學習到人與人相處時的友善合作與互動。

● 06.17

洛杉磯分會新道場舉辦灑淨儀式
為美西增闢一處漢傳禪佛教道場

北美護法會加州洛杉磯分會在當地護法信眾、海內外僧俗四眾共同成就下，購入位於艾爾蒙地市（El Monte）、一座具有近五十年歷史的建物，將成為洛杉磯分會的新道場，並於6月17日下午為新道場進行灑淨儀式，期望未來的修建工作一切順利。

常華法師（右起）、果幸法師、常用法師等帶領信眾為洛杉磯分會新道場灑淨祈福。

因緣際會，洛杉磯分會欣逢「福田班」開班的因緣，普化中心副都監果毅法師、常用法師來到當地，加上在加州大學洛杉磯分校（University of California, Los Angeles）求學的果幸法師，以及北美護法會輔導法師常華法師共四位法師，偕同十五位護法信眾一同為新道場灑淨祈福。

新道場地處精華區，交通便利、格局方正，占地約六千六百平方呎，區內共有五棟建築物、八十三個停車位，主建築物可容納約四百人，其他尚有教室、中小型集會、大寮、齋堂等空間。

洛杉磯分會並於8月28日地藏菩薩聖誕日，於新道場舉辦啟建道場地藏法會，積極籌募建置經費，期望在美國西岸有一個立足西方社會的漢傳禪佛教道場。

● 06.25～09.01期間

果徹法師北美弘法關懷
巡迴弘講《四十二章經》及帶領禪修

6月25日至9月1日期間，僧團果徹法師前往北美護法會加州洛杉磯、加州舊金山、華盛頓州西雅圖三處分會以及加拿大溫哥華道場，進行弘法關懷，為信眾講授佛學課程、帶領禪修等活動。其中在舊金山分會舉行五場弘講，並對全球進行網路直播。

　　果徹法師此次巡迴弘講，主要是導讀《四十二章經》，法師說明《四十二章經》是最早的漢譯佛典，是後人摘錄自不同經典的佛陀開示選集，每一段開示自成一章，內容著重在實修的運用，涵括了佛法的梗概，是初學佛者的入門，亦是資深修行者的修學指南。

　　課程中，法師以聖嚴師父著作《四十二章經講記》為主要教材，就經文章節，說明出家人的生活、五戒及十善、悔過的功用、福報的種類及布施的內涵等，鼓勵眾人把握時間、努力修行。課程結束前，法師以中觀的智慧——隨緣盡力、無所執著、解脫自在，與所有學員共勉。

　　除了佛學講座，7月1至8日，果徹法師於加州洛杉磯市郊一處天主教避靜中心帶領默照禪三、禪七，包括七位西方眾，共有六十二位學員參加。這次將兩個禪期合併舉行的禪修活動，內容以聖嚴師父開示的〈默照銘〉為主軸，不論動禪、經行、托水缽、打坐，法師均適時以師父的開示引導眾人用功。對於禪修時的身心反應，法師則不斷叮嚀學員，最好的處理方式就是「不管它」，也提醒禪眾，學習做自己的監香。

　　另一方面，法師亦於西雅圖分會帶領禪一、戶外禪等活動，引領學員體會漢傳禪法的自在與活潑。

　　果徹法師此次弘法關懷行，獲得信眾們的熱烈回響，彼此也互相勉勵，要將所學用於日常生活中，以實踐佛法來報三寶之恩。

果徹法師（中）於洛杉磯市郊帶領禪三與禪七，學員們參與熱烈。

2011果徹法師美加弘法關懷行程一覽

時間	地點	活動內容
6月25日至7月9日	北美護法會加州洛杉磯分會	·導讀兩場《四十二章經講記》 ·帶領默照禪三與禪七 ·帶領禪坐共修
7月11至24日	北美護法會加州舊金山分會	·弘講五場「修行法門的精華錄——《四十二章經》導讀」 ·帶領禪坐共修、主持心靈茶會
7月30日	美國華盛頓州西雅圖華僑文教中心	·弘講「禪修法門的精華錄——《四十二章經》簡介」
8月1至14日	北美護法會華盛頓州西雅圖分會	·弘講六場「禪修法門的精華錄——《四十二章經》簡介」 ·帶領禪一、戶外禪
8月17日至9月1日	加拿大溫哥華道場	·導讀六場《四十二章經》

● 06.29～07.09

方丈和尚東南亞弘法行
舉辦講座、心靈茶會並主持皈依

繼5月的北美弘法行程之後，方丈和尚果東法師於6月29日至7月9日期間，至東南亞地區馬來西亞、新加坡、泰國三地關懷，除了舉辦多場講座、心靈茶會，並主持皈依典禮。

東南亞弘法關懷行第一站，於7月1日在馬來西亞道場舉行「萬行菩薩與心靈環保」講座，方丈和尚向與會一百多位信眾指出，法鼓山萬行菩薩的特質是「需要做的事、沒人做的事，我來吧」，而要達到心靈環保的目的與功能，必須學習用禪法來調整自己的心，並把禪修融入生活中。

2日方丈和尚在鶴鳴禪寺進行一場「現代生活新倫理——心六倫」公開演講，期勉眾人盡責盡分、自利利他；之後與隨行的關懷中心副都監果器法師，以及常為法師、常貴法師、馬來西亞道場三位常住法師，一起與五十五位信眾展開「心靈茶會」，法師們分享了與法鼓山的因緣、聖嚴師父的身教、出家故事等。

3日抵達新加坡，於新加坡佛教總會大禮堂進行「心

方丈和尚（僧眾右一）與新加坡護法信眾展開交流，並期勉眾人在法鼓山大家庭共結法緣，應當珍惜，更要守護。

六倫」講座。在當地除了關懷新加坡護法悅眾，並前往光明山拜會住持廣聲法師。由於聖嚴師父曾於2004年應邀在光明山主持社會菁英禪修營及舉辦公開講座，方丈和尚一方面感恩光明山當年的協助，一方面也期待雙方接續善緣，未來能夠繼續合作。此行，也至新加坡藝術部大廈將聖嚴師父的《遊心禪悅——聖嚴法師法語·墨緣·興學墨迹選》，贈送給正在舉行「佛緣翰墨」記者會、為重建菩提閣募款的果峻法師。

泰國為此行最後一站，方丈和尚於6日飛抵曼谷，隨即展開關懷護法信眾的行程；9日並在泰國護法會舉行「心安平安就有幸福」講座，以及主持皈依典禮，共有七十多人皈依三寶。

圓滿十二天的東南亞關懷行，方丈和尚分享自己最大的收穫在於，經常受到各地菩薩們的願力、悲心所感動；與其說是巡迴關懷，不如說是來分享大家的願心，感受到處處是佛菩薩道場。

2011方丈和尚東南亞弘法行一覽

時間	地點	活動內容
6月29日至7月2日	馬來西亞	·舉辦「萬行菩薩與心靈環保」講座、「現代生活新倫理——心六倫」講座、心靈茶會等
7月3至5日	新加坡	·舉辦「心六倫」講座、拜會光明山住持廣聲法師、關懷護法信眾等
7月6至9日	泰國	·舉辦「心安平安就有幸福」講座、主持皈依典禮、關懷護法信眾等

●07.02～09

象岡道場首辦念佛禪七
果醒法師帶領體驗日常精進力量

7月2至9日，美國紐約象岡道場舉辦首場念佛禪七，由東初禪寺暨象岡道場住持果醒法師擔任總護法師，共有八十六位北美各地的學員參加。為方便禪眾修行，此場禪七特別合併禪三，兩個禪期共同舉辦，禪三有五十二人參加。

為了給修行禪、淨兩種不同法門的學員除迷解惑，禪七第一天晚上即播放聖嚴師父的念佛禪開示影片。師父說明中國禪宗以無門為法門，念佛也是禪法的一項，並非淨土宗專有；而念佛禪的目的，是念到一心不亂，得念佛三昧，親證實相，從而除煩惱、得智慧。此外，師父反覆強調「信、願、行」缺一不可，念佛要把握「正念分明、淨念相繼」，方可得力。

「常行三昧」的嘗試，也是這次念佛禪七的一項特色。由於聖嚴師父開示提到「般舟三昧」（常行三昧），第五天開始，果醒法師親自敲擊木魚，引導學員從慢到快，持續兩個小時不間斷跑香。半天下來，學員們妄念愈來愈少，佛號念得愈加清晰分明。第六天，繼續運用跑香方法，體驗「常行三

象岡道場首次舉辦念佛禪七,學員深入體驗念佛禪的妙用。

昧」的攝心功效。

藉由聖嚴師父2004年開示的念佛禪七影片,學員們首次深入體驗念佛禪。在連綿不斷的佛號聲中,感受念佛禪的妙用,一位西方學員於活動後,連連讚歎:「It's awesome!」(實在是棒極了!);也有學員表示,念佛禪的方法有助於帶動日常修行,增強了勇猛精進的力量。

● 07.14～08.02期間

果見法師關懷北美四分會
弘講經典要義 分享生活禪法

7月14日至8月2日期間,國際發展處監院果見法師前往北美護法會伊利諾州芝加哥、加州洛杉磯、加州舊金山,以及北美護法會安省多倫多分會,進行經典弘講、生活禪講座等活動,同時關懷海外分會目前的發展狀況。

首站抵達芝加哥,7月14至18日期間,法師於分會宣講四堂「《小品般若波羅蜜經》要義」。般若系的經典主要講說空性的智慧,法師以整理逐品重點的解經方式,介紹這部鳩摩羅什所譯的十卷小品,帶領眾人深一層理解《般若經》中的「空性」涵義與修行方式。

除了中文講經,因應西方眾需求,法師於17日增加一場雙語精簡版「小品要義」;並應當地社區邀請,20日以英語弘講「透過慈悲與智慧達到快樂:減少煩惱、利益他人」,法師從「心五四」中的「四它」、慈悲心等觀念切入,分享如何克服貪、瞋、癡的方法,令聽眾感到受益良多。

7月22至24日，法師停留加拿大多倫多。23日下午，以「行亦禪，坐亦禪，語默動靜體安然之生活禪法」為題，講說禪法並非只是蒲團上的修行，而是處處可用的方法，勉眾不妨從行住坐臥等例行生活中，擇一來進行生活禪的練習，清楚覺察每個動作、情緒，讓心不受影響，就是禪法的運用。

果見法師引領舊金山禪眾禪坐共修。

24日上午，法師主持大悲懺法會，並帶領悅眾持誦二十一遍〈大悲咒〉。由於安省分會正在尋覓新道場，悅眾藉此向觀世音菩薩祈願，早日覓得固定道場，以接引更多信眾。法師以聖嚴師父創建法鼓山的艱辛歷程，勉勵眾人發弘願、堅定信心，因緣必有成熟之日。

果見法師於26日繼續前往洛杉磯，除了於分會弘講「自家寶藏——《如來藏經》要義」，並關懷分會新道場的發展及規畫整修進度。31日，法師轉至舊金山灣區關懷，為信眾講授「《無量義經》要義」，並在例行禪坐共修後，帶領觀看聖嚴師父的禪修開示影片。法師善巧發問，引領禪眾溫習所觀看的片中內容，並結合日常生活的運用，深化學習。

2011果見法師北美弘法關懷一覽

時間	地點	活動內容
7月14至18日	北美護法會伊利諾州芝加哥分會	・弘講四堂「《小品般若波羅蜜經》要義」 ・弘講一場「《小品般若波羅蜜經》要義」（精簡版，中、英雙語） ・主持心靈茶會
7月22至24日	北美護法會安省多倫多分會	・弘講「行亦禪，坐亦禪，語默動靜體安然之生活禪法」 ・帶領大悲懺法會
7月26至30日	北美護法會加州洛杉磯分會	・弘講「自家寶藏——《如來藏經》要義」 ・帶領禪坐共修
7月31日至8月2日	北美護法會加州舊金山分會	・弘講「《無量義經》要義」 ・帶領禪坐共修

● 07.20～26

香港護法會參加香港書展
分享「生活禪」的禪修方法

7月20至26日，香港護法會參加於當地灣仔會議中心舉行的「2011香港書展」，推廣聖嚴師父著作《我願無窮》、《知福幸福》與法鼓山各項結緣書；

常嶺法師於香港書展會場分享「生活禪」的禪修方法。

24日僧團常嶺法師並應邀至書展會場分享「生活禪」，共有一百五十多人參加聆聽。

分享會中，常嶺法師以聖嚴師父的禪學架構與實踐為主軸，介紹與身心幸福指數密切相關的禪修方法；法師說明，漢傳禪佛教重視解行並重，「解」是觀念上的理解疏導，「行」是於身心上的訓練——從「有我」的漸次進入「無我」的解脫，由煩惱心至清淨心。

法師強調，一般人以為禪修是在深山修練，其實禪法同樣可以活用在日常生活中，面對生活上利害得失，歡喜接受一切遭遇，就是「生活禪」的精神。

書展期間，護法會義工也於會場介紹分會共修活動，並藉由問卷了解大眾的學佛需求，以接引更多人親近佛法。

● 07.23～30

果元法師墨西哥主持禪七
推廣生活禪法

禪修中心副都監果元法師應墨西哥玉海禪堂負責人蘿拉（Laura Del Valle）邀請，7月23至30日再度前往墨西哥主持禪七，僧團常悟、常鐘法師則擔任總護及監香工作。這次禪期共有四十五位學員參加，包括律師、心理學家、環保人士、音樂家等，是繼2001年聖嚴師父在墨西哥主七後，人數最多的一次。

由於近半數禪眾沒有禪修經驗，果元法師便先從禪修

果元法師於墨西哥主持禪七，四十五位學員跟隨法師教導，練習禪修的姿勢與方法。

心態和方法入門，接著帶領學員放鬆身心，透過體驗呼吸、觀照全身的方式，逐步進入默照禪法的核心。大堂開示時，法師介紹無常、苦、無我、空等觀念，並澄清一般人對開悟可能的誤解，導正學員對神通的追求。

禪七作息方面，果元法師也順應當地文化做了調整，除了在海邊打坐、沙灘經行，也指導「剝花生禪」，這是因為禪眾在出坡後主動在大寮幫忙剝花生做果醬，但法師發現大家愈剝眉頭愈緊、身體愈僵硬，助人反而成了煩惱，於是就地取材設計了「剝花生禪」，帶領大眾體驗禪法就在平常日用中。

果元法師活潑而富有彈性的引導，獲得熱烈回響。許多學員表示雖然天氣悶熱加上腿痛、背痛，但禪法幫助他們一一克服這些困難，尤其無常、無我的觀念重新啟發思考生命的意義。圓滿日當天有二十三位學員皈依三寶，不少學員更預約下次禪期。

2011年初，果元法師到墨西哥帶領禪七時，蘿拉便表示會組成翻譯小組，將聖嚴師父的英文著作譯成西班牙文，目前已經出版《佛心眾生心》（*Getting the Buddha Mind*），並著手翻譯下一本著作。蘿拉也希望未來能在當地舉辦週末禪修，接引更多人認識漢傳禪法的活潑妙用。

● 07.27～31

東初禪寺於象岡道場舉辦親子營
親子同在遊戲中學禪法

美國紐約東初禪寺於7月27至31日在象岡道場舉辦年度的親子營，主題是「聯結」（Connectedness），跟往年不同的是，除了有成人組、兒童組，2011年還新增了十四至十八歲的青少年組，共有近一百二十人參與。

成人組由東初禪寺果明法師、常華法師、僧大學僧常炬法師帶領「心五四生活禪」；青少年組由北美護法會會長張允雄以工作坊的方式，與青少年分享如何跟不同行為模式的

象岡道場親子營於2011年增設的青少年組，與兒童組學員及法師等人合影。

人相處，以及如何準確表達自己的意見及想法；兒童組由僧大學僧常展法師及專業老師帶領外，還有十位小隊輔陪伴小朋友共同學習。

最受喜愛的親子團體活動，有爬山、分組表演、茶禪等，參與的父母、小朋友更將在營隊中習得的觀念與方法，活潑地運用在親子互動中。

● 07.29

聖嚴師父首位西方法子克魯克告別式英國舉行
果醒法師等代表出席致意

聖嚴師父首位西方法子約翰·克魯克（John Crook）於7月15日辭世，美國紐約東初禪寺住持果醒法師、象岡道場監院常聞法師及師父法子繼程法師，代表法鼓山出席29日於英國威爾斯濱海威斯頓（Weston-Super-Mare）舉行的告別式，表達對克魯克的敬意。

告別式以佛教儀式進行，一百六十多位與會者唱誦讚佛、讚法、讚僧詩文，最後果醒法師、常聞法師分別執掌引磬及木魚，並持誦「阿彌陀佛」聖號，圓滿佛事。

克魯克是英國知名生物與人類學家，1993年於紐約東初禪寺接受聖嚴師父傳法，是師父首位西方法子。由克魯克創立，旨在傳承漢傳禪法的西方人禪修會（Western Chan Fellowship），今已在歐陸發揮廣泛影響力。

● 07.30～31　08.28

海外水陸法會宣講員培訓、分享會舉辦
果慨法師前往馬來西亞、泰國主持

馬來西亞舉辦「水陸分享會」，由果慨法師主講。

2011年大悲心水陸法會在海外的宣講員培訓、分享會，於7月30至31日、8月28日，分別在馬來西亞、泰國護法會舉辦，由三學院監院果慨法師前往帶領。

7月30日晚上在馬來西亞道場，果慨法師主持「水陸法會宣講員海外培訓」說明會。法師強調，培訓宣講員的目的，不是為了要大家回總本山參加水陸法會，真正目的是希

望透過水陸法會，讓社會大眾在動盪不安的環境中能夠安定身心；而水陸宣講員正是背負這個使命，將具有教育功能、修行作用的法會推廣出去。

「水陸分享會」則分別於7月31日、8月28日在馬來西亞鶴鳴禪寺、泰國護法會舉行。果慨法師透過影片，向眾人介紹水陸法會的殊勝，以及在法會中如何運用佛法觀念來修行，利益自己及一切眾生。此外，法師並分享打破空間限制、讓無論身處哪個國家的信眾，都能同步精進的「網路線上共修」。最後，法師特別叮嚀大家「修行的重點在於心」，勉勵眾人要為自己訂功課，同時要恆常做功課、行布施，才能達成修行的利益。

● 08.01～07

東初禪寺首辦楞嚴禪修營
結合楞嚴經義與禪修的精進修學

六十位歐美禪眾參加在象岡道場進行的楞嚴禪修營，在果醒法師帶領下，體驗結合教理與禪修的精進修學。

8月1至7日，美國紐約東初禪寺於象岡道場首次舉辦楞嚴禪修營，由住持果醒法師主講，監院常華法師擔任總護，共有六十位歐美禪眾參加。

由於《楞嚴經》文義深奧，常令修學者卻步。果醒法師講授經文時，不拘泥一字一句講解，而是直入精髓，以真心和妄心為核心概念，從二心的特質、產生演變和相互關係等角度，揭示真、妄二心的本質。

法師說明，真心本自清淨覺明，由於無明，而產生能明的主體即「能」，被明的客體即「所」。真心能知一切，無相無礙，但眾生卻以對象為我、以身體為我、以心念為我。法師舉例：「如果我說一句：王八蛋。你的反應是生氣了，那說明你把聲音當成我。」法師表示，修行就是要達到能所雙亡、主客不

分、物我兩忘,才可返妄歸真。

此次禪修營的特色,便是將《楞嚴經》的經義,與禪宗的默照、話頭進行結合,讓聞與修並行不悖。果醒法師指出,默照、話頭最終的悟境,就是《楞嚴經》的常住真心。默照的方法,直接從性相不二入手,即是心無所住、如鏡照物、清清楚楚,但不停留在任一個物相上,就是要超越「能所」。話頭的方法,則從離相顯性下手,最終發現性相不二。法師教導眾人,既然了解真心和妄心,無論蒲團上、生活中,都可靈活運用話頭。

由理論到實踐,由教理到實修,果醒法師條分理晰,層層深入,引導學員對禪修的路徑和方向,有了更深的認識和理解。

● 08.10～23

果元法師印尼弘揚漢傳禪法
主持話頭禪九與佛法講座

8月12至23日,禪修中心副都監果元法師受邀前往印尼日惹、棉蘭弘法,內容包括帶領禪修、主持佛法講座等,禪堂常護法師、僧大學僧常啟法師也一同前往。

果元法師(僧眾中)在棉蘭馬達山上的藍毘尼園,進行基礎禪修指引、佛法開示與正念遊戲,近百位學子領略禪法的活潑與親切。

果元法師此行是應聖嚴師父印尼籍弟子阿格斯‧森多索（Agus Santoso）之邀，於12至20日在日惹主持話頭禪九。這場在印尼首辦的話頭禪九，以師父2004年於美國象岡道場主持話頭禪九的影片做為指導。禪期中，果元法師引導學員如何輕鬆使用話頭，例如念話頭時若有妄念，便在念話頭時安上數字，讓心更專注。法師說明只要放鬆身心，把身體交給道場，把心交給方法，對師父教導的方法與觀念有信心，並付出耐心和毅力，持續綿密地精進用功，一定能在幾天中得到利益。

最後的分享時刻，許多學員分享每天清晨起板後做法鼓八式動禪，趁著朝露未散連坐兩炷香，讓自己一整天都元氣滿滿；也有人分享在草地上經行後拜佛，使話頭持續而綿密。

21日，法師們飛往棉蘭馬達山上的藍毘尼園。當天棉蘭佛教社舉辦「一日正念禪」（one day mindfulness retreat），由三位法師帶領基礎禪修指引、佛法開示與正念遊戲，法師們將禪修帶入夾豆子、聽覺闖關等遊戲當中，令近百位學子耳目一新，更能領略禪法的活潑與親切。

除了禪修活動，三位法師還分別於10、23日在日惹福靈寺、棉蘭佛教社舉行佛法演講。在福靈寺，法師分享學習佛法的基礎「五戒」；在佛教社，則分享將禪法用在自己身上，可以少憂少惱，又能開發利他心行，是最親切的修行法門。

連續三年，果元法師均前往印尼弘法，觀察當地的學佛概況，期望於印尼推廣正信佛法，深耕漢傳禪法。

● 08.12～13

夏威夷電視臺拍攝法鼓山園區
介紹禪修特色及方法

8月12至13日，美國夏威夷KITV電視臺主播潘蜜拉（Pamela Young）及製作人蓋瑞（Garrett Sprinkle）前往法鼓山園區採訪錄影，介紹法鼓山的禪修特色，由僧團常鐘法師、國際發展處專職楊仁賢接待、陪同。

這次KITV訪問法鼓山，主要是錄製介紹臺灣宗教文化與生活的影片，並於11月在夏威夷召開的「亞太經濟合作會議」（Asia Pacific Economic Cooperation, APEC）前對外播放。拍攝內容主題包括：法鼓山的禪修特色、放鬆身心的技巧，以及禪修對臺灣社會的意義等。

KITV是美國ABC電視網在夏威夷的姊妹臺，在亞太地區有相當的收視率及影響力。

● 08.12～14

象岡道場舉辦青年工作坊
學員體會身心沉澱與內省的法喜

學員在象岡道場綠蔭參天的環境中練習托水缽，重新體會人與大自然之間的連結。

8月12至14日，美國紐約象岡道場舉辦「青年禪修工作坊」（Think Outside Yourself Workshop），由僧團果禪法師、美國法鼓山佛教會（DDMBA）常濟法師帶領，共有十五位學員參加，其中有九位西方人、六位美籍華人。

兩位法師引導學員練習禪坐，運用禪修觀念和方法放鬆身心，提昇專注力，從中培養對生活的覺察與觀照。隨後透過觀看氣候變遷相關影片，引導學員關注當前環保議題，警覺人類的行為對環境及後代產生的莫大影響，接著帶領學員到森林中環湖托水缽，重新體會人與大自然的連結。

學員分享，這三天所學都是可以在生活中運用的方法，讓自己對需要與想要的取捨更明白，對於自然資源也更懂得珍惜節約，同時體會到身心沉澱與內省的法喜。

● 08.27～28

洛杉磯護法會新道場啟建
舉辦灑淨安位及地藏法會

在大洛杉磯地區護法信眾、海內外僧俗四眾共同成就下，北美護法會加州洛杉磯分會於6月份購置位於艾爾蒙地市一座近五十年歷史的建築，正式建立法鼓山洛杉磯永久分支道場。為募集第一期整修工程經費，同時也為了動工的工程灑淨，於8月27、28日舉行灑淨安位以及啟建道場地藏法會。

時值農曆7月教孝月，28日當天又是地藏菩薩聖誕，紐約東初禪寺暨象岡道場住持果醒法師、北美護法會輔導法師常華法師，以及果明法師、果幸法師、常懿法師、常諦法師等，帶領兩百多位信眾誦持《地藏經》。

洛杉磯分會新道場舉辦地藏法會，信眾虔誠誦念，祈願新道場成為弘揚漢傳佛教的清涼地。

　　果醒法師開示時期勉信眾，學習地藏菩薩的精神，承擔一切眾生的煩惱，救苦拔難，度一切有情無情；同時勉勵眾人精進學佛，明白五蘊皆空，沒有一樣東西是心外的，萬法唯心造，無一法不是心，只要內心安定，外在一切便將圓滿無礙。

　　為使法會圓滿，洛杉磯地區義工們以兩個月時間，將原本荒置的老舊建築，進行除草、灑掃、整修；從一開始未成型的大殿，到地板、桌椅、經書、經架、拜墊、佛幔的鋪整，經過所有人的努力，道場於地藏菩薩誕辰紀念日正式對外啟用。

　　洛杉磯信眾感恩四眾共同成就，使購建道場的夢想，終能圓夢達成。眾人祈願這處新道場，在眾人共同修學護持下，承繼聖嚴師父悲願，成為在西方弘揚漢傳佛教、佛法普及的清涼地。

● 08.27～09.04

馬來西亞道場參加華文書展
法鼓文化11本書入選「最佳幸福書籍」

　　8月27日至9月4日，馬來西亞道場以「就是要新好生活」為主題，參加於吉隆坡城中城會議中心舉行的「第六屆海外華文書市」。書展由大眾書局主辦、《星洲日報》協辦。

　　書展期間，《星洲日報》舉辦「最佳幸福書籍」票選活動，由法鼓文化出版

的《帶著禪心去上班——聖嚴法師的禪式工作學》、《放下的幸福——聖嚴法師的四十七則情緒管理智慧》、《生死學中學生死》、《自在溝通》、《心的鍛鍊》、《菩薩行願》、《我願無窮》及《新好生活》等十一本書，均獲推薦入選。

馬來西亞讀者閱讀法鼓文化出版的書籍，希望汲取佛法智慧，為心靈注入更多幸福力量。

除了推廣法鼓山出版品，馬來西亞道場也將生命教育課程移師書展，於9月3日邀請臺灣宜蘭新南國小校長林機勝在舞臺節目時段，與民眾分享「生命成長需要智慧的DNA」。林機勝校長運用多種繪本，分享閱讀對教養孩子的功能，並為小朋友說繪本故事。現場還有許多小小義工，分送《聖嚴法師108自在語》，願每位與法鼓山結緣的民眾，都能體驗佛法的美好，享受幸福人生。

● 08.31～09.06

安省分會舉辦弘法活動
果醒法師前往帶領話頭禪

北美護法會安省多倫多分會於8月31日至9月6日，舉辦多項弘法活動，由美國紐約東初禪寺住持果醒法師前往帶領，內容包括專題講座、禪三、萬行菩薩座談等系列活動，共有一百多人次參加。

講座方面，果醒法師於9月1日晚上於當地錦繡商城圖書館（Fairview Mall Library）舉辦禪學講座，主題是「如何以禪的角度面對改變」，法師說明無常、改變才是正常與不變，對於生活中的改變，可以透過轉念，進而活在當

果醒法師於安省分會弘法關懷期間，與參加禪三學員合影。

下、身心自在，也能在變動之中照顧自己又利益他人。

2至5日，分會於當地諾森博蘭高地會議暨避靜中心（Northumberland Heights Conference & Retreat Centre）舉辦話頭禪三，由果醒法師帶領，法師開示「話」是語言，「頭」是根源，話頭是對生命問題追根究柢，幫助修行者打破頭腦的慣常邏輯，直到領悟尚未有語言文字之前的本來面目；也引導禪眾知道如何進入話頭的修行方法，如何持續用功，共有二十四人參加。

6日晚上的萬行菩薩座談中，果醒法師強調萬行並不是萬能的意思，而是高也可以做，低也可以做，勉眾在當義工的過程中，實踐菩薩行。

● 09.04

馬來西亞道場舉辦親子繪本共讀
提昇孩子聽、看、想、說能力

9月4日馬來西亞道場舉辦「生命教育繪本工作坊」，邀請臺灣宜蘭縣新南國小校長林機勝主講「用好故事教出好孩子」，共有四十五對親子參與。

活動中，林機勝校長運用繪本，與大、小朋友一同進行尋找蛇的遊戲；並向家長說明，繪本若僅停留在字面意義的閱讀，孩子將可能缺乏高層次的思考歷程。

因此，林校長鼓勵家長多以發問的方式與孩子互動，提昇孩子聽、看、想和

林機勝校長運用繪本，帶領親子共讀。

說的能力，並提醒家長們不僅要為孩子選擇好的故事，還要將故事說好，而不是只把故事說完，孩子才能在閱讀中有所學習。

● 09.06～11

法鼓山出席「氣候變遷的內在面向」青年會議
常藻、常鐘法師代表探討人類與環境的議題

由全球婦女和平促進會（The Global Peace Initiative of Women, GPIW）、波那維亞基金會（Purna Vidya Trust）主辦的「氣候變遷的內在面向」青年會議，9月6至11日在印度瑜伽聖地里希克盧（Rishikesh）舉行，法鼓山由常藻法

師、常鐘法師代表出席,與近三十位來自歐、美、亞洲的青年代表,以及來自各宗教與環保團體的代表,共同探討人類與環境的議題。

8日,大會邀請「拿當亞生態多樣性農場暨研究中心」(Navdanya Biodiversity Conservation Farm & Earth University)創辦人范達娜・席娃(Vandana Shiva)進行演說,席娃博士表示,人類與眾生是因「愛和慈悲」而互通生息、唇齒相依,並非仇恨和暴力,應將「生態責任和經濟正義」視為人類生命的目標,來取代「貪婪、消費與競爭」。

常鐘法師在「氣候變遷的內在面向」青年會議中,代表小組上臺分享討論的內容。

會議中,與會代表以跨宗教角度,分享如何透過內在的探索與昇華,緩解日趨惡化的環境問題,並強調用「心」而非用「大腦」來解決問題。與會人士呼籲世人培養感恩心,鼓勵青年代表深入了解自己的心理。有一位代表直指佛法核心,表示人類須練習放下自我中心與錯誤見解,才能認識真正的自己,看到所有事物的內在關聯。

● 09.09～11

象岡道場舉行360度禪修營
果醒法師帶領體驗禪修四層次

9月9至11日在美國紐約州象岡道場舉行「360度禪修營」,由東初禪寺暨象岡道場住持果醒法師帶領,共有三十四位來自企業界的經營管理者、專業技術人士、藝術創作者參加。

此次課程以播放聖嚴師父1999年社會菁英禪三的開示影片為主軸,內容包括:認識自我、肯定自我、成長自我、消融自我等禪修四層次。

學員們將這次禪修營的收穫歸為兩類,第一,是固有的唯物論想法受到震撼,第二,是感受到佛法與日常生活不可分割的關係,例如:聖嚴師父開示「需要的不多,想要的太多」一語,讓不少年長學員回溯自己的人生軌跡,檢視自己在踏入社會後產生的種種煩惱。

另一方面,學員們對聖嚴師父所開示的「現在心」感受最多,紛紛表示今後

果醒法師（中）帶領「360度禪修營」學員展開內心探索，活動後與全體學員合影。

要盡可能活在當下，保持一顆平穩的心，以欣賞和包容的態度，安住順境和逆境。也有學員在聆聽了師父對《心經》的解說後，表示要將「照見五蘊皆空，度一切苦厄」奉為生活的指南，期許自我能將這些觀念與理解付諸行動，真正將佛法落實到生活上。

● 09.19～25

繼程法師應邀至美國新州弘法
進行《六妙門》弘法講座 揮毫創作義賣

9月19至25日，北美護法會新澤西州分會邀請聖嚴師父法子繼程法師，於當地新布朗斯維克（New Brunswick）舉辦系列弘法活動，包括：《六妙門》系列講座、禪修演講、書畫義賣、半日禪等。

專題演講方面，包括19至22日進行的《六妙門》系列講座，24日的「隨緣與攀緣」與25日的「心的鍛鍊」禪修講座。《六妙門》是天臺宗智者大師的一部止觀法門著作，繼程法師以幽默、貼近生活的譬喻，介紹「數、隨、止、觀、還、淨」六種修行法門，以及如何以六妙門做為內心修行的根本。

在「隨緣與攀緣」演講中，法師指出，「緣」就是「條件」，可分為主要條件與輔助條件，或說是「主因」與「助緣」；也說明「攀緣」是必須的，要生活就不可能不攀緣，即使遺世獨居，也還是需要食物、衣著，無法「絕緣」，所以先有「攀緣」，而後才可能「隨緣」。

25日上午的半日禪，繼程法師帶領基本禪坐練習，勉眾學習內觀與自我覺察；下午的講座，法師建議在不同情況下，練習「不追逐、不執著、不厭離、

不扭曲、不故意、不勉強」，從調心開始用功，心定而後慧生，就能有歡喜心，恰到好處做到「不攀緣」。

25日「心的鍛鍊」演講之後，法師在現場揮毫創作，並將書畫作品提供義賣，做為新州分會覓地興建永久道場的基金。

● 10.15

芝加哥分會舉辦專題講座
俞永峰主講「漢傳佛教的精髓」

俞永峰老師在芝加哥分會講述「漢傳佛教的精髓」。

北美護法會伊利諾州芝加哥分會10月15日下午舉辦專題講座，邀請美國佛羅里達州立大學宗教系助理教授俞永峰主講「漢傳佛教的精髓」，共有三十多人參加。

講座中，俞永峰老師闡述禪宗的歷史背景和緣起，也說明佛教不是一種儀式，不是哲學，不是思辯或知識的堆積，也不是迷信，而是一種教育；佛教的主要功能一方面是解決人類的煩惱，另一方面是開發人類本有的潛能，由於時間的變化或地域的不同，佛教的組織或儀式或許有些不同，但其功能是亙古不變的。

俞永峰老師也分享聖嚴師父行誼的啟發，包括師父思想的方向感、整體感與危機感，鼓勵大家精進修行，要一門深入，注重親身體驗，行菩薩道。

● 10.19～21

美國長島大學師生法鼓山禪修之旅
體驗漢傳禪法的多元活潑

10月19至21日，美國長島大學（Long Island University）比教宗教及文化學程學生一行二十人至法鼓山園區、三峽天南寺展開三天兩夜的參學之旅，包括參訪道場、體驗禪修等，由僧團常續、常生、常義等多位法師共同帶領。

一行人首先抵達園區參訪，認識法鼓山的禪悅境教，學習問訊、禮佛、穿搭

海青等佛門行儀後，接著前往天南寺體驗禪修。

負責籌備課程的國際發展處監院果見法師表示，由於學員多半初次接觸漢傳禪法，因此活動中除了介紹基礎禪修觀念與七支坐法，也安排法鼓八式動禪、托水缽、月光禪、環山經行、茶禪等，幫助學員將禪法運用到日常生活當中。

長島大學師生於法鼓山園區參學，認識園區的禪悅境教。

多元活潑的禪修課程不僅讓學員法喜連連，學員們也利用工作坊及休息時間向法師請益，例如：「修行是否一定要出家？」、「長期處在家暴陰影下，如何對施暴者生起慈悲心？」、「舉辦佛化婚禮是否違背戒律？」、「如何才是依法不依人？」等問題，法師一一解答並說明佛教的基本精神與內涵。法師知無不言、言無不盡的態度，讓學員讚歎不已。

有學員表示，此行在寺院掛單、直接與宗教師相處對話，不僅解開對佛教長期以來的困惑，也豐富了自己的生命經驗。

● 10.26

方丈和尚北美巡迴關懷——新澤西分會
分享心六倫的現代意義

方丈和尚果東法師於10月24日啟程前往美國，偕同東初禪寺住持果醒法師、北美護法會輔導法師常華法師等，於紐約、舊金山及洛杉磯等地，展開為期三週的巡迴弘法關懷；首站於26日抵達新澤西州。

方丈和尚等一行首先於新澤西州分會會所進行關懷。方丈和尚並以「佛教的全球倫理觀——心六倫的現代意義」為題，進行專題演講，指出現代人往往扮演多重角色，即使做義工，角色也是多元的，

方丈和尚在新澤西州分會分享心六倫的時代意義。

只要從心出發、盡責盡分、奉獻利他，便是倫理的落實；也強調佛教如果與社會脫節，也就脫離了佛陀的本懷。

分會召集人王九令也分享提到，新澤西州分會成立了道場籌建小組，將規畫購置一處永久性的道場，預約分會下一次的成長。

● 10.28～30

2011北美護法年會於象岡道場召開
期能強化接引西方大眾

年會中，北美各地悅眾分組討論，探討北美地區弘法的契機與突破。

10月28至30日，北美護法會於紐約象岡道場舉辦「2011北美護法會年會」，方丈和尚果東法師、東初禪寺住持果醒法師、監院常華法師、溫哥華道場監院果舟法師、象岡道場監院常聞法師等十四位法師，與來自美國各州、加拿大等地計一百二十位東西方悅眾共同參加。

2011年的北美年會，以「回家與分享」為主題，方丈和尚於開幕致詞時表示，聖嚴師父1975年取得日本立正大學博士學位後，便直接前來美國，法鼓山的弘法起源地在美國，北美各地的信眾，不論直接或間接追隨師父學法，進而護法、弘法，都是在擊法鼓。

年會第一天，安排各地分會進行弘法、共修經驗的分享。其中，多倫多分會的「生活禪」、溫哥華道場的「法鼓隊」、新澤西州分會的「360度禪修營」，都是接引大眾學佛習禪的方便法門；舊金山分會則分享，自從「福田班」開辦以來，不僅信眾、義工增加，道場也因此擴增。

第二天進行分組討論，悅眾依禪修推廣、生命教育、信眾關懷、法青發展與主流社會接軌等議題，探討北美地區弘法的契機與突破。以禪修推廣來說，西方眾多認為，多數道場對於接引英語禪眾，仍需加強。年會中也布達2012年是法鼓山啟動「心靈環保」理念二十年，邀請北美地區信眾共同響應。

30日閉幕典禮上，方丈和尚以「用法鼓山理念奉獻社會」為主題致詞。方丈

和尚指出，只要能夠掌握法鼓山的理念、精神、方針、方法，結合內外資源，掌握社會脈動，順勢而為、應時而生，就可以開創新的局面，展現新的氣象；也期勉大眾，時時提起「心靈環保」，用踏實、切實、務實的心態來面對現實，隨時隨地覺察自己的起心動念，用同理心來體諒包容人，把煩惱轉化為利益眾生的菩提心，就是菩薩現身說法。

● 10.21　10.28

溫哥華道場舉辦少年營通識課程
體驗東方教孝、西方萬聖文化融合之妙

已成立數年的溫哥華少年生活營，於10月21、28日舉辦「認識法鼓山」通識課程。21日首次課程，藉由影片觀賞與故事串場，引導小朋友學習「知福、惜福、種福、培福」，懂得感恩與孝順父母；28日第二次課程，因適逢西洋萬聖節，課程中特別設計了結合佛法中元教孝意義的南瓜燈節，讓學員及家長們一起體驗此東西方合璧的活動。

課程首先由講師賴春枝介紹西洋萬聖節、傑克南瓜燈的由來，接著談到漢傳佛教教孝月的緣由，以及佛教如何看待鬼道眾生，並根據聖嚴師父著作《如何不怕鬼》，進一步向學員說明「為什麼會怕鬼」、「如果遇到鬼怎麼辦」、「念經給外國鬼聽有用嗎」等觀念。

接著，進行將南瓜變成超薦燈的「我為你祝福」點燈活動。在「阿彌陀佛」

溫哥華道場少年營通識課程，帶領小學員體驗結合佛法中元教孝意義的南瓜燈節。

聖號聲中，小學員們依序出列，由法師們點燃眾人手中的小燭臺，再由學員放入自己創作的南瓜燈裡。

圓滿點燈後，常文法師等帶領眾人為十方法界眾生祝福，祈願所有生命都能平安、健康、幸福。

● 10.29

馬來西亞道場舉辦千人晚宴
籌募善款 傳承法鼓山理念

為籌募道場的建設基金，接引更多人接觸佛法、傳承法鼓山的理念，10月29日，馬來西亞道場於吉隆坡王岳海大禮堂舉行「傳法擊鼓、我願無窮」千人晚宴，關懷中心副都監果器法師、國際發展處監院果見法師，自臺灣前往關懷。

晚宴開始前，道場監院常慧法師帶領眾人放鬆、體驗呼吸。晚宴由悅眾林忠彪、黃國強擔任主持人，並安排表演節目，包括當地共享空間專業舞團演出《敦煌》序幕舞、法鼓山兒童班學員表演的歌唱和舞蹈、臺灣法鼓山合唱團演唱佛曲等。

聖嚴師父法子繼程法師並應邀在臺上現場揮毫。法師一共書寫三副墨寶，其中一幅「佛心有緣自流露，禪緣無心即開悟」，是法師融合對默照、話頭禪法的體悟所寫，令人深有啟發。

在馬來西亞千人晚宴上，繼程法師在臺上現場揮毫，融合修行體悟的內容，令人深有啟發。

在合唱團〈我為你祝福〉的悠揚歌聲中，伴隨螢幕播出的感恩影片，記錄了道場義工們從開始籌備到圓滿的工作畫面，見證這場千人晚宴的點點滴滴，都是由眾人盡心盡力共同成就。

● 11.03～09

方丈和尚北美巡迴關懷——舊金山分會
勉眾世代接力　推動心靈環保

舊金山分會舉行新道場擴增灑淨儀式，並由方丈和尚主持皈依典禮。

方丈和尚果東法師北美巡迴關懷在圓滿「2011北美護法會年會」後，一行人於11月2日晚間抵達西岸加州舊金山分會，展開系列關懷活動。

3日，方丈和尚接受《世界日報》採訪。談及面對當今世界的動盪不安，方丈和尚分享聖嚴師父提出的「心五四」，不論是「四它」，還是「四安」、「四要」、「四感」、「四福」，都是為大眾指引解決困境的主張，也是「心靈環保」的方法；並進一步說明，如果能從「心」出發，由建立積極正向的心態去努力，因緣成熟時便有所成就。

5日分會舉行新道場擴增灑淨儀式、大悲懺法會，並由方丈和尚主持皈依典禮，共有二十三人皈依；下午由東初禪寺住持果醒法師主講「人生變化球如何接招」，分會同步進行網路直播。

在6日的「心靈饗宴感恩關懷餐會」中，方丈和尚帶領大眾思索「道場的功能」，強調道場不是只有辦法會、讀書會

舊金山分會舉行「心靈饗宴感恩關懷餐會」上，老中青三代組成合唱團，唱響法鼓山佛曲。

等共修,而是要以法鼓山的理念來奉獻付出,才是成立道場的真正意義。

在舊金山弘法期間,方丈和尚多次關懷分會信眾,對於當地年輕夫婦一起共修,老中青傳承有序的特色,非常讚歎,並期勉世代接力,持續推動心靈環保。

● 11.07～13

西雅圖分會十週年慶
以講經、共修分享法喜

北美護法會華盛頓州西雅圖分會於11月7至13日,舉辦十週年慶祝系列活動,包括:佛法講座、禪修指引、念佛禪、藥師法會等,由東初禪寺果明法師擔任主講人,並主持各項共修。

西雅圖分會舉辦「《六祖壇經》佛法講座」,由果明法師講說六祖傳法重點。

佛學講座方面,分會首先於7、9日兩日晚上,舉辦「念佛與禪修」講座,果明法師依據聖嚴師父著作《聖嚴法師教淨土法門》,介紹念佛禪的法門以及「淨土三經」中往生西方的條件;法師提醒大眾在發願往生西方淨土的同時,也要發菩提心、修十善業、建立自心淨土,以儲備趣向西方淨土的資糧。

12日下午在當地華僑文教服務中心舉辦的「《六祖壇經》佛法講座」,果明法師藉由《六祖壇經・般若品》中的〈無相頌〉,以生動幽默的方式,解說六祖惠能傳授的修行法門,在於斷除煩惱、業障,自然能明心見性。法師勉勵眾人練習從身口意三方面,放下自我的執著,煩惱慢慢減少,智慧就能漸漸增長,終究得清淨心。

另一方面,法師也帶領10日晚上的禪修指引及12日上午的念佛禪,提點禪眾們不離佛號,在日常生活中精進修行。

13日的慶祝活動,包括上午的藥師法會;下午的「回顧與展望」聯誼活動,並舉辦新舊任召集人交接典禮,原任召集人何畔晴因工作關係搬離西雅圖,由現任副召集人王麗菁接任。最後觀看聖嚴師父國際弘法影集《他的身影》,法師以此勉眾發菩提心,承續聖嚴師父的悲願,將法鼓山的理念,分享給更多人。十週年慶祝系列活動在法師開示後圓滿。

● 11.10～13

方丈和尚北美巡迴關懷──洛杉磯分會
期勉新道場開啟心靈殿堂

方丈和尚果東法師至北美弘法關懷行，於11月10日轉往美國加州洛杉磯，抵達洛杉磯分會位於艾爾蒙地市新購置的道場，進行關懷。

2006年聖嚴師父最後一次來到美國，交代洛杉磯分會一定要成立起來。在方丈和尚關懷期間，分會於11至12日，舉行「聖嚴法師墨寶暨佛教文物義賣展」，內容包括2006年師父在紐約書寫的十二件真跡墨寶；此外，12日當天也舉辦大悲懺法會，並由方丈和尚主持皈依典禮。

13日，分會在新道場大殿舉行「心靈饗宴募款餐會」，邀請媒體工作者張月麗及新澤西州分會召集人王九令擔任主持人，共有兩百多人出席。對於道場成立後發揮的功能，北美護法會輔導法師常華法師引用一位科技人士的說法指出，現代人需有五種朋友：高科技、商業、政治、藝術，及方外之人（宗教）；法師表示，當我們擁有一切之後，需要一個老師來提點對人生更超越的看法，這便是道場希望提供給大眾的一處心靈殿堂。

餐會後，方丈和尚和與會來賓、護法信眾為新道場植下四十八棵樹，象徵四十八個無盡悲願，同時勉勵眾人「莊嚴佛土，成熟眾生」，以自心淨土來成就佛國淨土，才是真正發揮法鼓山道場的功能。

洛杉磯分會新購置的道場，原本有五棟建築，因年久失修，目前可用者有兩

洛杉磯分會在護法菩薩發心、眾善緣和合中，完成新道場的購置。

方丈和尚（右三）與來賓一同為洛杉磯道場植樹，希望提供民眾固定修學佛法的場所，開啟心靈殿堂。

棟，一棟做為大殿，另一棟兩層樓建物，提供知客、教室及寮房使用。洛杉磯分會規畫2012年初正式遷入新道場，目前仍持續針對水電翻修工程進行募款。

● 12.09～11

安省分會舉辦弘法活動
東初禪寺果明法師前往帶領

北美護法會安省多倫多分會於12月9至11日，舉辦多項弘法活動，由美國紐約東初禪寺果明法師前往帶領，內容包括禪一、佛法講座等，共有兩百多人次參加。

首先，果明法師於9日帶領悅眾進行法器練習，並指導念佛禪要領。法師提點大眾，念佛與參禪皆以禪定為基礎，念佛念到一心不亂，沒有雜亂妄想，只有佛號的相續，就是「淨念相繼」了。

10日，分會於多倫多大學多元化信仰中心舉辦禪一，由果明法師帶領進行禪坐、法鼓八式動禪、經行等練習，以及懺悔禮拜，勉眾以懺悔心來消融自我。

最後一天，果明法師於當地北約克市民中心講說《六祖壇經・無相頌》中的「波波度一生，到頭還自懊。欲得見真道，行正即是道」之經意，說明以八正道檢視自己身、口、意三業清淨，一切行動正直無邪，就是切實的道行，期勉大眾將修行落實於生活中。

大事記

1月 JANUARY

01.01

◆《人生》雜誌第329期出刊。

◆《法鼓》雜誌第253期出刊。

◆法鼓文化出版新書：人間淨土系列《知福幸福——知福、知足，有幸福；感恩、奉獻，真快樂》（聖嚴師父著）、琉璃文學系列《日日好日》（繼程法師著）、禪味廚房系列《幸福餃子館》（張翡珊著）。

◆《金山有情》季刊第35期出刊。

◆1至7日，禪堂舉辦默照禪七，由常琛法師帶領，共有八十一人參加。

◆法鼓山「心靈環保學習網」改版上線。全新的「心靈環保學習網」，整合完整實體、線上佛學課程，提供民眾上網學習。

◆1至2日，美國紐約東初禪寺舉辦慈悲三昧水懺法會，由果祥法師主法，共有近兩百三十人次參加。

◆1至3日，為慶祝道場擴建之喜，香港護法會舉辦灑淨祈福法會、佛學講座等。1日護法會於新會址舉辦灑淨祈福法會，由僧團副住持果品法師主法，共有兩百多人參加。

01.02

◆慈基會舉辦「99年度歲末大關懷」系列活動，2日分別於南投德華寺、東勢安心站、南投安心站進行，共有近五百人參加。

◆護法會羅東辦事處舉辦「知福・幸福・心靈環保」假日惜福市集，與民眾分享法鼓山心靈環保的理念。

◆2至3日，香港護法會舉辦佛學講座，由僧大講師果竣法師分別主講「《心經》概要」、「佛學概說」，各有兩百多人參加。

01.03

◆3、17、24日，加拿大溫哥華道場下午舉辦初級禪訓班，由監院果樞法師帶領，有七十五人參加。

01.04

◆1月4日至12月6日期間，慈基會六龜安心站每月第一週週二於寶來社區活動中心舉辦長者陪伴關懷活動。

01.05

◆ 5至26日，信眾教育院每週三晚上於北投雲來寺舉辦「法鼓講堂」佛學課程，由僧團果興法師主講「禪門故事」，法鼓山數位學習網並進行線上直播。

01.08

◆ 8至14日，臺南分院舉辦藥師法會，由監院果謙法師帶領，共有一千兩百多人次參加。

◆ 國際禪坐會於臺北中山精舍舉辦國際禪一。

◆ 慈基會舉辦「99年度歲末大關懷」系列活動，8日於南投德華寺進行，共有一百多人參加。

◆ 8至9日，法鼓大學籌備處環境學院於德貴學苑舉辦「生活綠行動，節能減碳工作坊──傳承生命的味道」，共有四十位學員參加。

◆ 法鼓大學籌備處公益學院於德貴學苑舉辦「法鼓公益論壇」系列座談，8日與開拓文教基金會、網絡行動科技公司合辦，邀請「多背一公斤」發起人余志海主講「微型志工，From Outsider to Insider」，中央大學客家政治經濟所所長陳定銘、臺灣國際志工協會理事長張瓊齡擔任與談人，共有四十多人參加。

◆ 護法總會及各地分院聯合舉辦「知福幸福──2010年歲末感恩分享會」，於法鼓山園區、北投農禪寺及雲來寺、三峽天南寺、桃園齋明寺、臺中分院、臺南分院、臺南雲集寺、高雄紫雲寺、臺東信行寺以及花蓮辦事處等十一個地點同時展開，方丈和尚果東法師出席雲來寺主現場，透過視訊連線對全臺參與信眾表達關懷與祝福，共有八千多位信眾參加。

◆ 8、15日，美國紐約東初禪寺上午舉辦英文初級禪訓班，邀請聖嚴師父西方弟子南茜·波那迪（Nancy Bornadi）帶領。

◆ 8至15日，美國紐約象岡道場舉辦禪修基礎課程，由監院常聞法師帶領。

◆ 8、15日，馬來西亞道場舉辦初級禪訓班，由常峪法師帶領，有二十八人參加。

◆ 北美護法會加州洛杉磯分會參加於當地舉辦的「華人工商大展」，在會場展出法鼓文化出版品，並分送法鼓山的文宣品、結緣品及《法鼓》雜誌。

◆ 8至9日，香港護法會舉辦初級禪訓班學長培訓課程，由傳燈院監院常源法師、常嶺法師等帶領，共有四十多人參加。

01.09

◆ 臺北安和分院舉辦佛一暨八關戒齋法會，由僧團女眾副都監果舫法師帶領，共有兩百多人參加。

◆ 臺中分院上午舉行寶雲寺動土大典，由方丈和尚果東法師、臺中市市長胡志強、彰化縣縣長卓伯源、麗明營造董事長吳春山、群園建設董事長呂崇民、護法總會總會長陳嘉男共同執鏟，聖基會董事長施建昌、法鼓大學籌備處校長劉安之、法鼓山榮譽董事會會長劉偉剛，以及近三千位僧俗四眾觀禮祝福。動土儀式之後，隨即舉辦「遷佛迎佛」和「祈福皈依」活動，遷佛儀式由關懷中心副都監果器法師主法，祈福皈依大典由方丈和尚授三皈依，共有一千三百一十人皈依三寶。

◆高雄紫雲寺舉辦禪一，由常一法師帶領，共有六十多人參加。

◆慈基會舉辦「99年度歲末大關懷」系列活動，9日於臺東信行寺進行，共關懷四十六戶家庭。

◆法行會中區分會下午於臺中分院舉辦第四屆第二次會員大會，並由方丈和尚果東法師頒發法鼓山榮譽董事聘書，共有一百多人參加。

◆9、16日，美國紐約東初禪寺舉辦週日講座，由果祥法師弘講《心經》，有五十多人參加。

◆馬來西亞道場舉辦「法青交流日」，由監院常慧法師帶領回顧並分享過去一年法青活動心得與體驗，共有十八人參加。

01.10

◆法鼓山持續關懷八八水災災後重建，由法鼓山認養的雲林縣古坑鄉東興段永久屋社區重建工程舉行灑淨祈福儀式，由慈基會祕書長果器法師主法，方丈和尚果東法師、雲林縣縣長蘇治芬、莫拉克重建委員會行政管理處處長孫繼中、古坑鄉鄉長林慧如等共同執鏟，共有上百位當地村民、義工參加。

◆10至14日，美國紐約東初禪寺舉辦「楞嚴教理研習營」，由住持果醒法師帶領，共有五十多人參加。

01.11

◆方丈和尚果東法師上午於北投雲來寺大殿，對僧團法師、全體專職精神講話，主題是「實踐法鼓山的理念」，全臺各分院道場同步視訊連線聆聽開示，共有三百多人參加。

◆1月11日至2月1日、3月8至29日、10月25日至11月15日，臺北安和分院每週二晚上舉辦「活用佛法——提昇職場優勢」課程，邀請前花旗銀行亞洲及中東業務總監戴萬成主講，有近五十人參加。

01.12

◆人基會心劇團於德貴學苑舉辦「表演藝術」培訓課程，邀請表演工作者李立群分享戲劇工作的心路歷程，共有二十多位團員參加。

01.14

◆14至16日，三峽天南寺舉辦禪二，由常品法師帶領，共有九十九人參加。

01.15

◆15至16日，南投德華寺舉辦禪二，由副寺果弘法師帶領，共有十七人參加。

◆1月15日、3月5日，臺南雲集寺舉辦生命關懷系列課程，邀請佛教蓮花基金會董事、

臺中榮民總醫院安寧病房志工隊大隊長張寶方主講「如何照護年長者」，有一百多人參加。

◆傳燈院於北投雲來寺舉辦Fun鬆一日禪，由常平法師帶領，共有五十二人參加。

◆法鼓山持續關懷八八水災災後重建，由法鼓山慈基會、中華民國紅十字會各界合力，於高雄市甲仙區五里埔重建的小林社區正式落成啟用，紅十字會會長陳長文代表將永久屋鑰匙、入住禮，贈與小林居民；慈基會祕書長果器法師到場祝福，並偕同高雄地區的義工，關懷入住的小林居民。

◆15至18日，法鼓大學籌備處於禪堂舉辦禪三，由聖嚴師父法子繼程法師帶領，包括校長劉安之，共有四十多位教職員、董事會成員及義工參加。

◆北美護法會南康州聯絡處舉辦禪一，共有三十二人參加。

01.16

◆北投農禪寺舉辦禪一，由果南法師帶領，共有五十八人參加。

◆臺中分院於苗栗三義DIY心靈環保教育中心舉辦禪一，由果雲法師帶領，共有五十九人參加。

◆慈基會舉辦「99年度歲末大關懷」系列活動，16日於高雄市皇都飯店進行，有近一百四十位甲仙地區民眾參加。

◆慈基會於新北市淡水休閒農園舉辦「慰訪關懷增能訓練課程」，由資深慰訪員帶領，共有五十三位學員參加。

01.17

◆法鼓山持續關懷中國大陸四川震災災後重建，1月17日至2月25日期間，派遣慰訪義工前往什邡市、綿陽市等七市鎮進行申請獎助學金補助學生的家庭訪視，表達法鼓山的關懷與祝福，共訪視四十二戶家庭。

01.19

◆方丈和尚果東法師上午前往民間全民電視公司，感恩其護持法鼓大學建設，並提供專屬無線臺頻道播出《他的身影──聖嚴師父國際弘法》影集，同時透過該臺專訪，以「知福、知足、有幸福；感恩、奉獻、真快樂」，祝福社會迎向「知福幸福」的新年。

◆19至23日，法青會於暨南國際大學舉辦「法鼓山2011冬季青年卓越營」，主題是「啟動夢想」，並舉辦三場「名人有約」座談，共有八百五十多位來自臺灣各地、中國大陸、香港、馬來西亞、新加坡與美國的青年學子參加。

01.20

◆馬來西亞道場舉辦義工共識營，由監院常慧法師帶領，深入了解法鼓山的理念、萬行菩薩的意涵等，共有二十六位悅眾參加。

01.21

◆21至23日，臺北安和分院舉辦兒童冬令營，共有近一百二十位國小三至五年級學童參加。

◆法鼓山持續關懷中國大陸四川震災災後「四安」重建工程，21至22日於安縣秀水第一中心小學舉辦「教師生命教育」心靈環保體驗營，由僧團副住持果品法師、法鼓大學籌備處副教授楊蓓帶領，共有一百二十五位當地老師及志願者參加。

◆21至23日，慈基會六龜安心站於高雄市杉林區集來生態休閒農場，舉辦「2011寒假生命教育高中營隊」，由副祕書長常法法師帶領，共有六十六位六龜中學高中部學生參加。

◆「第二屆華人宗教研究論壇：華人的宗教研究方法」之「佛教研究方法」、「當代佛教研究」兩場論壇，於法鼓佛教學院階梯教室舉行，共有五十多位專家學者參與。該論壇本年由政治大學宗教研究所、香港中文大學宗教與文化學系、中國大陸上海復旦大學宗教系及北京大學宗教系共同舉辦。

◆21至23日，美國紐約象岡道場舉辦禪三，邀請聖嚴師父西方弟子南茜‧波納迪（Nancy Bondari）、李祺‧阿謝爾（Rikki Asher）帶領，有近二十人參加。

01.22

◆三峽天南寺舉辦念佛禪一，由常緣法師帶領，共有一百零二人參加。

◆22至23日，桃園齋明寺首次舉辦兒童冬令營，共有一百多位國小三至六年級學童參加。

◆慈基會舉辦「99年度歲末大關懷」系列活動，22日於屏東縣佳冬鄉羌園國小進行，有近一百七十人參加。

◆佛教學院下午於法鼓山園區階梯教室舉辦「100學年度考生輔導說明會」，有近八十人參加。

◆22至24日，法鼓大學籌備處、覺風佛教藝術文化基金會及艋舺龍山寺於龍山寺板橋文化廣場共同舉辦「2011亞洲佛教藝術研習營」，主題是「新疆石窟藝術」，邀請臺北藝術大學傳統藝術史研究所所長林保堯、中國大陸北京大學考古系副教授魏正中等主講，有近兩百五十位學員參加。

◆1月22日至6月25日，人基會心劇團每月最後一週週六下午於德貴學苑舉辦「親子體驗遊樂園」系列活動。22日進行首場，主題是「生活倫理」，共有六十多位孩童和家長參加。

◆1月22日至4月16日期間，聖基會週六上午於會址的聖嚴書院講堂舉辦「聖嚴法師經典講座」，播放師父生前弘講《維摩經》影片，邀請大常法師主持，有近七十人參加。

◆北美護法會賓州州大大學城聯絡處舉辦禪一，由紐約象岡道場監院常聞法師帶領。

01.23

◆北投農禪寺舉辦兒童冬令禪悅營義工培訓課程，共有六十五人參加。

◆臺南安平精舍下午舉辦禪修講座，由僧大副院長果光法師主講「六祖以前的禪法」，有近一百人參加。

◆慈基會舉辦「99年度歲末大關懷」系列活動，23日於高雄紫雲寺進行，有近四百人參加。

◆23至28日，教聯會於三峽天南寺舉辦「2011法鼓山教師寒假禪修營」，由傳燈院監院常源法師帶領，有八十多人參加。

◆23、30日，美國紐約東初禪寺舉辦週日講座，由住持果醒法師主講「智慧不離煩惱──石頭希遷禪師〈參同契〉」，有近五十人參加。

◆加拿大溫哥華道場舉辦禪一，由常藏法師帶領，共有四十人參加。

01.24

◆24至26日，北投農禪寺舉辦兒童冬令禪悅營，共有一百一十位國小三至五年級學童參加。

◆1月24日至2月14日，禪修中心副都監果元法師、僧大禪學系五年級學僧常啟法師，前往墨西哥、美國弘法。

01.25

◆法鼓山持續關懷中國大陸四川震災災後重建，25至26日於安縣綿陽中學舉辦「生命教育」心靈環保營隊活動，並頒發貧困績優大學生獎助學金，共有四十三人受獎。

◆佛教學院舉辦專題講座，邀請中國大陸陝西省佛教會副會長韓金科主講「法門之光」，介紹法門寺地宮重要文物，共有五十多位師生參加。

01.26

◆1月26日至2月1日，禪修中心副都監果元法師、僧大學僧常啟法師於墨、美弘法關懷，在墨西哥納亞里特州（Nayarit）的玉堂海灣（Mar de Jade）帶領禪七，共有二十四位保育團體人士、醫師、企業家等參加。

01.27

◆1月27日至12月28日，人基會每月最後一週週四於德貴學苑舉辦「2011知福幸福心靈講座」系列活動。27日晚上進行首場，邀請「心六倫」代言人吳克群主講「我的歌我的夢」。

01.28

◆1月28日至2月13日，僧團果徹法師前往北美護法會加州舊金山分會弘法關懷。1月28至30日，2月4至5日，法師於分會弘講五堂「修行法門的精華錄──《四十二章經講記》導讀」，有近三十人參加。

◆北美護法會安省多倫多分會於多倫多大學（University of Toronto）班漢中心（Bahen Centre）舉辦英語佛學講座，邀請美國佛羅里達州立大學（Florida State University）

宗教系助理教授俞永峰主講「禪宗：生命、親密、與覺醒」（Chan Buddhism: Life,
Intimacy, and Awakening），共有四十一人參加。

01.29

◆1月29日及3月5、13日，傳燈院下午於德貴學苑舉辦動禪指引——立姿課程，各有十多人
參加。

◆29至31日，法鼓大學籌備處於法鼓山園區舉辦「邂逅法鼓大學——從預見到遇見」體驗
營，方丈和尚果東法師於首日出席關懷，共有八十二位學員參加。

◆美國紐約象岡道場舉辦禪一，由監院常聞法師帶領，共有十多人參加。

◆加拿大溫哥華道場舉辦歲末感恩分享會，追思懷念聖嚴師父的教澤，並感恩義工的護持
與奉獻，由監院果舟法師帶領，有近三百人參加。

◆29至30日，北美護法會安省多倫多分會於多倫多大學多元化信仰中心（Multi-Faith
Centre）舉辦默照一日半禪，邀請美國佛羅里達州立大學宗教系助理教授俞永峰帶領，
共有二十五人參加。

01.30

◆臺北安和分院上午舉辦歲末祈福法會，由監院果旭法師帶領，有近三百人參加。

01.31

◆北美護法會安省多倫多分會上午於多倫多大學多元化信仰中心舉辦英語佛法師資培訓
課程，邀請美國佛羅里達州立大學宗教系助理教授俞永峰帶領，共有十多人參加。

2月 FEBRUARY

02.01

◆《人生》雜誌第330期出刊。

◆《法鼓》雜誌第254期出刊。

◆法鼓文化出版新書：大智慧系列《虛空粉碎——聖嚴法師話頭禪法旨要》（聖嚴師父
著）、現代經典系列《三十七道品講記》（聖嚴師父著）、琉璃文學系列《旅行，聽
見生命的回音》（邱常梵著）。

02.02

◆法鼓山園區舉辦「知福幸福」新春系列活動，先於大殿舉辦除夕彌陀普佛法會，接著
於法華鐘樓舉辦「聞鐘聲祈福法會」，儀式由僧團法師共同撞響一百零八下法華鐘，

方丈和尚果東法師全程參與，總統馬英九、行政院院長吳敦義、新北市市長朱立倫、雲門舞集創辦人林懷民、宏仁集團負責人王文洋等來賓觀禮。

◆2至6日，法鼓山園區舉辦「知福幸福」新春系列活動，活動自「除夕聞鐘聲祈福法會」撞響第一百零八下法華鐘展開，接著進行大年初一起的新春活動，包括新春祈福法會、「禪心禪悅」禪修體驗，及「龜兔賽跑」劇場活動與「紙躍幸福」紙雕藝術展示等。

◆桃園齋明寺舉辦除夕禮拜〈八十八佛懺悔文〉法會，由監院果啟法師帶領，有近八十人參加。

◆臺中分院舉辦除夕彌陀普佛法會，共有八十多人參加。

◆臺東信行寺舉辦除夕禮拜〈八十八佛懺悔文〉法會，由常覺法師帶領，共有二十多人參加。

◆禪修中心副都監果元法師於墨、美弘法關懷，2日應邀至墨西哥瓜達拉哈拉大學（University of Guadalajara），接受大學電臺（Radio Universidad）專訪，介紹佛教、漢傳禪法，以及漢傳佛教的梵唄。

◆美國紐約東初禪寺舉辦辭歲共修活動，內容包括持誦《藥師經》、持誦〈大悲咒〉二十一遍等，由住持果醒法師帶領，有近五十人參加。

02.03

◆3至5日，北投農禪寺舉辦新春慈悲三昧水懺法會，有近兩千四百人次參加。

◆3至5日，北投文化館舉辦新春千佛懺法會，由監院果諦法師帶領以臺語誦經，有近九百人次參加。

◆臺北安和分院舉辦新春普佛法會，由僧團女眾副都監果舫法師主法，有近五百五十人參加。

◆3至5日，三峽天南寺舉辦點燈供花祈福法會及新春系列活動，內容包括佛畫書法展覽、親子茶禪等。

◆3至5日，桃園齋明寺舉辦新春慈悲三昧水懺法會，由監院果啟法師帶領，有近一千一百人次參加。

◆3至7日，桃園齋明寺舉辦「新春大願行」系列活動，內容包括祈願點燈、親子茶禪、親子藝文等，有近六千人次參加。

◆臺中分院舉辦新春普佛法會，共有三百多人參加。

◆南投德華寺舉辦新春普佛法會，由副寺果弘法師帶領，有近七十人參加。

◆臺南分院舉辦新春普佛法會，由監院果謙法師帶領，共有四百多人參加。

◆臺南雲集寺舉辦新春普佛法會，由果澔法師帶領，共有八十六人參加。

◆3至5日，高雄紫雲寺舉辦新春千佛懺法會，由僧團常願法師主法，有近一千五百人次參加。

◆臺東信行寺舉辦新春普佛法會暨園遊會，法會由監院果增法師帶領，有近兩百五十人參加。

◆3至7日，慈基會設於中國大陸的四川什邡安心站舉辦「心靈環保迎新納福」活動，內容包括托水缽、影片播放等，分享法鼓山「心靈環保」的理念，共有逾萬人次參加。

◆3至7日，美國紐約東初禪寺舉辦九場新春藥師法會，為世界祈福，由僧團果祥法師帶領，共有七百多人次參加。

◆加拿大溫哥華道場舉辦新春普佛法會,由監院果舟法師帶領,有近一百五十人參加。
◆馬來西亞道場舉辦新春祈福法會,由監院常慧法師帶領,有近八十人參加。
◆泰國護法會上午舉辦新春普佛法會,由果界法師、果晨法師等帶領,共有一百多人參加;下午舉辦佛學講座,由果界法師導讀聖嚴師父著作《八大人覺經講記》,有近五十人參加。

02.04

◆臺中分院舉辦新春大悲懺法會,共有兩百多人參加。
◆臺東信行寺舉辦戶外禪,由監院果增法師帶領,共有六十多人參加。
◆加拿大溫哥華道場舉辦新春大悲懺法會,由監院果舟法師帶領,共有四十多人參加。

02.05

◆臺北安和分院舉辦新春大悲懺法會,由僧團女眾副都監果舫法師主法,有近六百人參加。
◆臺中分院舉辦新春慈悲三昧水懺法會,由監院果理法師帶領,共有兩百多人參加。
◆南投德華寺舉辦新春大悲懺法會,由副寺果弘法師帶領,共有四十一人參加。
◆臺南雲集寺舉辦新春觀音法會,由果攝法師帶領,共有五十八人參加。
◆臺南安平精舍舉辦新春觀音法會,由監院果謙法師帶領,有近一百三十人參加。
◆臺東信行寺舉辦新春大悲懺法會,由監院果增法師帶領,有近七十人參加。
◆5至7日,禪堂舉辦禪二,由僧團常義法師帶領,共有一百二十一人參加。
◆加拿大溫哥華道場舉辦新春藥師法會,由監院果舟法師帶領,共有一百二十多人參加。
◆北美護法會加州洛杉磯分會舉辦新春大悲懺法會,有近三十人參加。
◆香港護法會舉辦新春普佛法會,共有一百多人參加。

02.06

◆北投農禪寺舉辦新春大悲懺法會,有近七百六十人參加。
◆臺北安和分院舉辦新春地藏法會,由僧團女眾副都監果舫法師主法,共有四百五十多人參加。
◆臺南分院舉辦新春大悲懺法會,共有兩百多人參加。
◆臺南雲集寺舉辦新春大悲懺法會,共有一百多人參加。
◆高雄三民精舍舉辦新春普佛法會,由常琨法師帶領,有近兩百人參加。
◆美國紐約東初禪寺舉辦新春普佛法會,由住持果醒法師主法,共有兩百三十人參加。
◆加拿大溫哥華道場舉辦「觀身受法」禪修活動,由常賡法師帶領,引導學員體驗放鬆的感受,共有八十多人參加。
◆禪修中心副都監果元法師於墨、美弘法關懷,6日於美國加州洛杉磯分會舉辦佛學講座,主講「觀音法門」,並帶領新春觀音法會,共有八十多人參加。
◆北美護法會加州舊金山分會舉辦新春大悲懺法會,由僧團果徹法師帶領,有近三十人參加。

◆北美護法會華盛頓州西雅圖分會舉辦新春大悲懺祈福法會，共有五十多人參加。

◆北美護法會安省多倫多分會舉辦新春聯誼會，有近九十人參加。

02.07

◆7至13日，法鼓山園區舉辦「青少年營隊企畫幹訓營」，有三十多人參加。

02.09

◆禪修中心副都監果元法師於墨、美弘法關懷，9至11日晚上於北美護法會加州洛杉磯
分會舉辦禪修講座，主講「默照禪的前方便」，有近六十人參加。

02.10

◆10、11日晚上，榮董會於臺北國父紀念館舉辦兩場「成就大願」感恩音樂會，方丈
和尚果東法師以及教界今能長老、副總統蕭萬長、法務部部長曾勇夫、經濟部部長
施顏祥、大陸委員會主任委員賴幸媛等出席，共有四千五百多位榮譽董事、護法信
眾參加。

◆北美護法會加州舊金山分會舉辦專題講座，由僧團果徹法師主講「佛陀聖跡巡禮」，
有近二十人參加。

02.11

◆馬來西亞道場於聖嚴師父圓寂兩週年當天（農曆正月初9日），舉辦緬懷師恩活動，
由監院常慧法師帶領，內容包括《他的身影》影片播放、分享親近法鼓山的因緣
等，有近六十人參加。

◆11至13日，北美護法會佛州塔拉哈西聯絡處舉辦禪三，邀請美國佛羅里達州立大學
宗教系助理教授俞永峰帶領，共有二十二人參加。

02.12

◆為緬懷聖嚴師父教澤，法鼓山下午於園區九處殿堂舉辦「傳心燈·起願行──傳燈
法會」。上午，安排陸續抵達的信眾分別在三門、法華鐘公園、禪堂平臺、雀榕平
臺，聆聽僧團法師說法鼓山故事，再依序進入殿堂，觀看聖嚴師父開示影片；下午
四時三十分，大殿燃起象徵師父法身慧命的主燈，包括首座和尚惠敏法師、副住持
果暉法師、果品法師、都監果廣法師等九位僧團代表，分別捧起方丈和尚果東法師
點燃的引燈前往各佛堂，為信眾點燃手中的「菩薩行燈」，共有六千兩百多位信眾
參加。

◆慈基會於高雄紫雲寺舉辦「關懷長者研習工作坊」，邀請美和科技大學老人服務暨
事業管理學系的專業老師授課，共有八十三位高屏地區慰訪義工參加。

◆為緬懷聖嚴師父教澤，美國紐約東初禪寺舉辦法鼓傳燈日活動，進行禪一，由住持果醒法師帶領，共有七十多位東西方信眾參加。

◆為緬懷聖嚴師父教澤，美國紐約象岡道場舉辦法鼓傳燈日活動，進行禪一，由監院常聞法師帶領，共有二十五位西方禪眾參加。

◆為緬懷聖嚴師父教澤，加拿大溫哥華道場舉辦傳燈法會，由監院果舟法師主持傳燈儀式，有近一百人參加。

◆2月12至19日、3月12至26日，加拿大溫哥華道場每週六上午舉辦佛學講座，由常惺法師主講「中國佛教史」，有近八十人參加。

◆北美護法會伊利諾州芝加哥分會舉辦新春慶典活動，上午進行禮拜《八十八佛洪名寶懺》法會，下午舉辦藝文表演，共有四十多人參加。

◆為緬懷聖嚴師父教澤，北美護法會加州洛杉磯分會舉辦法鼓傳燈日活動，進行禪一，由禪修中心副都監果元法師、僧大禪學系五年級學僧常啟法師帶領，共有四十一人參加。

◆為緬懷聖嚴師父教澤，北美護法會加州舊金山分會、安省多倫多分會分別舉辦法鼓傳燈日活動，進行禪一，各有近三十人參加。

◆為緬懷聖嚴師父教澤，北美護法會密西根州蘭辛聯絡處舉辦法鼓傳燈日活動，進行半日禪，共有二十多人參加。

02.13

◆13至27日，法鼓山舉辦「傳心燈‧起願行──大悲行」行腳活動，從法鼓山園區出發，途經北投雲來寺、三峽天南寺、桃園齋明寺、三義DIY心靈環保教育中心、臺中寶雲別苑、臺南雲集寺、臺南分院，於27日抵達高雄紫雲寺，由常乘法師擔任總護法師，共有十九位學員全程參加。

◆北投農禪寺舉辦禪一，由果南法師帶領，共有七十人參加。

◆桃園齋明寺舉辦新春大悲懺法會，由監院果啟法師帶領，共有三百八十多人參加。

◆美國紐約東初禪寺舉辦週日講座，由住持果醒法師主講「默照禪──話頭禪與《楞嚴經》」，有近八十人參加。

◆為緬懷聖嚴師父教澤，北美護法會新澤西州分會、伊利諾州芝加哥分會、華盛頓州西雅圖分會、加州省會聯絡處、華盛頓特區聯絡處、南康州聯絡處、密蘇里州聖路易聯絡處、佛州塔拉哈西聯絡處，分別舉辦法鼓傳燈日活動，進行半日禪，共有一百八十多人參加。

◆為緬懷聖嚴師父教澤，北美護法會加州洛杉磯分會舉辦傳燈法會，由禪修中心副都監果元法師、僧大禪學系五年級學僧常啟法師帶領，共有六十人參加。

◆北美護法會加州舊金山分會舉辦戶外禪，由僧團果徹法師帶領，有近二十人參加。

◆新加坡護法會舉辦義工「自我提昇」培訓營，主題是「法鼓山關懷的理念」，由馬來西亞道場常文法師、常峪法師帶領，有近五十人參加。

◆為緬懷聖嚴師父教澤，澳洲護法會雪梨分會上午舉辦法鼓傳燈日活動，觀看聖嚴師父開示影片，共有十多人參加。

02.14

◆2月14日至5月30日，信眾教育院每週一於北投農禪寺開辦「聖嚴書院精讀三上——五講精讀（三）」佛學課程，由講師林立主講。

◆2月14日至5月30日，信眾教育院每週一於德貴學苑開辦「聖嚴書院精讀二下——五講精讀（二）」佛學課程，由講師常慶法師主講。

◆2月14日至5月30日，信眾教育院每週一於臺北中山精舍開辦「聖嚴書院精讀一下——五講精讀（一）」佛學課程，由講師戴良義主講。

◆2月14日至5月30日，信眾教育院每週一於臺南分院開辦「聖嚴書院精讀三下——五講精讀（三）」佛學課程，由講師林其賢主講。

◆2月14日至5月30日，信眾教育院每週一於高雄三民精舍開辦「聖嚴書院初階二下——自家寶藏」佛學課程，由講師張瓊夫主講。

◆2月14日至5月30日，信眾教育院每週一於護法會南投辦事處開辦「聖嚴書院初階二下——牛的印跡」佛學課程，由講師果弘法師主講。

◆佛教學院於禪堂舉辦期初禪七，由僧團果興法師帶領，共有八十一人參加。

◆北美護法會佛州塔拉哈西聯絡處舉辦專題講座，邀請美國佛羅里達州立大學宗教系助理教授俞永峰主講「愛的力量：慈悲觀的修持」，演講後進行禪坐體驗，共有二十多人參加。

02.15

◆桃園齋明寺舉辦元宵燃燈供佛法會，由傳燈院監院常源法師主法，共有七百多人參加。

◆2月15日至5月31日，信眾教育院每週二於北投農禪寺開辦「聖嚴書院初階二下——心的經典」佛學課程，由講師謝水庸主講。

◆2月15日至6月7日，信眾教育院每週二於臺北安和分院開辦「聖嚴書院初階一下——行門簡介」佛學課程，由講師常林法師主講。

◆2月15日至5月31日，信眾教育院每週二於臺北中山精舍開辦「聖嚴書院專題二上——專題研讀（二）」、「聖嚴書院專題三上——專題研讀（三）」佛學課程，兩班共同上課，由講師戴良義主講。

◆2月15日至5月31日，信眾教育院每週二於臺中分院開辦「聖嚴書院精讀一下——五講精讀（一）」佛學課程，由講師林其賢主講。

◆2月15日至5月31日，信眾教育院每週二於臺中分院開辦「聖嚴書院專題二下——專題研讀（二）」佛學課程，由講師果理法師、林其賢主講。

◆2月15日至5月31日，信眾教育院每週二於臺中分院開辦「聖嚴書院精讀三上——五講精讀（三）」佛學課程，由講師林其賢主講。

◆2月15日至5月31日，信眾教育院每週二於臺南分院開辦「聖嚴書院精讀一下——五講精讀（一）」佛學課程，由講師果謙法師主講。

◆2月15日至6月7日，信眾教育院每週二於護法會新莊辦事處開辦「聖嚴書院初階二下——心的經典」佛學課程，由講師常諦法師主講。

02.16

◆方丈和尚果東法師、首座和尚惠敏法師及僧團法師等一行，前往新竹福嚴精舍，出席仁俊長老捨報圓寂追思讚頌法會，緬懷追思，並向長年關心護持法鼓山的長老表達無限感恩。

◆臺東信行寺舉辦元宵燃燈供佛法會，由監院果增法師帶領，有近六十人參加。

◆2月16日至6月8日，信眾教育院每週三於北投農禪寺開辦「聖嚴書院初階一下——行門簡介」佛學課程，由講師常和法師主講。

◆2月16日至6月1日，信眾教育院每週三於臺北安和分院開辦「聖嚴書院初階一下——行門簡介」佛學課程，由講師果旭法師主講。

◆2月16日至6月1日，信眾教育院每週三於德貴學苑開辦「聖嚴書院初階二下——心的經典」佛學課程，由講師常願法師主講。

◆2月16日至6月1日，信眾教育院每週三於臺北中山精舍開辦「聖嚴書院初階一下——行門簡介」佛學課程，由講師常超法師主講。

◆2月16日至6月1日，信眾教育院每週三於臺中分院開辦「聖嚴書院初階三下——心的經典」佛學課程，由講師果理法師主講。

◆2月16日至6月1日，信眾教育院每週三於臺中分院開辦「聖嚴書院初階三下——牛的印跡」佛學課程，由講師林其賢主講。

◆2月16日至6月1日，信眾教育院於臺中寶雲別苑每週三上午開辦「聖嚴書院初階一下——行門簡介」佛學課程（甲班），晚上開辦「聖嚴書院初階一下——行門簡介」佛學課程（乙班），皆由講師郭惠芯主講。

◆2月16日至6月1日，信眾教育院每週三於高雄紫雲寺開辦「聖嚴書院初階二下——自家寶藏」佛學課程，由講師張瓊夫主講。

◆2月16日至6月1日，信眾教育院每週三於高雄三民精舍開辦「聖嚴書院初階一下——行門簡介」佛學課程，由講師常法法師主講。

◆2月16日至6月1日，信眾教育院每週三於聖基會會址開辦「聖嚴書院初階一下——行門簡介」佛學課程，由講師果傳法師主講。

◆2月16日至6月1日，信眾教育院每週三於金山法鼓山社大開辦「聖嚴書院初階三下——自家寶藏」佛學課程，由講師常詵法師主講。

◆2月16日至6月1日，信眾教育院每週三於護法會新店辦事處開辦「聖嚴書院初階一下——行門簡介」佛學課程，由講師常齊法師主講。

◆2月16日至6月1日，信眾教育院每週三於護法會彰化辦事處開辦「聖嚴書院初階二下——牛的印跡」佛學課程，由講師果弘法師主講。

◆2月16日至6月1日，信眾教育院每週三於護法會員林辦事處開辦「聖嚴書院初階二下——自家寶藏」佛學課程，由講師果雲法師主講。

02.17

◆北投農禪寺舉辦元宵燃燈供佛法會，由監院果燦法師帶領，共有兩百五十多人參加。

◆臺中分院舉辦元宵觀音祈福法會，由監院果理法師帶領，共有兩百多人參加。

◆南投德華寺舉辦元宵燃燈供佛法會，由副寺果弘法師帶領，有近四十人參加。

◆臺南分院舉辦元宵燃燈供佛法會，由監院果謙法師帶領，有近三百人參加。

◆臺南雲集寺舉辦元宵燃燈供佛法會，由果澔法師帶領，共有八十五人參加。

◆高雄紫雲寺舉辦元宵燃燈供佛法會，由監院果耀法師帶領，共有一百八十多人參加。

◆2月17日至6月9日，信眾教育院每週四於北投農禪寺開辦「聖嚴書院初階三下——探索識界」佛學課程，由講師溫天河主講。

◆2月17日至6月2日，信眾教育院每週四於臺中分院開辦「聖嚴書院初階二下——心的經典」佛學課程，由講師果理法師主講。

◆2月17日至6月2日，信眾教育院每週四於高雄紫雲寺開辦「聖嚴書院初階一下——行門簡介」佛學課程，由講師郭惠芯主講。

◆2月17日至6月2日，信眾教育院每週四於護法會宜蘭辦事處開辦「聖嚴書院初階三下——自家寶藏」佛學課程，由講師常說法師主講。

◆2月17日至6月2日，信眾教育院每週四於護法會新莊辦事處開辦「聖嚴書院初階三下——探索識界」佛學課程，由講師朱秀容主講。

◆日本尼泊爾梵文寫本研究所中心代表高岡秀暢、日本龍谷大學佛教文化研究所客座研究員道偉法師、建銘營造公司劉俊弘總經理暨夫人等一行四人，參訪法鼓佛教學院，由校長惠敏法師、學士班班主任果暉法師、圖書資訊館館長馬德偉等接待，陪同參觀圖資館及校園等。高岡秀暢先生並將其研究四十年的佛教梵文寫本文獻資料數位化的光碟，贈予佛教學院保存。

◆加拿大溫哥華道場舉辦元宵民俗活動，內容包括鼓藝表演、搓元宵、提燈籠等，共有五十多人參加。

02.18

◆2月18日至6月3日，信眾教育院每週五上午於德貴學苑開辦「聖嚴書院初階一下——行門簡介」佛學課程，由講師果界法師主講。

◆2月18日至6月3日，信眾教育院每週五晚上於德貴學苑開辦「聖嚴書院初階一下——行門簡介」佛學課程，由講師常覺法師主講。

◆2月18日至6月3日，信眾教育院每週五於臺北中山精舍開辦「聖嚴書院初階二下——心的經典」佛學課程，由講師陳標主講。

◆2月18日至6月3日，信眾教育院每週五於桃園齋明寺開辦「聖嚴書院精讀一下——五講精讀（一）」佛學課程，由講師溫天河主講。

◆2月18日至6月3日，信眾教育院每週五於高雄紫雲寺開辦「聖嚴書院精讀三上——五講精讀（三）」佛學課程，由講師林其賢主講。

◆2月18日至6月3日，信眾教育院每週五於臺南分院開辦「聖嚴書院初階二下——心的經典」佛學課程，由講師果謙法師主講。

◆2月18日至6月3日，信眾教育院每週五於臺南安平精舍開辦「聖嚴書院初階二下——心的經典」佛學課程，由講師許永河主講。

◆2月18日至6月3日，信眾教育院每週五於護法會淡水辦事處開辦「聖嚴書院初階一下——行門簡介」佛學課程，由講師常恩法師主講。

◆2月18日至6月3日，信眾教育院每週五於護法會中永和辦事處開辦「聖嚴書院初階二下——心的經典」佛學課程，由講師常諗法師主講。

◆2月18日至6月3日，信眾教育院每週五於護法會海山辦事處開辦「聖嚴書院初階三下——心的經典」佛學課程，由講師戴良義主講。

◆18至20日，美國紐約象岡道場舉辦禪三，由監院常聞法師帶領，共有十多人參加。

◆電影《高山上的足球盃》（The Cup）、《旅行者與魔術師》（Travelers and Magicians）導演宗薩蔣揚欽哲仁波切，在建築師姚仁喜伉儷陪同下，下午參訪北投雲來寺，並展開一場講座，與專職、信眾分享生活佛法。

02.19

◆為緬懷聖嚴師父教澤，法鼓山下午於臺中弘光科技大學毓麟館舉辦「傳心燈．起願行——傳燈法會」，共有兩千四百多位中部地區信眾參加。

◆2月19日至3月26日，桃園齋明寺每週六舉辦《金剛經》共修，共有近九百人次參加。

◆2月19日至6月4日，信眾教育院每週六於高雄紫雲寺開辦「聖嚴書院專題五上——專題研讀（五）」佛學課程，由講師張瓊夫主講。

◆2月19日至6月4日，信眾教育院每週六於護法會羅東辦事處開辦「聖嚴書院初階一下——行門簡介」佛學課程，由講師常定法師主講。

◆中國大陸上海市佛教協會會長覺醒大和尚、副會長周富根等一行四十八人，下午參訪法鼓山園區，由僧團副住持果暉法師、果品法師代表接待，進行交流。

02.20

◆20至27日，禪堂舉辦「禪修教理研習營——中觀」，由僧大助理教授果徹法師主講，常護法師擔任總護，共有九十九人參加。

◆傳燈院下午於德貴學苑舉辦動禪指引——坐姿課程，共有三十五人參加。

◆傳燈院應空中大學基隆教學中心之邀，至該中心進行法鼓八式動禪教學，共有二十二人參加。

◆慈基會於屏東大仁科技大學舉辦「義工培力工作坊」，邀請嘉南藥理科技大學嬰幼兒保育系助理教授邱敏麗帶領，共有二十五位甲仙安心站專職及慰訪義工參加。

◆20、27日，美國紐約東初禪寺舉辦週日講座，邀請聖嚴師父西方弟子比爾·賴特（Bill Wright）主講「十二因緣」，有近四十人參加。

◆馬來西亞道場舉辦義工成長活動，內容包括禪坐共修、「心五四」理念介紹、法鼓八式動禪教學等，由監院常慧法師帶領，共有四十三人參加。

◆20至27日，北美護法會華盛頓州西雅圖分會舉辦佛學講座，由護法會輔導法師常華法師導讀聖嚴師父著作《完全證悟——聖嚴法師說圓覺經生活觀》，有近四十人參加。

02.24

◆2月24日至6月9日，信眾教育院每週四於基隆精舍開辦「聖嚴書院初階一下——行門簡介」佛學課程，由講師常湛法師主講。

◆2月24日至6月2日，信眾教育院每週四於金山法鼓山社大開辦「聖嚴書院初階一下——行門簡介」佛學課程，由講師常宏法師主講。

◆佛教學院與南亞技術學院締結姊妹校，並於南亞技術學院簽署合作協議書；校長惠敏法師並以「論『道』與『人生應有的服務態度』」為題，進行專題演講。

◆人基會於德貴學苑舉辦「2011知福幸福心靈講座」系列講座，24日邀請臺灣大學大氣物理系教授孫維新主講「星空下的獨白」。

02.25

◆2月25日至5月25日期間，國際發展處於北投雲來寺舉辦四場「國際禮儀」系列課程，25日由專職吳筱涵介紹國際基本禮儀，共有四十多人參加。

◆北美護法會伊利諾州芝加哥分會舉辦專題講座，邀請聖嚴師父西方法子吉伯・古帝亞茲（Gilbert Gutierrez）主講「禪法的入門方便」，共有三十五人參加。

02.26

◆為緬懷聖嚴師父教澤，法鼓山晚上於臺南大學體育館舉辦「傳心燈・起願行——傳燈法會」，共有兩千多位信眾參加。

◆北投農禪寺舉辦佛一暨八關戒齋法會，共有六百多人參加。

◆人基會心劇團於德貴學苑舉辦「親子體驗遊樂園」系列活動，26日主題是「家庭倫理」，共有六十多位孩童和家長參加。

◆26至27日，加拿大溫哥華道場舉辦初級禪訓班二日營，由常賡法師帶領，共有七十二人參加。

◆26至27日，北美護法會伊利諾州芝加哥分會舉辦禪二，邀請聖嚴師父西方法子吉伯・古帝亞茲帶領，共有十五人參加。

◆2月26日至3月6日，普化中心副都監果毅法師前往美西弘法關懷，26日於北美護法會加州洛杉磯分會舉辦專題講座，導讀聖嚴師父著作《法鼓全集》，共有四十多人參加。

◆北美護法會安省多倫多分會上午於當地北約克市民中心（North York Civic Centre）舉辦大悲懺法會，由美國紐約東初禪寺住持果醒法師帶領，有近五十人參加；下午舉辦電影欣賞，由果醒法師帶領賞析影片《佛陀》（The Buddha），共有二十多人參加。

02.27

◆為緬懷聖嚴師父教澤，法鼓山下午及晚上於高雄紫雲寺各舉辦一場「傳心燈・起願行——傳燈法會」，共有近四千位信眾參加。

◆臺北安和分院舉辦禪一，由監院果旭法師帶領，共有七十人參加。

◆2月27日至3月8日，禪堂舉辦話頭禪十，由果如法師帶領，共有七十四人參加。

◆馬來西亞道場舉辦禪一，由監院常慧法師帶領，共有三十三人參加。

◆普化中心副都監果毅法師於美西弘法關懷，27日於北美護法會加州洛杉磯分會舉辦專題講座，導讀聖嚴師父禪修著作《牛的印跡》，共有六十多人參加。

◆北美護法會安省多倫多分會於當地北約克市民中心舉辦一日生活禪，由美國紐約東初禪寺住持果醒法師帶領，共有四十二人參加。

◆香港護法會舉辦Fun鬆一日禪，共有七十多人參加。

02.28

◆北投農禪寺舉辦梁皇寶懺法會宣導員種子培訓課程，由中華佛研所所長果鏡法師帶領，有近兩百人參加。

◆為緬懷聖嚴師父教澤，北美護法會佛州塔拉哈西聯絡處舉辦師父圓寂兩週年紀念活動，邀請美國佛羅里達州立大學宗教系助理教授俞永峰為大眾簡介師父一生弘法歷程，並播放師父的開示影片，共有一百五十多人參加。

◆中國大陸甘肅省佛教協會副會長理因法師帶領法師及信眾一行一百零九人，至法鼓山園區參訪，由僧團副住持果暉法師、僧大副院長常寬法師等代表接待，進行交流。

3月 MARCH

03.01

◆《人生》雜誌第331期出刊。

◆《法鼓》雜誌第255期出刊。

◆法鼓文化出版新書：智慧海系列《般若心經思想史》（東初老和尚著）。

◆1至3日，傳燈院應基隆市議會之邀，於三峽天南寺舉辦禪修營，由常地法師帶領，包括議長黃景泰，共有二十一人參加。

◆3月1日至5月31日期間，聖基會舉辦漫畫版《108自在語・自在神童漫畫》第一集贈書活動，共有一千三百一十四所學校提出申請，贈書總數逾十萬本。

◆1至9日，關懷中心副都監果器法師、國際發展處監院果見法師，以及護法總會副總會長周文進，前往澳洲、泰國弘法關懷。1日於澳洲墨爾本關懷當地悅眾。

◆普化中心副都監果毅法師於美西弘法關懷，1日於北美護法會加州舊金山分會帶領禪坐共修，共有二十一人參加。

03.02

◆2至23日，信眾教育院每週三晚上於北投雲來寺舉辦「法鼓講堂」佛學課程，由僧大講師常延法師主講「《維摩經》與淨化人生」，法鼓山數位學習網並進行線上直播。

◆3月2日至6月29日，信眾教育院每週三於臺北安和分院開辦「普賢菩薩行願讚」佛學課程，由講師辜琮瑜主講。

◆3月2日至5月18日，信眾教育院每週三於護法會林口辦事處開辦「地藏菩薩的大願法門」佛學課程，由講師悟常法師主講。

◆國際發展處舉辦「國際禮儀」系列課程，2日由義工團接待組資深悅眾謝傳倫、張惠琪等帶領國際公關接待培訓課程，共有七十七人參加。

◆佛教學院舉辦專題演講，邀請陽明大學腦科學研究所教授謝仁俊主講「從腦造影參禪與腦──禪學與腦科學」。

◆2至23日，加拿大溫哥華道場每週三舉辦初級禪訓班，由監院果舟法師、常文法師帶領，有十多人參加。

03.03

◆3月3日至6月30日，臺北安和分院每週四舉辦導讀聖嚴師父著作《聖嚴法師教淨土法門》佛學課程，由僧團女眾副都監果舫法師主講，有近一百人參加。

◆法行會晚上於臺北國賓飯店舉辦第一二二次例會，由文化中心副都監果賢法師導讀聖嚴師父著作《正信的佛教》，共有一百多人參加。

◆3至31日，馬來西亞道場每週四晚上舉辦「佛陀如何教導弟子對治五毒」專題講座，主題是「貪欲」，由監院常慧法師帶領，有近五十人參加。

◆普化中心副都監果毅法師於美西弘法關懷，3日於北美護法會加州舊金山分會舉辦佛學講座，主講「近代高僧——虛雲老和尚」，共有三十人參加。

◆關懷中心副都監果器法師、國際發展處監院果見法師一行於澳洲、泰國弘法關懷，3日下午前往澳洲雪梨大學（The University of Sydney），拜訪馬克‧亞隆（Mark Allon）、克蘭格（Crangle）、麥格里提（McGarrity）等三位宗教系佛學研究學程教授。

03.04

◆4至6日，傳燈院於三峽天南寺舉辦禪修助理監香培訓課程，由監院常源法師、常乘法師等帶領，有三十五人參加。

◆3月4日至7月1日，信眾教育院每週五於臺北安和分院開辦「地藏菩薩的大願法門」佛學課程，由講師常超法師主講。

◆3月4日至5月20日，信眾教育院每週五於護法會內湖辦事處開辦「學佛群疑」佛學課程，由講師常儀法師主講。

◆3月4日至9月30日期間，馬來西亞道場於週五舉辦「學佛五講」佛學課程，由監院常慧法師主講，有三十多人參加。

03.05

◆5至6日，北投雲來寺舉辦都市禪二，由僧團果賓法師帶領，共有六十一人參加。

◆桃園齋明寺上午舉辦放鬆半日禪，由監院果啟法師帶領，共有七十二人參加。

◆關懷中心副都監果器法師、國際發展處監院果見法師一行於澳洲、泰國弘法關懷，5日於澳洲雪梨分會主持新禪堂灑淨儀式，共有二十多人參加。

◆美國紐約象岡道場舉辦禪一，由監院常聞法師帶領，有近三十人參加。

◆馬來西亞道場舉辦英文禪訓班，共有十五人參加。

◆普化中心副都監果毅法師於美西弘法關懷，5日於北美護法會加州舊金山分會舉辦佛學講座，主講「水陸法會的精神與介紹」，共有十七人參加。

◆5至6日，香港護法會舉辦佛學講座，由僧大講師果竣法師分別主講「《圓覺經》概要」、「佛法要義」，各有近四十人參加。

03.06

◆北投農禪寺舉辦禪一，由果南法師帶領，共有八十八人參加。

◆臺中分院於三義DIY心靈環保教育中心舉辦禪一，由果雲法師帶領，共有七十六人參加。

◆6至27日，高雄三民精舍每週日下午舉辦身心醫學系列講座，邀請專家學者主講。6日進行首場，邀請高雄醫學大學附設中和紀念醫院精神科主治醫師王鵬為主講「壓力與生活——談生活壓力與焦慮症、失眠」，共有八十五人參加。

◆3月6日至12月18日，信眾教育院於桃園齋明寺開辦聖嚴書院福田班「10001齋明班」，共十堂課。

◆關懷中心副都監果器法師、國際發展處監院果見法師等於澳洲、泰國弘法關懷，6至9日於泰國關懷當地弘法現況，並關懷信眾。

◆美國紐約東初禪寺舉辦週日講座，邀請聖嚴師父西方法子吉伯・古帝亞茲主講「以默照參透心性」，有近五十人參加。

◆馬來西亞道場舉辦禪修助理監香培訓課程，由常峋法師帶領，有近二十人參加。

◆普化中心副都監果毅法師於美西弘法關懷，6日在北美護法會加州舊金山分會帶領半日禪並舉辦專題講座，主講「聖嚴師父禪法的層次化教學」，分別有三十人參加。

◆臺灣科技大學心靈提昇通識課程學生一行三十五人，至法鼓山園區進行戶外禪，由中華佛研所所長果鏡法師帶領。

03.07

◆3月7日至6月27日，臺北安和分院每週一晚上舉辦「禪學與生活」佛學課程，邀請心理諮商專家鄭石岩教授主講，有三百五十多人參加。

◆3月7日至7月4日，信眾教育院每週一於臺北中山精舍開辦「地藏菩薩的大願法門」佛學課程，由講師清德法師主講。

03.09

◆法鼓山持續關懷南亞海嘯賑災，9日慈基會派遣義工至印尼亞齊（Aceh）訪視獎助學金個案家庭，並進行獎助學金頒發，共有五十位學子受益。

◆佛教學院舉辦專題講座，邀請園藝治療師黃盛璘主講「園藝治療之過去、現在、未來」，校長惠敏法師、中華佛研所所長果鏡法師到場聆聽，共有一百多人參加。

03.10

◆10至13日，法鼓山於園區大殿舉辦「第十六屆在家菩薩戒」第一梯次，由方丈和尚果東法師、首座和尚惠敏法師、副住持果暉法師擔任尊證師，共有四百二十八人受戒。

03.11

◆ 國際發展處舉辦「國際禮儀」系列課程，11日邀請前外交部禮賓司副司長謝棟樑分享接待國際貴賓的經驗與原則，有近五十人參加。

◆ 日本東北地區發生芮氏規模八・九的強烈地震，隨即引發海嘯、核災等災害，法鼓山於第一時間啟動緊急救援系統，提撥五百萬元善款，捐助日本政府救災使用；同時匯集睡袋、外套等九千多件救災物資，於14日送抵外交部指定地點，轉由外交部統一調度，專機運送給需要的日本民眾。

◆ 11至12日，僧大於法鼓山園區舉辦僧活營，由常元法師帶領，共有四十多位學員參與出家生活的體驗。

03.12

◆ 法鼓山於北投農禪寺舉行「社會菁英禪修營第六十八次共修會」，由僧團副住持果品法師帶領，共有七十四人參加。

◆ 12至13日，弘化院參學室於法鼓山園區舉辦參學服務員初階培訓，由室主常全法師帶領，有近四十人參加。

◆ 3月12日至4月23日期間，北投農禪寺隔週週六舉辦「學佛Fun輕鬆」課程，內容包括學佛行儀、禪修體驗、佛學課程等，有四十多人參加。

◆ 傳燈院於北投雲來寺舉辦初級禪訓班同學會，由常乘法師帶領，共有五十四人參加。

◆ 國際禪坐會於臺北中山精舍舉辦國際禪一。

◆ 3月12日至12月24日，法鼓大學籌備處人生學院於德貴學苑舉辦七場「禪文化入門講座」。12日下午進行首場，邀請臺灣大學哲學系副教授蔡耀明主講「法界觀引發的禪修脈動」，共有八十多人參加。

◆ 12、19日，美國紐約東初禪寺舉辦初級禪訓班，由監院常華法師、常懿法師帶領，有近二十人參加。

◆ 12至18日，美國紐約象岡道場舉辦初階禪七，由東初禪寺住持果醒法師帶領，共有二十六人參加。

◆ 12至13日，馬來西亞道場舉辦兒童生命教育課程，主題是「認識大自然」；13日並於當地菲力斯花園（Garden Faries）進行自然體驗，共有三十四位國小學童參加。

◆ 3月12日至4月2日，北美護法會加州洛杉磯分會每週六上午舉辦初級禪訓班，有近二十人參加。

◆ 北美護法會安省多倫多分會舉辦禪一，共有十多人參加。

03.13

◆ 北投農禪寺上午於關渡平原舉辦半日禪，由果南法師帶領，共有八十二人參加。

◆ 高雄三民精舍舉辦身心醫學系列講座，13日邀請高雄市立大同醫院社工師曾菊香主講「健忘與失智：談老年失智症的預防」，共有一百多人參加。

◆ 傳燈院於北投雲來寺舉辦舒活禪一，由常乘法師帶領，共有五十四人參加。

◆ 僧大於法鼓山園區階梯教室舉辦招生說明會，共有五十多人參加。

◆13至27日，美國紐約東初禪寺每週日舉辦週日講座，由監院常華法師主講「八正道」，有近五十人參加。

◆香港護法會舉辦接待義工培訓課程，內容包括接待禮儀與技巧，有近六十人參加。

03.14

◆14至21日，禪堂舉辦中英初階禪十四第一梯，由僧大學僧常鐘法師帶領，共有五十三人參加。

03.15

◆《法鼓佛教院訊》第15期出刊。

03.17

◆17至20日，法鼓山於園區大殿舉辦「第十六屆在家菩薩戒」第二梯次，由方丈和尚果東法師、首座和尚惠敏法師、副住持果暉法師擔任尊證師，共有四百二十人受戒。

◆國內知名汝窯製作家蔡曉芳至法鼓山園區致贈傳燈法會的主燈缽，由方丈和尚果東法師代表接受，方丈和尚並致贈聖嚴師父「知福惜福」墨寶，感恩蔡曉芳發心護持。

03.18

◆18至20日，傳燈院於三義DIY心靈環保教育中心舉辦禪二，由監院常源法師帶領，共有四十七人參加。

◆加拿大溫哥華道場舉辦佛一，由監院果舟法師帶領，共有四十五人參加。

03.19

◆三峽天南寺舉辦念佛禪一，由常緣法師帶領，共有一百三十九人參加。

◆3月19日至12月25日，臺南安平精舍每月擇一週六或週日舉辦佛學講座，邀請南華大學宗教學研究所副教授黃國清導讀聖嚴師父著作《華嚴心詮——原人論考釋》，共十堂，有近三十人參加。

◆3月19日至12月17日，信眾教育院於高雄紫雲寺開辦聖嚴書院福田班「10002高雄班」，共十堂課。

◆19至20日，馬來西亞法青會於當地金菲爾營地（Kingfisher Campsite）舉辦「慢行聽禪生活營」，由僧團果竣法師、馬來西亞道場監院常慧法師、常參法師帶領，共有四十九人參加。

◆北美護法會華盛頓州西雅圖分會舉辦初級禪訓班，共有十多人參加。

◆北美護法會賓州州大大學城聯絡處舉辦禪工作坊，由僧團果禪法師、常濟法師帶領。

03.20

◆ 法鼓山下午於北投農禪寺舉辦三時繫念法會，為3月11日發生的日本東北震災往生者超度，並為傷者消災祈福，總本山、桃園齋明寺、臺中分院、臺南分院、臺南雲集寺、高雄紫雲寺、臺東信行寺同步視訊連線，共有近三千人參加。

◆ 南投德華寺於暨南國際大學校園舉辦戶外禪，由果弘法師帶領，共有六十六人參加。

◆ 臺南分院舉辦禪一，由監院果謙法師帶領，共有五十三人參加。

◆ 臺南雲集寺舉辦佛一，由常蓮法師帶領，共有七十一人參加。

◆ 高雄三民精舍舉辦身心醫學系列講座，20日邀請高雄市立大同醫院精神科主任蔡瑞修主講「生命與情緒：談憂鬱症與自殺防治」，共有九十多人參加。

◆ 慈基會於三峽天南寺舉辦「兒童暨青少年學習輔導專案」2010成果分享研討會，共有四十二位學員參加。

◆ 3月20日至4月4日期間，馬來西亞道場舉辦梵唄研習課程，由臺東信行寺監院果增法師帶領，有二十五人參加。

03.21

◆ 21至27日，法鼓山各地分院每晚舉辦持誦〈大悲咒〉共修，為3月11日發生的日本東北震災往生者超度，並為傷者消災祈福。

◆ 21至28日，禪堂舉辦中英禪十四第二梯，由僧團常義法師帶領，共有三十八人參加。

03.23

◆ 法鼓山「幸福加持網站」（http://wish.ddm.org.tw）上線，內容包括「祈願妙功德」、「我要祈願」、「為人幸福加持」、「幸福分享」等各項單元。

◆ 傳燈院應南投地方法院之邀，至該院進行禪修指引課程，共有四十五位員工參加。

◆ 傳燈院應臺北雨農國小之邀，至該校進行法鼓八式動禪教學，共有五十位教職員參加。

◆ 法鼓山人基會受法務部之邀，合作推動「生命教育——心六倫」活動，23日於桃園女子監獄揭開序幕，法務部部長曾勇夫出席並致贈感謝狀給人基會，同時與李伸一祕書長共同擊鼓，啟動整個系列活動，李伸一祕書長並主講當天的首場宣講活動，闡述實踐心六倫的方法。

03.24

◆ 3月24日至6月9日，信眾教育院每週四於護法會潮州辦事處開辦「地藏菩薩的大願法門」佛學課程，由講師常琨法師主講。

03.25

◆ 25至26日，日本大河文化基金會一行十九人參訪法鼓山園區，由國際發展處果賽法師代表接待，進行交流。

03.26

◆3月26日至4月5日，臺南分院舉辦清明報恩地藏法會，由監院果謙法師帶領，有近兩千四百人次參加。

◆法鼓山社會大學金山、北投、新莊及大溪等四校區於桃園齋明寺新禪堂舉辦「100年春季班聯合開學典禮」，校長曾濟群、齋明寺監院果啟法師等出席關懷，共有兩百多位師生參加。

◆3月26日至4月10日期間，慈基會分別於高雄市六龜國小、集來休閒農場、高雄農場，舉辦八八水災受災地區百年樹人獎助學金頒發活動，共有六百一十八位學子受益。

◆人基會心劇團於德貴學苑舉辦「親子體驗遊樂園」系列活動，26日主題是「自然倫理」，共有六十多位孩童和家長參加。

◆26至27日，北美護法會佛州奧蘭多聯絡處舉辦生活禪，由紐約東初禪寺住持果醒法師帶領。

03.27

◆臺北安和分院舉辦禪一，由監院果旭法師帶領，共有六十九人參加。

◆南投德華寺舉辦佛一暨八關戒齋法會，由副寺果弘法師帶領，共有四十七人參加。

◆高雄三民精舍舉辦身心醫學系列講座，27日邀請高雄市立大同醫院精神科主任蔡瑞修主講「阿公的金孫：淺談兒童精神疾病」，共有六十多人參加。

◆信眾教育院於北投雲來寺舉辦「心靈茶會說明會」，茶會主軸為「以茶相會、以法相聚、以心會心」，由普化中心副都監果毅法師帶領，有近一百人參加。

◆為增強法鼓山結緣品各流通點的推廣功能，以強化關懷工作，聖基會舉辦「文殊菩薩種子小組」結緣點關懷員初階培訓課程，由文化中心副都監果賢法師、法鼓大學籌備處副教授楊蓓帶領，共有三十六位學員參加。

◆加拿大溫哥華道場舉辦禪一，由常文法師帶領，共有四十一人參加。

◆馬來西亞道場於當地鶴鳴禪寺舉辦清明報恩大悲懺法會，由監院常慧法師帶領，有近兩百人參加。

◆北美護法會伊利諾州芝加哥分會舉辦專題講座，邀請美國紐約市立大學皇后學院（City University of New York,at Queen College）藝術教育系主任李祺‧阿謝爾主講「什麼是手印？」，共有三十多人參加。

◆北美護法會加州洛杉磯分會舉辦持誦〈大悲咒〉一百零八遍共修活動，為3月11日發生的日本東北震災往生者超度，並為傷者消災祈福，共有四十三人參加。

◆香港護法會舉辦禪一，由常嶺法師帶領，共有七十四人參加。

03.28

◆3月28日至5月22日，北投文化館每日舉辦《地藏經》持誦共修，有近八十人參加。

◆3月28日至4月3日，桃園齋明寺舉辦清明報恩地藏七永日，禮拜地藏寶懺，4月3日圓滿日誦持《地藏經》，由監院果啟法師帶領，共有兩千四百多人次參加。

03.29

◆法鼓大學籌備處於德貴學苑舉辦專題講座，邀請政治大學國家發展研究所、政大書院客座教授季淳主講：「通識到博雅之路：從打敗哈佛的威廉斯文理大學談起」，介紹美國大學的書院制度與文化，共有二十多人參加。

03.30

◆3月30日至4月5日，北投農禪寺舉辦清明報恩佛七，由常和法師帶領，共有三千七百多人次參加。

◆韓國佛教曹溪宗國際禪坐中心一行二十七人參訪法鼓山園區，由國際發展處果實法師代表接待，進行交流。

03.31

◆人基會於德貴學苑舉辦「2011知福幸福心靈講座」系列講座，31日邀請前監察委員黃肇珩主講「創造美滿和諧的人生」。

4月 APRIL

04.01

◆《人生》雜誌第332期出刊。

◆《法鼓》雜誌第256期出刊。

◆法鼓文化出版新書：寰遊自傳系列《我願無窮——美好的晚年開示集》（聖嚴師父著）、琉璃文學系列《船到橋頭》（繼程法師著）、禪味廚房系列《點心共和國》（郭莉蓁著）。

◆《金山有情》季刊第36期出刊。

◆1至2日，三峽天南寺舉辦慈悲三昧水懺法會，由常遠法師帶領，有近六百人次參加。

◆1至8日，臺東信行寺舉辦初階禪七，由僧團果會法師帶領，共有四十五人參加。

◆1至3日，傳燈院於三義DIY心靈環保教育中心舉辦禪二，由監院常源法師帶領，共有五十七人參加。

◆佛教學院舉辦專題演講，邀請德國漢堡大學（University of Hamburg）佛學研究中心研究員無著比丘（Bhikkhu Auālayo）主講「《雜阿含經》中以正念覺照保護自己與他人的方法」（The Acrobat Simile in the *Samyukta-agama* on Mindfulness as the Means to Protect Oneself and Others）。

◆聖基會出版《今生與師父有約（一）》、英文版《二十一世紀佛教生活觀》（*Living in the 21ˢᵗ Century: A Buddhist View*）結緣書，與大眾分享聖嚴師父的思想行誼與生命智慧。

04.02

◆2至9日,臺北中山精舍舉辦清明報恩地藏法會,內容包括2日下午進行地藏法會,有近八十人參加;3至9日每日下午進行《地藏經》持誦共修,共有四百二十多人次參加。

◆2至9日,臺中分院於逢甲大學體育館啟建「清明祈福報恩暨籌建寶雲寺梁皇寶懺法會」,由僧團果興法師、常持法師、常寬法師分別主法,方丈和尚果東法師於4日親臨壇場關懷,七天共有七千八百多人次參加。

◆2至3日,高雄紫雲寺舉辦清明報恩地藏法會,由監院果耀法師帶領,共有五百多人次參加。

◆4月2、16日及5月8日,傳燈院於護法會新莊辦事處舉辦中級禪訓班試教課程,由禪修中心副都監果元法師帶領,共有十多人參加。

◆法鼓山持續關懷八八水災災後重建,捐建高雄市桃源區樂樂段的永久屋工程,2日上午舉行動土典禮,由行政院重建會家園重建處處長邱啟芳、高雄市市長陳菊、勤和村遷居重建會理事長曾江清水,與慈基會祕書長果器法師、建築師徐伯瑞等人共同執鏟覆土;六龜區龍興段的永久屋工程則於下午舉行動土典禮,由方丈和尚果東法師、行政院重建會主任祕書羅世雄、高雄市市長陳菊、六龜區長葉吉祥、新開部落重建協會理事長潘星貝等共同執鏟覆土。

◆美國紐約東初禪寺舉辦清明報恩三時繫念暨地藏法會,由住持果醒法師主法,有近一百四十人參加。

◆馬來西亞道場於當地塔克爾瀑布(Tekala Waterfall)森林公園舉辦戶外禪,由常峪法師帶領,有近四十人參加。

◆北美護法會加州舊金山分會舉辦清明報恩大悲懺法會,共有三十多人參加。

04.03

◆3至17日,臺北安和分院舉辦報恩祈福法會,內容包括3日上午進行地藏法會,有近四百人參加;4至16日(9日暫停)每日中午進行《地藏經》持誦共修,有近兩千人次參加;17日上午進行地藏寶懺法會,由監院果旭法師帶領,有近五百人參加。

◆三峽天南寺舉辦地藏法會,由禪修中心副都監果元法師主法,共有五百多人參加。

◆傳燈院於北投雲來寺舉辦Fun鬆一日禪,由僧團果南法師帶領,共有七十二人參加。

◆4月3日至8月21日期間,美國紐約東初禪寺舉辦週日講座,由住持果醒法師主講〈寶鏡三昧歌〉,共七場,每場有五十多人參加。

◆加拿大溫哥華道場舉辦清明地藏法會,由監院果舟法師帶領,共有五十多人參加。

◆北美護法會華盛頓州西雅圖分會舉辦清明報恩大悲懺法會,有近二十人參加。

04.04

◆法鼓山受邀出席尼泊爾藍毘尼(Lumbini)大塔院開光典禮,由佛教學院校長惠敏法師、常惺法師代表參加,與來自世界各地的南傳、藏傳佛教代表輪流灑淨祝禱;下午惠敏法師參與漢藏佛教對談,分享「心靈環保」的要義。

04.06

◆6至27日，信眾教育院每週三於北投雲來寺舉辦「法鼓講堂」佛學課程，由三學院監院果慨法師主講「修行在梵唄」，法鼓山數位學習網並進行線上直播。

04.07

◆法鼓大學籌備處於德貴學苑舉辦專題講座，邀請曾任加拿大維多利亞美術館（Museum of Victoria）首任東方藝術部長徐小虎主講「法鼓山另類教育」，提供法鼓大學建置書苑生活的不同觀點，有近三十人參加。

◆法行會晚上於臺北國賓飯店舉辦第一二三次例會，由僧大助理教授果徹法師導讀聖嚴師父著作《菩薩戒指要》、《戒律學綱要》，共有一百多人參加。

◆7至8日，一行禪師（Thich Nhat Hanh）帶領法國梅村（Plum Village Meditation Center）三十三位弟子參訪法鼓山園區，8日與方丈和尚果東法師共同為「墨觀·禪悅—— 一行禪師、聖嚴法師」書法聯展揭幕，並為法鼓山僧俗四眾勉勵、祝福。

04.08

◆8至23日，法鼓山於園區舉辦「墨觀·禪悅—— 一行禪師、聖嚴法師」書法聯展；8日上午，由一行禪師、方丈和尚果東法師共同主持開幕儀式。

◆4月8日至9月23日期間，臺北安和分院於週五舉辦「悠遊職場與人生智慧」系列講座，共十二場。8日進行首場，邀請滾石文化發行人段鍾沂主講「讓夢想起飛——文化品牌經營與創業經驗談」，共有一百三十二人參加。

◆8至10日，臺東信行寺舉辦清明報恩佛三，由監院果增法師帶領，每日有近五十人參加。

◆8至10日，傳燈院於三義DIY心靈環保教育中心舉辦動禪成長營，由常乘法師帶領，佛教學院副校長杜正民並講授「動禪心法與大乘禪觀——『法鼓八式動禪』經教與應用系列」課程，共有六十四人參加。

◆佛教學院舉辦創校四週年慶祝活動，內容包括校慶典禮、社團成果展、淨山活動等，董事長方丈和尚果東法師出席典禮並致詞，締約單位臺北市東山高中、南亞技術學院等代表亦觀禮祝福。

◆8至10日，美國紐約象岡道場舉辦青年禪三，由監院常聞法師帶領，共有二十六人參加。

04.09

◆三峽天南寺舉辦念佛禪一，由常緣法師帶領，共有五十五人參加。

◆桃園齋明寺舉辦山水禪，由監院果啟法師帶領，共有八十九人參加。

◆4月9至10日、5月22日，信眾教育院於北投雲來寺舉辦「心靈環保讀書會帶領人」初階培訓課程，由普化中心副都監果毅法師及常用法師、資深讀書會帶領人王怡然老師帶領，共有五十多位學員參加。

◆慈基會「兒童暨青少年學習輔導專案」於護法會板橋共修處舉辦兒童節聯誼活動,以團康活動陪伴孩童歡度兒童節,共有二十二位學輔班學生參加。

◆慈基會於北投雲來寺舉辦慰訪員初階教育訓練課程,由總幹事江弘基等帶領,共有八十三人參加。

◆9、16日,美國紐約東初禪寺舉辦中級禪訓班,由常懿法師帶領,有十多人參加。

◆9、16日,美國紐約東初禪寺舉辦英文初級禪訓班,邀請聖嚴師父西方弟子哈利・米勒(Harry Miller)帶領。

◆9、16日,馬來西亞道場舉辦中文初級禪訓班,由常峪法師帶領,有三十六人參加。

◆美國羅徹斯特大學(University of Rochester)宗教學系教授約翰・巴頓(John Patton)與學生一行三十七人,上午參訪北美護法會伊利諾州芝加哥分會,由資深悅眾王翠嬿介紹聖嚴師父的生平,並分享法鼓山的理念。

◆北美護法會加州洛杉磯分會舉辦專題講座,由紐約東初禪寺監院常華法師主講「如何對治貪欲——四要四福」,有近五十人參加。

04.10

◆北投農禪寺舉辦禪一,由果南法師帶領,共有一百一十一人參加。

◆10至17日,三峽天南寺舉辦初階禪七,由常緣法師帶領,共有一百一十五人參加。

◆慈基會於北投雲來寺舉辦「2011年緊急救援系統——正副總指揮暨組長級教育訓練」課程,邀請原子能委員會核能研究所副所長邱太銘主講「如何因應核能事故」,祕書長果器法師、總幹事江弘基到場關懷,共有一百二十位北部地區義工參加。

◆10、17日,美國紐約東初禪寺舉辦週日講座,由果祥法師弘講《心經》,有六十多人參加。

◆北美護法會加州洛杉磯分會舉辦念佛禪一,由北美護法會輔導法師常華法師帶領,有近五十人參加。

◆北美護法會安省多倫多分會舉辦禪一,有近二十人參加。

◆匈牙利公共電視臺導播與攝影記者共兩人,至法鼓山園區進行拍攝,介紹漢傳佛教道場的特色與建築,由國際發展處監院果見法師接待、陪同。

04.12

◆方丈和尚果東法師上午於北投雲來寺大殿,對僧團法師、全體專職精神講話,期勉眾人努力與社會大眾分享法鼓山淨化人心的理念,對社會產生正面貢獻,全臺各分院道場同步視訊連線聆聽開示,有三百多人參加。

◆4月12日至6月14日,臺中分院每週二於寶雲別苑舉辦長者成長課程,以故事引導、討論分享方式,帶領長者輕鬆學習,由聖嚴書院講師郭惠芯等帶領,有四十多位長者參加。

04.14

◆14至16日,新加坡護法會於當地大悲佛教中心舉辦佛三,由僧團女眾副都監果舫法師帶領,每日有兩百多人參加。

04.15

◆4月15日至6月3日，高雄紫雲寺每週五舉辦長者成長課程，以故事引導、討論分享方式，帶領長者輕鬆學習，由聖嚴書院講師郭惠芯帶領，有三十多人參加。

◆15至17日，北美護法會於加州舊金山分會舉辦北美地區第三屆「法鼓山北美360度禪修營」，由紐約東初禪寺住持果醒法師、北美護法會輔導法師常華法師帶領，共有十八人參加。

04.16

◆護法會花蓮辦事處於太魯閣國家公園布洛灣舉辦山水禪，共有四十三人參加。

◆教聯會於德貴學苑舉辦成長課程，上午進行「法鼓八式動禪——坐姿教學」及「108自在語動畫」分享；下午進行專題演講，邀請臺北市松山高中生命教育老師劉桂光主講「活出精彩的生命」，有近六十人參加。

◆美國紐約象岡道場舉辦禪一，由監院常聞法師帶領，有近二十人參加。

◆北美護法會華盛頓州西雅圖分會舉辦半日禪，有近二十人參加。

04.17

◆法鼓山於北投農禪寺舉辦「祈福皈依大典」，由方丈和尚果東法師授三皈依，共有一千零二十一人皈依三寶。

◆臺南分院於巴克禮公園舉辦親子快樂禪，內容包括法鼓八式動禪、托水鉢等體驗，共有三十四人參加。

◆4月17日至2012年1月1日，信眾教育院於法鼓山園區開辦聖嚴書院福田班「10003總本山班」，共十堂課。

◆4月17日至2012年1月7日，信眾教育院於北投雲來寺開辦聖嚴書院福田班「10004齋明班」，共十堂課。

◆4月17日至2012年1月7日，信眾教育院於宜蘭羅東高中開辦聖嚴書院福田班「10005北六班」，共十堂課。

◆慈基會於高雄紫雲寺舉辦「2011年緊急救援系統——正副總指揮暨組長級教育訓練」，邀請原子能委員會核能研究所副主任高梓木主講「如何因應核能事故」，副祕書長常法法師到場關懷，共有六十五位南部地區義工參加。

◆馬來西亞道場舉辦勸募會員心靈茶會，由監院常慧法師帶領，內容包括禪坐共修、分享心靈環保的意涵等，共有三十五人參加。

◆北美護法會安省多倫多分會成立合唱團，並於每月第一、三週週日下午舉辦練唱共修。

04.21

◆21至24日，法鼓山於園區禪堂舉辦「第四屆自我超越禪修營」，由禪修中心副都監果元法師帶領，共有一百多人參加。

04.22

◆ 4月22日至5月29日期間，慈基會於全臺各地舉辦「第十八期百年樹人獎助學金」系列頒發活動，共有一千四百六十一位學子受獎。

◆ 護法會中壢辦事處圓滿「興願榮董」的大願，方丈和尚果東法師、關懷中心副都監果器法師及桃園齋明寺監院果啟法師，前往中壢辦事處關懷，感恩信眾的護持願心。

◆ 22至29日，加拿大溫哥華道場舉辦默照禪七，由監院果舟法師、常文法師帶領，共有三十多人參加。

◆ 22至24日，北美護法會華盛頓州西雅圖分會於當地凡森島伯頓營地（Camp Burton, Vashon Island）舉辦止觀禪三，由紐約東初禪寺住持果醒法師帶領，共有十八人參加。

◆ 22至24日，香港護法會舉辦讀書會帶領人初階培訓課程，由普化中心副都監果毅法師、信眾教育院常用法師、資深讀書會帶領人王怡然帶領，共有五十多位學員參加。

04.23

◆ 方丈和尚果東法師因承繼聖嚴師父悲願，致力弘揚漢傳佛教，獲泰國國會眾議院宗教藝術文化委員會頒贈「佛教傑出奉獻獎」（the Buddhagunupakan Award of Excellence）。

◆ 23至24日，桃園齋明寺舉辦春季報恩法會，由監院果啟法師帶領，共有近兩千七百人次參加。

◆ 23至24日，臺南雲集寺舉辦禪二，由監院果謙法師帶領，共有六十三人參加。

◆ 慈基會與行政院環保署、新北市環保局聯合舉辦「清親地球海岸維護教育宣導活動」，於金山區中角沙珠灣沙灘撿拾垃圾及污染物，活動結合「百年樹人獎助學金北部地區聯合頒發」，有近一千六百人參加。

◆ 4月23日至12月17日，法鼓大學籌備處人生學院於德貴學苑舉辦八場「哲學家的咖啡館」系列講座，23日探討主題「掌控與自由」，由助理教授辜琮瑜帶領，共有二十三人參加。

◆ 4月23日至6月11日期間，聖基會每週六上午於會址的聖嚴書院講堂舉辦「聖嚴法師經典講座」，播放師父生前弘講《法華經》影片，由僧大講師果竣法師主持，有九十多人參加。

◆ 23至24日，法青會臺南分會於安平精舍舉辦青年樂活營，邀請標竿學院資深顧問陳若玲、全球職場顧問公司董事長兼總經理張祐康、2010年中華民國國際傑出青年大使葉皇良帶領，共有四十多人參加。

◆ 北美護法會華盛頓特區聯絡處於當地雙溪社區（Twinbrook Community）舉辦戶外禪，由紐約東初禪寺常懿法師帶領，共有二十一人參加。

04.24

◆ 臺中分院舉辦戶外禪，由果雲法師帶領，共有一百零八人參加。

◆ 4月24日至12月10日期間，由聖基會、法鼓文化、臺中分院及高雄紫雲寺等單位聯合主辦「聖嚴思想面面觀」系列講座，24日於寶雲別苑展開首場，由文化中心副都監果賢法師主講「我願無窮——美好的晚年 美好的禮物」，導讀聖嚴師父著作《我願無窮——美好的晚年開示集》，共有兩百多人參加。

◆美國紐約東初禪寺舉辦週日講座,由象岡道場監院常聞法師主講「從一『般若』生八萬四千智慧──《六祖壇經》的生活智慧」,共有五十多人參加。
◆香港護法會舉辦佛學講座,由普化中心副都監果毅法師導讀聖嚴師父著作《法鼓全集》,共有五十多人參加。

04.26

◆26至30日,克羅埃西亞「法集」(Dharmāloka)佛學會成員一行十人,在聖嚴師父法子查可·安德列塞維克(Zarko Andricevic)帶領下,參訪法鼓山園區、參加禪修,並拜會方丈和尚果東法師、巡禮生命園區等。

04.27

◆法鼓大學籌備處公益學院於德貴學苑舉辦「法鼓公益論壇」系列座談,27日上午邀請瑞典伊甸基金會(Eden Foundation)馬莉安·葛維(Miriam Garvi)主講「透過願景開拓,促進環境轉化與社區共榮:伊甸故事」,介紹瑞典伊甸基金會在非洲尼日的開拓經驗,有近四十人參加。

04.28

◆臺北安和分院舉辦「悠遊職場與人生智慧」系列講座,28日邀請文化中心副都監果賢法師主講「生命有目標,工作好修行」,共有一百六十一人參加。
◆4月28日至5月1日,臺東信行寺舉辦禪悅四日營,由常參法師帶領,共有三十六人參加。
◆法鼓山持續關懷中國大陸四川震災災後重建,4月28日至5月6日、10月26至27日,分別於綿陽中學、南山中學、什邡中學、安縣中學、民興中學、秀水第一中心小學舉辦「生命教育」心靈環保營隊活動,並進行第五期與第六期獎助學金頒發活動,共有三百五十人受益。
◆人基會於德貴學苑舉辦「2011知福幸福心靈講座」系列講座,28日邀請昆蟲生態專家林義祥主講「自然倫理」。

04.29

◆傳燈院應臺北護理健康大學之邀,於北投雲來寺進行法鼓八式動禪教學,由常乘法師帶領,共有五十四位該校學生參加。

04.30

◆北投農禪寺舉辦戶外禪,由果南法師帶領,共有一百二十五人參加。
◆北投文化館舉辦歡慶浴佛節暨母親節慶祝活動,內容包括法會、闖關遊戲、義診、義剪等,共有兩百多人參加。

◆高雄紫雲寺舉辦「閱讀‧幸福」講座，邀請中研院歐美研究所所長單德興主談「我打禪家走過」，屏東商業技術學院副教授林其賢、中山大學外文系教授黃心雅與談，共有兩百五十人參加。

◆4月30日至5月7日，禪堂於三義DIY心靈環保教育中心舉辦禪七，此為本年禪三十的第一梯，由常啟法師帶領，共有七十九人參加。

◆傳燈院於法鼓山園區禪堂舉辦Fun鬆一日禪，由常乘法師帶領，共有八十人參加。

◆4月30日至2012年1月28日，信眾教育院於臺中分院開辦聖嚴書院福田班「10006臺中班」，共十堂課。

◆人基會心劇團於德貴學苑舉辦「親子體驗遊樂園」系列活動，30日主題是「校園倫理」，共有六十多位孩童和家長參加。

5月 MAY

05.01

◆《人生》雜誌第333期出刊。

◆《法鼓》雜誌第257期出刊。

◆法鼓文化出版新書：現代經典系列《菩薩行願——觀音、地藏、普賢菩薩法門講記》（聖嚴師父著）、人間淨土系列《法鼓鐘聲》（聖嚴師父著）。

◆與東初老人、聖嚴師父師徒二人法緣深厚的華嚴蓮社前董事長成一長老，4月27日在其祖庭中國大陸泰州光孝律寺圓寂，享年九十八歲。為感恩長老對法鼓山的護持，法鼓山方丈和尚果東法師於5月1日前往光孝律寺表達追思之意。

◆弘化院參學室於法鼓山園區舉辦服務接待組義工初階培訓課程，共有四十六人參加。

◆桃園齋明寺舉辦慈悲三昧水懺法會，由監院果啟法師帶領，共有兩百一十人參加。

◆南投德華寺舉辦浴佛法會，由副寺果弘法師帶領，共有六十多人參加。

◆護法會彰化辦事處舉辦浴佛法會，共有一百多人參加。

◆美國紐約東初禪寺舉辦週日講座，由住持果醒法師主講「寶鏡三昧歌」，共有五十人參加。

◆香港護法會舉辦Fun鬆一日禪，由常持法師帶領，共有七十多人參加。

05.03

◆慈基會六龜安心站於寶來社區活動中心舉辦浴佛暨慶祝母親節活動，共有一百多人參加。

05.04

◆法鼓山首座和尚惠敏法師獲中國文藝協會頒贈中國文藝獎章「文化教育獎」，4日出席在國家圖書館舉行的頒獎典禮，並受邀代表受獎人在大會中致詞。

◆4至25日，信眾教育院每週三於北投雲來寺舉辦「法鼓講堂」佛學課程，由僧團果傳法師主講「慈悲三昧水懺的修持意涵」，法鼓山數位學習網並進行線上直播。

◆佛教學院舉辦專題演講，邀請長庚醫院榮譽副院長朱迺欣主講「腦科學看打坐的『本來面目』」，共有五十多人參加。

◆4至25日，加拿大溫哥華道場每週三舉辦初級禪訓班，有三十多人參加。

05.05

◆5月5日至6月30日，北投農禪寺每週四舉辦「學佛Fun輕鬆」課程，內容包括學佛行儀、禪修體驗、佛學課程等，有五十多人參加。

◆法行會晚上於臺北國賓飯店舉辦第一二四次例會，由僧團果隨法師導讀聖嚴師父著作《牛的印跡》、《聖嚴法師教禪坐》，共有一百二十四人參加。

◆5、12日，馬來西亞道場每週四晚上舉辦「佛陀如何教導弟子對治五毒」專題講座，主題是「瞋」，由監院常慧法師帶領，有三十多人參加。

05.06

◆臺北安和分院舉辦「悠遊職場與人生智慧」系列講座，6日邀請實踐家知識管理集團副董事長郭騰尹主講「突破習慣限制，領悟有情人生」，共有一百零三人參加。

◆6至8日，新加坡護法會舉辦佛學講座，由馬來西亞道場監院常慧法師主講「〈信心銘〉的修行內涵」，有近四十人參加。

05.07

◆北投農禪寺與臺灣銀髮族協會共同舉辦浴佛節感恩祈福園遊會，進行浴佛法會、孝親奉茶儀式；現場設置禪悅素食、養生輕食、健康義診、環保惜福市場等園遊攤位，以及法鼓隊、農禪寺禪藝班與日語班的歌曲演唱等藝文表演，共有兩千兩百多人次參加。

◆5月7日至6月25日，北投農禪寺每週六舉辦「學佛Fun輕鬆」課程，內容包括學佛行儀、禪修體驗、佛學課程等，有五十多人參加。

◆三峽天南寺舉辦念佛禪一，由常緣法師帶領，共有五十八人參加。

◆桃園齋明寺舉辦報恩朝山浴佛法會暨親子活動，進行朝山、浴佛法會、親子茶禪等，有近六百人參加。

◆7至14日，禪堂於三義DIY心靈環保教育中心舉辦禪七，此為本年禪三十的第二梯，由常捷法師帶領，共有八十九人參加。

◆護法會花蓮辦事處舉辦浴佛法會，有近八十人參加。

◆法鼓山北美護法信眾龔吳淑芳、王榮等於5月4日成立「漢傳佛教文化協會」，7日於美國紐約法拉盛喜來登大飯店舉辦首場演講，由僧團果祥法師主講「漢傳佛教的時代意義」，包括、美國哥倫比亞大學（Columbia University）宗教學系教授于君方、文化界耆老王鼎鈞、象岡道場監院常聞法師等，共有兩百多人參加。

◆7日、21日，美國紐約東初禪寺舉辦初級禪訓班。

◆北美護法會伊利諾州芝加哥分會舉辦浴佛法會，由北美護法會輔導法師常華法師帶領，共有五十多人參加。

◆北美護法會加州舊金山分會舉辦英文禪坐共修，由聖嚴師父西方法子吉伯·古帝亞茲帶領，共有近二十人參加。

◆5至7日，香港護法會舉辦佛學講座，由僧大講師果峻法師導讀《法華經》，有五十多人參加。

◆倡導「普世博愛運動」（Mary-Focolare Movement）的天主教教友一行二十多人參訪法鼓山園區，並以「愛人如己及心靈環保如何在生活中實踐」為題，與法鼓山進行一場座談交流，由禪修中心副都監果元法師主持，僧大副院長果光法師及男眾學務長常隨法師共同與談。

05.08

◆法鼓山於臺北國父紀念館中山公園廣場舉辦「知福幸福──媽媽好幸福」佛誕暨母親節感恩祈福活動，現場設置「報恩浴佛主題區」、「舞臺幸福區」、「心幸福行動區」、「品味幸福區」及「體驗幸福區」等五大主題區，並採園遊會的形式展出；方丈和尚果東法師及副總統蕭萬長伉儷、經濟部部長施顏祥伉儷等應邀出席，共有兩萬多人次參加。

◆臺中分院於寶雲別苑舉辦浴佛法會，由監院果理法師帶領，共有兩百多人參加。

◆高雄三民精舍舉辦浴佛法會，由常先法師帶領，共有三百多人參加。

◆由法鼓山援建的中國大陸四川北川縣陳家壩衛生院門診部舉辦落成啟用典禮，包括四川省委統戰部副部長王增建、四川省宗教局副局長楊伯明，以及當地數十位政府領導蒞臨觀禮，僧團副住持果品法師出席致詞，表達對四川重建地區人民的關心及祝福；並由第十三梯四川醫療團展開三天的義診服務，共有六百七十二人次受益。

◆加拿大溫哥華道場舉辦浴佛法會，由監院果舟法師、常惺法師帶領，共有兩百五十多人參加。

◆北美護法會伊利諾州芝加哥分會舉辦專題講座，由北美護法會輔導法師常華法師主講「如何藉由禪修來認識自己、接受自己、成長自己、消融自己」，共有三十多人參加。

◆北美護法會加州洛杉磯分會舉辦歡慶母親節持誦〈大悲咒〉一百零八遍共修活動，共有五十多人參加。

◆北美護法會加州洛杉磯分會舉辦浴佛節活動，進行持誦〈大悲咒〉一百零八遍共修活動，祝福天下的母親，共有三十六人參加。

◆新加坡護法會舉辦浴佛法會，由馬來西亞道場監院常慧法師帶領，共有七十多人參加。

05.09

◆9至15日，桃園齋明寺首次舉辦念佛禪七，由果如法師帶領，共有一百五十人參加。

05.10

◆香港護法會舉辦浴佛暨皈依法會，由僧團副住持果品法師主法，並代方丈和尚果東法師授三皈依，共有五百多人參加。

05.11

◆ 信眾教育院於北投雲來寺舉辦「聖嚴書院福田班關懷員培訓」視訊課程，為香港護法
會學員上課，由普化中心副都監果毅法師主講，共有二十六人參加。

◆ 佛教學院、中華佛研所共同接辦「IABS國際佛學會議第十六屆大會」（XVIth Congress
of the International Association of Buddhist Studies），主辦單位邀請拈花微笑聲劇團擔任
IABS文化節目的演出。會議之前，該劇團於5月11、12日， 5月21、22日，5月24日，
分別在臺北國軍文藝活動中心、高雄紫雲寺、臺中啟聰學校活動中心，進行北、中、
南三地巡演。

05.12

◆ 三學院於法鼓山園區舉辦臨終關懷課程，包括說明臨終關懷的意義及主法、法器板眼
教學，金山環保生命園區介紹等，由關懷中心副都監果器法師、果選法師主講，共有
四十二位法師參加。

◆ 12至13日，慈基會舉辦「專職暨專任義工教育訓練」，由副祕書長常法法師帶領，來自
林邊、六龜及甲仙三個安心站的專職及義工等，共有十三人參加。

◆ 法鼓大學籌備處與中國大陸北京大學於德貴學苑簽署「法鼓人文講座」協議書，由方丈
和尚果東法師、北大校長周其鳳代表簽約，持續推廣心靈環保。

◆ 12至17日，方丈和尚果東法師至美國紐約弘法關懷，於東初禪寺主持皈依典禮、浴佛法
會等。

◆ 12至14日，第八屆聯合國衛塞節暨慶典活動於泰國曼谷與大城府舉辦，法鼓山由僧團副
住持果暉法師、中華佛研所所長果鏡法師代表出席。

◆ 12至23日期間，北美護法會加州舊金山分會舉辦「中國佛教史——二千年的寶藏」系列
佛教史講座，由僧大常惺法師主講，共六堂，有近三十人參加。

05.13

◆ 13至15日，法鼓山園區舉辦浴佛活動，進行法會、朝山禮佛，及惜福市場義賣、天然植
物手工拓染、造型捏塑、親子遊戲、美食天地等活動，共有八千多人次參加。

05.14

◆ 14至22日，法鼓山園區於第一大樓五樓門廳舉辦「朝山ㄩㄟ見佛特展」，展出法鼓山
回顧集、佛陀的故事等，提供民眾從認識法鼓山的起源、佛陀弘揚佛法的歷程中，體
會一切得來不易，應知福惜福、感謝佛恩。

◆ 臺南安平精舍舉辦感恩浴佛法會，由監院果謙法師帶領，有近一百八十人參加。

◆ 14至15日，高雄紫雲寺舉辦浴佛法會，由常願法師主法，共有七百多人次參加。

◆ 14至21日，禪堂於三義DIY心靈環保教育中心舉辦禪七，此為本年禪三十的第三梯，
由常越法師帶領，共有七十九人參加。

◆ 國際禪坐會於臺北中山精舍舉辦國際禪一。

◆ 僧大舉辦第三屆講經交流會，宣講的經典包括《八大人覺經》、《佛遺教經》、《地藏經》、《心經》等，由果光法師、果竣法師、常隨法師、大常法師、常宗法師、常延法師擔任講評，共有十六位學僧參加。

◆ 14至16日，中國大陸河北省社會科學院、河北省民族宗教事務廳、河北省佛教協會等共同於河北省省會石家庄舉辦首屆「河北趙州禪、臨濟禪、生活禪學術研討會」，中華佛研所、法鼓山僧大應邀參加，由中華佛研所榮譽所長李志夫、常諗法師代表出席。

◆ 聖基會舉辦「聖嚴思想面面觀」系列講座，14日於高雄紫雲寺展開，由文化中心副都監果賢法師主講「我願無窮——美好的晚年　美好的禮物」，導讀聖嚴師父著作《我願無窮——美好的晚年開示集》，共有一百七十多人參加。

◆ 方丈和尚果東法師至美國弘法關懷，14日於北美護法會新州分會關懷悅眾，15日於紐約東初禪寺主持佛誕慶典，並以「安於當下，活在當下，佛在當下」為題，進行開示。

◆ 美國紐約象岡道場舉辦禪一，由監院常聞法師帶領。

◆ 14至15日，馬來西亞道場於古法有機園舉辦「禪與自在禪修營」，由青年院監院果祺法師、常甯法師帶領，共有三十人參加。

◆ 14至21日，北美護法會華盛頓州西雅圖分會舉辦臺灣小吃義賣活動，義賣所得捐助護持西雅圖分會道場，共有四十人參加。

05.15

◆ 臺南分院舉辦感恩浴佛法會，由監院果謙法師帶領，有近三百五十人參加。

◆ 護法會羅東辦事處舉辦浴佛法會。

◆ 法青會於德貴學苑舉辦考生祈福會，由果解法師帶領，共有三十七人參加。

◆ 美國紐約東初禪寺舉辦浴佛節活動，包括皈依典禮、浴佛法會、專題演講、義賣活動、電影欣賞及週日講座等，由方丈和尚果東法師主講「安於當下、活在當下、佛在當下」，共有兩百八十人參加。

◆ 北美護法會加州洛杉磯分會參加南加州佛教界聯合浴佛節園遊會，展示法鼓山出版品，並發起籌建新道場義賣活動。

◆ 北美護法會佛州塔拉哈西聯絡處參加當地塔城佛教中心（Tallahassee Buddhist Community）舉辦的「佛誕日」慶祝活動。

◆ 泰國護法會舉辦浴佛法會。

05.17

◆ 馬來西亞道場舉辦浴佛節活動，進行浴佛法會、皈依儀式等，由監院常慧法師、青年院監院果祺法師帶領，共有兩百人參加。

05.18

◆ 18至22日期間，方丈和尚果東法師至北美護法會安省多倫多分會弘法關懷，以「願願相續」為主題，內容包括主持皈依、進行佛法開示、出席道場募款餐會等。

05.19

◆法鼓大學籌備處於德貴學苑舉辦專題講座，邀請新北市環保局局長鄧家基主講「金山計畫──對金山地區環境背景狀況之簡介」，共有三十多人參加。

05.20

◆20至22日，傳燈院於桃園齋明寺舉辦「world coffee」禪修活動，由常乘法師帶領，共有五十三人參加；21日，並由齋明寺監院果啟法師帶領舒活禪一，共有十一人參加。
◆信眾教育院於北投雲來寺舉辦「聖嚴書院福田班關懷員培訓」視訊課程，為北美護法會加州舊金山分會學員上課，由普化中心副都監果毅法師主講，共有十三人參加。
◆護法總會於臺中寶雲別苑舉辦「正副會團長、轄召、召委聯席會議」，共有一百四十位來自全臺各地的悅眾參加。
◆20至29日，美國紐約象岡道場舉辦默照禪十，由東初禪寺住持果醒法師帶領，共有二十五人參加。
◆馬來西亞道場舉辦「與自己的生命相約」安寧療護系列課程（一），20日邀請臺灣大學醫學院護理學系副教授胡文郁主講，有近一百二十人參加。
◆北美護法會安省多倫多分會舉辦「願願相續」募款餐會，邀請大眾共同護持道場，方丈和尚果東法師出席關懷，有近兩百四十人參加。

05.21

◆臺北安和分院舉辦浴佛法會，由僧團女眾副都監果舫法師主法，共有一百七十人參加。
◆高雄三民精舍結合兒童美語故事繪畫班，舉辦「創意・快樂閱讀」親子座談會，共有一百多位家長、小朋友參加。
◆21至28日，禪堂於三義DIY心靈環保教育中心舉辦禪七，此為本年禪三十的最後一梯，由常地法師帶領，共有八十人參加。
◆信眾教育院於北投雲來寺舉辦「聖嚴書院福田班關懷員培訓」視訊課程，為加拿大溫哥華道場學員上課，由普化中心副都監果毅法師主講，共有十九人參加。
◆慈基會於北投雲來寺舉辦北區慰訪員進階教育訓練課程，由總幹事江弘基等帶領，祕書長果器法師到場關懷，共有來自臺北市、新北市、桃園、中壢、羅東等地區九十七位慰訪義工參加。
◆21至22日，「IABS國際佛學會議第十六屆大會」之文化活動《悠悠鹿鳴》手語劇於高雄紫雲寺展開第二場巡演，包括來自甲仙、林邊、六龜等八八水災災區民眾在內的九百位觀眾到場觀賞。
◆法鼓大學籌備處人生學院於德貴學苑舉辦「禪文化入門講座」，21日由該院助理研究員陳平坤主講「『將心來，與汝安！』──中華禪的安心法門」，有近五十人參加。
◆21至22日，合唱團於高雄紫雲寺舉辦悅眾成長營，共有兩百五十六人參加。
◆馬來西亞道場於當地孝恩館舉辦「與自己的生命相約」安寧療護系列課程（一），21日邀請臺大醫院家庭醫學部主治醫師姚建安、臺灣大學醫學院護理學系副教授胡文郁主講，共有三百多人參加。

◆在中國大陸四川大地震三週年之際，四川省綿陽市副市長易林等一行二十四人，參訪法鼓山園區，並拜訪僧團副住持果品法師，傳達災區民眾對於法鼓山、臺灣民眾支持關懷的感恩之意。

05.22

◆北投農禪寺舉辦禪一，由果南法師帶領，共有一百三十人參加。
◆臺東信行寺舉辦浴佛法會暨園遊會，進行浴佛、繞佛儀式、感恩茶禪等，共有三百多人參加。
◆三峽天南寺舉辦浴佛法會，由常哲法師帶領，共有一百多人參加。
◆臺南雲集寺於佳里中山公園舉辦感恩浴佛法會，共有一千多人參加。
◆臺南安平精舍舉辦浴佛法會，由監院果謙法師帶領，有近一百八十人參加。
◆護法會屏東辦事處舉辦浴佛法會，共有六十多人參加。
◆美國紐約東初禪寺舉辦週日講座，邀請聖嚴師父西方弟子哈利‧米勒（Harry Miller）主講「執著——如何認知？如何處理？或不處理？」，共有三十二人參加。
◆馬來西亞道場於當地孝恩館舉辦「與自己的生命相約」安寧療護系列課程（一），22日邀請英國曼徹斯特大學（University of Manchester）心理學博士黃鳳英、佛教宗教師臨床講師宗惇法師主講，共有三百多人參加。
◆香港護法會於當地鹿頸舉辦山水禪，由僧團副住持果品法師、常嶺法師帶領，共有五十多人參加。

05.23

◆23至24日，三學院於法鼓山園區舉辦焰口培訓課程，由常應法師、常哲法師帶領，共有十七位法師參加。

05.24

◆「IABS國際佛學會議第十六屆大會」之文化活動《悠悠鹿鳴》手語劇於臺中啟聰學校活動中心展開第三場巡演。

05.25

◆國際發展處舉辦「國際禮儀」系列課程，25日下午進行第四場，邀請前外交部禮賓司副司長謝棟樑分享接待國際貴賓的經驗與原則，有近八十人參加。
◆佛教學院舉辦專題演講，由慈基會總幹事江弘基主講「專業化（Professionalization）的歷程與議題：以精神療法與臨床心理的對照為例」。
◆25至28日，方丈和尚果東法師至加拿大溫哥華道場弘法關懷，進行佛法開示、出席關懷聯誼會、主持皈依典禮等。

05.26

◆人基會於德貴學苑舉辦「2011知福幸福心靈講座」系列講座，26日邀請德貴學苑監院果祺法師主講「禪味人生」。

05.27

◆臺北安和分院舉辦「悠遊職場與人生智慧」系列講座，27日邀請前花旗銀行亞洲及中東業務總監戴萬成主講「活用佛法，提昇管理與職場優勢」，共有一百三十二人參加。
◆27至29日，三峽天南寺舉辦禪二，由常品法師帶領，共有一百零二人參加。

05.28

◆聖嚴師父作詞、王建勛作曲之佛曲CD《平安歌》入圍金曲獎「最佳宗教音樂獎」。
◆28至29日，北投雲來寺舉辦都市禪二，由僧團果稱法師帶領，共有六十六人參加。
◆28至29日，桃園齋明寺舉辦心靈導覽種子禪修營，培訓導覽人員並介紹該寺古蹟，由監院果啟法師帶領，共有八十人參加。
◆28至29日，臺中分院於三義DIY心靈環保教育中心舉辦禪二，由果雲法師帶領，共有一百一十九人參加。
◆法鼓山持續關懷菲律賓土石流山崩災害，5月28日至6月1日，慈基會派遣顧問曾照崧至塔克羅班市（Tacloban）頒發獎助學金，並給予關懷。
◆人基會心劇團於德貴學苑舉辦「親子體驗遊樂園」系列活動，28日主題是「職場倫理」，共有六十多位孩童和家長參加。
◆護法會中壢辦事處應邀參加中壢家商六十週年校慶園遊會，推廣法鼓八式動禪、茶禪體驗、結緣書分享等。
◆美國紐約東初禪寺舉辦英文禪一，邀請聖嚴師父西方弟子南茜·波那迪帶領，共有十人參加。

05.29

◆臺北安和分院舉辦禪一，由監院果旭法師帶領，共有一百二十人參加。
◆臺中分院舉辦「寶雲講談」系列座談，29日邀請資深悅眾王崇忠、陳瑞娟伉儷主講「蘋果樹下的法鼓緣」，共有一百六十多人參加。
◆臺南分院舉辦專題講座，由《他的身影──聖嚴法師弘法行履》影集製作人張光斗分享聖嚴師父至西方社會弘法的點滴，共有一百六十多人參加。
◆高雄三民精舍舉辦專題演講，由僧團女眾副都監果舫法師主講「如何解行並重自在往生」，共有一百多人參加。
◆臺東信行寺舉辦禪一，由常參法師帶領，共有十三人參加。
◆5月29日至2012年1月29日，信眾教育院於香港護法會開辦聖嚴書院福田班「10007香港班」，共十堂課。

◆教聯會於德貴學苑舉辦成長講座暨會員大會，上午邀請板橋地方法院少年調查保護官盧蘇偉主講「喚醒孩子心中的巨人——偏差行為輔導與實務技巧」，有近八十人參加；下午進行會員大會。

◆美國紐約東初禪寺舉辦週日講座，邀請心理學博士林晉城（Peter Lin）主講「西方心理治療與東方禪修之結合——有如虎添翼」，共有四十三人參加。

◆方丈和尚果東法師於加拿大溫哥華道場弘法關懷，29日進行佛法講座，主題是「生命的『起、承、轉、合』」，並舉行皈依儀式，共有四百多人參加，七十人皈依三寶。

05.30

◆信眾教育院於北投雲來寺舉辦「聖嚴書院福田班關懷員培訓」視訊課程，為北美護法會加州洛杉磯分會學員上課，由普化中心副都監果毅法師主講，共有十人參加。

◆美國紐約東初禪寺舉辦念佛禪暨八關戒齋法會，共有五十三人參加。

05.31

◆佛教學院舉辦專題演講，邀請政治大學中文系教授竺家寧主講「從佛經看漢語雙音化的過渡階段」。

◆護法總會於北投雲來寺舉辦首次專職共識營，以開放空間會議的方式進行，邀請海棠基金會執行長陸宛蘋帶領。

6月 JUNE

06.01

◆《人生》雜誌第334期出刊。

◆《法鼓》雜誌第258期出刊。

◆法鼓文化出版新書：現代經典系列《佛法綱要——四聖諦、六波羅蜜、四弘誓願講記》（聖嚴師父著）、大自在系列《新好生活——簡單過、快樂活的幸福法則》（*The New Good Life*）（約翰‧羅彬斯John Robbins著，蔡孟璇譯）、漢傳佛教論叢系列《法雨靈岩——中國佛教現代化歷史進程中的印光法師研究》（張雪松著）。

◆由法鼓山北美護法信眾龔吳淑芳、王榮等成立的漢傳佛教文化協會，與「ICN紐約中文電視臺」、「ICN紐約僑聲廣播電臺」簽約，運用廣播、電視頻道播出聖嚴師父的弘法開示。6月1日起每週五下午三時，播出三十分鐘《快樂過生活——聖嚴法師的智慧妙錦囊》廣播節目，7月1日起每週五晚間七時四十五分於Ch.24.2播出《大法鼓——聖嚴法師智慧談人生》電視節目。

◆本日起，法鼓山園區開山紀念館設置新展區「眾願和合 共擊法鼓」，展出象徵法鼓山重要發展里程的文物和影像。

◆1至23日，法鼓山於園區第一大樓副殿舉辦「遊心禪悅」書法展，延續聖嚴師父興學弘法的願心，展出師父未曾發表的作品。

◆普化中心「心靈環保學習網」開辦線上「聖嚴師父演講系列課程」。

◆1至29日，信眾教育院每週三於北投雲來寺舉辦「法鼓講堂」佛學課程，由講師朱秀容主講「探索識界──『唯識』導讀」，法鼓山數位學習網並進行線上直播。

◆法鼓大學籌備處於德貴學苑舉辦「災難應變與反思論壇」，進行金山地區遭受複合性災害之衝擊評估，由環境學院商能洲博士、藝術與文化學院邱明民博士就學術研究資料及日本、臺灣各地社區所做的因應措施進行報告，共有五十五人參加。

◆北美護法會安省多倫多分會舉辦禪一。

06.02

◆法行會晚上於臺北國賓飯店舉辦第一二五次例會，由僧團果興法師主講「聖嚴法師教話頭、默照禪」，共有一百零四人參加。

06.03

◆3至5日，北美護法會華盛頓州芝加哥分會舉辦默照禪三，邀請美國佛羅里達州立大學宗教系助理教授俞永峰帶領。

06.04

◆4至5日，僧團於法鼓山園區舉辦共識營。

◆4至5日，弘化院參學室於法鼓山園區舉辦「第六屆法鼓山參學員進階培訓」，由室主常全法師帶領，共有三十多人參加。

◆北投農禪寺舉辦慈悲三昧水懺法會，共有一千多人參加。

◆桃園齋明寺舉辦Fun鬆半日禪，由監院果啟法師帶領，共有六十人參加。

◆傳燈院於北投雲來寺舉辦Fun鬆一日禪，由常願法師帶領，共有七十七人參加。

◆4至5日，傳燈院應邀為東華大學教職員舉辦初級禪訓密集班，由常乘法師帶領。

◆4日及11日，美國紐約東初禪寺舉辦中級禪訓班，由常懿法師帶領，有十多人參加。

◆4日、11日及25日，美國紐約東初禪寺舉辦英文初級禪訓班，邀請聖嚴師父西方弟子哈利·米勒帶領，有十多人參加。

◆加拿大溫哥華道場舉辦英文初級禪訓班，有十三人參加。

◆北美護法會安省多倫多分會舉辦禪一，共有十七人參加。

06.05

◆法鼓大學籌備處人生學院於德貴學苑舉辦專題講座，5日邀請聖嚴師父的法子繼程法師主講「禪思與禪行」，有近四百人參加。

◆美國紐約東初禪寺舉辦週日講座，由常律法師主講「在充滿苦難的世間，如何以智慧心看人生？」，共有五十四人參加。

◆5至26日，加拿大溫哥華道場每週日下午舉辦健康講座，共有一百八十六人次參加。

◆5日、12日及26日，北美護法會加州舊金山分會舉辦初級禪訓班，有十多人參加。

◆香港護法會舉辦禪一，由僧團常嶺法師帶領，共有六十多人參加。

06.06

◆6至16日，三學院於禪堂舉辦僧眾禪十，由聖嚴師父法子繼程法師帶領，共有一百二十二人參加。

06.07

◆華嚴蓮社前董事長成一長老，4月27日在其祖庭中國大陸泰州光孝律寺圓寂，6月7日上午於華嚴蓮社最吉祥殿舉行追思讚頌會，法鼓山方丈和尚果東法師出席致意，代表僧團及護法信眾感恩長老對法鼓山的護持，並以法鼓山僧大院長身分，接受由華嚴蓮社現任董事長賢度法師頒贈佛學院獎學金。

◆6月7日至7月26日，新加坡護法會每週二舉辦心靈環保課程，共八堂，由資深悅眾帶領分享心靈環保的理念與實踐，每堂有三十多人參加。

◆美國法界佛教大學（Dharma Realm Buddhist University）及法界佛教總會一行十八人，在該校宗教事務副校長恆實法師帶領下拜訪法鼓大學、佛教學院，分別由法鼓大學籌備處校長劉安之、佛教學院校長惠敏法師接待，並舉辦座談會，相互觀摩了解臺、美雙方教學環境的現況。

06.08

◆8至29日，加拿大溫哥華道場每週三上午舉辦初級禪鼓體驗班，共有九十三人次參加。

◆8至12日，馬來西亞道場於當地般達烏塔瑪佛教協會（Bandar Utama Buddhist Society）首次舉辦中英禪五，由禪修中心副都監果元法師帶領，共有六十人參加。

◆中國大陸廈門市佛教協會一行十九人，在會長則悟法師帶領下參訪法鼓山園區，由方丈和尚果東法師、僧團副住持果暉法師等接待，進行交流。

06.09

◆9至12日，臺東信行寺舉辦禪悅四日營，由常參法師帶領，共有四十人參加。

◆9至13日，美國紐約東初禪寺住持果醒法師至加州舊金山弘法關懷，內容包括帶領監香培訓、講授佛法課程、指導初級禪訓班等。

06.10

◆臺北安和分院舉辦「悠遊職場與人生智慧」系列講座，10日邀請臺灣證券交易所總經理許仁壽主講「修行在紅塵——以中華郵政公司為例」，共有一百一十七人參加。

◆10至12日，傳燈院於三義DIY心靈環保教育中心舉辦禪二，由常乘法師帶領，共有六十一人參加。

06.11

◆國際禪坐會於臺北中山精舍舉辦國際禪一。

◆美國紐約東初禪寺舉辦週日講座，由常濟法師主講「綻放不完美的喜悅，一切歸零」，共有五十二人參加。

◆美國紐約象岡道場舉辦禪一，由監院常聞法師帶領，共有十多人參加。

◆11至12日，馬來西亞道場舉辦「大自然的農夫與天地合一」兒童營，有近四十位學童參加。

◆11至12日，新加坡護法會舉辦兒童二日營，共有二十人參加。

◆新加坡護法會舉辦兒童心靈環保體驗營，共有十多人參加。

06.12

◆信眾教育院於臺中分院舉辦聖嚴書院佛學班中區結業典禮，臺中分院監院果理法師出席關懷，有近兩百人參加。

◆慈基會於護法會新莊辦事處舉辦「兒童暨青少年學習輔導專案」教案研習營，共有六十位來自南投、新竹、雙和、文山、大同、淡水、中壢、新莊、海山等各地區教師及義工參加。

◆慈基會於高雄紫雲寺舉辦慰訪員教育訓練課程，副祕書長常法法師到場關懷，共有六十二位南部學員參加。

◆法鼓大學籌備處與政治大學公民社會暨地方治理研究中心、至善社會福利基金會、第三部門教育基金會、臺灣公益CEO協會，共同於政大舉辦「2011兩岸NGO實務暨人才發展論壇」，共有四十多人參加。

06.13

◆13、14日，馬來西亞道場舉辦兩場專題演講，由禪修中心副都監果元法師主講，首場以中文演講「活著活著，就笑了！」，第二場以英語演講「如何克服海嘯般的問題」（How to overcome tsunami-like problems）。

06.15

◆《法鼓佛教院訊》第16、17期合輯出刊。

◆香港中文大學教育研究所的心靈教育計畫「臺灣心靈教育及生命教育教師交流團」一行三十六人參訪法鼓山園區，由常護法師帶領禪修指引、法鼓八式動禪、茶禪；果選法師、常諦法師及常悅法師與團員們進行「生命教育」經驗交流。

06.17

◆17至24日，三學院於禪堂舉辦僧眾精進話頭禪七，邀請聖嚴師父法子繼程法師帶領，有近一百四十人參加。（此次禪期合併僧大期末禪七）

◆17至19日，傳燈院於三峽天南寺舉辦中級禪訓班大型試教，由禪修中心副都監果元法師帶領，共有八十四人參加。

◆由行政院文化建設委員會與財團法人中華民國建國一百年基金會等單位共同舉辦的「中華民國建國一百年民主論壇」，17日下午於臺北晶華酒店舉辦「中華民國非政府組織國際參與高峰論壇」，法鼓山慈基會應邀參加，並由總幹事江弘基以「從聖嚴法師國際弘化看法鼓山體系如何參與國際社會」為題，與大眾分享法鼓山參與國際關懷的經驗。

◆17至26日，美國紐約象岡道場舉辦話頭禪十，由東初禪寺住持果醒法師帶領，有近三十人參加。

◆北美護法會加州洛杉磯分會舉辦新道場灑淨儀式，普化中心副都監果毅法師、北美護法會輔導法師常華法師等出席關懷，共有十五人參加。

06.18

◆法鼓山於北投農禪寺舉行「社會菁英禪修營第六十九次共修會」，由僧團副住持果品法師帶領，共有七十八人參加。

◆6月18日至2012年4月15日，信眾教育院於北美護法會加州洛杉磯分會開辦聖嚴書院福田班「10008齋明班」，共十堂課。

◆法鼓大學籌備處人生學院於德貴學苑舉辦「哲學家的咖啡館」系列活動，18日主題是「完美與缺陷」，由該學院助理教授辜琮瑜帶領，共有四十六人參加。

06.19

◆新店妙法寺戒德老和尚於5月21日凌晨圓寂，享年一百零四歲。6月19日於能仁家商學校禮堂進行圓寂傳供讚頌大典，法鼓山方丈和尚果東法師出席致意，代表僧團及護法信眾感恩老和尚對法鼓山的提攜護持。

◆弘化院舉辦「水陸宣講員回娘家」分享會，由歷屆宣講員分享推廣法益與接引信眾的實務經驗，19日於北投雲來寺進行首場。

◆北投農禪寺舉辦禪一，由果南法師帶領，共有一百一十五人參加。

◆桃園齋明寺舉辦念佛禪一，由監院果啟法師帶領，共有一百二十人參加。

◆南投德華寺舉辦戶外禪，由副寺果弘法師帶領，共有二十多人參加。

◆高雄紫雲寺舉辦佛一，由常一法師帶領，共有三百六十八人參加。

◆6月19日至2012年4月14日，信眾教育院於北美護法會加州舊金山分會開辦聖嚴書院福田班「10009舊金山班」，共十堂課。

◆關懷院於淡水鄧公國小大禮堂舉辦「生死相安DIY——大事關懷初階課程」，共有兩百多人參加。

◆聖基會舉辦「聖嚴思想面面觀」系列講座，19日於臺中分院展開，邀請屏東商業技術學院副教授林其賢主講「太虛、印順、聖嚴三法將 對佛教現代化的抉擇」，共有兩百五十人參加。

◆19日及26日，美國紐約東初禪寺舉辦週日講座，由聖嚴師父的西方弟子比爾·賴特（Bill Wright）主講「佛陀之三身」，共有八十五人次參加。

◆馬來西亞道場舉辦「與自己的生命相約」安寧療護系列課程（二），19日邀請當地慈心基金會主席吳碧彬醫師、馬來西亞大學醫院安寧病房主任駱毅真醫師，分別以「安寧舒適護理的原則與方法」及「你的明天會活得更好嗎？」為題，進行主講，共有七十七人參加。

◆香港護法會於當地鹿頸舉辦山水禪，由僧大講師果竣法師、常嶺法師帶領，共有一百多人參加。

06.20

◆20至25日，法鼓山園區舉辦「IABS國際佛學會議第十六屆大會」（XVIth Congress of the International Association of Buddhist Studies），由佛教學院、中華佛研所共同接辦，共有來自三十多個國家、近六百位佛教學者參加，發表五百多篇論文。

06.21

◆3月11日日本地震引發海嘯，造成重大災情。慈基會捐贈日本立正大學日幣三百萬元，響應該校所發起的獎學金募款活動，幫助該校受災學生安心上學；捐款儀式於21日在法鼓山園區舉行，由方丈和尚果東法師、日本立正大學前佛教學部長三友健容教授代表雙方出席。

06.22

◆加拿大溫哥華道場舉辦佛學講座，由普化中心副都監果毅法師主講「聖嚴法師禪法的層次化教學」，共有九十四人參加。

06.23

◆法務部與法鼓山人基會合作推動「生命教育暨技藝扎根實施計畫──心六倫運動」，23日於臺北監獄大禮堂舉辦音樂饗宴，由心六倫行動大使──名聲樂家女高音張杏月演唱系列歌曲，致上關懷與祝福。

06.24

◆臺北安和分院舉辦「悠遊職場與人生智慧」系列講座，24日由僧團都監果廣法師主講「領導面面觀──澄靜清明的領導思惟」，共有一百五十七人參加。

06.25

◆6月25日至7月1日，三學院於三峽天南寺舉辦僧眾精進禪七，觀看聖嚴師父於1988年在僧團結夏時所開示的錄影帶，邀請聖嚴師父法子繼程法師帶領，共有七十四人參加。

◆6月25日至8月27日，高雄紫雲寺週六舉辦「幸福修練五論」佛法課程，由聖嚴書院講師郭惠芯老師主講，共五堂，有近三十位青年學員參加。

◆高雄紫雲寺舉辦「紫雲講談」系列講座，25日邀請資深悅眾施建昌主講「法鼓山佛像之美與其他」，有近兩百人參加。

◆6月25日至2012年4月21日，信眾教育院於加拿大溫哥華道場開辦聖嚴書院福田班「10010溫哥華班」，共十堂課。

◆法鼓大學籌備處人生學院於臺北安和分院舉辦禪一，由聖嚴師父法子繼程法師帶領，共有一百三十二人參加。

◆人基會心劇團於德貴學苑舉辦「親子體驗遊樂園」系列活動，25日主題是「族群倫理」，共有六十多位孩童和家長參加。

◆6月25日至9月1日，僧團果徹法師前往北美進行弘法關懷，內容包括舉辦佛學講座、帶領禪修等。6月25至26日，於北美護法會加州洛杉磯分會導讀聖嚴師父著作《四十二章經講記》，有近五十人參加。

◆美國紐約東初禪寺舉辦英文禪一。

◆新加坡護法會舉辦初級禪訓班，由馬來西亞道場常峷法師、常妙法師帶領，共有二十多人參加。

06.26

◆弘化院舉辦「水陸宣講員回娘家」分享會，由歷屆宣講員分享推廣法益與接引信眾的實務經驗，26日於臺中寶雲別苑進行。

◆臺南分院舉辦萬行菩薩禮儀培訓課程，由資深悅眾秦如芳、吳麗卿帶領，有近兩百三十人參加。

◆26至27日，僧大舉辦畢業製作成果發表會，共有九位佛學系應屆畢業學僧參加，方丈和尚果東法師、僧大副院長果光法師均出席關懷。

◆馬來西亞道場舉辦義工充電日活動，進行禪坐、佛法分享等，共有五十位義工參加。

◆北美護法會華盛頓州西雅圖分會舉辦戶外野餐聯誼活動，分享學佛心得，共有六十人參加。

◆新加坡護法會舉辦戶外禪，由馬來西亞道場常峷法師、常妙法師帶領，共有三十多人參加。

06.28

◆6月28日至7月5日，禪堂舉辦默照禪七，邀請美國佛羅里達州立大學宗教系助理教授俞永峰帶領，共有六十二人參加。

◆佛教學院獲教育部核准設立博士班，並可於101學年（2012年）招生，建立佛教教育的完整體系。

06.29

◆ 6月29日至7月10日，方丈和尚果東法師、關懷中心副都監果器法師一行至東南亞展開弘法關懷行，先後至馬來西亞、新加坡、泰國等地，並進行多場講座，推廣心靈環保、心六倫。

◆ 日本相模原西扶輪社與臺北敦化扶輪社長等一行八人參訪法鼓山園區，並感恩法鼓山對日本3月11日福島核災的協助，法鼓山慈基會也為此派代表向團體簡報國內、福島災害救援作業，由僧團副住持果暉法師出席接待。

06.30

◆ 人基會於德貴學苑舉辦「2011知福幸福心靈講座」系列講座，30日邀請知名主廚鄭衍基（阿基師）主講「美味『心』關係」，與大眾分享烹飪與生命的體驗。

◆ 方丈和尚果東法師至東南亞地區弘法關懷，6月30日前往馬來西亞太平佛教會拜會繼程法師，當晚並於當地的法聚舍演講「心六倫」；7月1日晚間則進行「萬行菩薩與心靈環保」關懷開示。

7月 JULY

07.01

◆ 《人生》雜誌第335期出刊。

◆ 《法鼓》雜誌第259期出刊。

◆ 法鼓文化出版新書：法鼓佛教論叢系列《漢文佛典語言學——第三屆漢文佛典語言學國際研討會論文集》（法鼓佛教學院著）、聖嚴思想論叢系列《聖嚴研究第二輯》（聖嚴教育基金會學術研究部著）、故事寶盒系列《神奇的禮物——佛陀弟子故事集（兒童故事書）》（聖嚴師父著）、法鼓人生學院叢書系列《看見生命的臉——在眼與心之間的生命旅行》（李東陽著），以及英文書籍，法鼓佛教學院譯叢系列《中部尼柯耶比較研究》第一冊、第二冊（*A Comparative Study of the Majjhima-nikāya Vol.1 Vol.2*）（無著比丘Bhikkhu Auālayo著）。

◆ 《金山有情》季刊第37期出刊。

◆ 1至4日，法鼓山園區舉辦「2011法鼓山兒童心靈環保體驗營」第一梯次，共有一百七十五位國小學童參加。

◆ 1至3日，護法會嘉義辦事處於臺南雲集寺舉辦「2011法鼓山兒童心靈環保體驗營」，共有一百零八位國小學童參加。

◆ 方丈和尚果東法師一行至東南亞弘法關懷，1日於馬來西亞道場舉辦專題講座，由方丈和尚主講「萬行菩薩與心靈環保」，共有一百多人參加。

◆ 1至8日，僧團果徹法師北美弘法關懷行，於美國加州洛杉磯市郊一處天主教避靜中心帶領禪三、禪七，共有六十二人參加。

◆加拿大溫哥華道場舉辦佛一，由監院果舟法師帶領，共有四十八人參加。

07.02

◆2至5日，慈基會甲仙安心站舉辦「2011法鼓山兒童心靈環保體驗營」，有近八十位國小學童參加。
◆方丈和尚果東法師一行至東南亞弘法關懷，2日下午於馬來西亞鶴鳴禪寺舉辦心靈講座，由方丈和尚主講「現代生活新倫理——心六倫」，共有六十多人參加；晚上方丈和尚、果器法師等於馬來西亞道場進行「心靈茶會」，分享親近聖嚴師父與法鼓山的因緣，共有五十五人參加。
◆2至9日，美國紐約象岡道場舉辦念佛禪七，由住持果醒法師帶領，共有八十六人參加。為方便禪眾修行，特別合併禪三、禪七兩個禪期舉辦，禪三共有五十二人參加、禪七共有三十四人參加。
◆2至3日，加拿大溫哥華道場舉辦初級禪訓班二日營，由監院果舟法師帶領，有近五十人參加。

07.03

◆臺南分院舉辦「緊急救援教育訓練」，邀請臺南市消防局副局長吳明芳、消防局緊急救護科教官董永窓、社會局督導魏杏真等專家，講授防災救災課程，共有一百五十多人參加。
◆方丈和尚果東法師一行至東南亞弘法關懷，3日於新加坡佛教總會大禮堂舉辦「心六倫」講座，共有一百多人參加。

07.04

◆4至7日，北投農禪寺舉辦「2011法鼓山兒童心靈環保體驗營」，共有一百四十二位國小學童參加。
◆4至5日，南投德華寺舉辦「2011法鼓山兒童心靈環保體驗營」，共有三十位國小學童參加。
◆方丈和尚果東法師一行至東南亞弘法關懷，4日前往新加坡光明山拜會住持廣聲法師。
◆泰國法身寺國際部主任祥智法師一行二十餘人參訪法鼓佛教學院，由副校長杜正民代表接待，進行交流。

07.05

◆7月5日至8月23日，高雄三民精舍每週二舉辦「心」生活講座課程，以「心六倫」為主題，透過影片的介紹與討論，體會人生的價值與擁有正向力量，由資深悅眾李明珠、方麗雪帶領，共有七十三人參加。
◆方丈和尚果東法師一行至東南亞弘法關懷，5日前往新加坡藝術部大廈，將《遊心禪悅——聖嚴法師法語‧墨緣‧興學墨迹選》，贈送給正在舉行「佛緣翰墨」記者會、為重建菩提閣募款的果峻法師；晚上於護法會與信眾互動交流，分享親近法鼓山的因緣。

07.06

◆6至10日，法鼓山園區舉辦「2011法鼓山兒童心靈環保體驗營」第二梯次，共有一百四十位國小學童參加。

◆6至27日，信眾教育院每週三於北投雲來寺舉辦「法鼓講堂」佛學課程，由僧團常超法師主講「地藏菩薩的大願法門」，法鼓山數位學習網並進行線上直播。

07.07

◆7至9日，臺北中山精舍舉辦「2011法鼓山兒童心靈環保體驗營」，有近一百位國小學童參加。

◆法行會晚上於臺北國賓飯店舉辦第一二六次例會，由中華佛研所所長果鏡法師導讀《歸程》、《聖嚴法師學思歷程》，共有一百二十三人參加。

◆7至28日，馬來西亞道場每週四舉辦初級禪訓班，由常峪法師、常妙法師帶領，有十多人參加。

07.08

◆8至10日，臺北安和分院舉辦「2011法鼓山兒童心靈環保體驗營」，共有一百一十位國小學童參加。

◆臺北安和分院舉辦「悠遊職場與人生智慧」系列講座，8日邀請作家游乾桂主講「放下，人生更豐富」，共有一百多人參加。

◆8至12日，法青會於暨南國際大學舉辦「法鼓山2011夏季青年卓越營」，主題是「勇氣出發」，並舉辦三場「名人有約」座談，共有四百多位來自臺灣各地、中國大陸、香港、馬來西亞、新加坡的青年學子參加。

07.09

◆桃園齋明寺舉辦義工服務進階課程，內容主題包括萬行菩薩威儀與行儀、分享法鼓山的理念等，由監院果啟法師帶領，有近兩百人參加。

◆信眾教育院於北投雲來寺舉辦「聖嚴書院佛學班」北區結業典禮，普化中心副都監果毅法師出席關懷，共有兩百五十多人參加。

◆僧團果徹法師於北美弘法關懷，9日於北美護法會加州洛杉磯分會舉辦禪修問答，為信眾解答禪修疑惑，共有二十多人參加。

◆方丈和尚果東法師一行至東南亞弘法關懷，9日於泰國護法會舉辦專題講座，由方丈和尚主講「心安平安就有幸福」，以及主持皈依典禮，共有七十多位民眾皈依三寶。

07.10

◆7月10日、9月18日，護法總會於臺中寶雲別苑舉辦「中部地區興願鼓手聯誼會」，監院果理法師到場關懷，共有一百多人參加。

◆臺中分院於三義DIY心靈環保教育中心舉辦禪一，由果雲法師帶領，共有八十三人參加。

◆臺南安平精舍舉辦佛學講座，邀請僧大副院長果光法師主講「漢傳禪佛教的修持」，有近一百人參加。

◆臺東信行寺舉辦禪一，由常參法師帶領。

◆北美護法會安省多倫多分會舉辦禪一。

07.11

◆11至25日，僧大講師果徹法師至美國加州舊金山灣區弘法關懷，展開「修行法門的精華錄——《四十二章經》導讀」系列講座，並參與心靈茶會、指導禪坐共修等活動。

07.13

◆13至17日，法鼓山園區舉辦「2011法鼓山兒童心靈環保體驗營」第三梯次，共有一百六十四位國小學童參加。

◆中國大陸廈門市閩南佛學院一行六十多人，在該院院長聖輝法師帶領下參訪法鼓山園區，由方丈和尚果東法師及副住持果暉法師、果品法師代表接待，進行交流。

07.14

◆7月14日至8月4日，高雄紫雲寺每週四舉辦佛學講座，邀請屏東教育大學中國語文學系教授陳劍鍠主講聖嚴師父著作《聖嚴法師教淨土法門》，有近七十人參加。

◆7月14日至8月2日，國際發展處監院果見法師前往北美弘法關懷，內容包括經典弘講、生活禪講座等。14至16日、18日，於北美護法會伊利諾州芝加哥分會宣講「《小品般若波羅蜜經》要義」，有二十多人參加。

07.15

◆僧團果徹法師於北美弘法關懷，15、16、17、22及24日於北美護法會加州舊金山分會進行「修行法門的精華錄——《四十二章經》導讀」系列講座，共五場，有三十多人參加。

◆15至24日，美國紐約象岡道場舉辦精進禪十，邀請聖嚴師父法子繼程法師帶領，共有三十六人參加。

07.16

◆16至17日，臺南雲集寺舉辦「2011法鼓山兒童心靈環保體驗營」，共有一百六十位國小學童參加。

◆傳燈院於北投雲來寺舉辦禪修義工內外護培訓課程，由常乘法師帶領，共有六十七人參加。

◆法鼓大學籌備處人生學院於德貴學苑舉辦「禪文化入門講座」，16日由該學院助理研
究員陳平坤主講「人從橋上過　橋流水不流——禪詩裡的禪思」，有近五十人參加。

◆聖基會舉辦「聖嚴思想面面觀」系列講座，16日於高雄紫雲寺展開，由僧大副院長果
光法師主講「漢傳佛教禪觀——聖嚴法師禪門教法」，共有兩百二十多人參加。

◆7月16日至9月10日期間，聖基會每週六上午於會址的聖嚴書院講堂舉辦「聖嚴法師經
典講座」，播放師父生前弘講《大方廣圓覺經》影片，由僧大講師常延法師主持，有
九十多人參加。

◆16至23日，教聯會於法鼓山園區禪堂舉辦教師暑期禪七，由中華佛研所所長果鏡法師
帶領，共有一百五十四人參加。

◆天主教聖母聖心會之友會一行四十四人，在會長林瑞德神父帶領下參訪法鼓山園區，
並進行禪修體驗。

07.17

◆北投農禪寺舉辦禪一，由果南法師帶領，共有一百零五人參加。

◆桃園齋明寺舉辦報恩禮讚朝山活動，有近一百一十人參加。

◆臺南分院舉辦皈依弟子快樂學佛營，內容主題包括佛教入門、學佛行儀、法鼓山理念
介紹等，由監院果謙法師等帶領，有近一百三十人參加。

◆高雄紫雲寺舉辦慈悲三昧水懺法會，由監院果耀法師帶領，共有九百多人參加。

◆關懷院於北投雲來寺舉辦「生死相安DIY——大事關懷進階課程」，有近兩百人參加。

◆慈基會於臺中寶雲別苑舉辦慰訪員教育訓練課程，由資深慰訪員帶領，共有五十二位
慰訪義工參加。

◆聖基會舉辦「聖嚴思想面面觀」系列講座，17日於臺中分院展開，由僧大副院長果光
法師主講「漢傳佛教禪觀——聖嚴法師禪門教法」，共有兩百八十多人參加。

◆國際發展處監院果見法師於北美弘法關懷，17日於北美護法會伊利諾州芝加哥分會，
應西方眾需求，以中、英雙語弘講「《小品般若波羅蜜經》要義」精簡版，共有十多
人參加。

◆馬來西亞道場舉辦「與自己的生命相約」安寧療護系列課程（二），17日邀請心理輔
導員陳如湘帶領「與家庭共處工作坊——從挑戰之中看到家庭的力量」，有近六十人
參加。

07.18

◆僧團果徹法師於北美弘法關懷，18日於北美護法會加州舊金山分會舉辦心靈茶會，與
信眾分享佛法在生活中的運用，共有三十多人參加。

07.19

◆聖嚴師父敬稱「師父」的前中國佛教會理事長、海明寺開山悟明長老，19日下午於臺
大醫院圓寂。法鼓山方丈和尚果東法師在第一時間與海明寺方丈在病榻前感恩誦持觀
世音菩薩聖號，為長老送行。

◆法鼓山持續關懷南亞海嘯賑災，7月19日至8月13日，慈基會派遣義工前往斯里蘭卡進行學童獎助學金頒發活動、提供民生物資和學用品等，並勘查醫療團義診相關事宜，共有一百八十二位學子受益。

◆僧團果徹法師於北美弘法關懷，19日於北美護法會加州舊金山分會帶領禪坐共修，共有二十多人參加。

07.20

◆20至24日，法鼓山園區舉辦「2011法鼓山兒童心靈環保體驗營」第四梯次，共有一百四十七位國小學童參加。

◆法鼓大學籌備處上午於德貴學苑舉辦專題講座，邀請前臺北捷運公司總顧問胡以琴主講「運輸部門節能減碳措施與未來挑戰」，有近二十人參加。

◆國際發展處監院果見法師於北美弘法關懷，20日應美國伊利諾州芝加哥當地社區邀請，以英語弘講「透過慈悲與智慧達到快樂：減少煩惱、利益他人」，共有三十多人參加。

◆20至26日，香港護法會參加於香港灣仔會議中心舉行的「2011香港書展」，展出聖嚴師父著作《我願無窮——美好的晚年開示集》、《知福幸福》與法鼓山結緣出版品；24日，常嶺法師並應邀至書展會場分享「生活禪」，共有一百五十多人參加。

07.21

◆21至24日，臺東信行寺舉辦「2011法鼓山兒童心靈環保體驗營」，共有八十四位國小學童參加。

07.22

◆方丈和尚果東法師上午至新北市樹林海明寺，出席該寺開山悟明長老封缸儀式，為長老送行。

◆22至24日，北投文化館舉辦中元地藏法會，由監院果諦法師帶領，有三百多人次參加。

◆臺北安和分院舉辦「悠遊職場與人生智慧」系列講座，22日邀請高雄第一科技大學財務管理系助理教授薛兆亨主講「圓滿人生的個人理財」，共有一百一十七人參加。

07.23

◆三峽天南寺舉辦念佛禪一，由常緣法師帶領，共有一百零二人參加。

◆23至24日，桃園齋明寺舉辦「2011法鼓山兒童心靈環保體驗營」第一梯次，共有一百八十位國小學童參加。

◆23至24日，臺南安平精舍舉辦「2011法鼓山兒童心靈環保體驗營」，共有兩百位國小學童參加。

◆傳燈院於法鼓山園區舉辦Fun鬆一日禪，由常乘法師帶領，共有八十五人參加。

◆法鼓大學籌備處下午於德貴學苑舉辦志工教育訓練課程，由法鼓山行政中心文宣處張曜鐘主講「新聞寫作與攝影經驗分享」，有近三十人參加。

◆23至24日，護法會新莊辦事處舉辦「2011法鼓山兒童心靈環保體驗營」，共有九十多位國小學童參加。

◆23至30日，禪修中心副都監果元法師、常悟法師受邀於墨西哥納亞里特州的玉堂海灣主持禪七，共有四十五位保育團體人士、律師、音樂家等參加。

◆國際發展處監院果見法師於北美弘法關懷，23日於北美護法會安省多倫多分會舉辦禪修講座，主題是「行亦禪，坐亦禪，語默動靜體安然知生活禪法」，共有三十多人參加。

07.24

◆弘化院舉辦「水陸宣講員回娘家」分享會，由歷屆宣講員分享推廣法益與接引信眾的實務經驗，24日於高雄紫雲寺進行。

◆臺南雲集寺舉辦禪一，由常蓮法師帶領，共有三十八人參加。

◆7月24日至8月6日，禪堂舉辦默照禪十四，由常啟法師帶領，共有六十六人參加。

◆國際發展處監院果見法師於北美弘法關懷，24日於北美護法會安省多倫多分會帶領大悲懺法會，共有三十多人參加。

◆馬來西亞道場舉辦禪一，由常峪法師帶領，有近二十人參加。

◆香港護法會舉辦Fun鬆一日禪，由常嶺法師帶領，共有五十多人參加。

07.25

◆25至26日，法鼓山於金山法鼓山社大舉辦「2011法鼓山兒童心靈環保體驗營」，共有五十位國小學童參加。

◆中國大陸四川綿陽市政協主席張世虎一行十二人參訪法鼓山園區，感謝法鼓山於當地的重建義舉，由慈基會祕書長果器法師代表接待，進行交流。

07.26

◆26至29日，慈基會於中國大陸四川安縣綿陽中學舉辦「生命教育心靈環保體驗營」，共有八十六人參加。

◆國際發展處監院果見法師於北美弘法關懷，26日於北美護法會加州洛杉磯分會弘講「自家寶藏——《如來藏經》要義」，共有四十多人參加。

07.27

◆27至31日，美國紐約東初禪寺於象岡道場舉辦親子營，主題是「聯結」，包括成人組、青少年組及兒童組，有近一百二十人參加。

◆加拿大溫哥華道場舉辦佛學講座，由僧大副院長果光法師主講「漢傳佛教禪觀」，共有一百四十五人參加。

07.28

◆28至29日,臺中分院於寶雲別苑舉辦「2011法鼓山兒童心靈環保體驗營」第一梯次, 共有一百八十五位國小學童參加。

◆28至30日,法鼓大學籌備處受邀參加香港中文大學人間佛教研究中心舉辦的「第六屆 青年佛教學者學術研討會」,由人生學院助理研究員陳平坤代表參加,並發表論文 〈法鼓山聖嚴法師所倡「心靈環保」的中華禪精神〉。

◆法鼓大學籌備處人生學院受嘉義縣議會之邀參與「添福日本,臺灣有愛」活動,以 「心靈陪伴‧生命關懷」為主題,於嘉義縣議會圖書室,為三十六位來自日本岩手縣 岩泉町小本中學的學生,進行生命教育課程。

◆人基會於德貴學苑舉辦「2011知福幸福心靈講座」系列講座,28日邀請馬偕醫院協談 中心諮商心理師蘇絢慧主講「軟弱的勇氣」。

◆國際發展處監院果見法師於北美弘法關懷,28日於北美護法會加州洛杉磯分會帶領禪 坐共修,共有二十多人參加。

◆佛光山現任宗長暨佛光山寺住持心培法師,上午由書記慧浩法師陪同來訪法鼓山園 區,邀請方丈和尚果東法師擔任佛光山三壇大戒的尊證法師,並親送聘書,也在方丈 和尚陪同下,參觀禪堂、祈願觀音殿及開山紀念館等。

07.29

◆29至31日,三峽天南寺舉辦禪二,由常學法師帶領,共有一百零一人參加。

◆29至31日,桃園齋明寺舉辦「2011法鼓山兒童心靈環保體驗營」第二梯次,共有一百 八十位國小學童參加。

◆法鼓大學籌備處藝術與文化學院上午於德貴學苑舉辦專題講座,邀請日本岩手縣岩泉 町副町長橋場覚主講「東日本大震災經驗分享」,有近五十人參加。

◆聖嚴師父首位西方法子約翰‧克魯克(John Crook)於7月15日辭世往生,美國紐約東 初禪寺住持果醒法師、象岡道場監院常聞法師及師父法子繼程法師,29日代表法鼓山 出席於英國威爾斯濱海威斯頓(Weston-Super-Mare)舉行的告別式,表達對克魯克的 敬意。

◆7月29日至8月5日,加拿大溫哥華道場舉辦話頭禪七,由僧大副院長果光法師帶領, 共有四十人參加。

◆29至30日,新加坡護法會舉辦臨終關懷講座,邀請聖嚴書院講師郭惠芯主講「生病了 怎麼辦」、「說再見的方式」,共有一百多人次參加。

◆中國大陸四川省都江堰市委書記劉俊林參訪法鼓山園區,表達對法鼓山援建四川震災 的謝意,方丈和尚果東法師出席接待。

07.30

◆7月30日至8月5日,北投農禪寺啟建梁皇寶懺法會,共有近四萬五千人次參加。

◆30至31日,臺中分院於寶雲別苑舉辦「2011法鼓山兒童心靈環保體驗營」第二梯次, 共有一百九十位國小學童參加。

◆法鼓大學籌備處人生學院於德貴學苑舉辦「哲學家的咖啡館」系列講座，30日探討主題「匱乏與充足」，由該學院助理教授辜琮瑜帶領，有近三十人參加。

◆僧團果徹法師於北美弘法關懷，30日於美國華盛頓州西雅圖華僑文教中心舉辦專題演講，主講「禪修法門的精華錄──《四十二章經》簡介」，共有三十多人參加。

◆馬來西亞道場晚上舉辦「水陸法會宣講員海外培訓」說明會，由三學院監院果慨法師主持，有近二十人參加。

07.31

◆北投雲來寺舉辦禪一，由監院常貫法師帶領，共有六十九人參加。

◆臺南雲集寺舉辦Fun鬆一日禪，由常蓮法師帶領，共有六十三人參加。

◆7月31日至8月1日，臺南雲集寺應當地佳興國中之邀，至該校進行禪修指引課程，共有九百多位師生參加。

◆7月31日至8月1日，慈基會於中國大陸四川安縣民興中學舉辦「生命教育心靈環保體驗營」，共有一百零五人參加。

◆護法總會於臺南分院舉辦「勸募會員成長營」，由資深悅眾施建昌、周秀玲分享勸募經驗與心得，監院果謙法師出席關懷，共有近一百五十位雲林、嘉義、臺南地區鼓手參加。

◆國際發展處監院果見法師於北美弘法關懷，31日於北美護法會加州舊金山分會講授「《無量義經》要義」，共有四十多人參加。

◆美國紐約東初禪寺舉辦週日講座，邀請臺灣大學地質科學系教授陳宏宇主講「天災地變與人類的生活」，共有四十八人參加。

◆馬來西亞道場上午於當地鶴鳴禪寺舉辦大悲懺法會，由弘化院監院果樞法師帶領，有近一百二十人參加；下午於同地舉辦「水陸分享會」，由三學院監院果慨法師主持，說明在法會中，如何運用佛法來修行，有近八十人參加。

◆前印度摩訶菩提協會（Maha Bodhi Society）會長默地（K.M.Modi）博士、凌陽集團董事長黃洲杰、恆通高科董事長薛彬彬等一行八人參訪法鼓山園區，由方丈和尚果東法師代表接待，並陪同參觀祈願觀音殿、大殿、開山紀念館等。

8月 AUGUST

08.01

◆《人生》雜誌第336期出刊。

◆《法鼓》雜誌第260期出刊。

◆法鼓文化出版新書：寰遊自傳系列《東西南北》（聖嚴師父著）、禪味廚房系列《今天吃麵》（張翡珊著）、琉璃文學系列《從心看電影2》（曾偉禎著），以及影音系列《他的身影──聖嚴法師弘法行履》（DVD）。

◆方丈和尚果東法師受邀出席臺灣大學醫學院附設醫院金山分院新任院長布達典禮，並致詞祝福。

◆佛教學院副校長杜正民獲「行政院國家科學委員會特殊優秀人才獎勵」補助,為佛教學院首位獲得該項獎勵的教師。

◆僧大《法鼓文苑》第三期出刊。

◆僧團果徹法師於北美弘法關懷,1、3、5、8、10及12日於北美護法會華盛頓州西雅圖分會舉辦佛學講座,導讀《四十二章經》,共六場,有三十多人參加。

◆1至7日,美國紐約東初禪寺於象岡道場首次舉辦楞嚴禪修營,由住持果醒法師帶領,共有六十位學員參加。

◆1至11日,聖嚴師父法子繼程法師前往波蘭德露潔芙(Dluzew)主持禪十,僧團常聞法師、常隨法師共同前往,這場禪十由波蘭禪宗協會(The Chan Buddhist Union of Poland)主辦。

08.02

◆國際發展處監院果見法師於北美弘法關懷,2日晚上於北美護法會加州舊金山分會帶領禪坐共修,共有二十多人參加。

08.04

◆4至6日,高雄紫雲寺舉辦「2011法鼓山兒童心靈環保體驗營」,共有九十九位國小學童參加。

◆4至5日,慈基會於中國大陸四川安縣秀水第一中心小學舉辦「生命教育心靈環保體驗營」,共有八十人參加。

08.05

◆5至7日,傳燈院於三義DIY心靈環保教育中心舉辦禪二,由監院常源法師帶領,共有五十八人參加。

08.06

◆8月6日至9月3日,法鼓文化、《人生》雜誌於每週六下午在臺北安和分院舉辦「叛逆中年」系列講座,由法鼓大學籌備處人生學院副教授楊蓓主講,共有一千兩百多人次參加。

◆桃園齋明寺舉辦山水禪,由監院果耀法師帶領,有近六十人參加。

◆6至13日,臺南雲集寺舉辦中元地藏法會,由監院果謙法師帶領,共有近八百人次參加。

◆傳燈院於法鼓山園區舉辦Fun鬆一日禪,由僧團常賡法師帶領,共有九十六人參加。

◆慈基會於臺中寶雲別苑舉辦慰訪員教育訓練課程,由資深慰訪員帶領,共有四十八位慰訪義工參加。

◆6至7日,護法會海山辦事處於三峽天南寺舉辦「2011法鼓山兒童心靈環保體驗營」,共有九十九位國小學童參加。

◆馬來西亞道場於當地甲洞森林研究院舉辦戶外禪，由常峪法師帶領，共有十九人參加。

08.07

◆南投德華寺舉辦中元地藏法會，由副寺果弘法師帶領，共有七十三人參加。

◆臺東信行寺上午舉辦專題講座，邀請臺東大學教育學系講師洪若河主講「成為自己的心理師」，共有五十多人參加。

◆慈基會於護法會花蓮辦事處舉辦慰訪員教育訓練課程，由資深慰訪員帶領，共有三十九位慰訪義工參加。

◆護法會羅東辦事處舉辦助念感恩分享聯誼，關懷院果選法師出席關懷，有近一百四十人參加。

◆8月7日至10月9日期間，美國紐約東初禪寺舉辦週日講座，由果明法師主講《六祖壇經》，共五堂，有四十多人參加。

◆中國大陸四川綿陽中學副校長陳治國，帶領教師及眷屬一行七十八人參訪法鼓山園區，並表達感恩之情。長期投入四川重建工作的副住持果品法師、慈基會祕書長果器法師等到場關懷。

08.08

◆慈基會祕書長果器法師代表法鼓山受邀出席高雄市政府於鳳山體育場舉辦的「幸福平安福佑臺灣」祈福祝禱大會，並主持「祈願淨土在人間」活動，帶領現場三千位民眾持誦「觀世音菩薩」聖號，為社會祈福。

◆方丈和尚果東法師出席於德貴學苑舉辦的人基會祕書長李伸一新書《因為有好心──一位平民律師的幸福密碼》的發表會，提出「好心」新解。

◆8至14日，桃園齋明寺舉辦中元報恩地藏七永日法會，前六日進行地藏懺法會，有近一千九百人次參加；最後一日進行《地藏經》持誦，由監院果耀法師帶領，有近六百三十人參加。

◆8至13日，臺南雲集寺每日晚上舉辦中元地藏法會，由監院果謙法師帶領，共有近七百人次參加。

◆8至11日，慈基會於中國大陸四川安縣什邡中學舉辦「生命教育心靈環保體驗營」，共有七十二人參加。

◆行政院莫拉克颱風災後重建推動委員會下午於新聞局新聞中心召開「重建之路　感謝有您」國際記者會，除向各界說明各項重建工作的進展與成果之外，並藉記者會向參與此次重建工作的地方政府、民間社團及企業代表等表達謝意。法鼓山慈基會亦受邀參與，由總幹事江弘基代表出席。

08.10

◆10至14日，禪堂首次舉辦初級禪訓營，前兩日是初級禪訓班二日營，後三日是禪三，由常地法師帶領，共有九十三人參加。

◆10至31日，信眾教育院每週三晚上於北投雲來寺舉辦「法鼓講堂」佛學課程，由僧大副院長果光法師主講「禪門寶典《六祖壇經》」，法鼓山數位學習網並進行線上直播。

◆10至12日，慈基會應外交部之邀，參與在美國華府華盛頓會議中心（Washington Convention Center）舉辦的第二十七屆「美國國際志工行動協會」（American Voluntary International Action）年會，由專職吳慎代表參加，在會中分享法鼓山全球賑災救援的經驗。

◆10至23日，禪修中心副都監果元法師受邀前往印尼日惹、棉蘭弘法關懷，內容包括帶領禪修、舉辦佛法講座等。10日於日惹福靈寺舉行佛法演講，主講「五戒」，共有八十多人參加。

08.11

◆慈基會林邊安心站於雙流國家公園舉辦「暑期親子共遊活動」，由副祕書長常法法師帶領，共有林邊、佳冬鄉關懷戶三十一人參加。

◆法行會晚上於臺北國賓飯店舉辦第一二七次例會，由臺中分院監院果理法師主講「分享聖嚴師父建僧的願心——法鼓晨音&法鼓家風」，有近兩百四十人參加。

08.12

◆臺北安和分院舉辦「悠遊職場與人生智慧」系列講座，12日邀請僧大副院長常寬法師主講「知音難逢正常事，不因孤獨不理人」，共有兩百多人參加。

◆12至13日，臺東信行寺舉辦慈悲三昧水懺法會，由監院果增法師帶領，共有近三百人次參加。

◆12至14日，傳燈院於三義DIY心靈環保教育中心舉辦初級禪訓班輔導學長培訓課程，由監院常源法師等帶領，共有八十一人參加。

◆12至20日，禪修中心副都監果元法師於印尼弘法關懷，應聖嚴師父印尼籍弟子阿格斯‧森多索（Agus Santoso）之邀於日惹舉辦話頭禪九，共有三十四人參加。

◆12至14日，美國紐約象岡道場舉辦「青年禪修工作坊」（Think Outside Yourself Workshop），由僧團果禪法師、常濟法師帶領，共有十五位英國及美國籍學員參加。

◆12至13日，美國夏威夷KITV電視臺兩位製作人與主播，至法鼓山園區進行拍攝，介紹法鼓山的禪修特色，由僧團常鐘法師、國際發展處專職楊仁賢接待、陪同。

08.13

◆由行政院文化建設委員會、建國百年基金會委託中國電視公司製播的「百年感恩‧世紀禮讚」系列新聞專輯，遴選聖嚴師父為百年來促進臺灣宗教發展的人士之一，13、16日分別專訪方丈和尚果東法師、前政治大學校長鄭丁旺，主軸聚焦師父一生的教導與影響，並分享師父提倡「心靈環保」、「建設人間淨土」理念，對淨化社會人心的啟發。

◆弘化院於北投雲來寺舉辦「水陸分享會」北區宣講員培訓課程，並於9月3日進行試講，有近九十位學員圓滿培訓課程及試講，之後將進行水陸法會推廣工作。

◆13至14日，臺中分院於寶雲別苑舉辦中元報恩地藏法會，進行地藏懺法會、《地藏經》持誦，由監院果理法師帶領，共有一千兩百多人次參加。

◆高雄紫雲寺舉辦「紫雲講談」系列講座，13日邀請聖基會董事傅佩芳主講「無盡身教——Miss三克拉的學佛之旅」，共有一百多人參加。

◆13、20日，馬來西亞道場舉辦中文禪訓班，由常峪法師帶領，有三十多人參加。

◆臺北大學暑期國際研習生一行三十五人參訪法鼓山園區，並進行禪修體驗，由僧團常廣法師帶領。

08.14

◆弘化院於高雄紫雲寺舉辦「水陸分享會」南區宣講員培訓課程，並於9月11日進行試講，共有六十多位學員圓滿培訓課程及試講，之後將進行水陸法會推廣工作。

◆北投農禪寺舉行中元地藏法會，由監院果燦法師帶領，共有五百多人參加。

◆8月14日至8月28日，臺北安和分院舉辦報恩祈福法會，內容包括每日《地藏經》持誦共修，14、28日進行地藏法會等，共有三千多人次參加。

◆14至20日，臺北中山精舍每日下午舉辦《地藏經》持誦共修，共有近三百人次參加。

◆14至26日，臺南分院每日晚上舉辦中元地藏法會，由監院果謙法師帶領，共有近三千九百人次參加。

◆臺東信行寺舉辦中元三時繫念法會，由關懷中心副都監果器法師主法，共有一百多人參加。

◆僧團果徹法師於北美弘法關懷，14日於北美護法會華盛頓州西雅圖分會帶領一日禪，共有二十多人參加。

◆加拿大溫哥華道場舉辦中元慈悲三昧水懺法會，由僧團常惺法師主法，有近兩百人參加。

◆馬來西亞道場舉辦中元地藏法會，由監院常慧法師帶領，有近七十人參加。

◆北美護法會新澤西州分會舉辦中元地藏法會，由紐約東初禪寺住持果醒法師主法，共有一百多人參加。

◆香港護法會於當地屯門圓明寺舉辦禪一，由僧團常持法師帶領，共有八十多人參加。

08.15

◆15至19日，禪堂舉辦初級禪訓營，前兩日是初級禪訓班二日營，後三日是禪三，由常捷法師帶領，共有一百零一人參加。

08.17

◆僧團果徹法師於北美弘法關懷，8月17日至9月1日期間，於加拿大溫哥華道場舉辦佛學講座，弘講《四十二章經》，共六堂，有近七十人參加。

◆加拿大溫哥華聖家醫院（Holy Family Hospital）七位長者，在院方負責人與治療師陪伴下，至溫哥華道場參訪。

◆北美護法會佛州奧蘭多聯絡處舉辦禪修講座，邀請佛羅里達州立大學宗教學系助理教授俞永峰主講「禪的本質」，共有三十多人參加。

08.18

◆ 18至19日，高雄紫雲寺舉辦中元地藏法會，由監院果迦法師帶領，共有近八百人次參加。

◆ 18至21日，佛教學院受邀出席於德國漢堡大學（University of Hamburg）舉辦的「正念禪修：可為當代社會所用的一種佛教修行」（Mindfulness: A Buddhist Practice for Today's Society）國際學術研討會，由校長惠敏法師參加其中的「傳統與現代」討論小組，發表〈「正念」在臺灣安寧緩和醫療中的位置〉一文。

◆ 中國大陸河北省保定市佛教協會會長真廣住持一行四十一人參訪法鼓山園區，由僧團果崢法師代表接待，進行交流。

08.19

◆ 外交部於臺北賓館舉行感謝各界參與日本賑災的感恩茶會，法鼓山受邀出席，由慈基會祕書長果器法師、護法總會副總會長黃楚琪代表參加，總統馬英九、行政院院長吳敦義也到場頒贈相關單位與人員表揚狀。

◆ 19至21日，桃園齋明寺舉辦禪二，由僧團常乘法師帶領，共有八十五人參加。

◆ 教聯會於桃園齋明寺舉辦一日禪，共有四十多人參加。

08.20

◆ 弘化院於臺中寶雲別苑舉辦「水陸分享會」中區宣講員培訓課程，並於9月10日進行試講，有近五十位學員圓滿培訓課程及試講，之後將進行水陸法會推廣工作。

◆ 三峽天南寺舉辦念佛禪一，由常綽法師帶領，共有一百二十一人參加。

◆ 20至21日，臺中分院於三義DIY心靈環保教育中心舉辦禪二，由果雲法師帶領，共有六十八人參加。

◆ 高雄紫雲寺舉辦中元三時繫念法會，由關懷中心副都監果器法師主法，有近八百人參加。

◆ 20至27日，禪堂舉辦中階禪七，由常鐘法師帶領，共有一百三十二人參加。

◆ 8月20日至11月13日期間，關懷院於北投雲來寺試辦「航向心故鄉——生命關懷講座與工作坊」課程，內容包括六場講座及三次工作坊。20日進行第一、二場講座，分別邀請心理師胡延薇、劉翠芬主講「悠遊自在人際通」、「心情舒放Spa去」，共有兩百多人參加。

◆ 20至21日，慈基會甲仙安心站舉辦「暑期快樂成長營」，共有二十四位國小五、六年級學童參加。

◆ 法鼓大學籌備處人生學院於德貴學苑舉辦「禪文化入門講座」，20日由該學院助理研究員陳平坤主講「生死兩茫茫？——禪家和道家的生死交響曲」，有近三十人參加。

◆ 美國紐約東初禪寺舉辦中元三時繫念法會，由住持果醒法師帶領，有近一百八十人參加。

◆ 北美護法會華盛頓州西雅圖分會舉辦義工成長講座，由悅眾蔡稔惠主講「萬行菩薩與福慧雙修：如何提昇義工的品質」，共有三十多人參加。

◆中國大陸福建省比丘尼協進會聰慧法師一行三十人參訪法鼓山園區,由僧團女眾副都
　監果舫法師代表接待,進行交流。

08.21

◆北投農禪寺舉辦禪一,由果南法師帶領,共有一百一十二人參加。
◆聖基會舉辦「聖嚴思想面面觀」系列講座,21日於臺中分院展開,邀請屏東教育大學
　中國語文學系教授陳劍鍠主講「聖嚴法師對『淨念相繼』與『入流亡所』的詮釋」,
　共有一百五十多人參加。
◆法青會桃園分會於三峽天南寺舉辦山水禪,由傳燈院監院常源法師帶領,共有三十多
　人參加。
◆禪修中心副都監果元法師於印尼弘法關懷,21日於棉蘭馬達山上的藍毘尼園帶領基礎
　禪修指引,有近百人參加。
◆馬來西亞道場舉辦「與自己的生命相約」安寧療護系列課程(二),21日於吉隆坡蕉
　賴孝恩館邀請臨終關懷資深工作者馮以量、扶貧作家唐米䄄分別主講「如何陪伴喪親
　者走過悲傷」、「分享中國癌症村的臨終服務」,共有四百多人次參加。
◆香港護法會舉辦中元孝親報恩地藏法會,由僧團常持法師主法,共有一百多人參加。

08.22

◆法鼓大學籌備處環境學院上午於德貴學苑舉辦專題講座,邀請美國伊利諾大學
　(University of Illinois)土木暨環境工程學系教授愛德溫‧賀瑞克斯(Edwin
　Herricks)主講「從工程到生態——角度與角色的轉換」,共有四十多人參加。
◆中華國際齋僧功德會榮譽理事長淨耀法師、中國大陸佛教協會副會長西安大慈恩寺增
　勤方丈和尚一行二十七人參訪法鼓山園區,由方丈和尚果東法師及副住持果暉法師、
　果品法師、中華佛研所所長果鏡法師等接待,進行交流。

08.23

◆方丈和尚果東法師受邀出席於高雄市佛光山佛陀紀念館前廣場舉行的「愛與和平宗教
　祈福」大會,與各宗教領袖代表誦念〈為世界和平祈願文〉,許下「人間有愛,世界
　和平」的心願。
◆禪修中心副都監果元法師於印尼弘法關懷,23日於棉蘭佛教社舉行佛法演講,分享禪
　修的日常運用,有近八十人參加。
◆越南覺原寺圓達住持、寶光寺圓解住持一行十人參訪法鼓山園區,由僧團女眾副都監
　果舫法師代表接待,進行交流。

08.25

◆人基會於德貴學苑舉辦「2011知福幸福心靈講座」系列講座,25日邀請點燈文化協會
　理事長張光斗主講「身影與身教」。

◆馬來西亞道場晚上舉辦專題講座，邀請中華維鬘學會理事長鄭振煌主講「阿含中的生活佛法」，有近一百人參加。

08.26

◆法鼓山上午應臺北市政府民政局之邀，於臺灣大學水利工程試驗所參與分享精緻祭祀文化，僧團派請果祥法師代表前往，發表「從心祭祀──談法鼓山的禮儀環保」演講，共有一百多人參加。

◆26至27日，法鼓山於祈願觀音殿舉辦剃度大悲懺法會。

◆臺北安和分院舉辦「悠遊職場與人生智慧」系列講座，26日邀請實踐家知識管理集團副董事長郭騰尹主講「了解自己，雙贏溝通」，共有一百多人參加。

◆三峽天南寺舉辦禪修體驗營，共有五十七人參加。

◆傳燈院應愛普生科技股份有限公司之邀，於三峽天南寺舉辦禪修體驗營，共有五十七位該公司員工參加。

◆法鼓大學籌備處人生學院舉辦「哲學家咖啡館」系列活動，26日與教育部生命教育學科中心在德貴學苑合辦「生命教育進階研習課程」，由該學院助理教授辜琮瑜帶領，有近三十位高中生命教育種子教師參加。

◆26至28日，美國紐約象岡道場舉辦青年禪三，由監院常聞法師帶領。

08.27

◆臺北中山精舍於桃園齋明寺舉辦戶外禪，共有四十人參加。

◆27至28日，臺南分院舉辦慈悲三昧水懺法會，由監院果謙法師帶領，共有近八百人次參加。

◆傳燈院於北投雲來寺舉辦初級禪訓班同學會，由監院常源法師帶領，共有五十五人參加。

◆8月27日至9月17日，傳燈院每週六於臺北中山精舍舉辦禪修助理監香法器培訓課程，由常願法師、常應法師等帶領，有四十五人參加。

◆8月27日至2012年5月27日，信眾教育院於臺東信行寺開辦聖嚴書院福田班「10011信行寺班」，共十堂課。

◆27至28日，慈基會於臺中東勢林場舉辦慰訪關懷資深悅眾成長營，邀請張老師基金會資深專員黃正旭帶領，共有五十人參加。

◆8月27日、9月3及11日，人基會心劇團全新製作的年度大戲《幸福餅乾Rock&Roll》，分別於嘉義縣新港公園民俗表演場、雲林縣立體育館、高雄市仁武區運動公園演出，三場巡演共有四千多位民眾前往欣賞。

◆8月27日至9月4日，馬來西亞道場參加當地由大眾書局於吉隆坡城中城會議中心舉辦的「第六屆海外華文書市」，參展期間，展出法鼓文化出版書籍，與當地民眾分享佛法智慧。

◆27至28日，北美護法會加州洛杉磯分會舉行新道場灑淨安位及啟建道場地藏法會，由紐約東初禪寺住持果醒法師主法，分別有兩百多人參加。

◆香港護法會舉辦「法鼓山大悲心水陸法會說明會」，由普化中心副都監果毅法師帶領，共有六十多人參加。
◆泰國護法會舉辦中元地藏法會，由三學院監院果慨法師帶領，共有八十多人參加。

08.28

◆法鼓山於園區舉辦剃度大典，由方丈和尚果東法師擔任得戒和尚，僧團副住持果暉法師擔任教授阿闍黎，共有二十位僧大學僧剃度。
◆南投德華寺舉辦禪一，由副寺果弘法師帶領，共有二十三人參加。
◆傳燈院於北投雲來寺舉辦舒活禪一，由監院常願法師帶領，共有五十五人參加。
◆護法總會於高雄紫雲寺舉辦「勸募會員成長營」，關懷中心副都監果器法師到場關懷，共有一百三十二位高雄、屏東、潮州地區鼓手參加。
◆護法會文山辦事處於臺北市文山區木柵行政中心舉辦「自利自他的大事關懷」課程，由關懷院果選法師、常健法師、助念團團長顏金貞等講授，共有兩百五十多人參加。
◆護法會於法鼓山園區舉辦朝禮地藏王菩薩朝山活動，共有三百多位基隆、萬里及金山等地區信眾參加。
◆泰國護法會舉辦「水陸分享會」，由三學院監院果慨法師主持，說明在法會中如何運用佛法來修行，共有二十多人參加。

08.29

◆8月29日至12月26日，臺北安和分院每週一晚上舉辦「禪學與生活」佛學課程，邀請心理諮商專家鄭石岩教授主講，有三百多人參加。
◆8月29日至12月26日，信眾教育院每週一於北投農禪寺開辦「聖嚴書院精讀三下──五講精讀（三）」佛學課程，由講師林立主講。
◆8月29日至12月26日，信眾教育院每週一於臺北安和分院開辦「聖嚴書院初階三上──菩薩戒」佛學課程，由講師常超法師主講。
◆8月29日至12月26日，信眾教育院每週一於德貴學苑開辦「聖嚴書院精讀三上──五講精讀（三）」佛學課程，由講師常慶法師主講。
◆8月29日至12月26日，信眾教育院每週一於臺北中山精舍開辦「聖嚴書院精讀二上──五講精讀（二）」佛學課程，由講師戴良義主講。
◆8月29日至12月26日，信眾教育院每週一於臺南分院開辦「聖嚴書院初階一上──在法鼓山學佛」佛學課程，由講師果攝法師主講。
◆8月29日至12月26日，信眾教育院每週一於高雄紫雲寺開辦「聖嚴書院初階一上──在法鼓山學佛」佛學課程，由講師常潤法師主講。
◆8月29日至12月26日，信眾教育院每週一於高雄三民精舍開辦「聖嚴書院初階三上──菩薩戒」佛學課程，由講師果迦法師主講。
◆8月29日至12月26日，信眾教育院每週一於護法會南投辦事處開辦「聖嚴書院初階三上──菩薩戒」佛學課程，由講師果弘法師主講。
◆8月29日至12月26日，信眾教育院每週一於護法會屏東辦事處開辦「聖嚴書院初階三上──菩薩戒」佛學課程，由講師郭惠芯主講。

08.30

◆8月30日至12月27日，臺北安和分院每週二舉辦佛學課程，邀請華梵大學中文系副教授胡健財導讀聖嚴師父著作《觀音妙智——觀音菩薩耳根圓通法門講要》，有一百多人參加。

◆8月30日至12月27日，信眾教育院每週二於北投農禪寺開辦「聖嚴書院初階三上——菩薩戒」佛學課程，由講師果悅法師主講。

◆8月30日至12月27日，信眾教育院每週二於北投雲來寺舉辦「聖嚴書院禪學班」課程，在三年課程中完整學習教理與禪修法脈，共有一百多位學員參加。

◆8月30日至12月27日，信眾教育院每週二於臺北安和分院開辦「聖嚴書院初階二上——學佛五講」佛學課程，由講師陳標主講。

◆8月30日至12月27日，信眾教育院每週二於德貴學苑開辦「聖嚴書院精讀一上——五講精讀（一）」佛學課程，由講師謝水庸主講。

◆8月30日至12月27日，信眾教育院每週二於臺北中山精舍開辦「聖嚴書院專題二下——專題研讀（二）」、「聖嚴書院專題三下——專題研讀（三）」佛學課程，兩班共同上課，由講師戴良義主講。

◆8月30日至2012年1月3日，信眾教育院每週二於桃園齋明寺開辦「聖嚴書院初階一上——在法鼓山學佛」佛學課程，由講師果澔法師主講。

◆8月30日至12月27日，信眾教育院每週二於臺中分院開辦「聖嚴書院初階一上——在法鼓山學佛」佛學課程，由講師郭惠芯主講。

◆8月30日至12月27日，信眾教育院每週二於臺中分院處開辦「聖嚴書院專題一上——專題研讀（一）」、「聖嚴書院專題三上——專題研讀（三）」佛學課程，兩班共同上課，由講師果理法師、林其賢主講。

◆8月30日至12月27日，信眾教育院於臺中分院每週二上午開辦「聖嚴書院精讀二上——五講精讀（二）」佛學課程；晚上開辦「聖嚴書院精讀三下——五講精讀（三）」佛學課程，兩場皆由講師林其賢主講。

◆8月30日至12月27日，信眾教育院每週二於臺南分院開辦「聖嚴書院精讀二上——五講精讀（二）」佛學課程，由講師果謙法師主講。

◆8月30日至12月27日，信眾教育院每週二於高雄三民精舍開辦「聖嚴書院初階一上——在法鼓山學佛」佛學課程，由講師常琨法師主講。

◆8月30日至12月27日，信眾教育院每週二於護法會淡水辦事處開辦「聖嚴書院初階一上——在法鼓山學佛」佛學課程，由講師常林法師主講。

◆8月30日至12月27日，信眾教育院每週二於護法會新莊辦事處開辦「聖嚴書院初階三上——菩薩戒」佛學課程，由講師常詵法師主講。

08.31

◆北投農禪寺、文化館獲頒臺北市政府民政局「績優宗教團體」，民政局於臺大醫院國際會議中心舉辦「99年度臺北市改善民俗、宗教團體暨孝行獎聯合表揚大會」，由副市長丁庭宇頒發獎座，文化館鑑心長老尼、農禪寺常穎法師代表出席受獎。

◆8月31日至12月28日，臺北安和分院每週三舉辦佛學課程，由法鼓大學籌備處人生學院助理教授辜琮瑜主講「四十華嚴（上）」，有一百多人參加。

◆8月31日至2012年1月4日，信眾教育院每週三於北投農禪寺開辦「聖嚴書院初階二上
　——學佛五講」佛學課程，由講師溫天河主講。

◆8月31日至12月28日，信眾教育院每週三於臺北安和分院開辦「聖嚴書院初階二上
　——學佛五講」佛學課程，由講師林立主講。

◆8月31日至12月28日，信眾教育院每週三於德貴學苑開辦「聖嚴書院初階一上——在
　法鼓山學佛」佛學課程，由講師常雲法師主講。

◆8月31日至12月28日，信眾教育院每週三於臺北中山精舍開辦「聖嚴書院初階二上
　——學佛五講」佛學課程，由講師林立主講。

◆8月31日至12月28日，信眾教育院每週三於聖基會會址開辦「聖嚴書院初階二上——
　學佛五講」佛學課程，由講師謝水庸主講。

◆8月31日至12月28日，信眾教育院於臺中寶雲別苑分別於每週三上午、晚上開辦「聖
　嚴書院初階二上——學佛五講」佛學課程，皆由講師果理法師主講。

◆8月31日至12月28日，信眾教育院每週三於高雄紫雲寺開辦「聖嚴書院初階三上——
　菩薩戒」佛學課程，由講師林秀雪主講。

◆8月31日至12月28日，信眾教育院每週三於高雄三民精舍開辦「聖嚴書院初階二上
　——學佛五講」佛學課程，由講師林秀雪主講。

◆8月31日至12月28日，信眾教育院每週三於護法會新店辦事處開辦「聖嚴書院初階二
　上——學佛五講」佛學課程，由講師朱秀容主講。

◆8月31日至12月28日，信眾教育院每週三於護法會彰化辦事處開辦「聖嚴書院初階三
　上——菩薩戒」佛學課程，由講師果弘法師主講。

◆8月31日至12月28日，信眾教育院每週三於護法會員林辦事處開辦「聖嚴書院初階三
　上——菩薩戒」佛學課程，由講師果雲法師主講。

◆8月31日至9月6日，美國紐約東初禪寺住持果醒法師至加拿大多倫多弘法關懷。31日
　出席北美護法會安省多倫多分會舉辦的信眾聯誼餐敘活動。

SEPTEMBER

09.01

◆《人生》雜誌第337期出刊。

◆《法鼓》雜誌第261期出刊。

◆法鼓文化出版新書：智慧人系列《練心工夫》（繼程法師著）、琉璃文學系列《把心
　拉近》（單國璽、蕭萬長、李伸一等口述；張麗君、卓俐君整理）。

◆9月1日至10月15日，法鼓山陸續於全臺北、中、南各地分院、辦事處共舉辦二十八場
　「2011佛化聯合祝壽」活動，共有近兩千四百位壽星接受祝福。本年並於活動前，舉
　行「圓滿爺爺奶奶一個心願」徵件活動，邀請民眾透過完成老菩薩的心願，將這份關
　愛之情，傳遞感染給周遭所有的親人。

◆1至31日，法鼓山園區舉辦「禪修月」活動，本年提供個人禪修體驗行程，凡是未滿
　十人以上的團體，可報名週六、週日兩小時的體驗行程；十人以上的團體，可選擇三
　至六小時的體驗行程。

- ◆9月1日至12月29日，信眾教育院每週四於臺北安和分院開辦「聖嚴書院初階一上——在法鼓山學佛」佛學課程，由講師果旭法師主講。
- ◆9月1日至2012年1月5日，信眾教育院每週四於聖基會會址開辦「聖嚴書院初階一上——在法鼓山學佛」佛學課程，由講師常及法師主講。
- ◆9月1日至12月29日，信眾教育院每週四於基隆精舍開辦「聖嚴書院初階二上——學佛五講」佛學課程，由講師常延法師主講。
- ◆9月1日至12月29日，信眾教育院每週四於臺中分院開辦「聖嚴書院初階三上——探索識界」佛學課程，由講師果理法師主講。
- ◆9月1日至12月29日，信眾教育院每週四於高雄紫雲寺開辦「聖嚴書院初階二上——學佛五講」佛學課程，由講師常法法師主講。
- ◆9月1日至12月29日，信眾教育院每週四於金山法鼓山社大開辦「聖嚴書院初階二上——學佛五講」佛學課程，由講師常諗法師主講。
- ◆9月1日至12月29日，信眾教育院每週四於護法會大同辦事處開辦「聖嚴書院初階一上——在法鼓山學佛」佛學課程，由講師常依法師主講。
- ◆《法鼓人文社會學院NEWSLETTER》創刊。
- ◆《大智慧過生活》校園版套書全新改版發行。
- ◆法行會晚上於臺北國賓飯店舉辦第一二八次例會，由臺中分院監院果理法師主講「絕妙說法——法華經講要」，共有一百四十一人參加。
- ◆美國紐約東初禪寺住持果醒法師至加拿大多倫多弘法關懷期間，1日於當地錦繡商城圖書館（Fairview Mall Library）舉辦禪學講座，主題是「如何以禪的角度面對改變」，共有五十多人參加。

09.02

- ◆2至4日，傳燈院於三義DIY心靈環保教育中心舉辦法鼓八式動禪——坐姿義工講師培訓課程，由監院常源法師等帶領，共有六十四人參加。
- ◆9月2日至12月30日，信眾教育院每週五於臺北安和分院開辦「聖嚴書院初階一上——在法鼓山學佛」佛學課程，由講師常定法師主講。
- ◆9月2日至12月30日，信眾教育院每週五上午於德貴學苑開辦「聖嚴書院初階二上——學佛五講」佛學課程，由講師陳標主講。
- ◆9月2日至12月30日，信眾教育院每週五晚上於德貴學苑開辦「聖嚴書院初階二上——學佛五講」佛學課程，由講師胡國富主講。
- ◆9月2日至2012年1月13日，信眾教育院每週五於臺北中山精舍開辦「聖嚴書院初階一上——在法鼓山學佛」佛學課程，由講師常嘉法師主講。
- ◆9月2日至12月30日，信眾教育院每週五於臺北中山精舍開辦「聖嚴書院初階三上——菩薩戒」佛學課程，由講師果界法師主講。
- ◆9月2日至12月30日，信眾教育院每週五於桃園齋明寺開辦「聖嚴書院精讀二上——五講精讀（二）」佛學課程，由講師溫天河主講。
- ◆9月2日至12月30日，信眾教育院每週五於臺南分院開辦「聖嚴書院初階三上——菩薩戒」佛學課程，由講師果謙法師主講。
- ◆9月2日至12月30日，信眾教育院每週五於高雄紫雲寺開辦「聖嚴書院精讀三下——五講精讀（三）」佛學課程，由講師林其賢主講。

◆9月2日至12月30日，信眾教育院每週五於臺南安平精舍開辦「聖嚴書院初階三上——菩薩戒」佛學課程，由講師許永河主講。

◆9月2日至12月30日，信眾教育院每週五於護法會海山辦事處開辦「聖嚴書院初階一上——在法鼓山學佛」佛學課程，由講師果密法師主講。

◆9月2日至12月30日，信眾教育院每週五於護法會淡水辦事處開辦「聖嚴書院初階二上——學佛五講」佛學課程，由講師戴良義主講。

◆9月2日至12月30日，信眾教育院每週五於護法會中永和辦事處開辦「聖嚴書院初階三上——菩薩戒」佛學課程，由講師果會法師主講。

◆9月2日至12月30日，信眾教育院每週五於護法會文山辦事處開辦「聖嚴法師教淨土法門」佛學課程，由講師果舫法師主講。

◆美國紐約東初禪寺住持果醒法師至加拿大多倫多弘法關懷期間，2至5日於當地諾森博蘭高地會議暨避靜中心（Northumberland Heights Conference & Retreat Centre）舉辦話頭禪三，共有二十多人參加。

◆臺大醫院金山分院院長黃勝堅至法鼓山園區拜訪方丈和尚果東法師，就安寧療護議題進行討論。

09.03

◆法鼓山於臺中寶雲別苑舉行「社會菁英禪修營第七十次共修會」，由僧團副住持果品法師帶領，共有七十四人參加。

◆桃園齋明寺舉辦Fun鬆一日禪，由監院果耀法師帶領，共有六十人參加。

◆信眾教育院於德貴學苑舉辦「心靈環保讀書會——共學活動帶領人培訓課程」，由講師常林法師、王怡然帶領，共有八十三人參加。

◆9月3日至12月31日，信眾教育院每週六於高雄紫雲寺開辦「聖嚴書院精讀一上——五講精讀（一）」佛學課程，由講師林其賢主講。

◆9月3日至12月31日，信眾教育院每週六於護法會羅東辦事處開辦「聖嚴書院初階二上——學佛五講」佛學課程，由講師李子春主講。

◆3至4日，慈基會甲仙安心站參與甲仙區公所舉辦第十一屆的「甲仙芋筍節」社區發展活動，參加「踩街」及設置園遊會攤位，分享「心靈環保」理念，為民眾祈願祝福。

◆由法鼓山捐建雲林縣八八風災受災戶的東興社區永久屋重建工程，於古坑鄉東興社區舉行落成儀式，方丈和尚果東法師與雲林縣縣長蘇治芬、永久屋居民代表進行簽約贈與及贈鑰儀式；行政院莫拉克風災重建會副執行長陳振川、古坑鄉鄉長林慧如等則出席為社區紀念碑揭幔。

◆美國紐約象岡道場舉辦禪一，由監院常聞法師帶領，有近三十人參加。

◆香港護法會於當地凌雲寺舉辦悅眾成長營，由僧團常持法師帶領，共有三十多人參加。

09.04

◆北投農禪寺舉辦禪一，由果南法師帶領，共有一百二十人參加。

◆傳燈院於法鼓山園區舉辦Fun鬆一日禪，由常嶺法師帶領，共有八十一人參加。

◆4至10日，僧大於三峽天南寺舉辦期初禪七，由副院長常寬法師帶領，共有六十二人參加。

◆護法總會於9月4、25日及10月1日，分別於北投雲來寺、高雄紫雲寺、臺中寶雲別苑舉辦「2011勸募會員授證典禮」，方丈和尚果東法師、關懷中心副都監果器法師、護法總會總會長陳嘉男、副總會長黃楚琪、楊正雄等皆到場關懷祝福，共有三百多位新進會員受證。

◆美國紐約東初禪寺舉辦週日講座，邀請聖嚴師父西方弟子李世娟主講「探討我執」，有近六十人參加。

◆馬來西亞道場舉辦「生命教育繪本工作坊」，邀請來自臺灣宜蘭縣新南國小校長林機勝主講「用好故事教出好孩子」，共有四十五對親子參與。

09.05

◆內政部於新北市政府多功能集會堂舉辦「100年績優宗教團體表揚大會」，法鼓山佛教基金會、北投雲來寺、北投農禪寺以及中華佛教文化館皆獲表揚，由內政部部長江宜樺頒獎，並由果悅法師、常穎法師以及鑑心長老尼出席受獎。

◆9月5日至12月26日，信眾教育院每週一於臺北中山精舍開辦佛學課程，講授聖嚴師父著作《48個願望——無量壽經講記》，由講師清德法師主講。

◆美國紐約東初禪寺舉辦念佛禪一暨八關戒齋法會，有近五十人參加。

◆國際佛光會中華總會祕書長覺培法師一行七人參訪法鼓山園區，並與方丈和尚果東法師就現代弘法以及人才培育等議題，進行交流、分享經驗。

09.06

◆6至11日，由全球女性和平促進會（The Global Peace Initiative of Women, GPIW）、波那維亞基金會（Purna Vidya Trust）主辦的「氣候變遷的內在面向」青年會議，在印度瑜伽聖地里希克虛（Rishikesh）舉行，常藻法師、常鐘法師代表法鼓山出席，與近三十位來自歐、美、亞洲的青年代表，以及來自各宗教與環保團體代表，一同探討人類與環境的議題。

◆方丈和尚果東法師至新北市汐止彌勒內院拜望寬裕長老，長老剛動過膽囊手術，刻在靜養。

◆美國紐約東初禪寺住持果醒法師至加拿大多倫多弘法關懷，6日出席北美護法會安省多倫多分會舉辦的萬行菩薩座談，共有十多人參加。

09.07

◆7至28日，信眾教育院每週三於北投雲來寺舉辦「法鼓講堂」佛學課程，由僧團果謙法師主講「標本兼治的《藥師經》」，法鼓山數位學習網並進行線上直播。

◆9月7日至12月28日，信眾教育院每週三於臺北中山精舍開辦佛學課程，講授聖嚴師父著作《探索識界——八識規矩頌講記》，由講師朱秀容主講。

09.08

◆方丈和尚果東法師至臺北市汀州路聖靈寺拜望今能長老，長老肯定法鼓山四眾弟子向社會擴大分享「心靈環保」理念。

◆8至11日，臺東信行寺舉辦禪悅四日營，由常乘法師帶領，共有三十三人參加。

09.09

◆臺北安和分院舉辦「悠遊職場與人生智慧」系列講座，9日邀請法鼓大學籌備處校長劉安之主講「迎接雲端時代，開啟意義溝通」，共有八十多人參加。

◆9至11日，美國紐約象岡道場舉辦「360度禪修營」，由東初禪寺暨象岡道場住持果醒法師帶領，來自企業界的經營管理者、專業技術人士、藝術創作者等，共有三十四人參加。

09.10

◆10至12日期間，北投農禪寺、三峽天南寺、桃園齋明寺、高雄紫雲寺各地分別舉辦中秋節慶祝活動，內容包括鼓隊表演、音樂饗宴、佛曲獻唱、歌舞劇演出等，甲仙安心站並舉辦中秋素烤，以感恩知福的心與民眾歡度佳節。

◆北投農禪寺舉辦佛一，共有五百三十五人參加。

◆臺中分院舉辦半日禪，由常朗法師帶領，共有五十九人參加。

◆9月10日至2012年6月2日，信眾教育院於臺北安和分院開辦聖嚴書院福田班「10012安和班」，共十堂課。

◆關懷院於淡水正德國中大禮堂舉辦「生死相安DIY──大事關懷進階課程」，共有兩百多人參加。

◆「法鼓山大學院100學年度聯合畢結業暨開學典禮」於法鼓山園區國際會議廳舉辦，中華佛研所、法鼓佛教學院、法鼓山僧伽大學的師生共同參加，佛教學院本年碩士班和學士班共有三十位新生，僧大有十四位新生。

◆聖基會舉辦「聖嚴思想面面觀」系列講座，10日於高雄紫雲寺展開，邀請臺灣師範大學教授王美秀主講「悅讀人生風景──談聖嚴法師的旅遊書寫」，共有一百多人參加。

09.11

◆方丈和尚果東法師至高雄光德寺拜望淨心長老，談及法鼓山大學院教育的發展近況。

◆美國紐約東初禪寺舉辦週日講座，邀請心理學博士林晉城主講「從無常中覺醒──創傷與心理健康的關係」，共有三十多人參加。

09.12

◆法鼓山園區舉辦中秋月光禪會，方丈和尚果東法師、僧團副住持果暉法師及中華佛研所所長果鏡法師等人亦參與當晚賞月茗茶過中秋活動。

◆ 12至13日，美國紐約東初禪寺舉辦中秋聯誼會，並由住持果醒法師帶領月光禪，有近一百人參加。
◆ 加拿大溫哥華道場舉辦中秋晚會，監院果舟法師出席關懷，共有六十多人參加。

09.13

◆ 13至18日，佛教學院於園區禪堂舉辦期初禪五，由研修中心主任果鏡法師法師帶領，共有五十多人參加。
◆ 香港護法會於當地石澳海灘舉辦月光禪，由僧團副住持果品法師帶領，共有八十多人參加。

09.14

◆ 法鼓大學籌備處人生學院於德貴學苑舉辦專題講座，主題是「掌握電子書：如何利用無所不在的電子書資源」。
◆ 14至16日，美國紐約東初禪寺舉辦佛學講座，邀請聖嚴師父法子繼程法師主講「釋禪波羅蜜」，有六十多人參加。
◆ 香港護法會舉辦生活講座，由僧團常持法師主講「轉角遇見幸福」，分享擔任聖嚴師父飲食侍者的體驗與學習，有近八十人參加。

09.16

◆ 16至18日，桃園齋明寺舉辦禪二，由僧團常願法師帶領，共有六十八人參加。
◆ 16至18日，馬來西亞道場舉辦「續佛慧命──認識漢傳禪佛教」三日禪修課程，由監院常慧法師帶領，共有三十五人參加。

09.17

◆ 三峽天南寺舉辦念佛禪一，由常緣法師帶領，共有一百二十二人參加。
◆ 法鼓大學籌備處人生學院於德貴學苑舉辦「禪文化入門講座」，17日由該學院助理研究員陳平坤主講「但用此心直了成佛──《六祖壇經》裡的惠能禪法」，共有二十多人參加。
◆ 17至18日，人基會於臺北國父紀念館舉辦兩場「心世紀倫理對談」座談會，17日主題是「擁抱幸福的新思維」，邀請法鼓山方丈和尚果東法師、雲門舞集創辦人林懷民及宏碁集團創辦人施振榮擔任與談人；18日主題是「開啟幸福的生命智慧」，邀請法鼓佛教學院校長惠敏法師、前教育部訓委會常委鄭石岩教授及媒體工作者陶晶瑩擔任與談人。
◆ 馬來西亞道場舉辦「與自己的生命相約」安寧療護系列課程（二），17日邀請心蓮居家療護醫師李荷琴主講「一位安寧醫生的心聲」，有近八十人參加。

09.18

◆臺中分院舉辦「寶雲講談」系列座談，18日邀請前中國醫藥大學附設醫院生殖中心主任張宏吉主講「解析歐洲博物館珍藏之東方藝術」，共有一百二十多人參加。

◆9月18日至2012年6月10日期間，臺南分院舉辦「生死學中學生死」生命關懷課程，邀請法鼓大學籌備處人生學院助理教授辜琮瑜主講，有近兩百五十人參加。

◆高雄紫雲寺舉辦禪一，由常增法師帶領，共有九十一人參加。

◆18至25日，禪堂舉辦禪修教理研習營，邀請僧大助理教授果徹法師主講，共有三十八人參加。

◆傳燈院於德貴學苑舉辦Fun鬆一日禪，由弘化院監院果樞法師帶領，共有九十人參加。

◆大溪法鼓山社大於桃園齋明寺舉辦「知福幸福：感恩有您‧攜手相伴」活動，慶祝法鼓山社大成立九週年，有近兩百多位學員參加。

◆慈基會於臺中寶雲別苑舉辦慰訪員教育訓練課程，共有四十八位學員參加。

◆美國紐約東初禪寺舉辦週日講座，邀請聖嚴師父法子繼程法師主講「大乘止觀法門介紹」，共有一百多人參加。

◆溫哥華道場法青會舉辦水餃禪，由常文法師以英文講說，帶領「觀身受法」練習，並由主廚張佐明說明製作美味水餃的三祕訣──耐心、愛心、用心，來自中國大陸、香港、臺灣、日本共有二十位青年學員參加。

◆中國大陸四川省安縣政協主席張忠貴、縣委副書記梁建及縣人大常委會主任朱安保等一行十六人參訪法鼓山園區，感謝法鼓山協助四川賑災及重建工程，由方丈和尚果東法師以及慈基會祕書長果器法師代表接待。

09.19

◆19至25日，北美護法會新澤西州分會邀請聖嚴師父法子繼程法師於新澤西州新布朗斯維克（New Brunswick）舉辦一系列弘法活動，包括「六妙門」系列講座、「隨緣與攀緣」演講、書畫義賣、精進半日禪等。

09.20

◆20至25日，新加坡護法會於當地毘盧寺舉辦禪五，由傳燈院監院常源法師帶領，共有三十多人參加。

09.21

◆聖基會擬於2012年6月舉辦「第四屆聖嚴思想國際學術研討會暨第二屆法鼓山信眾論壇」，自即日起開放學術研討會論文徵稿，邀請國內外學術界各相關領域之研究學者、各大專院校社會科學、人文科學、醫學與宗教等相關科系所之教師及學生，以及一般社會大眾對於研究聖嚴思想有興趣的人士參加。

◆9月21日至12月14日，美國紐約東初禪寺舉辦佛學講座，由常諦法師導讀聖嚴師父著作《心的經典──心經新釋》，有三十多人參加。

09.22

◆9月20日至12月15日期間，法青會隔週週四晚間於德貴學苑舉辦英文讀書會，邀請刻在法鼓山修習漢傳禪法的美籍空目法師帶領，有近二十人參加。

09.23

◆臺北安和分院舉辦「悠遊職場與人生智慧」系列講座，23日邀請普化中心副都監果毅法師主講「聖嚴法師的禪法教學與意義運用」，共有一百多人參加。
◆23至25日，三峽天南寺舉辦禪二，由常哲法師帶領，共有一百人參加。

09.24

◆9月24日至2012年6月3日，信眾教育院於臺南雲集寺開辦聖嚴書院福田班「10013雲集班」，共十堂課。
◆助念團於北投農禪寺舉辦年會，方丈和尚果東法師、關懷中心副都監果器法師、關懷院果選法師、護法總會總會長陳嘉男等出席關懷，全臺各地有近八百位團員參加。
◆教聯會於德貴學苑舉辦成長課程，上午邀請臺北市中山國小教師陳淑惠主講，下午邀請心理與教育專家鄭石岩主講「禪與教育——禪的輔導效能」。
◆馬來西亞道場舉辦專題講座，邀請《他的身影——聖嚴法師弘法行履》影片製作人張光斗分享影片製作過程，共有三十多人參加。

09.25

◆北投雲來寺舉辦禪一，由僧團常照法師帶領，共有五十三人參加。
◆南投德華寺舉辦佛一暨八關戒齋法會，由副寺果弘法師帶領，共有三十七人參加。
◆臺南分院舉辦禪一，由果攝法師帶領，共有四十九人參加。
◆臺南雲集寺舉辦佛一，由常蓮法師帶領，共有七十九人參加。
◆9月25日至12月10日期間，慈基會於全臺各地舉辦「第十九期百年樹人獎助學金」系列頒發活動，共有一千四百四十一位學子受獎。
◆臺北安和分院舉辦禪一，由監院果旭法師帶領，共有一百二十人參加。

09.26

◆法鼓大學籌備處於德貴學苑舉辦專題講座，邀請成功大學講座教授王駿發主講「橘色科技與橘色心靈」，有近四十人參加。

09.27

◆27至28日，為強化體系內工作同仁面對內外部信眾之服務功能，法鼓山於北投雲來寺舉辦「感動式服務」研習營，邀請英豐瑪股份有限公司訓練顧問黃翠華主講，有近六十人參加。

09.29

◆9月29日至10月2日，法鼓山於禪堂舉辦「第五屆自我超越禪修營」，由禪修中心副都
監果元法師帶領，共有一百多人參加。

◆人基會於德貴學苑舉辦「2011知福幸福心靈講座」系列講座，22日邀請大提琴家張正
傑主講「音符魔法師」。

09.30

◆9月30日至10月15日，佛教學院教授杜正民至義大利參加梵諦岡博物館所舉辦的「宗
教、自然與藝術國際會議」（Religion, Nature and Art Conference），並應邀至威尼斯
大學、索非亞大學以及羅馬大學演講。

◆新加坡護法會晚上舉辦專題講座，邀請中研院歐美研究所所長單德興主講「我打禪家
走過」，共有四十多人參加。

10月 OCTOBER

10.01

◆《人生》雜誌第338期出刊。

◆《法鼓》雜誌第262期出刊。

◆法鼓文化出版新書：大智慧系列《心在哪裡？——聖嚴法師西方禪修指導》（聖嚴師
父著）、大自在系列《愛的花園——通往真愛的禪修習題》（Love's Garden: A Guide
to Mindful Relationships）（佩姬‧羅伊‧華德Peggy Rowe Ward、賴瑞‧華德Larry
Ward著）；2012桌曆《禪在象岡》。

◆《金山有情》季刊第38期出刊。

◆10月1日至11月11日，法鼓山園區規畫「水陸季——六度波羅蜜體驗」活動，將布
施、持戒、忍辱、精進、禪定、智慧等六度法門融入參學行程，於水陸法會啟建前，
提供各界人士預約參訪。

◆美國紐約象岡道場舉辦禪一，由監院常聞法師帶領，共有十多人參加。

◆1至2日，香港護法會於當地屯門圓明寺舉辦禪二。

10.02

◆加拿大溫哥華道場舉辦佛一暨八關戒齋法會，由監院果舟法師帶領，共有七十九人
參加。

10.03

◆3至9日,法鼓山設於中國大陸四川什邡市的什邡安心站舉辦「慢活一週」活動,進行
環保創意菜市場、禪文化講座、茶禪、植物拓染等。

10.05

◆5至26日,信眾教育院每週三於北投雲來寺舉辦「法鼓講堂」佛學課程,由僧大講師
常延法師主講「《維摩經》與心靈環保」,法鼓山數位學習網並進行線上直播。

10.06

◆10月6日至11月18日期間,弘化院於德貴學苑、臺北安和分院、中山精舍共舉辦十八
場「水陸分享會」,由水陸宣講員分享解說正信佛教的作法和觀念。
◆法行會晚上於臺北國賓飯店舉辦第一百二十九次例會,邀請僧大講師果竣法師主講
《維摩經》,共有一百三十二人參加。

10.07

◆7至9日,禪堂舉辦禪二,由常光法師帶領,共有一百一十七人參加。
◆7至21日,慈基會第十梯次斯里蘭卡醫療團展開為期十四天的醫療關懷服務,共有四
十五位義工參加,共計服務三千六百六十多人次。
◆7至10日,加拿大溫哥華道場舉辦禪三,由常一法師帶領,有近三十人參加。

10.08

◆8至14日,北投農禪寺舉辦彌陀佛七,共有三千四百多人次參加。
◆8至10日,臺北中山精舍於臺東信行寺舉辦戶外禪,共有五十七人參加。
◆8至15日,三峽天南寺舉辦初階禪七,由常品法師帶領,共有一百一十九人參加。
◆桃園齋明寺舉辦義工服務進階課程,由果耀法師帶領,共有兩百二十人參加。
◆8至9日,臺南分院舉辦年度朝山活動,主題是「從心認識法鼓山」,由資深悅眾施建
昌解說、導覽,共有三百六十人參加。
◆高雄紫雲寺舉辦「紫雲講談系列──聖嚴思想面面觀」講座,8日由僧團都監果廣法
師主講「幸福工作禪」,有近三百人參加。
◆信眾教育院於臺中分院舉辦「心靈環保讀書會──共學活動帶領人培訓課程」,共有
一百三十八位學員參加。

10.12

◆法鼓大學籌備處環境學院於德貴學苑舉辦專題講座,由該院教授朱文生主講「從水土
修復到生態農業」,共有三十四人參加。

10.13

◆ 法鼓大學籌備處人生學院於德貴學苑舉辦人生講座，由青年院監院果祺法師、人生學院副教授楊蓓及中國大陸武漢大學哲學院心理學系教授帶領，共同探討「禪與現代人身、心、靈的健康」，共有五十六人參加。

◆ 13至16日，北美護法會華盛頓州西雅圖分會舉辦佛學講座，由紐約東初禪寺常諦法師主講「普賢菩薩的大願」，有近三十人參加。

◆ 三立電視臺《大時代》節目於13、14日至法鼓山園區、北投雲來寺，分別採訪方丈和尚果東法師、僧團副住持果暉法師、僧團都監果廣法師，分享聖嚴師父為時代、社會大眾所做的貢獻。

10.14

◆ 14至19日，美國紐約象岡道場舉辦西方禪五，邀請聖嚴師父西方法子賽門・查爾得（Simon Child）帶領，共有二十一人參加。

◆ 10月14日、11月11日，新加坡護法會舉辦「心靈咖啡座——掌握情緒變化球」學習坊，分享人生的體驗與經歷，由心理輔導師黃秀玉和黃春得帶領，共有二十多人參加。

10.15

◆ 三峽天南寺舉辦念佛禪一，由常緣法師帶領，共有一百零五人參加。

◆ 桃園齋明寺舉辦新禪堂落成啟用典禮，方丈和尚果東法師與桃園縣縣長吳志揚、護法總會副總會長葉榮嘉、桃園市市長蘇家明、大溪鎮鎮長黃睿松等，共同揭佛幔；當天並同步舉行祈福皈依大典，共有九百九十八位民眾皈依三寶。

◆ 臺中分院於三義DIY心靈環保教育中心舉辦禪一，由常朗法師帶領，共有一百人參加。

◆ 15至16日，南投德華寺舉辦禪二，由副寺果弘法師帶領，共有二十五人參加。

◆ 15至22日，禪堂舉辦話頭禪七，由常啟法師擔任總護、果如法師開示，共有七十四人參加。

◆ 法鼓大學籌備處人生學院於德貴學苑舉辦「哲學家與咖啡館」系列講座，15日探討主題「加速與減速」，由該學院助理教授辜琮瑜帶領，共有二十四人參加。

◆ 10月15日至12月24日期間，聖基會週六上午於會址的聖嚴書院講堂舉辦「聖嚴法師經典講座」，播放師父生前弘講《法華經》影片，由僧大講師果竣法師主持，有七十多人參加。

◆ 北美護法會伊利諾州芝加哥分會舉辦專題講座，邀請美國佛羅里達州立大學宗教系助理教授俞永峰主講「漢傳佛教的精髓」，共有三十多人參加。

10.16

◆ 北投農禪寺舉辦禪一，由果南法師帶領，共有一百一十三人參加。

◆ 法鼓山於臺東信行寺舉辦祈福皈依大典，由方丈和尚果東法師授三皈依，共有一百六十五位信眾皈依三寶。

◆ 10月16日至2012年7月22日，信眾教育院於德貴學苑開辦聖嚴書院福田班「10014德貴班」，共十堂課。

◆ 法鼓山持續關懷八八水災受災地區「四安」重建工程，於16至23日期間，分別於高雄紫雲寺與東海岸風吹沙、龍磐公園，舉辦百年樹人獎助學金頒發活動，共有四百五十五位學子受益。

◆ 慈基會於臺中寶雲別苑舉辦慰訪員教育訓練課程，由資深悅眾帶領，共有三十位學員參加。

◆ 新加坡護法會於當地拉柏多公園（Labrador Park）舉辦戶外禪，由常妙法師帶領，共有二十多人參加。

10.18

◆ 方丈和尚果東法師於北投雲來寺大殿，對僧團法師、全體專職精神講話，與大眾分享「心靈環保」的理念與法鼓山推廣「心靈環保」的成果，全臺各分院道場同步視訊連線聆聽開示，有三百多人參加。

◆ 佛教學院校長惠敏法師應新北市政府之邀，參加新北市「卓越新北教育策略聯盟──大專院校校長座談會暨教育合作備忘錄簽署儀式」，藉由簽署教育合作備忘錄的方式，與新北市政府和各大專院校一同攜手建構教育合作平臺。

10.19

◆ 本日起，法鼓山設於中國大陸四川秀水鎮的秀水安心站，於秀水第一中心小學、民興中學展開為期三個月、四十班次的「生命教育」系列體驗活動，由學員分享彼此的生命經驗，共有近一千八百人次參加。

◆ 19至21日，美國長島大學（Long Island University）比較宗教及文化學程學生一行二十人至法鼓山園區、三峽天南寺展開寺院禪修之旅，包括參訪道場、體驗禪修等，由僧團常續、常生、常義等多位法師帶領。

10.21

◆ 方丈和尚果東法師於法鼓山園區接受台新銀行《無限專刊》專訪，分享聖嚴師父留給世人最珍貴的禮物「心靈環保」，與法鼓山建設人間淨土的理念和願景。

10.22

◆ 22至23日，桃園齋明寺舉辦秋季報恩法會，22日誦《地藏經》、禮拜慈悲地藏寶懺；23日進行三時繫念法會，共有兩千五百六十人次參加。

◆ 22至29日，禪堂舉辦話頭禪七，由常護法師帶領、果如法師開示，共有五十八人參加。

◆ 傳燈院於北投雲來寺舉辦Fun鬆一日禪，由常願法師帶領，共有八十四人參加。

◆ 金山法鼓山社大於金山區中山堂舉辦「知福幸福：感恩有您‧攜手相伴」活動，慶祝法鼓山社大成立九週年，方丈和尚果東法師出席關懷，共有四百四十五人參加。

10.23

◆信眾教育院於北投雲來寺首辦「福田班充電同學會」，普化中心副都監果毅法師出席關懷，已結業的雲來一班、二班及安和班，共有兩百七十三位學員參加。

◆聖基會舉辦「聖嚴思想面面觀」系列講座，23日於臺中分院展開，邀請臺灣師範大學文化學系助理教授王晴薇主講「法華禪觀在中國的開展與法鼓山之法華圖像」，共有九十五人參加。

◆護法總會於法鼓山園區舉辦「5475滿願興學滿願勸募感恩會」，方丈和尚果東法師、法鼓大學籌備處校長劉安之均出席致詞，來自全臺各地的滿願菩薩和觀禮親友近八百人參加。

10.24

◆10月24日至11月14日，方丈和尚果東法師展開北美弘法關懷行，偕同東初禪寺住持果醒法師、北美護法會輔導法師常華法師等，前往美國紐約、舊金山、洛杉磯等地，主持皈依典禮、出席新道場舉行的義賣及植樹活動等。

10.25

◆臺灣大學、臺灣師範大學法鼓山世界青年社聯合舉辦講座，邀請奧美廣告創意總監龔大中至臺大活動中心主講「如何從創意中找到快樂」，有近一百位青年參加。

10.26

◆方丈和尚果東法師展開北美弘法關懷行，26日至新澤西州分會進行一場講座，主題是「佛教的全球倫理觀——心六倫的現代意義」。

10.27

◆27至28日，中華佛研所榮譽所長李志夫、法鼓大學籌備處人生學院助理研究員陳平坤，至中國大陸湖北省黃梅縣參加「中國‧湖北第二屆黃梅禪宗文化高峰論壇」，分別發表論文及擔任論壇主持人。

◆人基會於德貴學苑舉辦「2011知福幸福心靈講座」系列講座，27日邀請清華大學動力機械工程學系教授彭明輝主講「困境與抉擇」。

10.28

◆28至30日，臺南雲集寺舉辦佛三，由監院果謙法師帶領，共有近四百人次參加。

◆28至30日，北美護法會於美國紐約象岡道場舉辦「2011北美護法會年會」，方丈和尚果東法師、東初禪寺住持果醒法師、監院常華法師、溫哥華道場監院果舟法師、象岡道場監院常聞法師等出席與會，來自多倫多、溫哥華、洛杉磯、舊金山、芝加哥等地共有一百二十多位悅眾參加。

◆適逢西洋萬聖節，加拿大溫哥華道場少年生活營通識課程，內容結合具有佛法中元教孝意義的南瓜燈節活動，為十方法界眾生祝福。

10.29

◆北投農禪寺於關渡平原舉辦戶外禪，由果南法師帶領，共有一百二十六人參加。
◆10月29日至11月19日，臺北安和分院每週六舉辦專題講座，邀請高雄第一科技大學財務管理系助理教授薛兆亨主講「圓滿人生的個人理財」，有近一百人參加。
◆10月29日至11月5日，桃園齋明寺舉辦念佛禪七，由常護法師帶領，果如法師出席開示，共有一百二十三人參加。
◆馬來西亞道場於吉隆坡王岳海大禮堂舉辦「傳法擊鼓、我願無窮」千人晚宴，關懷中心副都監果器法師、國際發展處監院果見法師等出席關懷。

10.30

◆南投德華寺於魚池鄉共和村拂水山莊舉辦戶外禪，由副寺果弘法師帶領，共有六十八人參加。
◆高雄紫雲寺於澄清湖風景區舉辦戶外禪，由果增法師帶領，共有五十七人參加。
◆10月30日至11月6日，臺東信行寺舉辦初階禪七，由僧團常啟法師帶領，共有九十人參加。
◆新莊、北投法鼓山社大於新莊文化藝術中心廣場舉辦「知福幸福：感恩有您・攜手相伴」活動，慶祝法鼓山社大成立九週年。

11月 NOVEMBER

11.01

◆《人生》雜誌第339期出刊。
◆《法鼓》雜誌第263期出刊。
◆法鼓文化出版新書：智慧人系列《禪學真義》（東初老和尚著）、禪味廚房系列《時尚蔬食》（陳滿花著）。
◆1、4日，法鼓山設於中國大陸四川秀水鎮的秀水安心站，於什邡實驗小學舉辦心靈環保體驗活動，內容包括法鼓八式動禪、影片觀賞等，共有五百多人次參加。
◆柬埔寨於8月間遭逢該國十年來最嚴重水患，造成兩百四十多人遇難、一百五十萬人受災。慈基會於1至5日派遣義工於暹粒省（Siem Reap）、卜迭棉芷省（Banteay Meanchey）勘災，拜會當地政府救災機關與NGO組織，了解實際受災情況；並於22至28日前往賑災，與紅十字會暹粒分會及卜迭棉芷省華商商會合作，於當地發放緊急救援物資，共援助五千戶受災家庭。

11.02

◆2至23日，信眾教育院每週三於北投雲來寺舉辦「法鼓講堂」佛學課程，由僧大講師果竣法師主講「極樂世界共遨遊──《阿彌陀經》」，法鼓山數位學習網並進行線上直播。

◆由中華民國公益團體服務協會辦理的「第九屆國家公益獎」表揚活動，於臺北圓山大飯店舉行頒獎典禮，由行政院院長吳敦義擔任頒獎人。法鼓山人基會獲頒本屆國家公益獎團體獎項，由方丈和尚果東法師代表出席受獎。

11.03

◆為鼓勵青年學子向上向善，人基會下午於教育部捐贈《把心拉近》、《因為有好心──一位平民律師的幸福密碼》等書給全國大專校院及高中職學校；贈書儀式上，教育部部長吳清基致贈感謝狀予人基會，由顧問黃石城代表接受。

◆法行會晚上於臺北國賓飯店舉辦第一三〇次例會，由僧團果高法師主講「尋根探源──中國祖庭、祖蹟巡禮分享」，共有一百一十四人參加。

11.04

◆4至6日，傳燈院於三義DIY心靈環保教育中心舉辦舉辦禪二，由常嶺法師帶領，共有六十一人參加。

◆國家教育研究院下午於臺北市教育大學舉辦「100年度全國優良教育影片徵集」頒獎典禮，由教育部次長陳益興擔任頒獎人，聖基會製作《108自在語‧自在神童3D動畫》獲推薦組入選，由祕書劉珍惟代表出席受獎。

◆4至6日，美國紐約象岡道場舉辦禪三，由監院常聞法師帶領，共有二十五人參加。

11.05

◆傳燈院於北投雲來寺舉辦初級禪訓班同學會，由常願法師帶領，共有五十二人參加。

◆法鼓大學籌備處人生學院於德貴學苑舉辦「禪文化入門講座」，5日由該學院助理研究員陳平坤主講「洪州宗風──平常心是道」，共有二十多人參加。

◆北美護法會加州舊金山分會上午舉辦新道場擴增灑淨儀式、大悲懺法會，由美國紐約東初禪寺住持果醒法師主法，並由方丈和尚果東法師主持皈依典禮，共有二十三人皈依；下午舉辦生活講座，由果醒法師主講「人生變化球如何接招」，共有八十多人參加。

11.06

◆北投農禪寺舉辦禪一，由果南法師帶領，共有一百二十二人參加。

◆臺中分院於大雪山舉辦戶外禪，由常朗法師帶領，共有一百六十八人參加。

◆南投德華寺舉辦佛一，由副寺果弘法師帶領，共有三十四人參加。

◆傳燈院於北投雲來寺舉辦舒活禪一，由常願法師帶領，共有五十二人參加。

◆11月6日至12月18日期間，美國紐約東初禪寺舉辦週日講座，由常諦法師主講〈普賢菩薩行願讚〉，共四場，每場有四十多人參加。

◆北美護法會加州舊金山分會於當地社區活動中心舉辦「心靈饗宴感恩關懷餐會」，由召集人施志龍主持，方丈和尚果東法師出席關懷，共有一百八十多人參加。

11.07

◆7至13日，北美護法會華盛頓州西雅圖分會舉辦十週年慶系列活動，包括：佛法講座、禪修指引、念佛禪、藥師法會等，由東初禪寺果明法師擔任主講人，並主持各項修行活動，有近兩百人次參加。

11.09

◆關懷院於護法會嘉義辦事處舉辦「生死相安DIY——大事關懷初階課程」，有近兩百人參加。

◆佛教學院舉辦專題講座，邀請比利時根特大學（Ghent University）漢學中心主任巴德勝主講「優波扇多的《阿毘曇心論經》（T.1551）和中國的毗曇宗」，共有三十多人參加。

◆9至21日，佛教學院教授杜正民、法源法師受邀前往日本發表演講、研究交流。杜教授於日本龍谷大學演講「法鼓佛教學院的時間地圖與數位計畫」（Time Map and Digital Projects in DDBC），並前往京都大學拜訪維習安（Christian Wittern）教授，討論電子佛典事務，也與日本國際佛教學大學院大學落合俊典教授，進行古寫本藏經調查研究及商討合作計畫。

11.10

◆10至22日，國際研究巴利文貝葉經的權威彼得‧史基林（Peter Skilling）參訪法鼓佛教學院，期間並以「佛法研究與佛教研究：挑戰與機會」為題，發表演講，從知識論、歷史學和佛教研究三個部分，探討佛教學術研究在佛法學習的意義。

11.11

◆11至13日，禪堂舉辦禪二，由常地法師帶領，共有一百一十九人參加。

◆泰國於7月底起遭逢該國五十年來最嚴重洪災，造成超過六百人死亡、兩百萬人受難。慈基會先於11日前往首都曼谷等地勘災，並於21日派遣義工前往，結合泰國護法會與當地臺商的力量，於當地採購民生物資，前往曼谷西北區巴吞他尼（Pathumthani）、大城府（Ayutthaya）西郊的縣市等受災嚴重地區發放物資，提供一千戶受災家庭緊急使用。

◆中國大陸國家宗教事務局副局長張樂斌、港澳臺辦事處長薛樹琪，以及中國佛教協會副會長印順法師等十一人參訪法鼓山園區，由副住持果品法師代表接待，進行交流。

11.12

◆ 12至24日，法鼓山於園區舉辦大悲心水陸法會佛國巡禮活動，由參學義工引領民眾參觀各壇場的布置規畫，了解各壇修持精神、意涵及提前體驗法會壇場的修行氛圍。

◆ 桃園齋明寺舉辦Fun鬆一日禪，由常心法師帶領，共有一百三十人參加。

◆ 臺中分院受邀參與逢甲大學創校五十週年校慶園遊會，於會中設置「心靈環保體驗區」，藉由豐富、有趣的遊戲及體驗的方式，與該校師生、校友及社會大眾互動分享法鼓山的四環理念。

◆ 傳燈院於北投雲來寺舉辦Fun鬆一日禪，由常願法師帶領，共有一百零五人參加。

◆ 法鼓大學籌備處公益學院於德貴學苑舉辦「法鼓公益論壇」系列座談，12日邀請至善基金會執行長洪智杰、訊連科技股份有限公司董事長黃旭主講「社會企業與創新」，共有三十多人參加。

◆ 聖基會舉辦「聖嚴思想面面觀」系列講座，12日於高雄紫雲寺展開，邀請屏東教育大學中國語文學系主任陳劍鍠主講「聖嚴法師對『淨念相繼』與『入流亡所』的詮釋」，共有一百多人參加。

◆ 美國紐約象岡道場舉辦禪一，由監院常聞法師帶領，有近二十人參加。

◆ 北美護法會加州洛杉磯分會舉辦大悲懺法會，由紐約東初禪寺住持果醒法師主法，會後由方丈和尚果東法師主持皈依典禮，共有二十二人皈依；並於12至13日，舉行「聖嚴法師墨寶暨佛教文物義賣展」，義賣所得護持道場。

11.13

◆ 臺中分院舉辦「寶雲講談」系列座談，13日邀請《他的身影——聖嚴法師弘法行履》影片製作人張光斗主講「《他的身影》幕後花絮」，分享追隨聖嚴師父在西方弘法的步履足跡與師父身教、言教的指導，共有兩百七十多人參加。

◆ 加拿大溫哥華道場舉辦禪一，由監院果舟法師帶領，共有二十一人參加。

◆ 北美護法會加州洛杉磯分會舉辦「心靈饗宴募款餐會」，方丈和尚果東法師、北美護法會輔導法師常華法師等出席關懷，共有兩百多人參加。

◆ 11月13日至12月4日，香港護法會每週日舉辦心靈環保兒童班，內容包括品德、生命教育、四種環保的實踐等，由資深悅眾帶領，共有三十多位八至十二歲小學員參加。

◆ 香港護法會於當地鶴藪水堂舉辦山水禪，共有一百多人參加。

11.14

◆ 法鼓大學籌備處、臺灣公平貿易推廣協會、輔仁大學上午於德貴學苑舉辦「另類商機！公平貿易如何掀起倫理消費與道德採購的全球浪潮」座談會，邀請臺灣公平貿易推廣協會理事長徐文彥、國際公平貿易標籤組織（Fairtrade Labelling Organizations International, FLO）國際市場開發部（Global Account Management）經理安卓爾‧理查特（Andrea Richert）、國際商品部（Global Accounts and Global Product Management）總監馬丁‧希爾（Martin Hill）等座談，共有四十多人參加。

◆由教育部舉辦的「100年度社教公益獎」表揚活動，下午於臺大醫院國際會議中心舉行頒獎典禮，由部長吳清基擔任頒獎人。法鼓山文基會獲頒社教公益獎項，由文化中心副都監果賢法師代表出席受獎。

11.15

◆關懷院於臺南雲集寺舉辦「生死相安DIY——大事關懷初階課程」，有近兩百人參加。

11.16

◆法鼓大學籌備處、臺北市藏傳佛典協會晚上於德貴學苑共同舉辦專題講座，邀請美國藏傳佛教學者傑佛瑞・霍普金斯（Jeffrey Hopkins）主講「悲心與心靈療癒」（Compassion and Psycho-Therapy），共有七十多人參加。

11.17

◆方丈和尚果東法師受邀出席行政院原子能委員會舉辦的「核子事故地方災害應變中心前進指揮所暨金山消防分隊啟用典禮」，擔任揭幕及剪綵嘉賓，並開示「心安平安」的真義。

11.18

◆18至20日，傳燈院於三義DIY心靈環保教育中心舉辦生活禪，由美國紐約東初禪寺住持果醒法師帶領，共有一百一十五人參加。
◆北美護法會加州舊金山分會舉辦翻譯工作坊，邀請佛羅里達州立大學宗教系助理教授俞永峰分享藉由翻譯聖嚴師父著作，學習體驗禪法的心得，共有四十多人參加。

11.19

◆桃園齋明寺舉辦佛一暨八關戒齋法會，由監院果耀法師帶領，有近一百五十人參加。
◆法鼓大學籌備處人生學院於德貴學苑舉辦「哲學家的咖啡館」系列講座，19日探討主題「孤獨與寂寞」，由該學院助理教授辜琮瑜帶領，有近三十人參加。
◆北美護法會加州舊金山分會舉辦禪修講座，邀請佛羅里達州立大學宗教系助理教授俞永峰主講「禪心自在」，共有四十多人參加。
◆11月19日及12月17日，香港護法會舉辦佛學講座，由僧大講師果竣法師主講「慈悲三昧水懺」，有八十多人參加。

11.20

◆美國紐約東初禪寺舉辦週日講座，由象岡道場監院常聞法師主講「從心消災」，共有三十多人參加。

11.22

◆11月22日及12月20日晚上，香港護法會舉辦佛學講座，由僧大講師果竣法師主講「普賢菩薩行願讚」，有八十多人參加。

11.23

◆佛教學院舉辦專題演講，由美國紐約東初禪寺住持果醒法師主講「漢傳佛教——生活禪法」，有近五十人參加。

11.24

◆人基會於德貴學苑舉辦「2011知福幸福心靈講座」系列講座，24日邀請臺灣永續能源研究基金會董事長簡又新主講「天地人的對話」。

11.25

◆11月25日至12月2日，法鼓山於園區啟建「大悲心水陸法會」，共有十二個壇場，共有逾四萬人次在園區參加共修；法會期間每日並透過網路電視直播各壇佛事，以及焰口法會，讓海內外信眾可在線上參與共修，共有四十四萬多人次上網點閱。

◆11月25日至12月4日，美國紐約象岡道場舉辦默照禪十，邀請聖嚴師父西方法子賽門‧查爾得帶領，共有二十一人參加。

12月 DECEMBER

12.01

◆《人生》雜誌第340期出刊。

◆《法鼓》雜誌第264期出刊。

◆法鼓文化出版新書：祈願鈔經系列《心經——普及版鈔經本》、《普門品——普及版鈔經本》。

◆法鼓山設於中國大陸四川秀水鎮的秀水安心站，於民興中學舉辦心靈環保文化藝術日，內容包括禪修體驗、研讀「聖嚴法師108自在語」、小組討論等，共有四百二十人參加。

◆法鼓山於斯里蘭卡的四安重建工作，即將圓滿之際，12月1至7日，慈基會、法青會、人基會心劇團組成的義工團隊，先後前往巴達里普蘭（Paddalipuran）、瓦屋尼亞（Vavuniya）、穆拉第屋（Mullativu）、波隆納魯沃（Polonnaruwa）等東北部及北部地區的學校頒發獎助學金，並在當地的法師、各校師長協助下，以「希望、微笑、點燃心力量」為主題，展開心靈環保活動。

12.04

◆法鼓山園區首度於大悲心水陸法會圓滿後舉辦普請活動，由參加法會的法師及信眾們一起出坡共修，計有五百多人參加。

◆信眾教育院於法鼓山園區舉辦海外地區聖嚴書院福田班第六次課程「體驗法鼓山」，由普化中心副都監果毅法師、常惠法師等帶領，共有一百二十九位來自馬來西亞、香港、美國洛杉磯、舊金山與加拿大的學員參加。

◆美國紐約東初禪寺舉辦週日講座，由常律法師主講「苦樂一念間」，共有四十多人參加。

12.06

◆第一位在西方獲得博士學位的藏傳佛教喇嘛宗南嘉楚仁波切參訪法鼓山園區，由方丈和尚果東法師、副住持果暉法師代表接待，全程陪同，並進行交流。

12.08

◆法行會於臺北國賓飯店舉辦十二週年晚會，由佛教學院校長惠敏法師主講「隨法行、稱法行」，方丈和尚果東法師出席關懷，共有三百多人參加。

12.09

◆12月9日至2012年1月13日，臺中分院每週五舉辦自癒整體療法課程，邀請中山醫學大學附設醫院復健科物理治療師康銘文、暘谷堂中醫診所院長林家宏等講授自癒整體運動，有近九十人參加。

◆9至17日，禪堂舉辦義工禪七，由傳燈院監院常源法師帶領，共有九十二人參加。

◆9至11日，美國紐約東初禪寺果明法師至北美護法會安省多倫多分會弘法關懷。9日進行法器練習，並指導念佛禪要領，有近二十人參加。

12.10

◆10至24日，臺南安平精舍每週六舉辦佛學講座，由僧團果祥法師主講《六祖壇經》。這項課程原訂七堂課，2010年上完四堂課後，果祥法師前往美國弘法，課程暫時中斷，並於一年後，法師接續講授未完的課程。

◆12月10日至2012年1月15日期間，慈基會於全臺各地分院及護法會辦事處，共舉辦二十一場「100年度歲末大關懷」系列活動，共關懷一千六百四十六戶家庭。首場於北投農禪寺進行祈福法會、致贈慰問金及關懷物資等，共有三百九十一戶關懷戶參加。

◆聖基會舉辦「聖嚴思想面面觀」系列講座，10日於高雄紫雲寺展開，邀請屏東商業技術學院副教授林其賢主講「人間佛教的現代化進程——太虛、印順、聖嚴」，共有兩百多人參加。

◆美國紐約東初禪寺果明法師於加拿大多倫多弘法關懷，10日於多倫多大學多元化信仰中心帶領禪一，有近三十人參加。

◆美國紐約象岡道場舉辦禪一，由監院常聞法師帶領，有近二十人參加。

12.11

◆北投農禪寺與鄰近國小舉辦「彩繪好願，攜手結好緣」活動，邀請小朋友發揮想像和創意，將工程圍籬轉化成色塊明亮的彩繪好願牆，共有石牌、北投、文化、清江、逸仙、義方、桃源等七所國小的師生和家長共同參與。

◆南投德華寺舉辦禪一，由副寺果弘法師帶領，共有三十二人參加。

◆高雄紫雲寺舉辦佛一，由僧團女眾副都監果舫法師帶領，共有兩百零九人參加。

◆榮董會於臺南雲集寺舉辦南區榮譽董事聘書頒發暨聯誼會，方丈和尚果東法師、關懷中心副都監果器法師、榮董會會長劉偉剛等出席關懷，共有三百多人參加。

◆美國紐約東初禪寺果明法師於加拿大多倫多弘法關懷，11日於北約克市民中心舉辦佛學講座，講授《六祖壇經‧無相頌》，有近五十人參加；下午帶領大悲懺法會，共有四十多人參加。

12.15

◆慈基會獲內政部舉辦的「財團法人社會福利慈善事業基金會評鑑」優等殊榮，並於桃園舉行的全國慈善基金會聯席會報上接受表揚，由祕書長果器法師代表領獎，總幹事江弘基也在會報中就社會救助的實務經驗，進行經驗分享。

◆《法鼓佛教院訊》第18期出刊。

12.16

◆16至18日，法青會於三義DIY心靈環保教育中心舉辦青年禪二，由常願法師帶領，共有五十多人參加。

12.17

◆法鼓山於園區舉行「社會菁英禪修營第七十一次共修會」，上午的禪坐共修由僧團副住持果品法師帶領，下午的茶禪由中華佛研所所長果鏡法師帶領，共有一百一十多人參加。

◆臺中分院舉辦「悅眾鼓手成長營」，由資深悅眾分享勸募經驗與心得，監院果理法師出席關懷，共有八十多人參加。

◆17至24日，禪堂舉辦默照禪七，由常捷法師帶領，共有一百零七人參加。

◆關懷院於護法會雲林共修處舉辦「生死相安DIY——大事關懷初階課程」，有近一百人參加。

◆慈基會舉辦「100年度歲末大關懷」系列活動，17日於法鼓山園區進行祈福法會、致贈慰問金及關懷物資等，共有三百七十多戶新北市三芝、石門、金山、萬里及基隆等地區關懷戶參加。

◆法鼓大學籌備處人生學院於德貴學苑舉辦「哲學家的咖啡館」系列講座，17日探討主題「幸福的條件」，由該學院助理教授辜琮瑜帶領，有近三十人參加。
◆17至18日，新加坡護法會舉辦兒童心靈環保體驗營，共有十八位學童參加。

12.18

◆臺北安和分院舉辦禪一，由常嘉法師帶領，共有一百一十人參加。
◆臺中分院舉辦「寶雲講談」系列座談，18日邀請資深悅眾施建昌主講「他與法鼓山的故事」，有近一百二十人參加。
◆關懷院於臺南雲集寺舉辦「生死相安DIY——大事關懷進階課程」，有近兩百人參加。

12.19

◆19至24日，佛教學院圖書資訊館舉辦「2011年圖書館週活動」，主題是「My Lib：我的圖書館」，內容包括專題演講、「我的圖資館運用案例觀摩賽：從圖資館資源到論文或報告」觀摩、中西參大賽等。
◆移民署署長謝立功參訪法鼓山園區，與方丈和尚果東法師就新移民的照顧、信仰與外籍勞工的人權等議題，交換意見。

12.24

◆三峽天南寺舉辦念佛禪一，由常緣法師帶領，共有一百一十人參加。
◆中華佛研所於德貴學苑舉行校友座談會，由第十六屆校友許育鳴發表專題報告，主題是「走入時空的感動——古印度石窟與中國古典建築」，並邀請文化大學史研所教授陳清香擔任評論，包括中華佛研所所長果鏡法師、榮譽所長李志夫，共有三十多位老師、校友參加。
◆法鼓大學籌備處人生學院於德貴學苑舉辦「禪文化入門講座」，24日由該學院助理研究員陳平坤主講「石頭路滑——即心即佛」，共有二十多人參加。
◆24至25日，美國紐約東初禪寺舉辦默照禪二，由住持果醒法師帶領，有三十多人參加。
◆北美護法會加州洛杉磯分會舉辦禪三，由紐約東初禪寺果明法師帶領，共有二十多人參加。

12.25

◆信眾教育院於北投雲來寺舉辦「讀書會大會師」，普化中心副都監果毅法師出席關懷，僧大副院長常寬法師、資深讀書會帶領人方隆彰老師、悅眾李子春分享讀書心得，共有來自全臺各地三十個讀書會成員參加。
◆佛教學院舉辦專題演講，邀請臺北鳥類協會總幹事何一先主講「臺灣生態概說」，共有二十多人參加。

12.26

◆26至28日，桃園齋明寺每天晚上舉辦淨土寶懺法會，每日約有一百多人參加。

◆12月26日至2012年1月1日，美國紐約象岡道場舉辦話頭禪七，邀請聖嚴師父西方法子查可‧安德列塞維克帶領，共有五十人參加。

12.28

◆由法鼓山援建，雲林縣首座永久屋東興社區召開社區住戶大會，慈基會祕書長果器法師及雲林縣副縣長施克和、古坑鄉鄉長林慧如等出席，表達慶賀與關懷之意。

12.29

◆29日至2012年1月1日，臺東信行寺舉辦禪悅四日營，由常參法師帶領，共有四十六人參加。

◆人基會於德貴學苑舉辦「2011知福幸福心靈講座」系列講座，29日邀請文化中心副都監果賢法師主講「慈悲喜捨種福田」。

12.30

◆12月30日至2012年1月1日，三峽天南寺舉辦禪二，由常品法師帶領，共有一百一十四人參加。

◆12月30日至1月1日，桃園齋明寺舉辦佛三暨八關戒齋法會，由僧團女眾副都監果舫法師主法，共有五百人次參加。

◆12月30日至2012年1月1日，護法總會於法鼓山園區舉辦「2012年會團長、轄召、召委、委員授證營」，共有來自全臺各地三百五十五位悅眾參加。

12.31

◆臺中分院舉辦「幸福100吉祥101」跨年活動，內容包括祈福法會、法青會戲曲演出、趣味遊戲等，共有三百多人參加。

◆12月31日至2012年1月1日，臺南雲集寺舉辦禪二，由監院果謙法師帶領，共有四十八人參加。

◆12月31日至2012年1月1日，美國紐約東初禪寺舉辦慈悲三昧水懺法會，由住持果醒法師主法，共有近兩百人次參加。

【附錄】

法鼓山2011年各地主要法會概況（分院、精舍）

活動名稱	地區	地點	時間	備註
法鼓傳燈日──傳燈法會	北區	法鼓山世界佛教教育園區	2／12（16：00～18：00）	
	中區	臺中分院（弘光科技大學）	2／19（17：00～19：00）	
	南區	臺南分院（臺南大學）	2／26（19：00～21：30）	
		高雄紫雲寺	2／27（14：00～16：00）	
除夕聞鐘聲祈福法會	北區	法鼓山世界佛教教育園區	2／2（21：00～24：30）	
歲末祈福法會	北區	臺北安和分院	1／30（09：00～11：30）	
除夕普佛法會	北區	法鼓山世界佛教教育園區	2／2（19：30～20：30）	
除夕禮佛大懺悔文晚課	北區	桃園齋明寺	2／2（15：00～17：00）	
新春普佛法會	北區	臺北安和分院	2／3（09：30～12：00）	
	中區	臺中分院	2／3（09：00～12：00）	
		南投德華寺	2／3（09：00～12：00）	
	南區	臺南分院	2／3（09：00～12：00）	
		臺南雲集寺	2／3（09：00～12：30）	
		高雄三民精舍	2／6（09：00～12：00）	
	東區	臺東信行寺	2／3（09：00～12：00）	
新春千佛懺法會	北區	北投中華佛教文化館	2／3～2／5（08：30～17：00）	
	南區	高雄紫雲寺	2／3～2／5（09：00～17：00）	
新春三昧水懺法會	北區	北投農禪寺	2／3（09：00～17：00）	
		桃園齋明寺	2／3～2／5（08：30～17：00）	
	中區	臺中分院	2／5（08：30～17：30）	
新春大悲懺法會	北區	北投農禪寺	2／6（09：30～12：00）	
		臺北安和分院	2／5（14：00～16：30）	
		桃園齋明寺	2／13（14：00～17：00）	
	中區	臺中分院	2／4（14：00～17：30）	
		南投德華寺	2／5（09：00～12：00）	
	南區	臺南分院	2／4（19：00～21：30）	
	東區	臺東信行寺	2／5（09：00～12：00）	
新春藥師法會	南區	臺南安平精舍	2／12（19：00～21：30）	
新春地藏法會	北區	臺北安和分院	2／6（09：00～11：30）	
新春觀音法會	南區	臺南雲集寺	2／5（19：00～21：30）	
		臺南安平精舍	2／5（09：00～12：30）	
元宵燃燈供佛法會	北區	法鼓山世界佛教教育園區	2／19（18：00～20：00）	
		北投農禪寺	2／17（19：00～21：00）	
		桃園齋明寺	2／17（19：00～21：00）	
	中區	南投德華寺	2／17（19：00～21：00）	
	南區	臺南分院	2／17（19：00～21：00）	
		臺南雲集寺	2／11（19：00～21：30）	
		高雄紫雲寺	2／17（19：00～21：00）	
	東區	臺東信行寺	2／16（19：00～21：00）	
元宵觀音法會	中區	臺中分院	2／17（19：30～21：30）	
清明報恩地藏七永日	北區	桃園齋明寺	3／28～4／2（19：00～21：20）	
清明報恩地藏法會	北區	臺北中山精舍	4／2～4／9（13：00～14：30）	

活動名稱	地區	地點	時間	備註
清明報恩地藏法會	南區	臺南分院	3／27～4／4（19：00～21：30） 4／5（18：30～21：30）	
		高雄紫雲寺	4／2～4／3（09：00～12：00）	
清明報恩佛三	東區	臺東信行寺	4／8～4／10（09：00～21：00）	
清明報恩佛七	北區	北投農禪寺	3／30～4／5（08：00～21：00）	
報恩祈福法會	北區	臺北安和分院	4／3（09：00～12：00） 4／4～4／16（12：30～14：00） 4／17（09：00～12：00） 8／14（09：00～12：00） 8／15～8／27（12：30～14：00） 8／28（09：00～12：00）	4／9暫停
春季報恩法會	北區	桃園齋明寺	4／23～4／24（08：00～17：00）	
朝山浴佛禮觀音	北區	法鼓山世界佛教教育園區	5／14～5／15	
浴佛法會	北區	北投農禪寺	5／7（09：00～12：00）	
		北投中華佛教文化館	4／30（09：00～14：00）	
		臺北安和分院	5／21（09：00～11：00）	
		三峽天南寺	5／22（09：00～15：30）	
		桃園齋明寺	5／7（06：30～15：00）	
	中區	臺中分院	5／8（09：00～12：00）	
		南投德華寺	5／1（09：00～12：00）	
	南區	臺南分院（臺南大學）	5／15（09：00～12：00）	
		臺南雲集寺	5／22（09：00～11：30）	
		高雄紫雲寺	5／15（09：00～12：00）	
		高雄三民精舍	5／8（09：00～12：00）	
	東區	臺東信行寺	5／22（09：00～12：00）	
梁皇寶懺法會	北區	北投農禪寺	7／30～8／5（08：00～17：00）	
	中區	臺中分院	4／2～4／9（08：00～17：00）	
中元地藏法會	北區	北投農禪寺	8／14（08：30～12：00）	
		北投中華佛教文化館	7／22～7／24（08：30～17：00）	
	中區	臺中分院	8／12～8／14（08：00～21：00）	
		南投德華寺	8／7（09：00～17：00）	
	南區	臺南分院	8／14～8／26（19：00～21：30）	
		臺南雲集寺	8／8～8／13（19：00～21：30）	
		高雄紫雲寺	8／18～8／19（09：00～12：00）	
中元報恩地藏七永日	北區	桃園齋明寺	8／8～8／13（19：00～21：00） 8／14（14：00～17：00）	
中元慈悲三昧水懺法會	東區	臺東信行寺	8／12～8／13（09：00～17：00）	
中元三時繫念法會	南區	高雄紫雲寺	8／20（15：00～22：00）	
	東區	臺東信行寺	8／14（15：00～21：00）	
秋季報恩法會	北區	桃園齋明寺	10／22～10／23（08：00～17：00）	
大悲懺法會	北區	法鼓山世界佛教教育園區	每月第四週週六19：00～21：00	11月暫停
		北投農禪寺	週五14：00～16：00、19：00～21：00 （1／7、3／4、4／8、5／6、6／3、 7／1、8／12、9／2、11／4、12／9）	

活動名稱	地區	地點	時間	備註
大悲懺法會	北區	臺北安和分院	週五14：00～16：30、19：00～21：00（1／14、2／18、3／18、4／22、5／20、6／17、7／15、8／19、9／16、10／14、12／23）	
		桃園齋明寺	每月第二週週日14：00～17：00	8月暫停
	中區	南投德華寺	每月第三週週四19：00～21：00	2月暫停
	南區	臺南分院	週六19：00～21：30（1／15、3／19、4／16、5／21、6／18、7／16、9／17、10／15、11／5、12／17）週四19：00～21：30（8／11、11／3）	
		臺南雲集寺	週日09：00～12：00（1／2、2／6、3／6、4／3、5／1、6／5）週六19：00～21：30（8／6、10／1）	
		高雄紫雲寺	每月第四週週五19：00～21：30（3／25、4／22、5／27、7／22、8／26、9／23、10／28、12／23）	1、2、6、11月暫停
		高雄三民精舍	每月第二週週六19：00～21：00	
	東區	臺東信行寺	每月第三週週六09：00～11：30	2、11月暫停
大悲懺暨菩薩戒誦戒會	中區	臺中分院	每月第四週週日14：00～17：00	2月暫停
地藏法會	北區	北投農禪寺	每月最後一週週日08：30～12：00	11月暫停
		臺北安和分院	週日09：00～11：30（1／2、2／6、3／6、4／3、5／1、6／5、7／3、8／14、9／4、10／2、11／6、12／11）	
		桃園齋明寺	週六或週日14：00～17：00（1／23、2／27、3／27、4／23、5／22、6／26、7／24、8／28、9／25、10／22、12／25）	
		臺北中山精舍	1～6月每月最後一週週六14：30～16：30 7～12月每月最後一週週六14：00～16：00	11月暫停
		三峽天南寺	週日13：30～15：30（4／3）	
	中區	臺中分院	每月第三週週日19：00～21：30	11月暫停
		南投德華寺	週日09：00～12：00（1／9、2／13、3／13、4／10、5／29、6／12、7／10、9／11、10／2、12／4）	
	南區	臺南雲集寺	週六19：00～21：30（1／8、3／12、4／9、5／14、6／11、7／29、8／26、9／23、10／28、12／23）	
		高雄紫雲寺	週日09：00～12：00（10／2）	
		臺南安平精舍	週六19：00～21：30（1／29、4／23、5／28、6／25、7／30、9／10、10／22）	
	東區	臺東信行寺	週六09：00～12：00（2／19、3／5、5／7、6／4、7／2、8／6、9／3、10／1、12／10）	

活動名稱	地區	地點	時間	備註
觀音法會	北區	北投中華佛教文化館	農曆每月19日10：00～12：00	
	南區	高雄紫雲寺	週日09：00～12：00 （3／27、10／16）	
淨土懺法會	南區	臺南分院	週四19：00～21：30 （1／27、4／28、5／26、9／29、12／22）	
		高雄紫雲寺	週日09：00～12：00 （1／2、9／4、11／6）	
藥師法會	北區	北投中華佛教文化館	農曆每月12日10：00～12：00	10月份原為 10／8改為10／1
		臺北安和分院	週日09：00～11：30 （1／16、2／20、3／20、4／24、5／22、6／19、7／17、8／21、9／18、10／9、12／25）	
	南區	臺南雲集寺	週六19：00～21：30 （1／29、3／26、4／23、5／28、7／23、9／10、11／5、12／17）	
慈悲三昧水懺法會	北區	北投農禪寺	週六09：00～17：00（6／4）	
		桃園齋明寺	週日08：30～17：00（5／1）	
		三峽天南寺	週五～六09：00～17：00 （4／1～4／2）	
	南區	臺南分院	週六～日09：00～17：00 （8／27～8／28）	
		高雄紫雲寺	週日09：00～17：00（7／17）	
三時繫念法會	北區	北投農禪寺	週日15：00～21：00（3／20）	
剃度大悲懺法會	北區	法鼓山世界佛教教育園區	週五19：00～21：30（8／26） 週六14：00～18：30（8／27）	
淨土寶懺法會	北區	桃園齋明寺	週一～三19：00～21：30 （12／26～12／28）	
《藥師經》共修	北區	北投中華佛教文化館	每日12：30～14：30 （2010／12／11～2011／1／9） 每日12：30～14：30 （2011／12／10～2012／1／8）	
		臺北安和分院	每日12：30～14：30 （10／9～10／26）	10／14暫停
		臺北中山精舍	每日13：00～14：00 （1／2～1／9、12／18～12／23）	
《金剛經》共修	北區	三峽天南寺	週六09：00～11：30 （3／26、4／23、5／21、6／4、8／6、9／3、10／1、11／5、12／10） 週日09：00～11：30 （1／9、7／3）	
	南區	臺南安平精舍	週六19：00～21：00 （1／8、3／12、4／9、6／11）	
《地藏經》共修	北區	北投中華佛教文化館	每日12：30～14：30 （3／28～5／22） 每日12：30～14：30 （7／25～8／28）	7／30～8／5 暫停
		臺北中山精舍	每日13：00～14：30 （8／14～8／20）	

活動名稱	地區	地點	時間	備註
念佛共修	北區	法鼓山世界佛教教育園區	每月一、二、三、五週 週六19：00～21：00	1／22、1／29、2月、3／12、3／19、3／26、4／23、5／7、5／28、6／25暫停
		北投農禪寺	每週六19：00～21：00	2／5、2／12、7／30、8／6、11／26、12／3暫停
		北投中華佛教文化館	每週四09：30～11：30（1～12月）每週日13：00～15：00（1～6月）	12／3、4／14、4／21暫停 1／9、2／6、4月、5／8、5／15、5／22暫停
		臺北安和分院	每週二19：00～21：00	
		三峽天南寺	週一19：30～21：30（1／3、1／17、3／7、3／21、4／18、4／25、5／9、5／23、6／6、7／4、7／18、8／1、8／15、9／19、10／3、10／17、10／31、11／14、12／12、12／26）	
		桃園齋明寺	每週四19：00～21：00	
		臺北中山精舍	每週四19：00～21：00	2／3、11／24、12／1暫停
		基隆精舍	每週二19：00～21：00	
	中區	臺中分院	每週五09：00～11：00 每週六19：30～21：30	
		南投德華寺	每週四19：00～21：00	1／20、2／17、3／17、4／21、5／19、6／16、7／21、8／18、9／15、10／20、11／17、12／15暫停
	南區	臺南分院	每週三09：00～11：00 每週四19：00～21：00	
		臺南雲集寺	每週五19：00～21：00	
		高雄紫雲寺	每週五09：00～11：00 每週五19：00～21：00	2／4、6／3暫停
		高雄三民精舍	每週六19：00～21：00	2／5、8／20暫停
	東區	臺東信行寺	每月第一、二、三、五週週三19：30～21：30	1／26、2／2、2／16、2／23、3／23、4／6、4／27、5／25、6／22、7／20、7／27、8／24、9／28、10／26、11／2、11／23、12／2暫停

活動名稱	地區	地點	時間	備註
菩薩戒誦戒會暨念佛共修	北區	臺北安和分院	每月最後一週週二19：00～21：00	11月暫停
		桃園齋明寺	每月第二週週四19：00～21：00	
		臺北中山精舍	每月第一週週四19：00～21：00	12月暫停
	南區	臺南分院	每月第一週週四19：00～21：00	
菩薩戒誦戒會	北區	基隆精舍	每月第三週週一19：00～21：00	
	南區	高雄紫雲寺	每月第三週週五19：00～21：00	8月暫停
		高雄三民精舍	每月第三週週六19：00～21：00	
	東區	臺東信行寺	每月第四週週三19：30～21：30	
佛一	北區	北投農禪寺	週六09：00～21：00（9／10）	
	中區	南投德華寺	週日09：00～17：00（11／6）	
	南區	臺南分院	週日08：30～17：00（11／13）	
		臺南雲集寺	週日08：30～17：00（3／20、9／25）	
		高雄紫雲寺	週六08：30～17：00（6／4）週日09：00～17：00（12／11）	
佛一暨八關戒齋法會	北區	北投農禪寺	週六08：00～21：00（2／26）	
		臺北安和分院	週日09：00～21：00（1／9）	
		桃園齋明寺	週六08：30～21：00（11／19）	
	中區	南投德華寺	週日09：00～17：00（3／27、9／25）	
佛二	中區	南投德華寺	週六～日09：00～17：00（4／9～4／10）	
	南區	臺南分院	週六～日08：30～21：00（1／1～1／2）	
		臺南雲集寺	週六～日08：30～17：00（10／29～10／30）	
佛三	南區	臺南雲集寺	週五～日08：30～21：00（10／28～10／30）	
佛三暨八關戒齋法會	北區	桃園齋明寺	週五～日08：30～21：00（2010／12／30～2011／1／1、2011／12／30～2012／1／1）	
法鼓山大悲心水陸法會	北區	法鼓山世界佛教教育園區	週五～五（11／25～12／2）	
彌陀佛七	北區	北投農禪寺	週六～五08：30～21：00（10／8～10／14）	
祈福皈依大典	北區	北投農禪寺	週日08：00～13：00（4／17）	
		桃園齋明寺	週六10：00～12：00（10／15）	
	中區	臺中分院	週日10：00～12：00（1／9）	
	東區	臺東信行寺	週日08：30～12：00（10／16）	
菩薩戒	北區	法鼓山世界佛教教育園區	週四～日（3／10～3／13、3／17～3／20）	
剃度典禮	北區	法鼓山世界佛教教育園區	週日09：00～12：00（8／28）	

法鼓山2011年各地主要禪修活動概況

◎針對有禪修經驗者

活動名稱		主辦單位	活動地點	日期
禪二	初階禪二	禪堂	法鼓山世界佛教教育園區	2／5～2／7、10／7～10／9、11／11～11／13
		傳燈院	三義DIY心靈環保教育中心	3／18～3／20、4／1～4／3、6／10～6／12、8／5～8／7、11／4～11／6
		三峽天南寺	三峽天南寺	1／14～1／16、5／27～5／29、7／29～7／31、9／23～9／25、12／30～2012／1／1
禪五	教師寒假禪修營	教聯會	三峽天南寺	1／23～1／28
禪七	初階禪修營	禪堂	法鼓山世界佛教教育園區	8／10～8／14、8／15～8／19
	初階禪七	三峽天南寺	三峽天南寺	4／10～4／17、10／8～10／15
	中階禪七	禪堂	法鼓山世界佛教教育園區	8／20～8／27
	話頭禪七	禪堂	法鼓山世界佛教教育園區	10／15～10／22、10／22～10／29
		三學院	法鼓山世界佛教教育園區	6／17～6／24
	默照禪七	禪堂	法鼓山世界佛教教育園區	1／1～1／7、6／28～7／5、12／17～12／24
	僧眾精進禪七	三學院	三峽天南寺	6／25～7／1
	教師暑假禪七	禪堂	法鼓山世界佛教教育園區	7／16～7／23
	法鼓山義工禪七	禪堂	法鼓山世界佛教教育園區	12／9～12／17
	禪修教理研習營——中觀	禪堂	法鼓山世界佛教教育園區	2／20～2／27
	禪修教理研習營	禪堂	法鼓山世界佛教教育園區	9／18～9／25
	僧大期初禪七	僧大	三峽天南寺	9／4～9／10
禪十	話頭禪十	禪堂	法鼓山世界佛教教育園區	2／27～3／8
	僧眾禪十	三學院	法鼓山世界佛教教育園區	6／6～6／16
禪十四	中英初階禪十四	禪堂	法鼓山世界佛教教育園區	3／14～3／28
	默照禪十四	禪堂	法鼓山世界佛教教育園區	7／24～8／6
禪三十	初階禪三十	禪堂	三義DIY心靈環保教育中心	4／30～5／28

◎針對初學者（傳燈院舉辦）

活動名稱	活動地點	為期時間	日期
動禪指引——立姿	德貴學苑	每場約二·五小時	1／29、3／5、3／13
動禪指引——坐姿	德貴學苑	每場約二·五小時	2／20
初級禪訓班同學會	北投雲來寺	每場約八小時	3／12、8／27、11／5
初級禪訓密集班	德貴學苑	兩天	3／19～3／20、5／21～5／22
初級禪訓班二日營	三峽天南寺	兩天	2／25～2／27
	三義DIY心靈環保教育中心		4／15～4／16
Fun鬆一日禪	法鼓山世界佛教教育園區	每場約八小時	4／30、7／23、8／6、9／4
	北投雲來寺		1／15、4／3、6／4、10／22、11／12
	德貴學苑		9／18
舒活禪一	北投雲來寺	每場約八小時	3／13、8／28、11／6
生活禪	三義DIY心靈環保教育中心	三天	11／18～11／20

◎由各地分院、精舍舉辦

活動名稱	地區	地點	時間	備註
禪修指引	北區	臺北安和分院	週六14：00～16：30 （1／15、3／19、4／16、5／21、6／18、7／16、9／17、12／17）	
		臺北中山精舍	週六14：00～16：00 （1／15、2／19、4／16、7／30、10／1）	
初級禪訓班 （四堂課）	北區	臺北安和分院	週三14：00～15：50（3、5、7、9月開課） 週三19：00～21：00 （1、3、4、5、8、10、12月開課）	
		臺北中山精舍	週六19：00～21：00（3、5月開課） 週二19：00～21：00（8、10月開課）	
	中區	臺中分院	週五19：00～21：00 （1、3、4、7、9、10月開課）	
		南投德華寺	週日19：00～21：00（不定期開課）	
	南區	臺南雲集寺	週三19：00～21：00（3、8、10月開課）	
		高雄紫雲寺	週三19：00～21：00（4、7月開課）	
		臺南分院	週四19：00～21：00（7月開課）	
		臺南安平精舍	週四19：00～21：00 （5／5、5／12、5／19、5／26、12／8、12／15、12／22、12／29）	
		高雄三民精舍	週六14：00～16：00（5、9月開課）	
初級禪訓密集班	北區	北投農禪寺	週六～日09：00～17：30 （1／1～1／2、2／19～2／20、3／19～3／20、5／14～5／15、6／11～6／12、9／17～9／18、12／17～12／18）	
		北投雲來寺	週六～日09：00～17：00 （4／23～4／24、7／23～7／24、10／8～10／9）	
		桃園齋明寺	週六～日08：30～17：00 （3／19～3／20、7／16～7／17）	
	南區	臺南分院	週六～日08：30～17：00 （3／5～3／6、9／3～9／4）	
		高雄紫雲寺	週六～日09：00～17：30 （3／12～3／13、11／12～11／13）	
	東區	臺東信行寺	週六～日09：00～17：00 （3／12～3／13、11／12～11／13）	
初級禪訓班二日營	北區	三峽天南寺	週五～日20：00～17：00 （3／11～3／13、5／13～5／15、7／15～7／17、8／12～8／14、10／21～10／23、12／16～12／18）	
初級禪訓兒童班	北區	桃園齋明寺	週日09：00～10：00 （3／6～4／10、11／6～12／4）	
禪坐共修	北區	北投農禪寺	每週日13：30～17：00	2／6、4／3、7／31、10／9、11／13、11／20、11／27暫停
		臺北安和分院	每週四19：00～21：00	2／3、12／1暫停

活動名稱	地區	地點	時間	備註
禪坐共修	北區	北投雲來寺	每週五19：00～21：00	1／28、2／4、2／11、11／25、12／2暫停
		三峽天南寺	週四19：30～21：30（1／6、1／20、3／10、3／24、4／7、4／21、5／12、5／26、6／9、7／7、7／21、8／4、8／18、9／22、10／6、10／20、11／3、11／17、12／8、12／22）	
		桃園齋明寺	每週二19：00～21：00 每週六14：00～17：00	3／29暫停 2／5暫停
		臺北中山精舍	每週一19：00～21：00	11／30暫停
		基隆精舍	每週五19：00～21：00	
	中區	臺中分院	每週一09：00～11：00 每週一19：00～21：30	
		南投德華寺	每週二19：00～21：00	
	南區	臺南分院	每週三19：00～21：00	
		臺南雲集寺	每週四19：00～21：00	
		高雄紫雲寺	每週二19：00～21：00 每週三09：00～11：00	2／1、2／2暫停
		高雄三民精舍	每週四19：00～21：00	2／3暫停
	東區	臺東信行寺	每週日09：00～11：30	2／6、4／3、4／10、5／1、5／22、5／29、7／10、8／14、10／30暫停
半日禪	北區	北投農禪寺	週日08：30～13：00（3／13）	
	中區	臺中分院	週日08：30～12：30（9／18）	
禪一	北區	北投農禪寺	週日08：30～17：00 （1／16、2／13、3／6、4／10、5／22、6／19、7／17、8／21、9／4、10／16、11／6）	
		臺北安和分院	週日09：00～17：00 （2／27、3／27、5／29、9／25、12／18）	
		北投雲來寺	週日09：00～17：00（7／31、9／25）	
	中區	臺中分院（三義DIY心靈環保教育中心）	週六或日08：00～17：00 1／16、3／6、7／10、10／15	
		南投德華寺	週日09：00～17：00（8／28、12／11）	
	南區	臺南分院	週日08：30～17：00（3／20、9／25）	
		臺南雲集寺	週日08：30～17：00（7／31）	
		高雄紫雲寺	週日08：30～17：00（1／9、9／18）	
	東區	臺東信行寺	週日09：00～17：00（5／29、7／10）	
禪二	北區	北投雲來寺	週六09：00～21：00 週日09：00～16：30 （3／5～3／6、5／28～5／29）	無住宿
		桃園齋明寺	週五～日18：00～17：00 （8／19～8／21、9／16～9／18）	

活動名稱	地區	地點	時間	備註
禪二	中區	臺中分院（三義DIY心靈環保教育中心）	週六～日08：00～17：00（5／28～5／29、8／20～8／21）	
		南投德華寺	週六～日09：00～17：00（1／15～1／16、10／15～10／16）	
	南區	臺南雲集寺	週六～日08：30～17：00（4／23～4／24、12／31～2012／1／1）	
念佛禪一	北區	三峽天南寺	週六09：00～17：00（1／22、3／19、4／9、5／7、7／23、8／20、9／17、10／15、12／24）	
		桃園齋明寺	週日08：30～17：00（6／19）	
初階禪七	東區	臺東信行寺	4／1～4／8、10／30～11／6	
念佛禪七	北區	桃園齋明寺	5／9～5／15、10／29～11／5	
戶外禪	北區	北投農禪寺	週六07：00～17：00（4／30、10／29）	
		桃園齋明寺	週六08：30～17：00（4／9、8／6）	
		臺北中山精舍	週六07：00～17：30（8／27）週六一07：00～18：00（10／8～10／10）	
	中區	臺中分院	週日08：00～18：00（4／24、11／6）	
		南投德華寺	週日08：00～17：00（3／20、6／19、10／30）	
	南區	高雄紫雲寺	週日08：00～17：00（10／30）	
禪悅營	東區	臺東信行寺	週四～日16：00～13：00（4／28～5／1、6／9～6／12、9／8～9／11、2011／12／29～2012／1／1）	
Fun鬆半日禪	北區	桃園齋明寺	週六09：00～12：00（3／5、6／4）	
Fun鬆一日禪	北區	桃園齋明寺	週六09：00～17：00（9／3、11／12）	
	南區	臺南雲集寺	週日09：00～17：00（7／31）	

◎國際禪坐會

活動名稱	時間	地點
國際禪坐共修	每週六08：00～12：00（暫停日期：1／1、2／12、4／2、4／9）	臺北中山精舍
國際禪一	週六08：00～17：00（1／8、3／12、5／14、6／11）	

法鼓山2011年各地主要佛學推廣課程概況

◎聖嚴書院——佛學班

課程		起迄時間		地點
初階一上	在法鼓山學佛	8月29日	12月26日	臺南分院
		8月29日	12月26日	高雄紫雲寺
		8月30日	2012年1月3日	桃園齋明寺
		8月30日	12月27日	淡水竹圍地區
		8月30日	12月27日	臺中分院
		8月30日	12月27日	高雄三民精舍
		8月31日	12月28日	德貴學苑
		9月1日	12月29日	臺北安和分院
		9月1日	2012年1月5日	聖嚴教育基金會
		9月1日	12月29日	大同辦事處
		9月2日	12月30日	臺北安和分院
		9月2日	2012年1月13日	臺北中山精舍
		9月2日	12月30日	海山辦事處
初階一下	行門簡介	2月15日	6月7日	臺北安和分院
		2月16日	6月8日	北投農禪寺
		2月16日	6月1日	臺北安和分院
		2月16日	6月1日	臺北中山精舍
		2月16日	6月1日	聖嚴教育基金會
		2月16日	6月1日	新店辦事處
		2月16日（上午）	6月1日	臺中寶雲別苑
		2月16日（晚上）	6月1日	臺中寶雲別苑
		2月16日	6月1日	高雄三民精舍
		2月17日	6月2日	高雄紫雲寺
		2月18日（上午）	6月3日	德貴學苑
		2月18日（晚上）	6月3日	德貴學苑
		2月18日	6月3日	淡水辦事處
		2月19日	6月4日	羅東地區
		2月24日	6月9日	基隆精舍
		2月24日	6月2日	金山地區
初階二上	學佛五講	8月30日	12月27日	臺北安和分院
		8月31日	2012年1月4日	北投農禪寺
		8月31日	12月28日	臺北安和分院
		8月31日	12月28日	臺北中山精舍
		8月31日	12月28日	聖嚴教育基金會
		8月31日	12月28日	新店辦事處
		8月31日（上午）	12月28日	臺中寶雲別苑
		8月31日（晚上）	12月28日	臺中寶雲別苑
		8月31日	12月28日	高雄三民精舍
		9月1日	12月29日	基隆精舍
		9月1日	12月29日	金山地區

課程		起迄時間		地點
初階二上	學佛五講	9月1日	12月29日	高雄紫雲寺
		9月2日（上午）	12月30日	德貴學苑
		9月2日（晚上）	12月30日	德貴學苑
		9月2日	12月30日	淡水辦事處
		9月3日	12月31日	羅東地區
初階二下	心的經典	2月15日	5月31日	北投農禪寺
		2月15日	6月7日	新莊辦事處
		2月16日	6月1日	德貴學苑
		2月17日	6月2日	臺中分院
		2月18日	6月3日	臺北中山精舍
		2月18日	6月3日	中永和辦事處
		2月18日	6月3日	臺南分院
		2月18日	6月3日	臺南安平精舍
	牛的印跡	2月14日	5月30日	南投辦事處
		2月16日	6月1日	彰化辦事處
	自家寶藏	2月14日	5月30日	高雄三民精舍
		2月16日	6月1日	高雄紫雲寺
		2月16日	6月1日	員林辦事處
初階三上	菩薩戒	8月29日	12月26日	臺北安和分院
		8月29日	12月26日	南投辦事處
		8月29日	12月26日	高雄三民精舍
		8月29日	12月26日	屏東辦事處
		8月30日	12月27日	北投農禪寺
		8月30日	12月27日	新莊辦事處
		8月31日	12月28日	彰化辦事處
		8月31日	12月28日	員林辦事處
		8月31日	12月28日	高雄紫雲寺
		9月2日	12月30日	臺北中山精舍
		9月2日	12月30日	中永和辦事處
		9月2日	12月30日	臺南分院
		9月2日	12月30日	臺南安平精舍
	探索識界	9月1日	12月29日	臺中分院
初階三下	心的經典	2月16日	6月1日	臺中分院
		2月18日	6月3日	海山辦事處
	牛的印跡	2月16日	6月1日	臺中分院
	自家寶藏	2月16日	6月1日	金山地區
		2月17日	6月2日	宜蘭地區
	探索識界	2月17日	6月9日	北投農禪寺
		2月17日	6月2日	新莊辦事處

課程		起迄時間		地點
專題一上 專題三上	專題研讀（一、三）	8月30日	12月27日	臺中分院
專題二上 專題三上	專題研讀（二）	2月15日	5月31日	臺北中山精舍
專題二下	專題研讀（二）	2月15日	5月31日	臺中分院
專題二下 專題三下	專題研讀（二、三）	8月30日	12月27日	臺北中山精舍
專題五上	專題研讀（五）	2月19日	6月4日	高雄紫雲寺
精讀一上	五講精讀（一）	8月30日	12月27日	德貴學苑
		9月3日	12月31日	高雄紫雲寺
精讀一下	五講精讀（一）	2月14日	5月30日	臺北中山精舍
		2月15日	5月31日	臺中分院
		2月15日	5月31日	臺南分院
		2月18日	6月3日	桃園齋明寺
精讀二上	五講精讀（二）	8月29日	12月26日	臺北中山精舍
		8月30日	12月27日	臺中分院
		8月30日	12月27日	臺南分院
		9月2日	12月30日	桃園齋明寺
精讀二下	五講精讀（二）	2月14日	5月30日	德貴學苑
精讀三上	五講精讀（三）	2月14日	5月30日	北投農禪寺
		2月15日	5月31日	臺中分院
		2月18日	6月3日	高雄紫雲寺
		8月29日	12月26日	德貴學苑
精讀三下	五講精讀（三）	2月14日	5月30日	臺南分院
		8月29日	12月26日	北投農禪寺
		8月30日	12月27日	臺中分院
		9月2日	12月30日	高雄紫雲寺

◎聖嚴書院——禪學班

課程		起訖時間		地點
禪學一上	禪學課程（一）	8月30日	12月27日	北投雲來寺

◎ 聖嚴書院──福田班

課程	起訖時間		地點
10001齋明班	3月6日	12月18日	桃園齋明寺
10002高雄班	3月19日	12月17日	高雄紫雲寺
10003總本山班	4月17日	2012年1月1日	法鼓山園區
10004雲來班	4月17日	2012年1月7日	北投雲來寺
10005北六班	4月17日	2012年1月7日	羅東高中
10006臺中班	4月30日	2012年1月28日	臺中分院
10007香港班	5月29日	2012年1月29日	香港護法會
10008洛杉磯班	6月18日	2012年4月15日	北美護法會加州洛杉磯分會
10009舊金山班	6月19日	2012年4月14日	北美護法會加州舊金山分會
10010溫哥華班	6月25日	2012年4月21日	加拿大溫哥華道場
10011信行寺班	8月27日	2012年5月27日	臺東信行寺
10012安和班	9月10日	2012年6月2日	臺北安和分院
10013雲集班	9月24日	2012年6月3日	臺南雲集寺
10014德貴班	10月16日	2012年7月22日	德貴學苑

◎ 佛學弘講

	課程	起訖時間		地點
慧學	普賢菩薩行願讚	3月2日	6月29日	臺北安和分院
	地藏菩薩的大願法門	3月2日	5月18日	林口辦事處
		3月4日	7月1日	臺北安和分院
		3月7日	7月4日	臺北中山精舍
		3月24日	6月9日	潮州辦事處
	48個願望──無量壽經講記	9月5日	12月26日	臺北中山精舍
	探索識界──八識規矩頌講記	9月7日	12月28日	臺北中山精舍
	聖嚴法師教淨土法門	9月2日	12月30日	文山辦事處
佛法概論	學佛群疑	3月4日	5月20日	內湖辦事處

法鼓山2011年教育成長活動概況

◎心靈環保讀書會

地區	舉辦地點	時間	討論書目
北區	法鼓山園區	第三週週一19：00～21：00	《禪的生活》、《心在哪裡？》
	北投農禪寺	週二09：30～11：30	《人行道》
	臺北安和分院	第二、四週週四19：00～21：00	《智慧100》
		週五09：30～11：30	《工作好修行》
	基隆精舍	第一、三、五週週一19：30～21：30	《佛學入門》、《聖嚴法師教觀音法門》
	慈弘精舍	週四14：00～16：00	《工作好修行》
	萬華辦事處	第二、四週週五19：30～21：30	《真正的快樂》
		第三週週四19：30～21：30	《牛的印跡》
	松山辦事處	第一、三、五週週四10：00～11：30	《正信的佛教》
	內湖辦事處	週三14：00～17：00	《學佛群疑》
	石牌辦事處	第一週週五19：30～21：30	《從心溝通》、《心在哪裡？》
	文山辦事處	第一、四、五週週五19：30～21：30	《動靜皆自在》
		隔週二09：30～11：30	《放下的幸福》、《找回自己》
	新店辦事處	週四09：30～11：30	《正信的佛教》、《念佛生淨土》
		第一週週四12：30～14：30	《放下的幸福》
	淡水辦事處	週二19：30～21：30	《找回自己》
	中永和辦事處	第二、四週週四20：00～22：00	《印度佛教史》
		第四週週三19：30～21：30	《禪門第一課》、《心在哪裡？》
	新莊辦事處	第一、三、五週週五19：30～21：30	《智慧100》
	桃園辦事處	週四19：00～21：00	《歡喜看生死》
	中壢辦事處	週五19：30～21：00	《生死皆自在》
	新竹辦事處	週三19：30～21：30	《正信的佛教》、《找回自己》
	苗栗辦事處	週五19：30～21：00	《真正的快樂》、《放下的幸福》
	土城共修處	週二19：00～21：30	《覺情書》
	三芝石門共修處	第一、二週週六14：30～16：30	《真正的快樂》
	臺北市松山區	第二、四週週四19：00～21：00	《探索識界——八識規矩頌講記》、《印度佛教史》
	臺北市萬華區	第一、三週週二19：30～21：30	《絕妙說法——法華經講要》
	臺北市中正區	週五12：30～14：30	《修行在紅塵——維摩經六講》
	新北市汐止區	週一18：30～20：30	《工作好修行》、《雪中足跡》
	新北市瑞芳區	週二19：30～21：30	《正信的佛教》、《心經禪解》
	新北市淡水區	週五14：00～16：00	《知福幸福》、《自家寶藏》
	新北市林口區	第二、四週週二09：00～11：00	《聖嚴法師教淨土法門》
	新北市三重區	第二週週五19：00～21：00	《美好的晚年》
	宜蘭讀書會	第一、三、五週週一19：30～21：30	《美好的晚年》
	宜蘭媽媽慧	週四10：30～12：00	《從心溝通》
	中壢市善緣	週二19：50～21：30	《找回自己》
	中壢市慧心	週四19：00～21：00	《從心溝通》、《找回自己》
	桃園市大南	週三19：30～21：30	《找回自己》
中區	臺中分院	週三19：30～21：30	《修行在紅塵——維摩經六講》
		週四14：00～16：00	《我願無窮》、《美好的晚年》
		週六09：30～11：30	《放下的幸福》、《學佛群疑》

地區	舉辦地點	時間	討論書目
中區	南投德華寺	週三19：30～21：30	《阿彌陀經》、《無量壽經》
	豐原辦事處	第二、四週週五19：30～21：30	《放下的幸福》
	員林辦事處	週三19：30～21：30	《工作好修行》、《帶著禪心去上班》
	嘉義辦事處	週三19：30～21：00	《找回自己》、《禪的生活》
	朴子共修處	週一19：15～21：15	《心經的智慧》
	臺中心語	週六15：00～17：00	《心的經典》
	臺中吉祥	週三19：30～21：30	《放下的幸福》、《聖嚴法師教觀音法門》
	臺中尚德	週二14：30～16：30	《學佛群疑》、《我願無窮》
	臺中東山	週一14：00～16：00	《正信的佛教》、《聖嚴法師教淨土法門》
	臺中東英	週五19：30～21：30	《學佛群疑》、《歡喜看生死》
	臺中知音	週五09：20～12：00	《我願無窮》、《美好的晚年》
	臺中悅讀	第二、四週週四09：30～11：30	《真正的快樂》
	臺中常不輕	週三14：00～16：00	《牛的印跡》
	臺中福慧	週四09：30～11：30	《學佛群疑》
	臺中豐樂	第四週週五19：00～22：00	《生活中的菩提——淨行品講錄》
	臺中烏日（一）	週三14：30～16：30	《阿彌陀經》、《絕妙說法——法華經講要》
	臺中烏日（二）	週一19：30～21：30	《正信的佛教》、《學佛群疑》
	臺中市健保局	第一、三、五週週二12：30～13：30	《知福幸福》
南區	臺南分院	週二14：00～16：00	《福慧自在》
	臺南雲集寺	週三19：00～21：00	《找回自己》
	高雄紫雲寺	週三19：00～21：00	《佛教入門》
		週四19：00～21：00	《正信的佛教》、《學佛群疑》
	高雄三民精舍	週一09：00～11：00	《三十七道品講記》
		第一週週五14：30～16：30	《牛的印跡》
		第三週週五14：00～16：00	《學佛群疑》
	屏東辦事處	週二09：30～11：30	《生死皆自在》、《智慧100》
		週三19：30～21：30	《美好的晚年》
	臺南喜閱	隔週週日14：00～17：00	《方外看紅塵》
	臺南尚品	第一週週四10：00～12：00	《放下的幸福》、《帶著禪心去上班》
	高雄市岡山區	週一13：40～15：40	《學佛五講》

◎其他活動（以分院、精舍為主）

活動名稱		地區	地點	時間	備註
法器共修		北區	桃園齋明寺	週日18：30～20：30	2／6暫停
			基隆精舍	每月第一週週一 19：00～21：00	
合唱團練唱共修		北區	北投農禪寺	週日19：00～21：00	2／6、2／27、4／3、6／5、7／31、9／11、10／9、11／27暫停
			桃園齋明寺	週六19：00～21：00	2／5暫停
			基隆精舍	週三19：00～21：00	
		中區	臺中分院	週三19：30～21：30	
		南區	臺南分院	週日17：00～19：00	
			高雄三民精舍	週一19：30～21：30	
禪藝課程	齋明鼓隊兒童班	北區	桃園齋明寺	週日09：00～12：00	2／6暫停
	齋明鼓隊成人班			週一09：00～12：00	2／7暫停
	法鼓隊（初階班）	中區	臺中分院	週四18：30～19：30	
	紫雲小鼓隊	南區	高雄紫雲寺	週日09：00～11：00	
	動中禪鼓（兒童班）	東區	臺東信行寺	週日14：00～16：00	2／6暫停
	動中禪鼓（成人班）			週日16：00～18：00	2／6暫停
	瑜伽	北區	北投農禪寺（哈達瑜伽）	週一18：30～20：30	
		南區	高雄紫雲寺（哈達瑜伽）	週二08：40～10：10	
				週四19：15～21：00	
			高雄三民精舍（瑜伽禪坐）	週三19：30～21：00	
				週五08：30～10：30	
	繪畫入門	北區	北投農禪寺	週二14：30～16：30	
	小品盆栽研習工坊	北區	北投農禪寺	週三14：30～16：30	
	惜福拼布班	北區	北投農禪寺	週四19：00～21：00	
	太極拳	北區	桃園齋明寺	週二15：00～16：00	7～12月舉辦
			臺北中山精舍	週二19：00～21：00	
		東區	臺東信行寺	週六16：00～18：00	2／5、2／6、5／22暫停
				週日10：00～12：00	2／6、5／22暫停
	佛畫班	北區	北投農禪寺	週六09：30～11：30	
	國畫班	南區	高雄三民精舍	週三09：00～11：00	
	國畫書法班	南區	高雄三民精舍	週五09：00～11：00	
	書法班	北區	北投農禪寺	週日09：30～11：30	
			臺北安和分院	週二19：00～21：00	
		中區	南投德華寺（成人書法班）	週一09：00～10：30	
			南投德華寺（親子書法班）	週六09：00～10：30	
		南區	高雄紫雲寺	週三19：00～21：00	
			高雄三民精舍	週五09：00～11：00	
		東區	臺東信行寺	週六14：00～16：00	

活動名稱		地區	地點	時間	備註
禪藝課程	書法鈔經班	北區	基隆精舍	週二14：00～16：00	
		南區	臺南安平精舍	週二19：00～21：00	
	花藝	北區	臺北安和分院（中華花藝）	週一13：30～15：30	1～6月舉辦
			臺北安和分院（中華花藝）	週三13：30～16：00	7～12月舉辦
			桃園齋明寺（草月流創意插花）	週日09：30～12：00	2／6暫停
			臺北中山精舍（小源流花藝）	週四14：00～16：00	
			臺北中山精舍（中華花藝）	週四19：00～21：30	
		中區	臺中分院（池坊花藝·歐洲花藝·小品花藝）	週一19：00～21：00	1～6月舉辦
			臺中分院（池坊花藝）	週三09：00～11：00 週三19：00～21：00	7～12月舉辦
		南區	高雄紫雲寺（池坊花藝）	週三14：00～16：00	
			臺南安平精舍（中華花藝）	週四19：00～21：00	
			高雄三民精舍（中華花藝）	週三14：00～16：00	
		東區	臺東信行寺（插花）	週日09：30～11：30	7～9月舉辦
	拼布藝術	北區	臺北安和分院	週四19：00～21：00	每月第一、三、五週舉辦
			桃園齋明寺	週一14：00～16：00	1／31、2／7暫停
	工筆佛畫	北區	臺北安和分院	週六14：00～15：50	
	快樂鍵盤彈奏	北區	臺北安和分院	週六16：00～17：30	
	兒童讀經	北區	臺北安和分院	週六14：00～15：30	
			基隆精舍	週六09：00～12：00	
		中區	臺中分院	週三19：30～20：40	
			南投德華寺	週五19：30～21：00	
		東區	臺東信行寺	週五19：30～21：00	
	兒童讀經作文	南區	臺南安平精舍	週五19：00～21：00	
	親子讀經	北區	臺北中山精舍	週三19：00～21：00	
		南區	臺南雲集寺	週一19：00～21：00	
	兒童故事花園（繪本故事DIY）	中區	臺中分院	週六10：00～12：00	
	兒童繪畫	南區	臺南安平精舍	週日14：30～16：00	
	精緻紙黏土	中區	臺中分院	週二19：00～21：00	
	茶藝	南區	臺南分院	週二19：00～21：00	
	素描	南區	高雄紫雲寺	週四19：00～21：00	
	現代彩墨	南區	高雄紫雲寺	週一19：00～21：00	
	古寺茶苑	北區	桃園齋明寺	週四14：30～16：30	2／3暫停
	天廚妙供研習	北區	桃園齋明寺	週日14：30～16：30	2／6暫停
	烹飪	南區	高雄紫雲寺	週六14：00～16：00	
		東區	臺東信行寺	週日14：00～16：00	
	兒童佛曲	南區	高雄紫雲寺	週六14：00～16：00	
	打包袋編織	南區	高雄三民精舍	週一14：00～16：00	

法鼓山2011年主要出版品一覽

◎法鼓文化

出版月份	書名
1月	·《知福幸福——知福、知足，有幸福；感恩、奉獻，真快樂》（人間淨土系列／聖嚴師父著）
	·《日日好日》（琉璃文學系列／繼程法師著）
	·《幸福餃子館》（禪味廚房系列／張翡珊著）
2月	·《虛空粉碎——聖嚴法師話頭禪法旨要》（大智慧系列／聖嚴師父著）
	·《三十七道品講記》（現代經典系列／聖嚴師父著）
	·《旅行，聽見生命的回音》（琉璃文學系列／邱常梵著）
3月	·《般若心經思想史》（智慧海系列／東初老和尚著）
4月	·《船到橋頭》（琉璃文學系列／繼程法師著）
	·《我願無窮——美好的晚年開示集》（寰遊自傳系列／聖嚴師父著）
	·《點心共和國》（禪味廚房系列／郭莉蓁著）
5月	·《菩薩行願——觀音、地藏、普賢菩薩法門講記》（現代經典系列／聖嚴師父著）
	·《法鼓鐘聲》（人間淨土系列／聖嚴師父著）
6月	·《新好生活——簡單過、快樂活的幸福法則》（*The New Good Life*）（大自在系列／約翰·羅彬斯 John Robbins著，蔡孟璇譯）
	·《佛法綱要——四聖諦、六波羅蜜、四弘誓願講記》（現代經典系列／聖嚴師父著）
	·《法雨靈岩——中國佛教現代化歷史進程中的印光法師研究》（漢傳佛教論叢系列／張雪松著）
7月	·《漢文佛典語言學——第三屆漢文佛典語言學國際研討會論文集》（法鼓佛教論叢系列／法鼓佛教學院著）
	· 英文書*A Comparative Study of the Majjhima-nikāya* Vol.1 Vol.2（《中部尼柯耶比較研究》第一冊 第二冊）（法鼓佛教學院譯叢系列／無著比丘Bhikkhu Anālayo著）
	·《聖嚴研究第二輯》（聖嚴思想論叢系列／聖嚴教育基金會學術研究部著）
	·《神奇的禮物——佛陀弟子故事集（兒童故事書）》（故事寶盒系列／聖嚴師父著）
	·《看見生命的臉——在眼與心之間的生命旅行》（法鼓人生學院叢書系列／李東陽著）
8月	·《今天吃麵》（禪味廚房系列／張翡珊著）
	·《他的身影——聖嚴法師弘法行履》（3DVD）（影音系列）
	·《從心看電影2》（琉璃文學系列／曾偉禎著）
9月	·《把心拉近》（琉璃文學系列／單國璽、蕭萬長、李伸一等口述；張麗君、卓俐君整理）
	·《練心工夫》（智慧人系列／繼程法師著）
10月	·《愛的花園——通往真愛的禪修習題》（*Love's Garden: A Guide to Mindful Relationships*）（大自在系列／佩姬·羅伊·華德Peggy Rowe Ward、賴瑞·華德Larry Ward著）
	·《心在哪裡？——聖嚴法師西方禪修指導》（大智慧系列／聖嚴師父著）
	· 2012年桌曆《禪在象岡》
11月	·《時尚蔬食》（禪味廚房系列／陳滿花著）
	·《禪學真義》（智慧人系列／東初老和尚著）
12月	·《心經——普及版鈔經本》（祈願鈔經系列）
	·《普門品——普及版鈔經本》（祈願鈔經系列）

◎聖嚴教育基金會（結緣書籍）

出版月份	書名
3月	・英文版《二十一世紀佛教生活觀》（*Living in the 21st Century: A Buddhist View*）
4月	・《今生與師父有約》第一集
5月	・英文版《心六倫》（*The Six Ethics of the Mind*）
8月	・《今生與師父有約》第二集

法鼓山社會大學2011年課程概況

校區別	課程類別	課程名稱
金山校區	心靈環保	油畫關鍵入門——臺灣風情寫真、國畫山水（七）、水墨畫——花鳥、禪‧靜‧書法、鈔經養心、快樂學二胡（兒童班）、快樂學二胡（進階三）、太極拳與養生（入門）、太極拳與養生（進階）
	生活環保	哈達瑜伽、今日吃麵（上）、家常麵食（二）、素食烘焙義工培訓、素食烘焙、蛋糕裝飾、手工果醬抹醬一起做、咖啡入門、手繪海報與紙雕布置設計、POP海報與紙雕布置設計、插畫與紙雕創作班、生活素描插畫班——寫實與工筆畫篇、箏好玩——風箏製作入門、樂活輕木工、環保手工皂進階班、環保再生布創作技能培訓、拼布手作班、3C貼鑽創業班、作文Easy Go高級班、陶與生活空間應用（三芝班）、旅遊英語、基礎電腦（一）、基礎電繪‧我也能上手！、韓語初級班
	自然環保	禪悅花藝金山班、禪悅花藝萬里班、禪悅花藝三芝班、種子盆栽三芝班、種子盆栽金山班、種子盆栽石門班、製皂樂趣——冷製法手工皂（金山班）
	寒假活動	水墨畫（花卉）、太極拳（進階）、快樂學二胡（進階）、快樂學二胡（兒童）、紙雕製作與春節佈置、3C貼鑽（進階）、禪悅花藝
	暑期活動	家常醬菜與釀醋、素食烘焙、幸福種子盆栽、探索自然趣、鈔經養心、紙黏土捏捏樂（金山班）、紙黏土捏捏樂（萬里班）、基礎瑜伽、哈達瑜伽（二）、太極拳（入門）、太極拳進階（進階）、二胡（進階）、親子POP海報美術班、手繪海報布置設計（進階班）、丹寧創意拼布DIY、愛上烏克麗麗、小小解說員研習營、二胡（兒童）、陶藝（兒童）、禪悅花藝（兒童）、創意美勞（兒童）、幸福種子盆栽（兒童）
北投校區	心靈環保	粉彩色鉛筆插畫班、水墨畫初階（山水）、禪‧靜‧書法、太極拳與養生精進班、養生瑜伽、舒緩瑜伽
	生活環保	中醫與生活、中醫經絡按摩養生保健及實用、戀戀手工皂精進班、創意押花藝術、手繪FUN雜貨、3C貼鑽創業班、數位單眼攝影入門、數位攝影（進階）、基礎日語、實用英語會話、實用日本語會話、Photoshop基礎初級入門、素食料理、素食點心及烘焙（入門）、藝術創作（兒童）
	自然環保	禪悅花藝、小品盆栽、幸福種子盆栽、禪悅花藝
	寒假活動	太極拳與養生、水墨畫（山水初階）、基礎日語（三）、醬菜伴手禮
	暑期活動	家常醬菜與釀醋、種子盆栽、創意押花藝術、基礎日語、養生瑜伽、太極拳與養生（精進）、生活素描插畫（寫實）、青少年POP海報美術、瑜伽（兒童）、捏陶趣（兒童）、種子盆栽（兒童）
新莊校區	心靈環保	成人粉彩班、成人水彩繪畫班（風景）、成人油畫班、水墨畫（山水進階）、成人書法班、快樂胡琴基礎班、太極拳與養生（入門）
	生活環保	無國界料理、私房醬菜、蔬食調理、蔬食調理（麵食篇）、基礎瑜伽、哈達瑜伽、中醫經絡按摩養生保健、中醫經絡按摩養生實用、日語初級班、說一口漂亮的日語（進階班）、美麗あいうえお的世界（基礎班）、多媒體簡報及網路行銷、電腦初階班、電腦輕鬆學、中級電腦繪圖個人影音部落格、數位攝影基礎、歡樂黏土派對（兒童）、動手玩科學（兒童）、玩陶樂淘淘（兒童）、快樂寫作班（兒童高年級）、快樂寫作班（兒童低年級）
	自然環保	小品盆栽、天然環保手工皂、幸福種子盆栽
	寒假活動	水墨畫、油畫素描、說一口漂亮的日語II、歡樂黏土派對（兒童）
	暑期活動	瑜伽與靜坐、太極拳與養生（入門）、快樂胡琴基礎、書法、水墨畫（山水進階）、油畫、美麗あいうえお的世界（基礎）、說一口漂亮的日語（進階）、攝影（基礎）、基礎電腦繪圖、個人影音部落格（進階）、POP海報美術（兒童）、陶藝班（兒童）、書法班（兒童）
大溪校區	心靈環保	水墨畫（山水進階）、禪‧靜‧山水花鳥、佛說阿彌陀經
	生活環保	啡嚐不可‧咖啡與我、快樂繪畫、生活素描插畫（寫實與工筆畫）、水墨畫（山水進階）、蝶古巴特彩繪拼貼、經絡與針灸學、經絡與針灸學（進階）、養生瑜伽、太極拳養生、電腦入門、網路應用與文書處理（初級）、文件排版軟體與部部高手——部落格設計（Word2007+Xuite）、相片處理及影音剪輯軟體操作（進階）、數位／單眼攝影入門（基礎攝影）、基礎攝影（進階）、生活日語、開口說日語、日語精讀、英語閱讀與會話
	自然環保	小品盆栽、禪悅花藝、盆中天地（二）、花道藝術
	寒假活動	春節紙雕製作、工筆人物畫
	暑期活動	蝶古巴特彩繪拼貼

法鼓佛教學院2011年佛教學系課程表

◎碩士班99學年度第二學期

科目中文名稱	科目英文名稱	必／選修	授課語言	授課老師	科目類別
《阿含經》研究（II）	*Agama* Studies（II）	選修	中文	楊郁文	專業科目
梵文文獻導讀	Reading in Sanskrit Literature	必修	中文	見弘法師	專業科目
《大乘莊嚴經論》〈波羅蜜品〉梵典研究	Studies in Sanskrit Literature of *MSA*（Chapter 16）	選修	中文梵文英文	惠敏法師	專業科目
印度佛教史研究	Studies in the History of Indian	選修	中文	莊國彬	專業科目
巴利文文法	Introduction to Pali Grammar	必修	中文	莊國彬	專業科目
巴利文佛典研讀（IV）	Reading in Pali Buddhist Texts（IV）	選修	中文	莊國彬	專業科目
巴利文獻研究（IV）	The Study of Pali Literature（IV）	選修	中文	莊國彬	專業科目
漢傳佛教史專題（II）	Seminar on History of Chinese Buddhism（II）	必修	中文	鄧偉仁	專業科目
中國淨土思想研究（II）	Seminar on the Thoughts of Pure Land Buddhism（II）	選修	中文	果鏡法師	專業科目
唐宋禪學專題（II）	Seminar on Chan Buddhism in the Tang and Song Dynasties（II）	選修	中文	果鏡法師	專業科目
安世高研究（II）	An Shigao Research（II）	選修	中文	果暉法師	專業科目
唯識論典專題（II）	Studies on Yogacārā School's Txts（II）	選修	中文	蔡伯郎	專業科目
《阿毘達磨俱舍論·根品》研究（II）	Studies on *Abhidharmakośaśāstra*（II）	選修	中文	蔡伯郎	專業科目
天臺教觀專題	Seminar on Chiao-kuan of Tiantai School	選修	中文	陳英善	專業科目
華嚴教觀專題	Seminar on Chiao-kuan of Huayan School	選修	中文	陳英善	專業科目
宗喀巴師徒著作專題（IV）	Seminar of Works of rJe yab sras gsum（IV）	選修	英文藏文	馬紀（William Magee）	專業科目
西藏因明思想專題(IV)	Topic on the Thought of Tibetan Logic（IV）	選修	中文藏文	廖本聖	專業科目
西藏中觀思想專題（II）	Topic on the Thought of Tibetan Middle Way School（II）	選修	中文藏文	廖本聖	專業科目
西藏密續思想專題（II）	Topic on the Thought of Tantra（II）	選修	中文藏文	廖本聖	專業科目
藏文佛典研讀（II）	Guided Reading of Tibetan Buddhist Texts（II）	必修	中文藏文	廖本聖	專業科目
西藏佛教史專題(II)	Seminar on the History of Tibetan Buddhism（II）	必修	中文	劉國威	專業科目
佛學數位詞彙資源專題——音義與工具書的數位化研究與應用	Buddhist Lexicographical Resources	選修	中文	杜正民	專業科目
佛學資訊、工具與技術（II）	Buddhist Informatics,Tools and Techniques（II）	必修	中文	馬德偉（Marcus Bingenheimer）	專業科目
程式語言	Programming Language	選修	中文	洪振洲	專業科目
佛學資訊、工具與技術（IV）	Buddhist Informatics,Tools and Techniques（IV）	必修	中文	洪振洲	專業科目
朝暮定課研修（II）	Study and Practice in Morning and Evening Services（II）	必修	中文	果肇法師	共同科目
朝暮定課研修（IV）	Study and Practice in Morning and Evening Services（IV）	必修	中文	果肇法師	共同科目
三學精要研修（II）	Study and Practice in the Essentials of the Three Studies（II）	必修	中文	惠敏法師	共同科目

科目中文名稱	科目英文名稱	必／選修	授課語言	授課老師	科目類別
禪修專題研修（II）	Study and Practice in Meditation（II）	必修	中文	果暉法師	共同科目
儀軌專題研修（II）	Study and Practice in Rituals（II）	必修	中文	果鏡法師	共同科目
弘化專題研修（II）	Study and Practice in Preaching and Teaching Ministry（II）	必修	中文	杜正民	共同科目
研修畢業呈現	Graduation Portfolio	必修	中文	各指導老師	共同科目
日文佛學資料選修讀（II）	Reading in Japanese Buddhist Texts（II）	必修	中文日文	見弘法師	共同科目
英文佛學資料選修讀	Selected English Language Readings in Buddhist Studies	必修	英文	馬德偉（Marcus Bingenheimer）	共同科目
西藏佛學英文選修讀（II）	English Selected Readings of Tibetan Buddhism（II）	必修	英文	馬紀（William Magee）	共同科目
日文文法（II）	Introduction to Japanese Grammar（II）	必修	中文日文	藍碧珠	共同科目
漢譯佛典專題（II）	Readings in Chinese Buddhist Translations（II）	選修	中文	高明道	共同科目
實用佛教文獻學：翻譯、詮釋	Practical Philology: Translation and Interpretation	選修	中文	高明道	共同科目
學術研究方法與寫作	Academic Research and Writing	選修	中文	鄧偉仁	共同科目

◎碩士班100學年度第一學期

科目中文名稱	科目英文名稱	必／選修	授課語言	授課老師	科目類別
印度佛教史專題（I）	Seminar on the History of Indian Buddhism（I）	必修	中文	莊國彬	專業科目
《大乘莊嚴經論》〈波羅蜜品2〉梵典研究	Studies in Sanskrit Literature of *MSA*（Chapter 16.2）	選修	中文梵文英文	惠敏法師	專業科目
印度佛典專題	Topics in Indian Buddhist Texts	選修	中文	見弘法師	專業科目
巴利文佛典研讀（I）	Reading in Pali Buddhist texts（I）	選修	中文	莊國彬	專業科目
巴利文獻研究（I）	The Study of Pali Literature（I）	選修	中文	莊國彬	專業科目
漢傳佛教史專題（I）	Topics in History of Chinese Buddhism（I）	必修	中文	鄧偉仁	專業科目
《六祖壇經》專題	Seminar on *Liuzutan Jing*	選修	中文	果鏡法師	專業科目
中國淨土專題研究（I）	Seminar on Pure Land Studies（I）	選修	中文	果鏡法師	專業科目
初期漢傳佛教專題（I）	Seminar on Early Chinese Buddhism（I）	選修	中文	果暉法師	專業科目
陳那論書專題研究（I）	Studies on Dignāga's Works（I）	選修	中文	蔡伯郎	專業科目
《阿毘達磨俱舍論·業品》研究（I）	Studies on karma of *Abhidharmakośaśāstra*（I）	選修	中文	蔡伯郎	專業科目
天臺止觀（I）	Studies on Chih-kuan of Tiantai School（I）	選修	中文	陳英善	專業科目
法界觀專題	Seminar on the Contemplation of Dharmadhātu	選修	中文	陳英善	專業科目
藏文佛典導讀（I）	Guided Reading of Tibetan Buddhist Texts（I）	必修	中文藏文	廖本聖	專業科目
西藏佛教史專題（I）	Seminar on the History of Tibetan Buddhism（I）	必修	中文藏文	梅靜軒	專業科目
西藏重要祖師著作專題（I）	Seminar of the Most Important Tibetan Masters（I）	選修	中文藏文	劉國威	專業科目
西藏佛學研究方法（I）	Academic Research on Tibetan Buddhism（I）	選修	中文	梅靜軒	專業科目
西藏因明思想專題（I）	Topic in the Thought of Tibetan Logic（I）	選修	中文藏文	廖本聖	專業科目
西藏中觀思想專題(III)	Topic in the Thought of Tibetan Middle Way School（III）	選修	中文藏文	廖本聖	專業科目
宗喀巴師徒著作專題（I）	Seminar of Works of rJe yab sras gsum（I）	選修	中文藏文	廖本聖	專業科目
佛學資訊、工具與技術（I）	Buddhist Informatics, Tools（I）	必修	中文	洪振洲	專業科目
佛學資訊、工具與技術（III）	Buddhist Informatics, Tools and Techniques（III）	必修	中文	洪振洲	專業科目
朝暮定課研修（I）	Study and Practice in Morning and Evening Services（I）	必修	中文	果肇法師	共同科目
朝暮定課研修（III）	Study and Practice in Morning and Evening Services（III）	必修	中文	果肇法師	共同科目
三學精要研修（I）	Study and Practice in the Essentials of the Three Studies（I）	必修	中文	惠敏法師	共同科目
禪修專題研修（I）	Study and Practice in Meditation（I）	必修選修	中文	果暉法師	共同科目
儀軌專題研修（I）	Study and Practice in Rituals（I）	必修選修	中文	果鏡法師	共同科目
弘化專題研修（I）	Study and Practice in Preaching and Teaching Ministry（I）	必修選修	中文	果光法師	共同科目

科目中文名稱	科目英文名稱	必／選修	授課語言	授課老師	科目類別
梵文文法（暑期、上學期）	Introduction to Sanskrit Grammar	必修	中文 梵文 英文	鄧偉仁	共同科目
藏文文法（暑期）	Basic Tibetan Grammar	必修	中文 藏文	廖本聖	共同科目
宗教學專題（暑期）	Seminar on World Religions	必修	中文	梅靜軒	共同科目
歐美佛學資料選讀	Selected Western Language Readingsin Buddhist Studies	必修	英文	梅靜軒	共同科目
日文文法（I）	Introduction to Japanese Grammar（I）	必修	中文 日文	藍碧珠	共同科目
當代日本佛學論著選修讀（I）	Selected Readings in Contemporary Japanse Buddhist Studies（I）	必修	中文 日文	見弘法師	共同科目
實用佛教文獻學：文言‧文字	Practical Philology: Language and Writing	選修	中文	高明道	共同科目
漢譯佛典專題（III）	Readings in Chinese Buddhist Translations（III）	選修	中文	高明道	共同科目
阿含經研究（I）	*Agama* Studies（I）	選修	中文	楊郁文	共同科目

◎學士班99學年度第二學期

科目中文名稱	科目英文名稱	必／選修	授課語言	授課老師	科目類別
戒律學綱要（II）	Essentials of Buddhist Discipline（II）	必修	中文	見寬法師	專業科目
高僧行誼（II）	Noble Deeds of Eminent Monks（II）	必修	中文	果暉法師	專業科目
禪定學概論（II）	Introduction to Buddhist Meditation（II）	必修	中文	果理法師	專業科目
漢傳佛教史（II）	History of Chinese Buddhism（II）	必修	中文	藍吉富	專業科目
佛教入門（II）	Introduction to Buddhism（II）	必修	中文	常延法師	專業科目
禪修（II）	Meditation Practice（II）	必修	中文	果舫法師	行門科目
朝暮定課（II）	Daily Practice（II）	必修	中文	果肇法師	行門科目
梵唄與儀軌（II）	Buddhist Rituals and Chants（II）	必修	中文	果慨法師	行門科目
禪修實習（II）	Chan Meditation Retreat（II）	必修	中文	果鏡法師	行門科目
服務學習（II）	Service Learing（II）	必修	中文	果肇法師	通識科目
大一英文（II）	Freshman English（II）	必修	中文英文	方怡蓉	通識科目
思考與表達（II）	Thinking and Expression（II）	必修	中文	惠敏法師	通識科目
體育（II）	Physical Education（II）	必修	中文	林正常	通識科目
日文（II）	Japanese（II）	選修	中文日文	金子恭久	通識科目
佛典漢語（II）	Seminar on the Language of Chinese Buddhist Texts（II）	選修	中文	高明道	通識科目
知識管理實務	Knowledge Management: Research and Practice	選修	中文	法源法師	通識科目
生命科學概論	Introduction to Life Sciences	選修	中文	許明滿	通識科目
法鼓講座	Dharm Drum Lectures	必修	中文	—	通識科目
高僧行誼（IV）	Noble Deeds of Eminent Monks（IV）	必修	中文	果暉法師	專業科目
大乘禪法（II）	Study of Mahāyāna Meditation（II）	必修	中文	杜正民	專業科目
印度佛教史（II）	History of Indian Buddhism（II）	必修	中文	惠敏法師	專業科目
阿含導讀（II）	Guided Reading of the Agamas（II）	必修	中文	溫宗堃	專業科目
禪林寶訓	Collected Words of Wisdom by Chinese Chan Masters	必修選修	中文	見寬法師	專業科目
禪修（IV）	Meditation Practice（IV）	必修	中文	果暉法師	行門科目
朝暮定課（IV）	Daily Practice（IV）	必修	中文	果肇法師	行門科目
禪修實習（II）	Chan meditation Retreat（II）	必修	中文	果鏡法師	行門科目
服務學習（IV）	Service Learning（IV）	必修	中文	果肇法師	通識科目
佛學英文（II）	English Buddhist Scriptures（II）	選修	中文英文	魏希明（Simon Wiles）	通識科目
佛學日文（II）	Japanese Buddhist Texts（II）	選修	中文日文	見弘法師	通識科目
體育（IV）	Physical Education（IV）	必修	中文	簡淑華	通識科目
電腦與網路概論（I）	Introduction to Computer Science and the Internet（1）	必修	中文	洪振洲	通識科目
心靈環保專題	Seminar: Spiritual Environmental Protection	選修	中文	果東法師	通識科目
安寧療護與佛法	Buddhism and Hospice Care	選修	中文	黃鳳英	通識科目
佛學研究方法入門	Introduction to Basic Buddhist Studies	選修	中文	梅靜軒	通識科目
電子佛典實務	Practice on Buddhist Electronic Texts	選修	中文	杜正民	通識科目

科目中文名稱	科目英文名稱	必／選修	授課語言	授課老師	科目類別
漢傳佛教諸宗思想導論（II）	Introduction to Chinese Buddhist Schools（II）	必修選修	中文	施凱華	專業科目
印度大乘佛教思想導論（II）	Introduction to the Mahāyāna Philosophy of Indian Buddhism（II）	必修選修	中文	鄧偉仁	專業科目
梵文（II）	Sanskrit（II）	必修選修	中文梵文	見弘法師	專業科目
巴利文（II）	Pali（II）	必修選修	中文巴利文	莊國彬	專業科目
藏文（II）	Tibetan（II）	必修選修	中文藏文	廖本聖	專業科目
《阿毘達磨》導論	Introduction to *Abhidharma*	必修	中文	莊國彬	專業科目
禪修（VI）	Meditation Practice（VI）	必修	中文	果元法師	行門科目
朝暮定課（VI）	Daily Practice（VI）	必修	中文	果肇法師	行門科目
禪修實習（IV）	Chan Meditation Retreat（IV）	必修	中文	果鏡法師	行門科目
禪學專題研修（II）	Seminar: Chan Buddhism（II）	必修選修	中文	果鏡法師	行門科目
儀軌專題研修（II）	Seminar: Buddhist Rituals（II）	必修選修	中文	果慨法師	行門科目
弘化專題研修（II）	Seminar: Dharma Teaching（II）	必修選修	中文	黃鳳英	行門科目
數學	Mathematics	選修	中文	洪振洲	通識科目
禪學與腦科學	Zen and the Brain Science	選修	中文	陳昌明	通識科目
佛學研究方法入門	Introduction to Basic Buddhist Studies	選修	中文	梅靜軒	通識科目

◎學士班100學年度第一學期

科目中文名稱	科目英文名稱	必／選修	授課語言	授課老師	科目類別
戒律學綱要（I）	Essentiacs of Buddhist Discipline（1）	必修	中文	見寬法師	專業科目
高僧行誼（I）	Noble Deeds of Eminent Monks（1）	必修	中文	果暉法師	專業科目
漢傳佛教史（I）	History of Chinese Buddhism（1）	必修	中文	藍吉富	專業科目
佛教入門（I）	Introduction to Buddhism（1）	必修	中文	常延法師	專業科目
佛典漢語（I）	Seminar on the Language of Chinese Buddhist Texts（1）	選修	中文	高明道	專業科目
禪修（I）	Meditation Practice（1）	必修	中文	果舫法師	行門科目
朝暮定課（I）	Daily Practice（1）	必修	中文	果肇法師	行門科目
梵唄與儀軌（I）	Buddhist Rituals and Chants（1）	必修	中文	果慨法師	行門科目
禪修實習（I）	Chan Meditation Retreat（1）	必修	中文	果鏡法師	行門科目
服務學習（I）	Service Learing（1）	必修	中文	莊國彬	通識科目
大一英文（I）	Freshman English（1）	必修	中文英文	方怡蓉	通識科目
開放式文書處理實作	Open Word Processing	必修	中文	洪振洲	通識科目
思考與表達（I）	Thinking and Expression（1）	必修	中文	惠敏法師	通識科目
體育（I）	Physical Education（1）	必修	中文	林正常	通識科目
初級日文（I）	Japanese Elementary Class（1）	選修	中文日文	金子恭久	通識科目
知識管理實務	Knowledge Management: Research and Practice	選修	中文	法源法師	通識科目
法鼓講座	Dharm Drum Lectures	必修	中文	—	通識科目
印度佛教史（I）	History of Indian Buddhism（1）	必修	中文	惠敏法師	專業科目
阿含導讀（I）	Guided Reading of the *Agamas*（1）	必修	中文	溫宗堃	專業科目
比丘戒律	Study of Buddhist Monk's Precepts	必修選修	中文	果暉法師	專業科目
菩薩戒	Study of Bodhisattva Precepts	必修選修	中文	見寬法師	專業科目
比丘尼戒律	Study of Buddhist Nun's Precepts	必修選修	中文	果徹法師	專業科目
高僧文選修（I）	Selected Works of Eminent Monks（1）	必修	中文	果暉法師	專業科目
漢傳佛教禪觀（I）	Meditative Insight of Chinese Buddhism（1）	選修	中文	果光法師	專業科目
漢傳佛教藝術	Chinese Buddhist Art	選修	中文	陳清香	專業科目
世界宗教學概論	Introduction to World Religions	必修	中文	莊國彬	專業科目
禪修（III）	Meditation Practice（III）	必修	中文	果暉法師	行門科目
朝暮定課（III）	Daily Practice（III）	必修	中文	果肇法師	行門科目
禪修實習（III）	Chan meditation Retrea（III）	必修	中文	果鏡法師	行門科目
服務學習（III）	Service Learning（III）	必修	中文	莊國彬	通識科目
體育（III）	Physical Education（III）	必修	中文	簡淑華	通識科目
法律與人生	Law and Life	必修	中文	黃榮堅	通識科目
進階英文（I）	Advanced English（1）	選修	中文	（擬新聘）	通識科目
中級日文（I）	Japanese Middle Class（1）	選修	中文日文	金子恭久	通識科目
論文寫作	Academic Essay Writing	選修	中文	鄧偉仁	通識科目

科目中文名稱	科目英文名稱	必／選修	授課語言	授課老師	科目類別
佛教史料學	Study of Buddhist Historical Documents	必修	中文	藍吉富	專業科目
西藏佛教史	History of Tibetan Buddhism	必修	中文	梅靜軒	專業科目
漢傳佛教諸宗思想導論（I）	Introduction to Chinese Buddhist Schools（1）	必修選修	中文	施凱華	專業科目
印度大乘佛教思想導論（I）	Introduction to the Mahāyāna Philosophy of Indian Buddhism（1）	必修選修	中文	鄧偉仁	專業科目
梵文（I）	Sanskrit（1）	必修選修	中文梵文	見弘法師	專業科目
藏文（I）	Tibetan（1）	必修選修	中文藏文	廖本聖	專業科目
禪修（V）	Meditation Practice（V）	必修	中文	果元法師	行門科目
朝暮定課（V）	Daily Practice（V）	必修	中文	果肇法師	行門科目
禪修實習（III）	Chan meditation Retreat（III）	必修	中文	果鏡法師	行門科目
禪學專題研修（I）	Seminar: Chan Buddhism（1）	必修選修	中文	果鏡法師	行門科目
儀軌專題研修（I）	Seminar: Buddhist Rituals（1）	必修選修	中文	果慨法師	行門科目
弘化專題研修（I）	Seminar: Dharma Teaching（1）	必修選修	中文	黃鳳英	行門科目
環境變遷與永續發展	Environmental Change and Sustainable Development	選修	中文	江康鈺	通識科目
電腦與網路概論（II）	Introduction to Computer Science and the Internet（II）	選修	中文	洪振洲	通識科目
經濟與人生	Economics and Life	選修	中文	江靜儀	通識科目
梵文佛典導讀（I）	Guided Reading of Sanskrit Scripture（1）	必修選修	中文	鄧偉仁	專業科目
天臺止觀（I）	Studies on Chih-kuan of Tiantai School（1）	必修選修	中文	陳英善	專業科目
臺灣佛教史（I）	History of Buddhism in Taiwan（1）	必修	中文	闞正宗	專業科目
《毘曇》研讀	The Study of *Abhidhamma*	選修	中文	莊國彬	專業科目
禪修（VII）	Meditation Practice（VII）	必修	中文	果元法師	行門科目
朝暮定課（VII）	Daily Practice（VII）	必修	中文	果肇法師	行門科目
哲學思想導論	Introduction to Philosophical Thinking	選修	中文	蔡伯郎	通識科目
佛教心理學與諮商	Buddhist Psychology and Counseling	選修	中文	黃鳳英	通識科目

法鼓佛教學院2011年師資簡介

◎專任師資名單

姓名	職稱	最高學歷	任教科目
惠敏法師	教授	日本東京大學文學博士	·《大乘莊嚴經論》〈波羅蜜品〉梵典研究 ·《大乘莊嚴經論》〈波羅蜜品2〉梵典研究 ·三學精要研修 ·思考與表達 ·印度佛教史
杜正民	教授級專業技術人員	中華佛學研究所結業	·佛學數位詞彙資源專題——音義與工具書的數位化研究與應用 ·大乘禪法 ·電子佛典實務 ·弘化專題研修
果肇法師	副教授級專業技術人員	中興大學企業管理系畢業	·朝暮定課 ·服務學習
廖本聖	副教授級專業技術人員	淡江大學化學研究所碩士	·藏文佛典導讀 ·西藏因明思想專題 ·西藏中觀思想專題 ·西藏密續思想專題 ·宗喀巴師徒著作專題 ·藏文文法 ·藏文
果暉法師	助理教授	日本立正大學文學博士	·禪修專題研修 ·禪修 ·高僧行誼 ·比丘戒律 ·高僧文選修 ·安世高研究
見弘法師	助理教授	日本九州大學文學博士	·日文佛學資料選修讀 ·印度佛典專題 ·當代日本佛學論著選修讀 ·佛學日文 ·梵文文獻導讀 ·梵文
果鏡法師	助理教授	日本京都佛教大學文學博士	·中國淨土思想研究 ·中國淨土專題研究 ·唐宋禪學專題 ·儀軌專題研修 ·《六祖壇經》專題 ·禪修實習 ·禪學專題研修
蔡伯郎	助理教授	中國文化大學哲學博士	·唯識論典專題 ·陳那論書專題研究 ·《阿毘達磨俱舍論·根品》研究 ·《阿毘達磨俱舍論·業品》研究 ·哲學思想導論
莊國彬	助理教授	英國布里斯托大學宗教學博士	·印度佛教史研究 ·巴利文 ·巴利文文法 ·巴利文佛典研讀 ·巴利文獻研究 ·印度佛教史專題 ·服務學習 ·世界宗教學概論 ·毘曇研讀

姓名	職稱	最高學歷	任教科目
洪振洲	助理教授	臺灣科技大學資訊工程學博士	・程式語言 ・佛學資訊、工具與技術 ・電腦與網路概論 ・數學 ・開放式文書處理實作
鄧偉仁	助理教授	美國哈佛大學宗教學博士	・漢傳佛教史專題 ・學術研究方法與寫作 ・梵文文法 ・印度大乘佛教思想導論 ・論文寫作 ・梵文佛典導讀
梅靜軒	助理教授	德國波昂大學東方語言學博士	・西藏佛教史專題 ・西藏佛學研究方法 ・宗教學專題 ・歐美佛學資料選讀 ・佛學研究方法入門 ・西藏佛教史

◎兼任師資名單

姓名	職稱	最高學歷	任教科目
楊郁文	教授級專業技術人員	高雄醫學院醫學系畢業	·《阿含經》研究
陳炯彰	教授	美國雷斯汀大學歷史學博士	·進階英文
林正常	教授	美國明尼蘇達大學運動生理學博士	·體育
黃榮堅	教授	德國波昂大學法律學博士	·法律與人生
江康鈺	教授	中興大學環境工程學博士	·環境變遷與永續發展
果元法師	副教授級專業技術人員	加拿大喬治布朗學院電機系畢業	·禪修
果徹法師	副教授級專業技術人員	東吳大學中文系畢業	·比丘尼戒律
果舫法師	副教授級專業技術人員	臺北空中商專畢業	·禪修
高明道	副教授級專業技術人員	中國文化大學中文研究所碩士	·漢譯佛典專題 ·實用佛教文獻學：翻譯、詮釋 ·佛典漢語
簡淑華	副教授級專業技術人員	德明商專畢業	·體育
果光法師	副教授	美國俄亥俄州立大學農業經濟學博士	·弘化專題研修 ·漢傳佛教禪觀
陳英善	副教授	中國文化大學哲學博士	·天臺教觀專題 ·華嚴教觀專題 ·天臺止觀 ·法界觀專題
藍吉富	副教授	東海大學歷史研究所碩士	·漢傳佛教史 ·佛教史料學
果慨法師	助理教授級專業技術人員	東南專科畢業	·梵唄與儀軌 ·儀軌專題研修
果理法師	助理教授級專業技術人員	中興大學企業管理系畢業	·禪定學概論
闞正宗	助理教授級專業技術人員	成功大學歷史系畢業	·臺灣佛教史
江靜儀	助理教授級專業技術人員	美國密西根大學經濟學博士	·經濟與人生
溫宗堃	助理教授	澳洲昆士蘭大學宗教歷史哲學博士	·阿含導讀
劉國威	助理教授	美國哈佛大學宗教學博士	·西藏佛教史專題 ·西藏重要祖師著作專題
黃鳳英	助理教授	英國曼徹斯特大學心理學博士	·安寧療護與佛法 ·弘化專題研修 ·佛教心理學與諮商
金子恭久	講師級專業技術人員	日本中央大學法學部法律學科畢業	·日文 ·初級日文 ·中級日文
常延法師	講師	佛光大學宗教研究所碩士	·佛教入門
法源法師	講師	紐約科技大學機械研究所碩士	·知識管理實務
鐘文秀	講師	東海大學哲學研究所碩士	·日文閱讀
方怡蓉	講師	臺灣師範大學英語研究所碩士	·大一英文

法鼓佛教學院推廣教育中心2011年課程概況

◎第一期課程：2月底至5月底

課程名稱		授課教師	地點
佛法教理	根本佛教	楊郁文	慧日講堂
	《法華經》要義（二）	藍吉富	德貴學苑
	證悟的居士──《維摩詰經》講釋	梁寒衣	
	《入中論》導讀（上）	劉嘉誠	愛群教室
	佛教概論──佛教傳統與根本佛法	鄧偉仁	
	《入菩薩行論》	馬君美	
	印度佛教史概論	陳世賢	
佛學語言	古典藏文文法	曾德明	德貴學苑
	藏語初階	曾德明	
	佛學英文──《大般涅槃經》	鄭振煌	愛群教室
	梵文閱讀	鐘文秀	
	日文閱讀	鐘文秀	
佛教應用	完形諮商的人生智慧	曹中瑋	德貴學苑
	禪韻國畫山水	簡淑華	

◎第二期課程：6月中至9月中

課程名稱		授課教師	地點
佛法教理	根本佛教	楊郁文	慧日講堂
	《法華經》要義（三）	藍吉富	德貴學苑
	證悟的居士──《維摩詰經》講釋	梁寒衣	
	中觀的甚深慧與廣大行	劉嘉誠	愛群教室
	佛教傳統的心識思想	鄧偉仁	
	《入菩薩行論》	馬君美	
	部派佛教思想概論	陳世賢	
佛學語言	古典藏文文法	曾德明	德貴學苑
	藏語初階	曾德明	
	英文佛典選讀	鄭振煌	愛群教室
	梵文閱讀	鐘文秀	
	日文閱讀	鐘文秀	
	梵文初階密集班	鐘文秀	
	日文初階密集班	鐘文秀	
佛教應用	傳統與現代的生活美學	張春發	德貴學苑
	禪韻國畫山水	簡淑華	

◎第三期課程：10月中至2012年1月底

	課程名稱	授課教師	地點
佛法教理	根本佛教	楊郁文	慧日講堂
	佛法十二講	藍吉富	德貴學苑
	印度文化史	陳世賢	
	禪定學小百科——《清淨道論》	智懿法師	
	中觀的甚深慧與廣大行	劉嘉誠	愛群教室
	佛教禪修傳統與宗教經驗	鄧偉仁	
佛學語言	巴利文法及經典研讀	許洋主	德貴學苑
	藏語初階	曾德明	
	佛學英文	鄭振煌	愛群教室
	梵文閱讀	鐘文秀	
	日文閱讀	鐘文秀	
	藏文佛典選讀——《法法性分別論》	智懿法師	
佛教應用	傳統與現代的生活美學	張春發	德貴學苑
	禪柔正念瑜伽	簡淑華	
	禪柔輕安瑜伽	簡淑華	

法鼓山僧伽大學100學年度課程表

◎佛學系

學年			一	二	三	四
慧業	解門	戒	戒律學（一）	戒律學（二）	戒律學（三）	戒律學（四）
		定	禪學（一）——禪定學概論	禪學（二）——大乘禪法（選）	禪學（三）——漢傳佛教禪觀（停開）	禪學（四）——禪宗禪法 默照——默照禪（上） 話頭——話頭禪（下）
		慧	世界佛教史導論（一）——中國佛教史	世界佛教史導論（二）——印度佛教史	世界佛教史導論（三）——禪宗法脈	世界佛教史導論（四）——東亞佛教史
			阿含導讀	淨土學（選）	下學期：如來藏（選）	明代漢傳大師著作導讀（選）
			佛法導論——佛教入門、學佛五講	上學期：漢傳佛教諸宗導讀（選） 下學期：唯識學（選）	天臺學（選）	華嚴學（選）
			高僧行誼	上學期：《法鼓全集》導讀	中觀學（選）	宗教師教育
					二課合解	畢業製作
		通識課程	通識課程（一）思考與表達方法	通識課程（二）上學期：寫作與報告 下學期：知識管理	通識課程（三）上學期：弘講理論與實務	通識課程（四）
				英文會話（基礎、中階）	英文——法鼓山的理念	英文佛典導讀（選）
			動禪	書法禪		
	行門		禪修（一）	禪修（二）	禪修（三）默照・話頭（二選一）	禪修（四）
			梵唄與儀軌（一）	梵唄與儀軌（二）	梵唄與儀軌（三）	梵唄與儀軌（四）
			出家行儀（一）	出家行儀（二）	出家行儀（三）	出家行儀（四）
福業			作務與弘化（一）	作務與弘化（二）	作務與弘化（三）	作務與弘化（四）
			班會（一）	班會（二）	班會（三）	班會（四）

◎禪學系

學年			一	二	三	四	五	六
慧業	解門	戒	戒律學（一）	戒律學（二）	戒律學（三）	戒律學（四）		
		定	禪學（一）——禪定學概論	禪學（二）——大乘禪法（選）	禪學（三）——漢傳佛教禪觀（停開）	禪學（四）——禪宗禪法 默照——默照禪（上） 話頭——話頭禪（下）	禪修方法研討（一）	禪修方法研討（二）
		慧	世界佛教史導論（一）中國佛教史	世界佛教史導論（二）印度佛教史	世界佛教史導論（三）禪宗法脈	世界佛教史導論（四）東亞佛教史	禪期見習	禪期見習
			阿含導讀	淨土學（選）	中觀學（選）	明代漢傳大師著作導讀（選）		華嚴學（選）
			佛法導論——佛教入門	上學期：《法鼓全集》導讀	天臺學（選）	華嚴學（選）		
			高僧行誼	上學期：漢傳佛教諸宗導讀（選）下學期：唯識學（選）	下學期：如來藏（選）	宗教師教育		
					禪宗經論導讀	禪修專題報告		
		通識教育	通識課程（一）思考與表達方法	通識課程（二）上學期：寫作與報告 下學期：知識管理	通識課程（三）上學期：弘講理論與實務	通識課程（四）		
				英文會話（基礎、中階）	英文——法鼓山的理念	英文佛典導讀（選）		
			動禪	書法禪				
	行門		禪修（一）	禪修（二）	禪修（三）——默照・話頭（二選一）	禪修（四）	禪修（五）	禪修（六）
				行解交流	行解交流	行解交流	行解交流	行解交流
			梵唄與儀軌（一）	梵唄與儀軌（二）	梵唄與儀軌（三）	梵唄與儀軌（四）	專案培訓	專案培訓
			出家行儀（一）	出家行儀（二）	出家行儀（三）	出家行儀（四）	出家行儀（五）	出家行儀（六）
福業			作務與弘化（一）	作務與弘化（二）	作務與弘化（三）	作務與弘化（四）	作務與弘化（五）	作務與弘化（六）
			班會（一）	班會（二）	班會（三）	班會（四）	班會（五）	班會（六）

◎僧才養成班

學年			二
慧業	解門	戒	戒律學（二）
		定	禪學（二）大乘禪法
		慧	戒律學（三）
			上學期：《法鼓全集》導讀
			下學期：唯識學（選）
			二課合解
			宗教師教育
		通識教育	通識課程（二） 下學期：知識管理（選）
			書法禪
	行門		禪修（二）
			梵唄與儀軌（二）
			出家行儀（二）
	福業		作務與弘化（二）
			班會（二）

※僧才養成班（二年制）開班至2010年，2011年起暫停招生。

法鼓山僧伽大學100學年度師資簡介

◎ 專任教師

姓名	職稱	學經歷	教授課程
果東法師	院長	法鼓山方丈和尚	
果光法師	副院長 教務長 專任助理教授	美國俄亥俄州立大學博士 曾任法鼓山行政中心副都監 曾任法鼓山僧團經營規畫處監院	・禪宗法脈 ・禪學（二）
常寬法師	副院長 專任講師	美國東密西根大學碩士 曾任創辦人侍者	・出家行儀（三） ・戒律學（二）
果肇法師	女眾學務長 專任副教授	法鼓佛教學院行政副校長	・宗教師教育 ・出家行儀（四）
常隨法師	男眾學務長 專任講師	中央大學碩士 法鼓山僧伽大學佛學院畢業	・出家行儀（一） ・天臺學 ・禪學（一）
果徹法師	專任助理教授	中華佛學研究所畢業 曾任法鼓山僧團教育院監院	・中觀學 ・禪學（四）——話頭 ・禪修方法研討（二） ・四分比丘尼戒
果稱法師	教務處課務組組長 專任講師	逢甲大學會計系畢業 曾任法鼓山佛學推廣中心室主 曾任法鼓山僧團女眾部僧值	・出家行儀（六） ・高僧行誼 ・禪修（二）（四）
果通法師	女眾學務處輔導法師 專任講師	法鼓山僧團女眾部副僧值	・出家行儀（一） ・戒律學（一）
常順法師	男眾學務處輔導法師 專任講師	政治大學統計學系畢業 法鼓山僧伽大學養成班畢業	・出家行儀（二）（四）（六） ・戒律學（一） ・梵唄與儀軌（二） ・禪修（二）
常元法師	男眾學務處規畫組組長 專任講師	輔仁大學哲學系畢業 法鼓山僧伽大學養成班畢業	・四分比丘戒
常宗法師	女眾學務處輔導組組長 專任講師	東海大學社會系畢業 法鼓山僧伽大學佛學院畢業	・出家行儀（二） ・戒律學（二）
常盛法師	總務長 專任講師	大同大學事業經營系畢業 法鼓山僧伽大學佛學院畢業 曾任法鼓山僧伽大學祕書	・出家行儀（三） ・禪修（一）
常輪法師	女眾學務處保健組組長 專任講師	弘光技術學院畢業 法鼓山僧伽大學佛學院畢業	・出家行儀（二）
常延法師	專任講師	佛光人文社會學院碩士 曾任華嚴專宗學院教師 曾任法鼓山僧團三學院與弘化院成員	・佛法導論（一）：佛教入門 ・禪宗經論導讀

◎兼任教師

姓名	職稱	學經歷	教授課程
惠敏法師	兼任教授	日本東京大學博士 法鼓佛教學院校長 曾任中華佛學研究所副所長	・思考與表達方法 ・印度佛教史
杜正民	兼任教授	法鼓佛教學院副校長 曾任法鼓佛教學院圖書資訊館館長	・如來藏 ・知識管理
果元法師	兼任副教授	加拿大喬治布朗學院電機系畢業 法鼓山禪修中心副都監 曾任法鼓山東初禪寺住持	・禪修（三）──話頭
陳英善	兼任副教授	中國文化大學博士 中華佛學研究所研究員	・華嚴學
果鏡法師	兼任助理教授	日本佛教大學博士 中華佛學研究所所長 曾任法鼓山僧團都監	・淨土
果理法師	兼任助理教授	中興大學企業管理學系畢業 法鼓山臺中分院監院	・禪學（四）──默照 ・禪學（一）
果慨法師	兼任助理教授	法鼓山僧團弘化院監院 曾任法鼓山僧伽大學女眾學務處規畫組組長	・二課合解 ・四分比丘尼戒
純因法師	兼任助理教授	美國亞利桑那大學博士	・《阿含經》導讀 ・漢傳佛教諸宗導讀
蘇南望傑	兼任助理教授	日本佛教大學博士課程	・西藏佛教史 ・日本佛教史
戴良義	兼任助理教授	美國東密西根大學碩士 曾任法鼓大學籌備處祕書 法鼓山普化中心信眾教育院專任講師	・弘講理論與實務 ・唯識學
果品法師	兼任講師	法鼓山副住持	・梵唄與儀軌（一）
果竣法師	兼任講師	臺北醫學大學畢業	・明代漢傳大師著作導讀
果毅法師	兼任講師	法鼓山普化中心副都監 曾任法鼓山文化中心副都監	・《法鼓全集》導讀
果印法師	兼任講師	法鼓山僧團都監助理 曾任法鼓山農禪寺知客師	・梵唄與儀軌（四）
果界法師	兼任講師	法鼓山僧團三學院僧才培育室室主 曾任法鼓山僧團關懷院普照室室主	・梵唄與儀軌（三）
果寰法師	兼任講師	法鼓山僧團弘化院知客室室主	・梵唄與儀軌（二）
常湛法師	兼任講師	法鼓山僧團法務室室主	・梵唄與儀軌（一）
常遠法師	兼任講師	法鼓山天南寺監院 曾任法鼓山傳燈院監院 曾任法鼓山男眾發展院監院	・禪修（一）
常應法師	兼任講師	法鼓山僧伽大學畢業 法鼓山男眾發展院弘化室室主 法鼓山男眾維那師	・梵唄與儀軌（三）（四） ・二課合解
常悟法師	兼任講師	美國紐約州立大學水牛城分校碩士 法鼓山文化中心國際編譯組組長	・英文經典導讀 ・禪修（三）──默照
常綽法師	兼任講師	法鼓山百丈院營繕養護室室主	・中國佛教史
常慶法師	教務處學術出版組組長 兼任講師	臺灣師範大學畢業 中華佛學研究所畢業	・寫作與報告 ・明代漢傳大師著作導讀
法源法師	兼任講師	美國紐約科技大學碩士 中華佛學研究所畢業	・菩薩戒

姓名	職稱	學經歷	教授課程
光洵法師	兼任講師	日本立正大學畢業 中華佛學研究所畢業	・菩薩戒
大常法師	兼任講師	中華佛學研究所畢業 曾任法鼓山普化中心信眾教育院講師	・天臺學 ・中國佛教史
蘇益清	兼任講師	中山國小書法師資培訓班講師	・書法禪
陳世佳	兼任講師	法鼓山動禪講師	・動禪
黃怡琪	兼任講師	中華佛學研究所畢業 法鼓佛教學院專職	・動禪 ・書法禪
方怡蓉	兼任講師	臺灣師範大學英語研究所碩士 中華佛學研究所畢業	・英文

法鼓山2011年海外分會、聯絡處定期共修活動概況

◎北美洲──美國

據點名稱	時間	項目
美國紐約東初禪寺	每週一19：30～21：00	念佛共修
	每週二19：00～21：30 每週六09：00～15：00	禪坐共修（英文）
	每週三19：15～21：15	中文佛學課程（《六祖壇經》）
	每週四19：30～21：00	太極拳
	每週五19：15～21：15	中文佛學課程（學佛五講）
	每週日10：00～11：00	禪坐共修
	每週日11：00～12：30	佛學講座
	每月最後一週週六09：00～17：00	一日禪（英文）
	每月第一、第四週週日14：00～15：30	觀音法會（遇菩薩戒誦戒會則取消）
	每月第二週週日14：00～16：00	大悲懺法會
	每月第三週週日14：00～16：30	地藏法會
	每月第四或第五週14：00～15：00	菩薩戒誦戒會
	每月第二、四週週日13：45～15：00	英文佛學研讀會（《禪的智慧》、《三十七道品》）
	每兩個月開班一次，週六09：30～12：00	英文禪訓班
	每兩個月開班一次，週六14：00～16：30	中文禪訓班
美國紐約象岡道場	每週四19：00～21：00	禪坐共修
	每週日09：00～11：00	講經共修
北美護法會──東北轄區		
紐約州長島聯絡處	每週四19：00～21：00	禪坐共修
	每月一次	佛學講座
康州南部聯絡處	每月第三週週六19：00～21：00	禪坐、讀書會
康州哈特福聯絡處	每月第三週週五19：00～21：00	禪坐（自10月起）
	每月第三週週四19：00～21：00	讀書會（自10月起）
佛蒙特州伯靈頓聯絡處	每月第二或第三週週六13：00～17：00	禪坐、讀書會
北美護法會──中大西洋轄區		
新澤西州分會	每週二19：00～20：00	念佛禪
	每月第一週週日09：00～12：30	精進半日禪
	每月第二週週日10：45～12：30	念佛法會
	每月第三週週日10：45～12：30	大悲懺法會
	每月第四週週日10：45～12：30	《金剛經》法會
賓州州大大學城聯絡處	週四19：30～21：30	讀書會
	週日10：00～11：30	禪坐共修
北美護法會──南部轄區		
德州達拉斯聯絡處	每月第二週週日	小朋友共修：法鼓八式動禪、禪坐、「心五四」討論、遊戲、勞作
	每月第三週週日	成人共修：法鼓八式動禪、禪坐、觀看聖嚴師父開示影片
佛州奧蘭多聯絡處	每月第三週週六10：30～12：00	讀書會

據點名稱	時間	項目
佛州塔拉哈西聯絡處	每週一19：30～21：00	禪坐共修
	每月第一週週五19：30～21：00	讀書會
	每月第一週週一19：30～21：00	禪修開示
	每月一次	禪一
	每月一次	初級禪訓班（四小時）
北美護法會——中西部轄區		
伊利諾州芝加哥分會	每月單週週四	瑜伽冥想練習（1至5月）
	每週日08：30～11：30	「禪」工作坊
	每月單週週五20：00～22：00	誦經共修
	每月第二週週六10：30～12：00	拜《大悲懺》共修
北美護法會——西部轄區		
加州洛杉磯分會	每週四19：00～21：30 每週日09：30～12：00	禪坐共修
	每週六16：30～18：00	念佛共修、拜懺、法器練習
	每月第一週週日13：00～15：00	大悲懺法會
	每月第二、三週週日13：30～16：00	佛學初階課程
	每月最後一週週日09：00～17：00	一日禪
加州舊金山分會	每週二19：30～21：30	禪坐共修
	每週六11：30～13：00，19：00～20：30	瑜伽共修
	每週日14：00～17：00	禪坐共修
	每月第一週週六14：00～16：00	大悲懺法會
	每月隔週週一19：30～21：30	讀書會
	每月隔週週一11：00～13：00	心靈茶會
加州省會聯絡處	每月雙週週日14：00～17：00	禪坐共修
華盛頓州西雅圖分會	每週一10：00～12：00	觀看果徹法師《八大人覺經》講座影片暨讀書會
	每週四19：00～21：30	英文禪坐共修
	每週五19：00～21：30	禪坐共修
	每月雙週週三19：30～21：00	合唱團練習共修（1～4月）
	每月第一週週五10：00～12：00	念佛共修（11月開辦）
	每月第一週週日10：00～12：00	大悲懺法會
	每月第二週週五19：30～21：30	心靈茶會——生活談心
	每月第三週週日10：00～12：00	週日讀書會
	每月第四週週日10：00～12：00	念佛共修（5～12月）
	每月第四週週日13：00～15：00	助念共修（1～4月）

◎北美洲──加拿大

據點名稱	時間	項目
法鼓山溫哥華道場	每週一10：00～12：00	鼓隊練習
	每週一19：30～21：30（溫哥華地區） 每月第二週週六19：30～21：30（本拿比地區）	佛法指引
	每週二10：00～12：00	禪門探索讀書會
	每週四10：00～12：00	法器練習
	每週五18：30～20：30	少年生活營
	每週六10：00～12：00	成佛之道讀書會
	每週六19：30～21：30（本拿比地區） 每週日09：30～12：00（溫哥華地區）	禪坐共修
	每月第二、三、四週週四10：00～12：00	合唱團練習
	每月第一、二週週五10：00～12：00	念佛共修
	每月第一、二週週五19：00～21：00	法青讀書會
	每月第二週週六14：00～16：30	大悲懺法會
	每月第四週週五10：00～12：00	菩薩戒誦戒會
	每月單週週二13：00～15：00（溫哥華地區） 每月雙週週二13：00～15：00（菲沙河谷地區） 每月雙週週四12：30～14：30（本拿比地區） 每月第三週週日13：30～15：30（列治文地區）	心靈茶棧
	每月雙週週四19：00～21：00	英文讀書會
北美護法會		
安省多倫多分會 ◎1～7月共修地點： 154 Pointz Ave, Toronto, ON, M2N 1J3 Canada ◎8～12月共修地點： 為雲水道場，依活動租或 借用場地舉辦	每週一11：00～13：00（1～7月） 每週一10：00～13：00（8～12月）	鈔經攝念書法共修
	每週三19：00～21：00（1～7月）	禪修指引共修
	每週三10：00～14：00（1～7月） 每週五10：00～14：00（8～12月居士家中）	法器練習共修
	每週日10：00～12：00（1～12月） 每週四19：00～21：00（9～12月借多倫多大學多信仰中心舉辦）	禪坐共修
	每月第一週週六09：30～16：30（1～7月）	禪一
	每月第三週週日10：00～12：00（1～12月）	大悲懺法會
	每月一次週四19：00～21：00（1～12月）	國語學佛讀書會（一）
	每月一次週五19：30～21：30（1～7月）	粵語學佛讀書會
	每月一次週六10：00～12：00	英語學佛讀書會
	每月一次週日14：00～16：00（1～7月）	國語學佛讀書會（二）

◎亞洲

據點名稱	時間	項目
馬來西亞道場	每週一20：30～22：00	合唱團練唱
	每週一20：00～22：00	禪坐共修（英文）
	每週二20：00～22：00	禪坐共修（中文）
	每週日09：30～12：00	禪坐共修（中文）
	每週四20：00～22：00	《學佛五講》佛學課程（3至10月）
	每週六19：30～21：30	念佛共修
	每月第一週週六19：30～21：30	菩薩戒誦戒會
新加坡護法會	每週二19：30～21：30	心靈環保課程
	每週三19：30～21：30	禪坐共修
	每週日09：30～11：30	禪坐共修
	每週四19：30～20：00	誦念《阿彌陀經》
	每週四20：00～21：30	念佛共修
	每週六13：00～15：00	安心讀書會
	每週六16：00～18：00	法器練習
	每月第一、三週週日13：30～15：00	菩薩戒誦戒會
	每月第一週週四20：00～21：30	持誦二十一遍〈大悲咒〉
	每月第二週週日13：30～15：00	大悲懺法會
	每單月最後一週週日09：30～17：00	佛一
	每雙月最後一週週日09：30～17：00	一日禪
香港護法會	每週一19：30～21：30	禪坐共修
	每週二14：30～16：30	法器練習
	每週二19：30～21：30	法器練習
	每週三19：30～21：30	定心寫經班
	每週四19：30～21：30	心靈環保讀書會＆自在普通話班
	每月第一週週五19：30～21：30	菩薩戒誦戒會暨念佛共修
	每週五19：30～21：30（第一週除外）	精進拜佛
	每月第三週週六14：30～18：30	初級禪訓密集班
	每月第三週週日09：30～18：30	初級禪訓密集班
	每月第四週週六19：30～21：30	大悲懺法會
泰國護法會	每週二10：00～12：00	心靈環保讀書會
	每週六10：00～12：00	念佛共修
	每月第四週週六10：00～12：00	大悲懺法會

◎大洋洲

據點名稱	時間	項目
雪梨分會	每月第一、三週週日09：00～12：30	禪坐共修、觀看聖嚴師父開示影片

法鼓山2011年參與暨舉辦之主要國際會議概況

時間	會議名稱	主辦單位	國家	地點	主要代表參加人
1月18至21日	第二屆華人宗教研究論壇——「佛教研究方法」、「當代佛教研究」兩場次	臺灣政治大學宗教研究所、香港中文大學宗教與文化學系、上海復旦大學宗教系、北京大學宗教系	臺灣	法鼓山世界佛教教育園區	法鼓佛教學院校長惠敏法師
5月12至14日	第八屆聯合國衛塞節國際佛學會議	國際佛教大會（The International Buddhist Conference）	泰國	曼谷朱拉隆功佛教大學（Mahachulalongkorn-rajavidyalaya University）	法鼓山副住持果暉法師、中華佛學研究所所長果鏡法師
5月14至16日	趙州禪、臨濟禪、生活禪學術研討會	中國大陸河北省社會科學院、柏林禪寺	中國大陸	河北省石家庄	中華佛學研究所榮譽所長李志夫教授、常諗法師
6月11至15日	2011兩岸NGO實務暨人才發展論壇	法鼓大學籌備處、政治大學公民社會暨地方治理研究中心、至善社會福利基金會、第三部門教育基金會、臺灣公益CEO協會	臺灣	政治大學	法鼓大學籌備處
6月20至25日	IABS 國際佛學會議第十六屆大會（XVIth Congress of the International Association of Buddhist Studies）	法鼓佛教學院、中華佛學研究所	臺灣	法鼓山世界佛教教育園區	法鼓佛教學院校長惠敏法師
7月28至30日	第六屆青年佛教學者學術研討會	香港中文大學人間佛教研究中心	香港	中文大學人間佛教研究中心	法鼓大學籌備處人生學院助理研究員陳平坤
8月8日	「重建之路 感謝有您」國際記者會	行政院	臺灣	新聞局新聞中心	法鼓山慈基會總幹事江弘基
8月10至12日	第二十七屆美國國際志工行動協會（American Voluntary International Action, Inter Action）年會	美國國際志工行動協會	美國	華府華盛頓會議中心（Washington Convention Center）	法鼓山慈基會專職吳慎
8月18至21日	正念禪修：可為當代社會所用的一種佛教修行（Mindfulness: A Buddhist Practice for Today's Society）國際學術研討會	漢堡大學佛教研究中心	德國	漢堡大學（University of Hamburg）	法鼓佛教學院校長惠敏法師
9月6至11日	氣候變遷的內在面向青年會議	全球女性和平促進會（GPIW）、波那維亞基金會（Purna Vidya Trust）	印度	里希克盧（Rishikesh）	僧團常藻法師、常鐘法師
9月30至10月15日	宗教、自然與藝術國際會議（Religion, Nature and Art Conference）	梵諦岡博物館	梵諦岡	梵諦岡博物館	法鼓佛教學院教授杜正民
10月27至28日	中國・湖北第二屆黃梅禪宗文化高峰論壇	湖北省民族宗教事務委員會、黃岡市人民政府	中國大陸	湖北省黃梅縣	中華佛學研究所榮譽所長李志夫、法鼓大學籌備處人生學院助理研究員陳平坤

聖嚴師父暨法鼓山相關學術研究論文一覽

◎ 期刊論文（與聖嚴師父相關）

論文題目	作者	論文發表處	發表年	備註
Struck like lightning: the life of Master Sheng Yen	Stroud, Michael	*Taiwan Review* 60, no.2 (Feb 2010)	2010	
A Tentative Exploration into the Development of Master Sheng Yen's Chan Teachings	Jimmy Yu 俞永峰	《中華佛學學報》第二十三期	2010	
析論聖嚴法師「帶業、消業都生淨土」之詮解	王靖絲	《中華佛學研究》第十一期	2010	
人間佛教的道家觀點 ——以聖嚴法師為例	高毓婷	《法鼓佛學學報》第五期	2009	
試析聖嚴法師之公案解讀	徐慧媛	《問學集》第十一期	2007	
聖嚴法師「人間淨土」說之「治療學」詮釋	林恬慧	《國文學誌》第十三期	2006	
注重「心靈環保」的當代人間佛教 ——聖嚴法師人間佛教思想之探析	繆方明	《宗教學研究》第一期	2006	中國大陸期刊
聖嚴の現代日本仏教批判	Liu Hui-hsin	日本語・日本文化研究第十五期	2005	
民國以來留日學僧的歷史軌跡與聖嚴法師東渡留學	許育銘	《東華人文學報》第六期	2004	
當代臺灣旅遊文學中的僧侶記遊 ——以聖嚴法師《寰遊自傳系列》為探討	丁敏	《佛學研究中心學報》第七期	2002	另收於2004法鼓文化出版《聖嚴法師思想行誼》
聖嚴法師行誼簡介=A Short Introduction to the Life of Ven. Sheng-yen	李志夫	《中華佛學學報》第十三期	2000	
聖嚴法師佛學著述簡介	高振農	《中華佛學學報》第十三期	2000	
聖嚴法師與人間佛教的人間淨土 ——「法鼓全集」之思想概介	釋果徹	《漢學研究通訊》第十九卷第三期	2000	
聖嚴法師之名號與法脈 ——聖嚴法師研究之一	林其賢	《屏東商業技術學院學報》第二期	2000	
聖嚴法師和他的中國佛教文化研究	洪金蓮	《人海燈》第十四期	1999	中國大陸期刊

◎ 期刊論文（與法鼓山及其理念相關）

論文題目	作者	論文發表處	發表年	備註
儒家群己觀的現代意義 ——從「心 起	黃慶雄	《崑山科技大學人文暨社會科學學報》第三期	2011	
《一○八自在語》的修辭析賞	何永清	《中國語文》期刊（2006年8月）	2006	
環境實踐的「全球」與「在地」辯證：以法鼓山的「環保」論述為例	林益仁	《臺灣社會研究》第五十五期	2004	
當代臺灣佛教環保理論的省思 ——以「預約人間淨土」和「心靈環保」為例	楊惠南	《當代》第一百零四期	1994	另收於1996佛光出版社出版《1995年佛學研究論文集——佛教現代化》
宗教福利服務之初步考察：以「佛光山」、「法鼓山」與「慈濟」為例	王順民	《思與言》第三期	1994	

◎專書（與聖嚴師父相關）

書名	作者	出版社	出版年	備註
《聖嚴研究第二輯》	聖嚴教育基金會學術研究部編	法鼓文化	2011	收錄「第三屆聖嚴思想國際學術研討會暨法鼓山信眾論壇──聖嚴法師的教導與時代意義」部分發表論文
《聖嚴研究第一輯》	聖嚴教育基金會學術研究部編	法鼓文化	2010	收錄「第二屆聖嚴思想國際學術研討會──聖嚴思想與漢傳佛教」部分發表論文
《聖嚴法師禪學著作中的生命教育》	林泰石	法鼓文化	2009	2008國立臺北教育大學生命教育與健康促進研究所碩士論文
《聖嚴法師思想行誼》	林煌洲等合著	法鼓文化	2004	
《聖嚴法師佛教教育理念與實踐》	釋常慧	法鼓文化	2004	2002中華佛學研究所碩士論文
《聖嚴法師的禪學思想》	辜琮瑜	法鼓文化	2002	2001中國文化大學哲學研究所博士論文
《聖嚴法師七十年譜》	林其賢	法鼓文化	2000	

◎專書論文（與聖嚴師父相關）

論文題目	作者	論文發表處	發表年	備註
聖嚴法師與漢傳佛教	于君方	《傳燈續慧──中華佛學研究所三十週年特刊》	2010	
聖嚴法師與禪宗之現代化建構	俞永峰	《傳燈續慧──中華佛學研究所三十週年特刊》	2010	
臺灣佛教高等教育的推手聖嚴法師──佛教學術教育之一例及我見	林煌洲	《聖嚴法師思想行誼》	2004	2004法鼓文化出版
尋求菩薩戒的新典範──聖嚴法師菩薩戒思想初探	林其賢	《聖嚴法師思想行誼》	2004	2004法鼓文化
《正信的佛教》──聖嚴法師流通最廣的著作	楊郁文	《聖嚴法師思想行誼》	2004	2004法鼓文化出版
淺論釋聖嚴博士的律學與史學	曹仕邦	《聖嚴法師思想行誼》	2004	2004法鼓文化出版
聖嚴法師「建設人間淨土」理念根源──法師大陸出家學習與近代中國佛教興革	釋果樸	《聖嚴法師思想行誼》	2004	2004法鼓文化出版
聖嚴法師的思想與志業	林其賢 曾濟群	《科技發展與人文重建論文集》	2001	法鼓人文社會學院出版
聖嚴法師佛教事業的經營形態	丁敏	《1995年佛學研究論文集──佛教現代化》	1996	1996佛光出版社出版
Contemporary Ch'an practice: Ch'an Master Sheng-yen's Faith in Mind	Sommer, Deborah, ed.	*Chinese Religion: An Anthology of Sources.*	1995	美國 New York: Oxford University Press

◎專書論文（與法鼓山及其理念相關）

論文題目	作者	論文發表處	發表年	備註
Purifying Words: The Rhetorical Aspects of 'Spiritual Environmentalism'	Clippard, Seth DeVere	《聖嚴研究第二輯》	2011	2011法鼓文化出版
法鼓十年（1989-1998）——從農禪寺到法鼓山的立基與開展	陳美華	《聖嚴法師思想行誼》	2004	2004法鼓文化出版

◎博碩士論文（與聖嚴師父相關）

論文題目	作者	論文發表處	發表年	備註
聖嚴法師對淨土思想的抉擇與詮釋	王靖絲	屏東教育大學中國語文學研究所碩士論文	2011	
聖嚴法師「心六倫」的思想與實踐	高煥循	輔仁大學宗教學研究所碩士論文	2011	
聖嚴法師大普化教育之研究	林美香	中國文化大學史學研究所碩士論文	2011	
聖嚴法師「人間淨土」之理念與實踐	李志亮	中山大學中國文學研究所碩士論文	2011	
聖嚴法師旅遊書寫之人間淨土意涵探析——以《佛國之旅》為例	柳人尹	雲林科技大學漢學資料整理研究所碩士論文	2010	
現代人間佛教的實踐與探索——以聖嚴法師與法鼓山為例	羅璿	中國大陸中南民族大學宗教學研究所碩士論文	2010	中國大陸
聖嚴法師與《大乘止觀法門》	梁茵	中國大陸中山大學宗教學研究所碩士論文	2010	中國大陸
聖嚴法師的倫理思想與實踐——以建立人間淨土為核心	林其賢	中正大學中國文學研究所博士論文	2009	
聖嚴法師禪學著作中的生命教育	林泰石	臺北教育大學生命教育與健康促進研究所碩士論文	2008	2009法鼓文化出版
聖嚴法師禪法於哲學實踐之應用探討	徐慧媛	淡江大學中國文學研究所碩士論文	2008	
主體危機、無我、過程主體：林燿德、聖嚴法師、克莉絲蒂娃之主體觀	張瓈文	輔仁大學比較文學研究所博士論文	2007	
以僧人精神統合生命：聖嚴法師的心理傳記	林長青	輔仁大學心理學研究所碩士論文	2007	
聖嚴法師佛教教育理念與實踐——以中華佛學研究所為例	釋常慧	中華佛學研究所畢業論文	2002	2004法鼓文化出版
釋聖嚴禪學思想之研究	辜琮瑜	中國文化大學哲學研究所博士論文	2001	2002法鼓文化出版

◎博碩士論文（與法鼓山及其理念相關）

論文題目	作者	論文發表處	發表年	備註
從臺灣當代禪堂空間美學看日常應用 ——以佛光山、中臺山、法鼓山為例	陳泓易	南華大學視覺與媒體藝術學研究碩士論文	2011	
宗教團體參與災害防救工作角色之探討 ——以臺灣基督長老教會、法鼓山參與921震災災後應變與重建為例	陳亮全	臺灣大學建築與城鄉研究所碩士論文	2011	
非營利組織在災害救助中扮演的角色 ——以法鼓山志工參與八八水災救助為例	徐緯倫	佛光大學公共事務學研究所碩士論文	2011	
法鼓山「心」六倫初探——全球化下之自然倫理	戴麗雪	華梵大學東方人文思想研究所碩士論文	2010	
臺灣當代寺廟構造特徵調查研究以木柵指南宮凌霄寶殿、桃園草漯保障宮、法鼓山世界佛教教育園區為例	曾基政	中原大學文化資產研究所碩士論文	2010	
非營利事業組織績效評估之研究 ——以法鼓山為例	陳榮田	中正大學政治學研究所碩士論文	2010	
臺灣非營利團體組織網路行銷分析研究 ——以法鼓山基金會為例	陳界良	元智大學資訊傳播學研究所碩士論文	2010	
深度休閒者之休閒承諾、精神效益與社會支持之關係 ——以法鼓山世界佛教教育園區志工為例	湯梓菁	世新大學觀光學研究所碩士論文	2010	
念佛「生」淨土的探討 ——以法鼓山彰化辦事處念佛組為例	張敏杰	南華大學宗教學研究所碩士論文	2009	
佛教與「環保」——臺灣法鼓山的環保理念與實踐	郭靜如	輔仁大學宗教學研究所碩士論文	2009	
東風西漸：文化全球化面臨之衝突與融合 ——以臺灣法鼓山推廣禪文化為研究案例	李芝嫻	銘傳大學國際事務研究所碩士論文	2009	
法鼓山：「心五四運動」管理意涵 ——以窗簾窗飾產業為範例	張元蓉	臺灣科技大學企業管理研究所碩士論文	2009	
The practice of Yin Shun's Ren Jian Fo Jiao: A case study of Fu Yan College, Dharma Drum Mountain and Tzu Chi Buddhist Compassion Relief	Ho, Jacqueline	M.A., University of Calgary（Canada）	2008	加拿大
法鼓山水陸法會牌位數位化之影響研究	邱素真	法鼓佛教學院佛教學系碩士班論文	2008	
臺灣佛教團體與標誌研究：以中臺山、佛光山、法鼓山、慈濟為例	羅智洋	高雄師範大學視覺設計學研究所碩士論文	2008	
非營利組織行銷策略之研究 ——以法鼓山推廣心靈環保理念為例	黃敬涵	東吳大學企業管理學研究所碩士論文	2007	
法鼓山社會福利慈善事業基金會志工組織承諾之研究	陳怡君	臺灣大學社會工作學研究所碩士論文	2007	
非營利組織事件行銷實務研究 ——以法鼓山活動為例	藍家正	政治大學經營管理碩士論文	2006	
從唯識觀點探討佛教寺院空間之配置 ——以法鼓山、佛光山、中臺禪寺、靈鷲山為例	許素娟	臺北科技大學建築與都市設計研究所碩士論文	2005	
宗教類非營利組織事件行銷探討 ——以法鼓山基金會為例	江奕辰	政治大學科技管理研究所碩士論文	2004	
佛教助念中的教化與修行——以法鼓山助念團為例	釋自悾	中華佛學研究所畢業論文	2004	
法鼓山理念之社會行銷研究	胡安婷	政治大學公共行政學研究所碩士論文	2002	

◎會議論文（與聖嚴師父相關）

論文題目	作者	論文發表處	發表時間	地點	備註
當代漢傳禪法的「層次化」教學 ——以法鼓山聖嚴法師為例	釋果毅	2010禪宗六祖文化節研討會	2010／9／10	中國大陸	
聖嚴法師之漢傳佛教復興運動 ——以漢傳禪佛教為中心	釋果暉	第三屆聖嚴思想國際學術研討會——聖嚴法師的教導與時代意義	2010／5／31	臺灣	收於2011《聖嚴研究第二輯》
聖嚴法師在臺灣法鼓教團推動天臺教觀的努力 ——以《教觀綱宗》一書為中心	黃國清	第三屆聖嚴思想國際學術研討會——聖嚴法師的教導與時代意義	2010／5／31	臺灣	
Sino-Tibetan Buddhist Education Exchanges in Republican China and Contemporary Taiwan: Case Studies of Taixu's Sino-Tibetan Buddhist Institute and Dharma Drum Mountain's Chinese-Tibetan Buddhist Cultural Exchange Program	Tuzzeo, Daniel	第三屆聖嚴思想國際學術研討會——聖嚴法師的教導與時代意義	2010／5／31	臺灣	
聖嚴法師「建設人間淨土」與「一念心淨」之要義	陳劍鍠	第三屆聖嚴思想國際學術研討會——聖嚴法師的教導與時代意義	2010／5／31	臺灣	收於2011《聖嚴研究第二輯》
從天臺淨土思想觀聖嚴法師之人間淨土要義	施凱華	第三屆聖嚴思想國際學術研討會——聖嚴法師的教導與時代意義	2010／5／31	臺灣	
對話與辯證——聖嚴法師的旅行書寫與法顯《佛國記》之比較研究	王美秀	第三屆聖嚴思想國際學術研討會——聖嚴法師的教導與時代意義	2010／5／31	臺灣	收於2011《聖嚴研究第二輯》
通往人間淨土的鑰匙 ——淺談聖嚴法師的菩薩戒	周柔含	第三屆聖嚴思想國際學術研討會——聖嚴法師的教導與時代意義	2010／5／31	臺灣	收於2011《聖嚴研究第二輯》
從晚明律學的復興看聖嚴法師的律學思想及弘戒實踐	邵佳德	第三屆聖嚴思想國際學術研討會——聖嚴法師的教導與時代意義	2010／5／31	臺灣	
聖嚴法師的念佛法門——以《聖嚴法師教淨土法門》一書為說明	郭秀年	第三屆聖嚴思想國際學術研討會——聖嚴法師的教導與時代意義	2010／5／31	臺灣	
聖嚴法師的僧教育思想與對佛教發展的貢獻	姬可周	第三屆聖嚴思想國際學術研討會——聖嚴法師的教導與時代意義	2010／5／31	臺灣	
試論《楞嚴經》耳根圓通法門 ——以聖嚴法師的講要為主	釋果鏡	第三屆聖嚴思想國際學術研討會——聖嚴法師的教導與時代意義	2010／5／30	臺灣	收於2011《聖嚴研究第二輯》
聖嚴法師與漢傳佛教	于君方	第三屆聖嚴思想國際學術研討會——聖嚴法師的教導與時代意義	2010／5／30	臺灣	收於2010《傳燈續慧——中華佛學研究所三十週年特刊》
漢傳禪佛教的當代實踐 ——聖嚴法師的「心靈環保」	釋果光 釋常諗	第三屆聖嚴思想國際學術研討會——聖嚴法師的教導與時代意義	2010／5／30	臺灣	收於2011《聖嚴研究第二輯》

論文題目	作者	論文發表處	發表時間	地點	備註
A Tentative Exploration into Evolution of Master Sheng Yen's Construction of Dharma Drum Chan Lineage	Yu, Jimmy	第三屆聖嚴思想國際學術研討會——聖嚴法師的教導與時代意義	2010／5／30	臺灣	收於Chung-Hwa Buddhist Journal（中華佛學學報）第二十三期
聖嚴法師禪法中之法華思想與法華禪觀	王晴薇	第三屆聖嚴思想國際學術研討會——聖嚴法師的教導與時代意義	2010／5／30	臺灣	
從「明心見性」論聖嚴禪法與天臺止觀	陳英善	第三屆聖嚴思想國際學術研討會——聖嚴法師的教導與時代意義	2010／5／30	臺灣	
聖嚴法師對話頭禪與默照禪的縮合	涂艷秋	第三屆聖嚴思想國際學術研討會——聖嚴法師的教導與時代意義	2010／5／30	臺灣	
聖嚴法師對臺灣喪葬禮俗的影響	釋果祥	第三屆聖嚴思想國際學術研討會——聖嚴法師的教導與時代意義	2010／5／30	臺灣	
聖嚴法師經懺佛事觀及其實踐——2009法鼓山大悲心水陸法會觀感	侯沖	第三屆聖嚴思想國際學術研討會——聖嚴法師的教導與時代意義	2010／5／30	臺灣	
無法之法：論聖嚴法師默照禪的理論與實踐	謝成豪	第三屆聖嚴思想國際學術研討會——聖嚴法師的教導與時代意義	2010／5／30	臺灣	
從「人生佛教」到「人間淨土」——聖嚴法師對人間教法的抉擇	林其賢	第三屆聖嚴思想國際學術研討會——聖嚴法師的教導與時代意義	2010／5／30	臺灣	收於2011《聖嚴研究第二輯》
當聖嚴v.s.印順（I）——從《法鼓全集》和《妙雲集》論二師思想之同異	陳美華	第三屆聖嚴思想國際學術研討會——聖嚴法師的教導與時代意義	2010／5／30	臺灣	
聖嚴法師「心五四」精神於生命教育之應用探討	辜琮瑜	第三屆聖嚴思想國際學術研討會——聖嚴法師的教導與時代意義	2010／5／30	臺灣	
聖嚴法師《觀音妙智》的「楞嚴」慧解	胡健財	第三屆聖嚴思想國際學術研討會——聖嚴法師的教導與時代意義	2010／5／30	臺灣	
求法、弘法與化世：當代臺灣僧侶自傳的書寫——以聖嚴法師的中文自傳為例	彭雅玲	現代佛教論述中的公民社會與新倫理——緬懷法鼓山聖嚴法師研討會	2009／4／9	香港	
聖嚴法師之生死倫理觀：以「寂滅為樂」、「無事忙中老」為例	釋惠敏	現代佛教論述中的公民社會與新倫理——緬懷法鼓山聖嚴法師研討會	2009／4／9	香港	
聖嚴法師的戒律學與「心六倫」對現代倫理的貢獻	釋淨因	現代佛教論述中的公民社會與新倫理——緬懷法鼓山聖嚴法師研討會	2009／4／9	香港	
聖嚴法師與居中之道：祖師傳承線亦即自他解脫門	Steben, Barry	現代佛教論述中的公民社會與新倫理——緬懷法鼓山聖嚴法師研討會	2009／4／9	香港	
簡論聖嚴法師心六倫生活倫理篇中「家庭倫理」的經典依據	釋廣興	現代佛教論述中的公民社會與新倫理——緬懷法鼓山聖嚴法師研討會	2009／4／9	香港	

論文題目	作者	論文發表處	發表時間	地點	備註
佛教教育的機遇與挑戰——以聖嚴法師創辦與主持中華佛學研究所（1978年～1991年）為範例	釋常慧	第二屆世界佛教論壇	2009/3/28	中國大陸	
聖嚴法師禪學思想於佛法治療之應用初探——以社區大學成人教育為例	辜琮瑜	第二屆聖嚴思想國際學術研討會——聖嚴思想與漢傳佛教	2008/5/25	臺灣	收於2010《聖嚴研究第一輯》
淺論聖嚴法師理念中促進心理建康的轉化歷程——以心五四為例	楊蓓	第二屆聖嚴思想國際學術研討會——聖嚴思想與漢傳佛教	2008/5/25	臺灣	
聖嚴法師對《法華經》的當代詮釋	黃國清	第二屆聖嚴思想國際學術研討會——聖嚴思想與漢傳佛教	2008/5/25	臺灣	收於2010《聖嚴研究第一輯》
聖嚴法師禪學思想與當代社會初探 Master Sheng-yen's Chan Thought and Contemporary Society: Preliminary Exploration	釋果暉 陳瑾瑛	第二屆聖嚴思想國際學術研討會——聖嚴思想與漢傳佛教	2008/5/25	臺灣	收於2010《聖嚴研究第一輯》
Venerable Sheng Yen's Schlarship on Late Ming Buddhism	Yu, Jimmy	第二屆聖嚴思想國際學術研討會——聖嚴思想與漢傳佛教	2008/5/24	臺灣	收於2010《聖嚴研究第一輯》
聖嚴法師的東南亞弘傳：馬來西亞法鼓「道場」的成立與在地影響	陳美華	第二屆聖嚴思想國際學術研討會——聖嚴思想與漢傳佛教	2008/5/24	臺灣	
聖嚴法師淨土思想之研究——以人間淨土為中心	釋果鏡	第二屆聖嚴思想國際學術研討會——聖嚴思想與漢傳佛教	2008/5/24	臺灣	收於2010《聖嚴研究第一輯》
聖嚴法師禪觀中之「我執」／「無我」論述	張璨文	第二屆聖嚴思想國際學術研討會——聖嚴思想與漢傳佛教	2008/5/24	臺灣	
臺灣觀音信仰——聖嚴法師的詮釋與特色	林淑媛	第三屆法華思想與天臺佛學研討會會議論文集	2007/6/16	臺灣	
聖嚴淑世思想之實踐與創進的再本土化	楊國樞	第一屆聖嚴思想與當代社會國際學術研討會	2006/10/18	臺灣	
Master Sheng-yen and the Lesson of "Taking Responsibility" for Yourself and Others	Stevenson, Daniel	第一屆聖嚴思想與當代社會國際學術研討會	2006/10/18	臺灣	
聖嚴思想與如來藏說	陳英善	第一屆聖嚴思想與當代社會國際學術研討會	2006/10/18	臺灣	收於2010《聖嚴研究第一輯》

◎會議論文（與法鼓山及其理念相關）

論文題目	作者	論文發表處	發表時間	地點	備註
網路共修法會行為之研究——以法鼓山水陸法會網路共修為例	釋印隆	第二十一屆全國佛學論文聯合發表會	2010／9／25	臺灣	
漢傳禪法的現代適應——法鼓山新時代的禪法教學	釋常諗	2010禪宗六祖文化節研討會	2010／9／10	中國大陸	
「無相為體」的終極實踐——「環保植存」之考察	釋常隨	2010禪宗六祖文化節研討會論文集	2010／9／10	中國大陸	
環境危機與法鼓山教團的一體化救濟策略——以緬甸風災和汶川地震為例	李湖江	第三屆聖嚴思想國際學術研討會——聖嚴法師的教導與時代意義	2010／5／30	臺灣	
默照禪修對心理健康影響之初探	楊蓓	第三屆聖嚴思想國際學術研討會——聖嚴法師的教導與時代意義	2010／5／30	臺灣	
Purifying Words: The Rhetorical Aspects of 'Spiritual Environmentalism'	Clippard, Seth DeVere	第三屆聖嚴思想國際學術研討會——聖嚴法師的教導與時代意義	2010／5／30	臺灣	收於2011《聖嚴研究第二輯》
法鼓山水陸法會牌位數位化之影響研究	邱素真	第二十屆全國佛學論文聯合發表會	2009／9／26	臺灣	
從宗教場域看慣習（habitus）的再形塑作用——以法鼓山彰化辦事處念佛組為例	張敏杰	臺灣宗教學會年會——「臺灣宗教研究的歷史、現況與前瞻」學術研討會暨研究生論文發表會	2009／6／26	臺灣	
悲願傳承——法鼓山尼僧教育之回顧與展望	釋果光 釋常悟	國際佛教僧伽教育研討會	2009／5／30	臺灣	
中華禪法鼓宗的立宗問題	學愚	現代佛教論述中的公民社會與新倫理——緬懷法鼓山聖嚴法師研討會	2009／4／9	香港	
框架與臺灣人間佛教的精神動員模態——從法鼓山談起	吳有能	現代佛教論述中的公民社會與新倫理——緬懷法鼓山聖嚴法師研討會	2009／4／9	香港	
「心六倫」——二十一世紀新倫理運動內涵及時代意義	陳錦宗	第二屆世界佛教論壇——佛教的心靈環保	2009／3／31	臺灣（分論壇）	
環保從簡樸生活做起	李志夫	第二屆世界佛教論壇——佛教的心靈環保	2009／3／31	臺灣（分論壇）	
金融海嘯災難中，心靈環保的重要性：兼談以慈悲智慧面對危機	劉心立	第二屆世界佛教論壇——佛教的心靈環保	2009／3／31	臺灣（分論壇）	
佛教與心靈環保——從心開始	釋果鏡	第二屆世界佛教論壇——佛教的心靈環保	2009／3／31	臺灣（分論壇）	
心六倫在臺灣的實踐	李伸一	第二屆世界佛教論壇——佛教的心靈環保	2009／3／31	臺灣（分論壇）	
「不二法門」對法鼓山世界佛教教育園區教育體系之影響	釋常隨	第二屆世界佛教論壇	2009／3／28	中國大陸	
人間淨土思想的實踐與弘揚	林其賢	第二屆聖嚴思想國際學術研討會——聖嚴思想與漢傳佛教	2008／5／24	臺灣	收於2011《聖嚴研究第一輯》
心安就有平安——以災民需求為中心的法鼓山四川賑災經驗分享	釋常悟	2008年漢傳佛教講經交流會	2008／4／8	中國大陸	
臺灣佛教徒的環境論述：以法鼓山的「心靈環保」為例	林益仁	「探索臺灣田野新面向」研討會	1998／5／5	臺灣	

◎會議論文（與法鼓山間接相關）

論文題目	作者	論文發表處	發表時間	地點	備註
禪宗公案中的耳根圓通法門及其現代應用	釋果鏡	2010 禪宗六祖文化節研討會	2010／9／10	中國大陸	
《六祖壇經》「一行三昧」的當代實踐	釋果光	2010 禪宗六祖文化節研討會	2010／9／10	中國大陸	
從「忘坐」到「坐忘」大白牛車——以話頭禪為見性的方法初探	釋常元	2010 禪宗六祖文化節研討會	2010／9／10	中國大陸	
淺談默照禪在當代復興的契機	釋常慶	2010 禪宗六祖文化節研討會	2010／9／10	中國大陸	
默照禪修對心理健康影響之初探	楊蓓	2010 禪宗六祖文化節研討會	2010／9／10	中國大陸	
中國佛教中的「生死學典籍」與臨終教育	王翔	第三屆聖嚴思想國際學術研討會——聖嚴法師的教導與時代意義	2010／5／30	臺灣	
禪宗的實踐性格	鄧紹光	現代佛教論述中的公民社會與新倫理——緬懷法鼓山聖嚴法師研討會	2009／4／9	香港	
面向世界的中國佛教	釋常華	2008年佛教外語交流會	2008／7／10	中國大陸	
擁有心理健康是每個人的權力：心理健康促進臺灣與世界同步	張珏	第一屆聖嚴思想與當代社會國際學術研討會	2006／10／18	臺灣	

◎專業技術報告（與聖嚴師父相關）

論文題目	作者	論文發表處	發表時間	地點	備註
從早期的僧教育理想至僧伽大學的創辦──看聖嚴法師堅韌的意志與務實的作風	釋常慧	第一屆法鼓山信眾論壇	2010／5／29	臺灣	
聖嚴法師的僧伽教育思想初探──對理想僧格之主張與培育方法	釋常盛	第一屆法鼓山信眾論壇	2010／5／29	臺灣	
「聖嚴家教，法鼓宗風」──聖嚴法師的教育方法	釋常林	第一屆法鼓山信眾論壇	2010／5／29	臺灣	

◎專業技術報告（與法鼓山及其理念相關）

論文題目	作者	論文發表處	發表時間	地點	備註
大普化教育	釋果毅	第一屆法鼓山信眾論壇	2010／5／29	臺灣	
大關懷教育	釋果器	第一屆法鼓山信眾論壇	2010／5／29	臺灣	
大學院教育	劉安之	第一屆法鼓山信眾論壇	2010／5／29	臺灣	
開展僧命──與世界接軌	釋常悟	第一屆法鼓山信眾論壇	2010／5／29	臺灣	
承先啟後的中華禪法鼓宗──其因應當代的禪風	釋常啟	第一屆法鼓山信眾論壇	2010／5／28	臺灣	
智慧的寶藏：《法鼓全集》	釋果毅	第一屆法鼓山信眾論壇	2010／5／28	臺灣	

（資料提供：中華佛學研究所、僧團三學院）

法鼓山全球聯絡網

【全球各地主要分支道場】

【國內地區】

■北部

法鼓山世界佛教教育園區
電話：02-2498-7171
傳真：02-2498-9029
20842新北市金山區三界里七鄰半嶺
14-5號

農禪寺
電話：02-2893-3161
傳真：02-2895-8969
11268臺北市北投區大業路65巷89號

中華佛教文化館
電話：02-2891-2550；02-2892-6111
傳真：02-2893-0043
11246臺北市北投區光明路276號

雲來寺
（行政中心、文化中心、普化中心、
關懷中心）
電話：02-2893-9966
傳真：02-2893-9911
11244臺北市北投區公館路186號

法鼓德貴學苑
電話：02-8978-2081（青年發展院）
電話：02-2381-2345
　　　（法鼓山人文社會基金會）
電話：02-8978-2110
　　　（法鼓大學籌備處）
10044臺北市中正區延平南路77號

安和分院
（大安、信義、南港辦事處）
電話：02-2778-5007~9
傳真：02-2778-0807
10688臺北市大安區安和路一段29號
10樓

天南寺
電話：02-8676-2556
傳真：02-8676-1060
23743新北市三峽區介壽路二段
138巷168號

齋明寺
電話：03-380-1426；03-390-8575
傳真：03-389-4262
33561桃園縣大溪鎮齋明街153號

中山精舍（中山辦事處）
電話：02-2591-1008
傳真：02-2591-1078
10452臺北市中山區民權東路一段
67號9樓

基隆精舍（基隆辦事處）
電話：02-2426-1677
傳真：02-2425-3854
20045基隆市仁愛區仁五路8號3樓

北投辦事處
電話：02-2892-7138
傳真：02-2388-6572
11241臺北市北投區溫泉路68-8號1樓

士林辦事處
電話：02-2881-7898
11162臺北市士林區中正路335巷6弄
5號B1

社子辦事處（慈弘精舍）
電話：02-2816-9619
11165臺北市士林區延平北路五段
29號1、2樓

石牌辦事處
電話：02-2832-3746
傳真：02-2872-9992
11158臺北市士林區福華路147巷28號

大同辦事處
電話：02-2599-2571
10367臺北市大同區酒泉街34-1號

松山辦事處
電話：0916-527-940
10572臺北市松山區民生東路五段28號
7樓

中正萬華辦事處
電話：02-2305-2283；02-2351-7205
10878臺北市萬華區萬大路239號4樓

內湖辦事處
電話：02-2793-8809
11490臺北市內湖區民權東路六段
123巷20弄3號

文山辦事處
電話：02-2236-4380
傳真：02-8935-1858
11687臺北市文山區和興路52巷9之3號
1樓

海山辦事處
電話：02-8951-3341
傳真：02-8951-3341
22067新北市板橋區三民路一段120號7樓

淡水辦事處
電話：02-2629-2458
25153新北市淡水區新民街120巷3號

三重蘆洲辦事處
電話：02-2986-0168
傳真：02-2978-8223
24145新北市三重區正德街61號4樓

新店辦事處
電話：02-8911-3242
傳真：02-8911-2421
23143新北市新店區中華路9號3樓之1

中永和辦事處
電話：02-2231-2654
傳真：02-2925-8599
23455新北市永和區中正路417號10樓

新莊辦事處
電話：02-2994-6176
傳真：02-2994-4102
24242新北市新莊區新莊路114號

林口辦事處
電話：02-2603-0390；02-2601-8643
傳真：02-2602-1289
24446新北市林口區中山路91號3樓

金山萬里辦事處
電話：02-2408-1844
傳真：02-2408-2554
20841新北市金山區仁愛路61號

三芝石門辦事處
電話：0917-658-698
傳真：02-2636-5163
25241新北市三芝區公正街三段10號

桃園辦事處
電話：03-302-4761；03-302-7741
傳真：03-301-9866
33046桃園縣桃園市大興西路二段
105號12樓

中壢辦事處
電話：03-281-3127；03-281-3128
傳真：03-281-3739
32448桃園縣平鎮市環南路184號3樓
之1

新竹辦事處
電話：03-525-8246
傳真：03-523-4561
30046新竹市中山路443號

苗栗辦事處
電話：037-362-881
傳真：037-362-131
36046苗栗縣苗栗市大埔街42號

三義DIY心靈環保教育中心
電話：04-2223-1055；037-870-995
傳真：037-872-222
36745苗栗縣三義鄉廣盛村八股路
21號

■ 中部

臺中分院（臺中辦事處）
電話：04-2255-0665
傳真：04-2255-0763
40758臺中市西屯區府會園道169號
1-2樓

臺中寶雲別苑
電話：04-2465-6899
40764臺中市西屯區西平南巷6-6號

南投德華寺
電話：049-242-3025；049-242-1695
傳真：049-242-3032
54547南投縣埔里鎮清新里延年巷
33號

中部海線辦事處
電話：04-2662-5072；04-2686-6622
傳真：04-2686-6622
43655臺中市清水區鎮南街53號2樓

豐原辦事處
電話：04-2524-5569
傳真：04-2515-3448
42048臺中市豐原區北陽路8號4樓

彰化辦事處
電話：04-711-6052
傳真：04-711-5313
50049彰化縣彰化市中山路二段2號
10樓

員林辦事處
電話：04-837-2601；04-831-2142
傳真：04-838-2533
51042彰化縣員林鎮靜修東路33號
8樓

南投辦事處
電話：049-231-5956
傳真：049-239-1414
54044南投縣南投市中興新村中學西路
106號

■南部

臺南分院（臺南辦事處）
電話：06-220-6329；06-220-6339
傳真：06-226-4289
70444臺南市北區西門路三段159號14樓

雲集寺
電話：06-721-1295；06-721-1298
傳真：06-723-6208
72242臺南市佳里區六安街218號

安平精舍
電話：06-298-9050
70848臺南市安平區永華路二段248號7樓

紫雲寺（高雄南區辦事處）
電話：07-732-1380；07-731-2310
傳真：07-731-3402
83341高雄市鳥松區鳥松里忠孝路52號

三民精舍（高雄北區辦事處）
電話：07-380-0848
傳真：07-396-6260
80767高雄市三民區建安街94號1、2樓

嘉義辦事處
電話：05-276-0071；05-276-4403
傳真：05-276-0084
60072嘉義市林森東路343號1樓

屏東辦事處
電話：08-738-0001
傳真：08-738-0003
90055屏東縣屏東市建豐路2巷70號1樓

潮州辦事處
電話：08-789-8596
傳真：08-780-8729
92045屏東縣潮州鎮和平路26號1樓

六龜安心服務站
電話：07-689-5871
傳真：07-689-3201
84441高雄市六龜區光復路31號

甲仙安心服務站
電話：07-675-3656
傳真：07-675-3703
84741高雄市甲仙區中正路138之2號

林邊安心服務站
電話：08-875-0085
傳真：08-875-0085
92743屏東縣林邊鄉中山路178號

■東部

信行寺（臺東辦事處）
電話：089-225-199；089-225-299
傳真：089-239-477
95059臺東縣臺東市更生北路132巷36、38號

宜蘭辦事處
電話：039-332-125
傳真：039-332-479
26052宜蘭縣宜蘭市泰山路112巷8弄18號

羅東辦事處
電話：039-571-160
傳真：039-561-262
26550宜蘭縣羅東鎮公正路246號1樓

花蓮辦事處
電話：03-834-2758
傳真：03-835-6610
97047花蓮縣花蓮市光復街87號7樓

【海外地區】

■美洲America
美國紐約東初禪寺
（紐約州紐約分會）
Chan Meditation Center
（New York Chapter, NY）
TEL：1-718-592-6593
FAX：1-718-592-0717
E-MAIL：carolymfong@yahoo.com
WEBSITE：http://www.chancenter.org
ADDRESS：90-56 Corona Ave.
Elmhurst, NY 11373, U.S.A.

美國紐約象岡道場
Dharma Drum Retreat Center
TEL：1-845-744-8114
FAX：1-845-744-8483
E-MAIL：ddrc@dharmadrumretreat.org
WEBSITE：
http://www.dharmadrumretreat.org
ADDRESS：184 Quannacut Rd., Pine Bush, NY 12566, U.S.A.

北美護法會
Dharma Drum Mountain Buddhist Association
（D.D.M.B.A.）
TEL：1-718-592-6593
ADDRESS：90-56 Corona Ave.
Elmhurst, NY 11373, U.S.A.

◎東北部轄區North East Region
紐約州長島聯絡處
Long Island Branch, NY
TEL：1-631-689-8548
E-MAIL：haideelee@yahoo.com
WEBSITE：http://longisland.ddmusa.org

康州南部聯絡處
Fairfield County Branch, CT
TEL：1-203-972-3406
E-MAIL：contekalice@aol.com

康州哈特福聯絡處
Hartford Branch, CT
TEL：1-860-805-3588
E-MAIL：ling_yunw@yahoo.com

佛蒙特州伯靈頓聯絡處
Burlington Branch, VT
TEL：1-802-658-3413
FAX：1-802-658-3413
E-MAIL：juichulee@yahoo.com
WEBSITE：http://www.ddmbavt.org

◎中大西洋轄區 Mid-Atlantic Region
新澤西州分會
New Jersey Chapter
TEL：1-732-957-0563
E-MAIL：jskuo7@gmail.com
WEBSITE：http://www.ddmba-nj.org
ADDRESS：789 Jersey Ave. New
Brunswick, NJ 08901, U.S.A.

賓州州大大學城聯絡處
State College Branch, PA
TEL：1-814-867-9253
E-MAIL：ddmbapa@gmail.com
WEBSITE：http://www.ddmbapa.org

◎南部轄區 South Region
首都華盛頓聯絡處
Washington Branch, DC
TEL：1-301-982-2552
E-MALL：chiehhsiungchang@yahoo.com

德州達拉斯聯絡處
Dallas Branch, TX
TEL：1-817-226-6888
FAX：1-817-274-7067
E-MAIL：ddmba_patty@yahoo.com
WEBSITE：http://dallas.ddmusa.org

佛州奧蘭多聯絡處
Orlando Branch, FL
TEL：1-407-671-6250
E-MAIL：chihho2004@yahoo.com
WEBSITE：http://orlando.ddmusa.org

佛州天柏聯絡處
Tampa Branch, FL
E-MAIL：patricia_h_fung@yahoo.com
WEBSITE：http://tampa.ddmusa.org

佛州塔拉哈西聯絡處
Tallahassee Branch, FL
TEL：1- 850-274-3996
E-MAIL：tallahassee.chan@gmail.com
WEBSITE：http://
www.tallahasseebuddhistcommunity.org

◎中西部轄區 Mid-West Region
伊利諾州芝加哥分會
Chicago Chapter, IL
TEL：1-847-219-7508
E-MAIL：ddmbachicago@gmail.com
WEBSITE：
http://www.ddmbachicago.org
ADDRESS：1234 North River Rd.
Mount Prospect, IL 60056, U.S.A.

密西根州蘭辛聯絡處
Lansing Branch, MI
TEL：1-517-332-0003
FAX：1-517-332-0003
E-MAIL：lkong2006@gmail.com
WEBSITE：http://michigan.ddmusa.org

密蘇里州聖路易聯絡處
St. Louise Branch, MO
TEL：1-636-529-0085
E-MAIL：acren@aol.com

◎西部轄區 West Region
加州洛杉磯分會
Los Angeles Chapter, CA
TEL：1-626-350-4388
E-MAIL：ddmbala@gmail.com
ADDRESS：4530 N. Peck Rd.
El Monte, CA 91732, U.S.A.

加州舊金山分會
San Francisco Chapter, CA
TEL：1-510-402-3802
FAX：1-650-988-6928
E-MAIL：ddmbasf@gmail.com
WEBSITE：http://www.ddmbasf.org
ADDRESS：1153 Bordeaux Dr. #106
Sunnyvale, CA 94089, U.S.A.

加州省會聯絡處
Sacramento Branch, CA
TEL：1-916-681-2416
E-MAIL：ddmbasacra@yahoo.com
WEBSITE：http://sacramento.ddmusa.org

華盛頓州西雅圖分會
Seattle Chapter, WA
TEL：1-206-850-5511
E-MAIL：lichin22@yahoo.com
WEBSITE：http://seattle.ddmusa.org
ADDRESS：14028 Bel-Red Rd., Suite 205
Bellevue, WA 98007, U.S.A.

加拿大溫哥華道場
Dharma Drum Mountain Vancouver Center
（溫哥華分會 Vancouver Chapter, Canada）
TEL：1-604-277-1357
FAX：1-604-277-1352
E-MAIL：info@ddmba.ca
WEBSITE：http://www.ddmba.ca
ADDRESS：8240 No.5 Rd. Richmond
B.C. V6Y 2V4, Canada

安省多倫多分會
Ontario Chapter, Canada
TEL：1-647-288-3536
E-MAIL：ddmba.toronto@gmail.com
WEBSITE：http:// www.ddmba-ontario.ca

■ 亞洲Asia

馬來西亞道場
Dharma Drum Mountain Malaysia Center
（馬來西亞護法會Malaysia Branch）
TEL：60-3-7960-0841
FAX：60-3-7960-0842
E-MAIL：ddmmalaysia@gmail.com
WEBSITE：http://www.ddm.org.my
ADDRESS：Block B-3-16, 8 Ave., Pusat
Perdagangan SEK.8, Jalan Sg. Jernih, 46050
Petaling Jaya, Selangor, Malaysia

新加坡護法會
Singapore Branch
TEL：65-6735-5900
FAX：65-6224-2655
E-MAIL：ddrum@singnet.com.sg
WEBSITE：http://www.ddsingapore.org
ADDRESS：100A, Duxton Rd., Singapore
089544

香港護法會
Hong Kong Branch
TEL：852-2865-3110；852-2295-6623
FAX：852-2591-4810
E-MAIL：info@ddmhk.org.hk
WEBSITE：http://www.ddmhk.org.hk
ADDRESS：香港九龍荔枝角永康街
23-27號 安泰工業大廈B座2樓203室
Room 203 2/F, Block B, Alexandra Industrial
Building 23-27 Wing Hong Street, Lai Chi
Kok, Kowloon, Hong Kong

泰國護法會
Thailand Branch
TEL：66-2-713-7815；66-2-713-7816
FAX：66-2-713-7638
E-MAIL：ddmbkk2010@gmail.com
WEBSITE：http://www.ddmth.com
ADDRESS：1471. Soi 31/1 Pattnakarn Rd.
10250 Bangkok, Thailand

■ 大洋洲Oceania

雪梨分會
Sydney Chapter
TEL：61-4-1318-5603
FAX：61-2-9283-3168
E-MAIL：ddmsydney@yahoo.com.au
WEBSITE：http://www.ddm.org.au

■ 歐洲Europe

盧森堡聯絡處
Luxembourg Liaison Office
TEL：352-400-080
FAX：352-290-311
E-MAIL：ddm@chan.lu
ADDRESS：15, Rue Jean Schaack
L-2563, Luxembourg

【關懷事業群】

法鼓山社會福利慈善事業基金會
電話：02-2893-9966
傳真：02-2893-9911
網址：http://charity.ddm.org.tw
11244臺北市北投區公館路186號

法鼓山人文社會基金會
電話：02-2381-2345
傳真：02-2311-6350
網址：http://www.ddmthp.org.tw
10044臺北市中正區延平南路77號5樓

聖嚴教育基金會
電話：02-2397-9300
傳真：02-2393-5610
網址：http://www.shengyen.org.tw
10056臺北市中正區仁愛路二段48之
6號2樓

【教育事業群】

法鼓山僧伽大學
電話：02-2498-7171
傳真：02-2408-2492
網址：http://sanghau.ddm.org.tw
20842新北市金山區三界里七鄰半嶺
14-5號

法鼓佛教學院
電話：02-2498-0707轉2364～2365
傳真：02-2408-2472
網址：http://www.ddbc.edu.tw
20842新北市金山區西勢湖2-6號

法鼓佛教學院・推廣教育中心
電話：02-2773-1264
傳真：02-2751-2234
網址：http://ddbctw.blogspot.com
10688臺北市大安區忠孝東路四段
124-6號7樓B座

中華佛學研究所
電話：02-2498-7171
傳真：02-2408-2492
網址：http://www.chibs.edu.tw
20842新北市金山區三界里七鄰半嶺
14-5號

法鼓大學籌備處
電話：02-2311-1105；02-2191-1011
網址：http://www.ddc.edu.tw
10044臺北市中正區延平南路77號
6-10樓

法鼓山社會大學服務中心
（金山法鼓山社會大學）
電話：02-2408-2593～4
傳真：02-2408-2554
網址：http://www.ddcep.org.tw
20841新北市金山區仁愛路61號

新莊法鼓山社會大學
電話：02-2994-3755；02-2408-2593～4
傳真：02-2994-4102
網址：http://www.ddcep.org.tw
24241新北市新莊區新莊路114號

大溪法鼓山社會大學
電話：03-387-4372
傳真：03-387-4372
網址：http://www.ddcep.org.tw
33557桃園縣大溪鎮康莊路645號

北投法鼓山社會大學
電話：02-2893-9966轉6135、6141
傳真：02-2891-8081
網址：http://www.ddcep.org.tw
11244臺北市北投區公館路186號

國家圖書館出版品預行編目資料

法鼓山年鑑. 2011／法鼓山年鑑編輯組編輯. --
初版. -- 臺北市：法鼓山文教基金會，
2012.08　　面；公分

ISBN 978-986-87502-3-4　　（精裝）

1.法鼓山　　2.佛教團體　　3.年鑑

220.58　　　　　　　　　　101015812

2011 法鼓山年鑑

創　辦　人	聖嚴法師
出　版　者	財團法人法鼓山文教基金會
發　行　人	果東法師
地　　　址	臺北市北投區公館路186號
電　　　話	02-2893-9966
編　輯　企　畫	法鼓山年鑑編輯組
召　集　人	釋果賢
主　　　編	陳重光
執　行　編　輯	林蒨蓉、呂佳燕
編　　　輯	李怡慧、游淑惠
專　文　撰　述	釋果見、陳玫娟、胡麗桂
文稿資料提供	法鼓山文化中心雜誌部、叢書部、史料部，法鼓山各會團、海內外各分院及聯絡處等單位
攝　　　影	法鼓山攝影義工
美　編　完　稿	連紫吟、曹任華
網　　　址	http://www.ddm.org.tw/event/2008/ddm_history/index.htm
初　　　版	2012年8月
發　心　助　印　價	800元
劃　撥　帳　號	16246478
劃　撥　戶　名	財團法人法鼓山文教基金會